KB004455

실재의 윤리

ETHICS OF THE REAL
by Alenka Zupančič

실재의 윤리

칸트와 라캉

알렌카 주판치치 지음
이성민 옮김

도서출판 b

차 례

서문]

왜 칸트를 위해 싸울 가치가 있는가?

슬라보예 지젝

오늘날의 윤리-정치적 논쟁에서 '임마누엘 칸트'라는 이름이 언급될 때 첫 번째로 연상되는 것은 물론 (한나 아렌트에서 위르겐 하버마스에 이르기까지, 그리고 뤽 페리나 존 롤스 같은 신자유주의자들에서 울리히 벡 같은 '제2의 근대성' 이론가들에 이르기까지) 온갖 다양한 판본의 '칸트로의 회귀'에 대한 후-공산주의적인 자유주의적 옹호다. 하지만 라캉의 '칸트를 사드와 더불어'에 걸려 있는 근본적인 내기는 또 다른 훨씬 더 섬뜩한 칸트가 있다는 것이다. 바로 그 칸트와 관련하여 라캉은 관념들의 역사에서 칸트의 윤리적 혁명은 무의식에 대한 프로이트의 발견으로 나아가는 출발점이었다고 주장했다. 칸트는 '쾌락원칙 너머의' 차원을 윤곽지은 최초의 인물이었던 것이다.

라캉을 막연하게 알고 있는 사람에게 첫 번째로 연상되는 것은 아마도 '아 그래, 데카르트적이고 칸트적인 초월적 코기토에 반대해서 주체의 탈중심성을 주장한 친구' 정도일 것이다. 여기서 이미 그림에 흠이 생긴다. 라캉의 테제는 프로이트적인 무의식의 '탈중심화된' 주체는 다름아닌 데카르트적 코기토이며, 이는 칸트의 초월적 주체에서 한층 더 근본화된다는 것이다. 어떻게 그럴 수 있는 것인가? 이 악명높은 프로이트적 '탈중심성'이란 무엇인가? 헤겔의 자연 철학에 나오는 겉보기에 괴상한 정의(식물이란 내장을 몸체 외부에 가지고 있는 동물이라는 정의)는 아마도 주체의 탈중심성이 무엇에 관한 것인가에 대한 가장 간명한 규정을 제공할 것이다. 이를 바그너의 <발퀴레>를 통해 접근해보자. 최고의 신 보탄은 (아내 프리카가 지지하는) 결혼이라는 신성한 결합에 대한 그의 존중과 (사랑하는 반역적 딸 브룬힐데가 지지하는) 자유로운 사랑에 대한 숭배 사이에서 분열된다. 용기있는 지그문트가 잔인한 훈딩크의 아내인 아름다운 지클린데와 함께 도망친 후에 결투에서 훈딩크와 대결해야 할 때, 브룬힐데는 (그 싸움에서 지그문트를 죽게 하라는) 보탄의 명시적 명령을 어긴다. 브룬힐데는 자신의 불복종을 변명하기 위해, 지그문트를 도와주려는 가운데 그녀가 보탄 자신의 부인된 진정한 의지를 사실상 실현한 것이라고—어떤 면에서 그녀는 다름아닌 보탄의 이 '억압된' 부분, 그가 프리카의 압력에 양보하기로 결정할 때 포기해야 했던 부분에 불과하다고—주장한다. ……이를 융식으로 읽는다면 여기서 프리카와 브룬힐데가 (보탄을 둘러싼 다른 더 낮은 등급의 신들과 마찬가지로) 보탄의 인성의 상이한 리비도적 구성 성분들을 외화하고 있을 따름이라고 주장할 수 있을 것이다. 정돈된 가정 생활의 수호자로서의 프리카는 보탄의 초자아를 나타내는 반면에, 자유로운 사랑을 열정적으로 옹호하는 브룬힐데는 보탄의 제약되지 않은 사랑의 열정을 나타낸다는 식이다. 하지만 라캉의 입장에서 볼 때, 프리카와 브룬힐데가 보탄의 심리의 상이한 구성성분을 '외화'한다고 말하는 것부터가 이미 과도한 것이다. 즉 주체의 '탈중심성'은 기원적이며 구성적이다. '나'는 바로 그 처음부터 '내 자신 바깥에' 있으며 외적 구성성분들의 브리콜라주*bricolage*이다. 보탄은 단지 자신의 초자아를 프리카에게 '투사'하는 것이 아니며 프리카가 그의 초자아이다. 식물이란 땅에 묻힌 뿌리라는 가장 속에서 내장을 몸체 외부에 가지고 있는 동물이라고 헤겔이 주장하는 것과 동일한 방식으로 말이다.[1)]

이 헤겔적 정식화는 또한—그리고 특히—인간 동물의 **자기** Self 바깥에 있는, 인간 동물의 내장이라고 할 수 있는 상징계에도 적용된다. 내 존재의 정신적 **실체**, 내가 나의 정신적 자양분을 이끌어내는 뿌리는 내 자신 바깥에 있으며, 탈중심화된 상징적 질서에 묻혀 있다. 그리하여 우리는 정신적으로 인간은 외적 실체에 뿌리내린 동물로 남아 있다고 말하고만 싶어진다. 불가능한 뉴에이지New Age의 꿈들 가운데 하나는 정확히 인간을 자신 바깥의 실체적 뿌리를 필요로 하지 않은 채 영적 공간 속에서 자유롭게 부유하는 영적 동물로 전환하는 것이다. 우디 앨런이 미아 패로우Mia Farrow와 스캔들을 일으키며 헤어진 뒤에 연속적으로 언론 앞에 공적으로 나타났을 때 그는 그의 영화에 나오는 신경증적이고 불안정한 남성 캐릭터와 똑같이 '실제 삶'에서 행동했다. 따라서 우리는 '그는 자신을 영화 속에 놓았다'고, 그의

1) G. W. F. Hegel, *Enzyklopädie der philosophischen Wissenschaften*, Hamburg: Felix Meiner Verlag, 1959, para. 348.

영화의 주된 남성 캐릭터가 반쯤 은폐된 자화상인 것이라고 결론을 내려야 하나? 아니다. 이끌어낼 결론은 정반대다. 실제 삶에서 우디 앨런은 그가 영화에서 세공한 어떤 원형과 동일화하고 그것을 모방했다. 다시 말해서 예술에서 가장 순수하게 표현되는 상징적 패턴들을 모방하는 것이 다름아닌 '실제 삶'이다. 그렇다면 라캉이 주체의 탈중심화로써 의미하는 것은 바로 이것이다. 그리고 이 탈중심화된 주체와 칸트적인 초월적 주체의 연계를 지각하는 일은 어렵지 않은 것이다. 그 둘을 하나로 묶는 핵심적 특징은 그것들 모두가 텅 비어 있으며 그 어떤 실체적 내용도 박탈당했다는 것이다. 『순수이성비판』에서 칸트는 가장 순수한 지점에서의 코기토가 지니고 있는 역설을 다음과 같이 요약한다: '나 자신에 대한 순수한 사유 속에서 나는 존재 그 자체이다(*ich bin das Wesen selbst*). 하지만 이 존재의 그 어떤 부분도 그로써 나의 사유를 위해 내게 주어지지 않는다.' 따라서, 존재와 사유의 교차점으로서의 코기토의 이 유일무이한 지점에서 나는 사유와 존재 모두를 잃는다. 사유는 일체의 내용이 모두 상실되므로 그러한 것이며, 존재는 일체의 한정적-객관적 존재가 순수한 사유 속에서 증발해버리므로 그러한 것이다. 그리고 라캉에게 이 공백은 프로이트적인 욕망의 주체이다.

알렌카 주판치치의 책은 근대적 주체성의 이와 같은 단언의 예기치 않은 윤리적 결과들에 초점을 맞추는데, 그것은 윤리 본연과 **선**의 영역 사이의 근본적 분리에 해당하는 것이다. 여기서 라캉은 공리주의자나 표준적인 기독교적 윤리에 대항하여 칸트의 편에 선다. 윤리를 쾌락들이나 이득들의 어떤 계산에 근거하게 하거나(장기적으로 볼 때 도덕적으로 행동하는 것에는 보답이 있다. 그리고 습성의 힘을 통해서 이 공리주의적 결정은 '제2의 천성'으로 화했으며 그 결과 우리는 이제 배후에 놓인 쾌락들의 계산을 깨닫지 못한 채 자연발생적 방식으로 도덕적으로 행동한다), 혹은 우리가 **신 그 자신**과 거래하는 교환을 포함하도록 이 계산을 확장하려고 노력하는 것은(도덕적인 것에는 보답이 있다. 비록 이승에서는 그것 때문에 고통을 겪을 수 있겠지만 사후에 그것에 대해 적절하게 보상을 받을 것이니까 말이다.) 거짓된 것이다. 이미 프로이트에게도 그렇지만 라캉에게도 인간 주체는 자신이 알고 있는 것보다 덜 도덕적일 뿐만 아니라 스스로 그렇다고 믿고 있는 것보다 훨씬 더 도덕적이다. 우리는 도덕적 행위를, 비록 일종의 미래의 보상을 염두에 두면서 어떤 공리주의적 계산 때문에 한다고 (잘못) 생각하고 있더라도, 의무를 위해서 이행하는 것이다. 존 엘스터는, 합리적 선택 이론의 분석적 문제틀에서 출발해서, 동일한 '알려지지 않은 잔여 사실'에 도달했다.

> 사람들의 동기는 자기-이익에 의해 그리고 그들이 종속되어 있는 규범들에 의해 결정된다. 그리고 이번에는 규범들은 부분적으로 자기-이익에 의해 형성된다. 왜냐하면 사람들은 종종 그들에게 호의적인 규범들을 고수하니까 말이다. 하지만 규범들은, 적어도 이 특수한 메커니즘을 통해서는, 자기-이익으로 전적으로 환원가능하지는 않다. 알려지지 않은 잔여는, 적어도 당분간은, 가차 없는 사실이다.[2)]

---

2) Jon Elster, *The Cement of Society: A Study of Social Order*, New York and Cambridge: Cambridge University Press, 1989, p. 150.

요컨대 공리주의적 원은—윤리적 규범들에 대한 나의 복종이 자기중심적 계산에만 근거하고 있는 것이 아니라 내가 인류 전체의 안녕에 기여할 것이라는 자각에 의해 초래되는 만족에도 근거하고 있는 가장 세련된 것이라고 해도—결코 사각형이 될 수 없다. 언제나 하나의 x를, '알려지지 않은 잔여'를—물론 그것은 욕망의 대상-원인인 라캉적 대상 *a*이다—보태야만 한다. 정확히 이런 의미에서 라캉에게 윤리는 궁극적으로 욕망의 윤리다. 즉 칸트적 도덕법칙은 욕망의 명령이다. 다시 말해서 칸트적 기획의 내속적 근본화를 통해 라캉이 성취하고 있는 것은 일종의 '순수 욕망 비판'이다. 칸트에게는 (그가 반복해서 강조하고 있는 것처럼, 경험적 대상과 이 대상이 주체에게 생성하는 쾌락 사이에 그 어떤 선험적 연계도 없으므로) 우리의 욕망 능력이 전적으로 '정념적'인 것과는 대조적으로, 라캉은 욕망이 비-정념적이고 선험적인 대상-원인을 실로 가지고 있기 때문에 '욕망의 순수한 능력'이 있다고 주장한다. 물론 이 대상은 라캉이 대상 *a*라 부르는 것이다. 가장 자기중심적으로 계산된 호의의 교환이라도 그로써 설명될 수 없는 최초의 조치에, 어떤 정초적인 선사하기giving의 제스처에, 미래의 이익이라는 것을 통해 설명될 수 없는 (데리다식 표현으로) 원초적 선물gift의 제스처에 의존해야만 한다.

이 핵심적 돌파의 추가적 결과는 본연의 윤리적 행위가 **자아-이상**(공적 선의 법)뿐만 아니라 그것의 외설적 보충물인 초자아와 구분되어야 한다는 것이다. 라캉에게 초자아는 도덕적 작인이 아닌데, 왜냐하면 초자아가 주체에게 부과하는 죄는 정확히 주체가 욕망의 따라야 할 '자신의 의무를 타협했다'는 틀림없는 표지이기 때문이다. 정치에서—아마도 예상치 못했을—사례를 들어

보자. **자아-이상**과 초자아로의 분열은 구 유고슬라비아의 자율-관리 사회주의가 갖는 근본적 역설에서 식별될 수 있다. 공식 이데올로기는 인민에게 자율-관리 과정에 능동적으로 참여할 것을, '소외된' **당**과 국가 조직들 외부에서 자신들의 삶의 조건들의 주인이 될 것을 항상 권고했다. 공식 매체들은 인민의 무관심이나 사생활로의 도피 등을 개탄했다. 하지만 체제가 가장 두려워했던 것은 바로 그와 같은 사건, 즉 인민의 이익에 대한 진정으로 자율-관리적인 표명과 조직화였다. 그리하여 일련의 불문不文 '표지들' 일체는 공식적 권고를 너무 문자 그대로 취하지 말아야 한다는—공식 이데올로기에 대한 냉소적 태도야말로 체제가 실제로 원하는 것이며 체제 자체의 이데올로기가 너무 진지하게 받아들여지고 체제의 신민들에 의해 현실화된다면 이는 체제에 대한 최대의 재앙이 될 것이라는—명령을 행간에서 전달했다. 그리고 다른 층위에서 본다면 식민지인들에게 그들의 '개화된' 억압자들처럼 되라고 촉구한 고전적인 제국주의-식민주의적 권고의 경우도 마찬가지 아닌가? 이러한 명령은 식민지인들은 불가사의하고도 환원불가능하게 '다르다'고 하는—그들이 아무리 노력한다고 한들 결코 성공할 수 없을 것이라는—'현명한' 인정을 통해 내부로부터 침식되지 않았는가? 공식적 이데올로기적 자세를 침식하는 이 불문의 초자아 명령은, 악명높은 차이에 대한 권리와는 대조적으로—자신의 특수한 문화적 정체성을 유지하기 위해서는—어떤 의미에서 '피억압자의 근본적 권리'로서 **같음**에 대한 권리를 주장해야 하는 것인지를 분명히 한다. 즉 구 유고슬라비아 자율-관리에서처럼, 식민주의 억압자들 또한 그 자신의 공식적 이데올로기적 요청의 실현을 무엇보다도 두려워한다.

그래서 어떻게 우리는 **선**과 그것의 외설적 보충물의 이 사악한 뒤얽힘을 깨고 나갈 것인가? 보스니아 전쟁을 다룬 최초의 대규모 할리우드 작품인 <사라예보에 오신 것을 환영합니다>*Welcome to Sarajevo*—이 영화는 실패작이었다(그리고 우연히도 알렌카 주판치치는 이 영화를 극도로 싫어했다!)—의 마지막 장면을 상기해보자. 최소한의 정념만으로 촬영된 이 장면에서 망가진 보스니아 어머니는 사랑하는 딸을 포기한다. 그녀는 딸에 대한 완전한 양육권을 딸의 입양을 원하는 영국 저널리스트에게 양도하는 서류에 서명한다. 모성적 사랑의 최고 행위는 여기서 정확히 모성적 관계를 포기하는—전쟁으로 찢긴 보스니아보다는 안락한 영국의 환경에서 자신의 딸이 훨씬 더 잘 살아갈 것임을 시인하는—브레히트적 제스처와 동일시된다. 딸이 영국 정원에서 다른 아이들과 노는 모습을 찍은 비디오를 보면서 그녀는 딸이 영국에서 행복하다는 것을 즉시 이해한다. 마지막 전화 대화에서 딸이 처음에 심지어 보스니아어를 더 이상 이해하지 못하는 척할 때 어머니는 이를테면 메시지를 받는다. ……이 장면은 서구의 휴머니즘적 접근의 윤리적 애매성을 폭로하는 비판적 논평으로도 읽혀야 한다. 그 장면은 단지 전쟁으로 찢긴 나라에서 한 보스니아 아이를 구하길 원하는, 세르비아 테러리스트와 싸울 뿐 아니라 아이들을 피난시키는 일을 항복이자 배반이라고 (즉 세르비아인들 대신에 인종 청소 일을 하는 것이라고) 보는 보스니아 국가 관료들과도 싸우는, 한 선량한 영국 저널리스트에 관한 단순한 내러티브에 다른 뒤틀림을 제공한다. 그 마지막 뒤틀림과 더불어 영화는 그 지점까지의 영화 내용—보스니아 전쟁 지옥에서 한 사람(한 아이)을 구함으로써 자신의 윤리적 의무를 다하는 저널리스트에 관한 휴머니즘적 이야기—에 대한 비판적 논평이 된다. 어떤 면에서, 아이들을 피난시키는 그러한 행위는 항복이라고 주장하는 보스니아 관리가 옳았다. 그러한 휴머니즘적 행위들은 보스니아인들에게 후손을 박탈함으로써 단지 상처에 모욕을 가할 뿐이다. ……따라서 저널리스트와 어머니의 마지막 대면에서 저널리스트에 맞서 윤리적 제스처를 성취하는 것은 바로 어머니다. 저널리스트의 매우 휴머니즘적이고도 배려적인 행동은 궁극적으로 비윤리적인 것이다.

*

어떻게 알렌카 주판치치의 책이 진정한 철학적 사건일 뿐만 아니라 오늘날의 윤리-정치적 논쟁들 속으로의 결정적 개입인 것인가를 지적하는 데는 이것으로 충분하다고 하자. 그렇다면 이로부터 이끌어낼 결론은 내가 알렌카의 책에 대해 한없는 존경심과 경외감을 가지고 있다는 것인가? 전혀 그렇지 않다. 그와 같은 경외의 태도는 언제나 저자에 대한 안락한 우월함의 위치를 전제하는 것이다. 즉 위에서 저자를 내려다보면서 그/녀의 저술의 질에 대해 호의적 판단을 베풀 수 있다고 생각하는 것이다. 동료 철학자로서 실재적 존경의 유일한 표시는 질투어린 증오감이다—어떻게 해서 그 저자가 말하는 바를 내가 생각해내지 못했다는 말인가? 저자가 이 책을 쓰기 전에 갑자기 죽어버려서 그녀의 결과물이 나의 자기만족적 평온을 교란시키지 않는다면 얼마나 좋겠는가? 내가 알렌카의 책에 대해 해줄 수 있는 최대의 답례는 원고를 읽으면서 내가 얼마나 빈번하게 질투심과 노여움으로 멍

하니 사로잡혀 있었으며, 나의 철학자의 실존 바로 그 핵심에서 위협을 느꼈으며, 내가 금방 읽은 것의 전적인 아름다움과 활력에 위압당했으며, 어떻게 그와 같은 본래적인 사유가 오늘날 여전히 가능한 것인가 의아해 했다는 것을 인정하는 것이다. 그러니 결론을 내려보자. 나는 알렌카에 대한 일종의 '선도자' 역할을 결코 자처하지 않는다. 나는 일련의 공동 프로젝트에서 그녀와 함께 연구할 수 있는 것과 관련해 겸허하게 내게 특전이 주어진 것이라는 느낌을 갖는다. 알렌카의 책이 고전적인 참조 저술이 되지 않는다면 유일하게 도출될 수 있는 결론은 우리 학계가 자기-파괴의 모호한 의지에 사로잡혀 있다는 것뿐일 것이다.

서론

철학사를 통해 발전되어 온 바로서의 윤리 개념은 정신분석의 손에서 이중적인 '깨우침의 타격'을 입는다. 첫 번째 일격은 지그문트 프로이트라는 이름과, 두 번째는 자크 라캉이라는 이름과 연결되어 있다. 두 경우 모두 동일한 철학자가 논의의 초점인 것은 결코 우연이 아닌데, 그가 바로 임마누엘 칸트다.

철학적 윤리에 대한 '프로이트적 타격'은 다음과 같이 요약될 수 있다: 철학이 도덕법칙이라고 부르는 것—그리고 더 정확히는 칸트가 정언명령이라고 부르는 것—은 사실상 초자아에 다름 아니다.[1] 이러한 판단은 윤리를 '정념적'인 것이 아닌 다른 토대

1) 프로이트의 저술에 나오는 수많은 구절들이 이러한 생각을 표현한다. 예컨대 「자아와 이드」에서 우리는 다음과 같은 구절을 발견한다: '아이가 한때 자신의 부모에게 복종해야 한다는 강압하에 있었던 것처럼 자아는 자신의 초자아의 정언명령에 복종한다'. *On Metapsychology*, Harmondswroth:

들 위에 정초하려는 그 어떤 시도에 대해서도 의문을 제기하는 '각성의 효과'를 불러일으킨다. 동시에 그것은 '윤리'를 프로이트가 *das Unbehagen in der Kultur*라고 불렀던 것—즉 문명의 심장부에 있는 불만이나 불안—의 핵심부에 위치시킨다.[2] 윤리가 그 기원을 초자아의 구성에 두고 있는 한 윤리는, 자기 자신의 명령을 주체의 진정으로 참되고 자발적이고 '명예로운' 성향인 것인 양 가장하려는 일체의 이데올로기를 위한 편리한 도구에 불과한 것이 되고 만다. 도덕법칙은 초자아에 다름아니라고 하는 이러한 테제는 물론 신중한 검토를 요하는 것이며, 나는 7장에서 그러한 검토에 착수할 것이다.

정신분석이 철학적 윤리의 견고함에 가한 두 번째 타격은 『에크리』에 나오는 라캉의 유명한 논문의 제목이 가리키고 있다: '칸트를 사드와 더불어'. 윤리에 대한 철학적 담론에 관한 한 라캉에게 있어서 칸트가 모든 철학자들 가운데 '가장 진정한' 철학자였다는 사실을 염두에 둔다면, 이 두 번째 타격은 한층 더 우리를 황폐화시킨다. 그리하여 윤리에 대한 '라캉적 타격'은 다음과 같

Penguin 1955 (The Pelican Freud Library, vol. 11), p. 389.

2) '어느 시대에나 사람들은 윤리에 가장 큰 가치를 부여해왔다. 윤리가 특히 중요한 결과를 낳으리라고 기대라도 하는 것인 양 말이다. 그리고 실제로 윤리는 모든 문명의 가장 큰 약점으로 쉽게 인정받을 수 있는 문제를 다루고 있다. 따라서 윤리는 그 약점을 치료하려는 노력—그때까지 다른 문화적 활동이 이룩하지 못한 일을 초자아의 명령으로 달성하려는 노력—이라고 생각할 수 있다.' Sigmund Freud, 'Civilization and Its Discontents', in *Civilization, Society and Religion*, Harmondsworth: Penguin, 1987 (The Pelican Freud Library, vol. 12), p. 336. [국역본: 프로이트, 『문명 속의 불만』, 열린책들, 2003, 325쪽.]

이 요약될 수 있다: 철학이 윤리의 이름으로 제공해야 하는 최선의 것은, 사드의 유명한 저술의 제목을 말바꿈해 본다면, 일종의 '규방 속의 실천철학'이다.

그렇지만 (철학적 윤리 기획의 '정점'으로서의) 칸트의 윤리에 대한 라캉의 비판은 프로이트의 비판과는 상당히 다르다. 라캉은 칸트에게 윤리의 실재적 중핵—적실성을 유지하고 있으며 초자아의 논리로 환원될 수 없는 핵심—의 발견자라는 명예를 부여한다. 하지만 라캉은 이 핵심을 의지의 대상으로 바꾸어놓는 것—사드의 도착적 담론에서 그 '진리'를 발견하는 조치—에 대해 칸트를 비판한다. 바로 그렇게 하여 「칸트를 사드와 더불어」는 '전통적 윤리의 많은 효과들, 심지어 가장 고상한 효과들과 관련하여, 정신분석에 의해 가능해진 각성의 효과에 대한 가장 중요한 사례'를 구성한다.[3] 하지만 이 진술은 두 가지 주석을 요구한다.

첫째로 우리는 「칸트를 사드와 더불어」의 의도—와 결과—가 칸트의 실천 철학의 실제 효과들, '심지어 가장 고상한 효과들'에 주목하도록 하는 것에 불과한 것이 아니라 또한 사드의 담론을 '고상한 것으로 만드는' 것임을 기억해야 한다. 「칸트를 사드와 더불어」의 테제는 칸트적 윤리가 한낱 '도착적' 가치를 갖는다는 것이 아니다. 그것은 또한 사드의 담론이 윤리적 가치를 갖는다는—그것은 윤리적 기획으로서만 온당하게 이해될 수 있다는—주장이기도 하다.[4] 둘째로, 라캉의 이러한 언급은 '도덕법칙은, 좀

---

3) Jacques Lacan, *The Four Fundamental Conceps of Psycho-Analysis*, Harmondsworth: Penguin, 1987[1979], p. 276.

4) Slavoj Žižek, *The Indivisible Remainder: An Essay on Schelling and Related Matters*, London and New York: Verso, 1996, p. 173을 볼 것.

더 면밀하게 들여다보면, 가장 순수한 상태에서의 욕망일 뿐이다'라는 주장 직후에 온다는 것을 지적해야 한다.[5] 이 진술은 '무구한' 것과는 거리가 먼 진술인데, 왜냐하면 잘 알려진 것처럼 '순수한 욕망'이라는 이 개념은 라캉의 세미나 『정신분석의 윤리』에서 중요하고 심지어 중심적이기까지 한 역할을 맡고 있기 때문이다.

우리는 또한 프로이트와는 달리—그리고 전통적 윤리에 대한 그의 비판에도 불구하고—여기서 라캉은 그렇기 때문에 윤리라는 이름에 합당한 윤리는 불가능하다고 결론짓지 않는다는 것을 강조해야 한다. 반대로 라캉은 윤리를 (분석가의 욕망과 분석적 행위의 본성에 관련되는 한) 정신분석의 추축 가운데 하나로 놓는다. 비록 이것이 윤리적인 것에 대한 새로운 개념화를 요구하기는 하지만 말이다. 칸트는 이러한 새로운 개념화에서 중요한 역할을 맡게 될 것이다.

무엇보다도 라캉이 칸트를 찬탄하는 이유는 칸트가 두 가지 핵심적인 점에서 '전통적' 윤리와 단절했기 때문이다. 첫 번째는 의무를 이행하는 것의 **가능성**을 통해 의무를 설명했던 도덕과의 단절이다. 라캉에 따르면 여기서 핵심적인 점은, 칸트도 잘 알고 있었던 것처럼, 도덕 그 자체가 불가능한 것에 대한 요구라는 것이다: '우리가 우리 욕망의 위상학을 깨닫게 되는 곳으로서의 불가능성'.[6] 도덕적 명령은 행해질 수 있거나 없는 그 무엇과는 관련이 없다는 사실을 고집함으로써 칸트는 윤리의 본질적 차원을 발견했다. 그것은 욕망의 차원인바, 욕망은 불가능한 것으로서의

5) Lacan, *The Four Fundamental Concepts of Psycho-Analysis*, p. 275.

6) Jacques Lacan, *The Ethics of Psychoanalysis*, London: Routledge, 1992, p. 315.

실재 둘레로 선회한다. 이 차원은 전통적 윤리의 시계視界에서는 배제되었으며 따라서 전통적 윤리에는 과잉으로서만 나타날 수 있었다. 따라서 칸트의 첫 번째 핵심적 단계는 전통적 윤리 영역에서 배제된 바로 그 사물을 취하여 그것을 윤리를 위한 유일하게 적법한 영토로 전환하는 작업을 내포한다. 칸트가 불가능한 것을 요구한다고 종종 비판가들이 비판한다면, 라캉은 바로 이 칸트적 요구에 논쟁의 여지가 없는 이론적 가치를 귀속시킨다.

전통과의 단절에서 칸트의 두 번째 단계는 첫 번째와 연관되 것이며, 윤리는 '선의 분배'(라캉적 용어로는, '재화의 공급')와 관련이 있다고 하는 견해를 그가 거부했다는 데 있다. 칸트는 '물론 타인들의 선이 나의 선을 반영한다는 조건에서, 나는 타인들에게 좋은 것을 원한다'에 기초한 윤리를 거부했다.

욕망의 윤리의 지위에 관련한 라캉의 입장은 사실상 계속해서 발전했다. 따라서 『세미나11』(『정신분석의 네 가지 근본개념』)에서 그의 입장은 몇 가지 점에서 『세미나7』(『정신분석의 윤리』)에서 그가 채택한 것과 다르다. '도덕법칙은, 좀더 면밀하게 들여다보면, 가장 순수한 상태에서의 욕망일 뿐이다'는 『세미나7』에서 발언되었다면 찬사를 받을 만한 가치를 가지고 있었을 것이다. 하지만 『세미나11』에서 발언될 때는 더 이상 그렇지가 않다. 그렇지만, 비록 후기 라캉이 '분석가의 욕망은 순수한 욕망이 아니다'라고 주장하기는 해도, 이것이 분석가의 욕망은 (칸트적 의미에서) 정념적이라는 것을 의미하는 것은 아니며 또한 욕망의 문제가 그 적절성을 상실했다는 것을 의미하지도 않는다. 요컨대 욕망의 문제는 그 중심적 자리를 상실한다기보다는 분석의 종점으로 간주되기를 멈추는 것이다. 따라서—『세미나11』을 결론짓고 있는 언급들에서처럼—이 차원이 주체에게 열리기 전에 주체는 먼저 '욕망으로서의 그가 묶여 있는 한계'에 도달하고 나서 그 한계를 횡단해야만 한다.[7]

그 결과로 우리는 윤리에 대한 라캉의 논의의 난해한 지형에서 방향을 제시해줄 대강의 도식을 확립할 수 있다. (아리스토텔레스에서 벤섬에 이르는) 전통적 윤리는 욕망의 이 측면에 머물렀다('권력의 도덕, 재화의 분배의 도덕은 다음과 같다: "욕망들에 관한 한, 나중에 다시 와라. 그것들이 기다리도록 만들라".')[8] 칸트는 욕망의 차원을 윤리에 도입하고 그것을 그 '순수한 상태'로까지 가지고 간 인물이었다. 하지만 이 단계는 비록 핵심적인 것이었기는 하지만 또 다른 '보충적' 단계를 필요로 하는데, 칸트는—적어도 라캉에 따르면—이 단계를 취하지 않았다. 즉 욕망과 욕망의 논리 너머로 나아가 충동의 영역에 이르는 단계 말이다. 따라서 '*a*[욕망의 대상]와 관련하여 주체를 배치한 이후에 근본적 환상의 경험은 충동이 된다'.[9]

윤리에 대한 라캉의 탐문에 관한 한 칸트는 그의 가장 중요한 철학적 참조점이다. 이 문제에서 라캉의 다른 참조점—게다가 아주 상이한 참조점—은 비극이다.

이 두 참조점은 이 책의 기본 주제이다. 이 책에서 나는 칸트와 라캉과 몇몇 문학 작품들에 대한 독서를 통해 내가 '**실재**의 윤리'라 부르고 싶은 것의 윤곽을 그리려고 한다. **실재**의 윤리는 **실재**

---

7) Lacan, *The Four Fundamental Concepts of Psycho-Analysis*, p. 276. 번역 수정.

8) Lacan, *The Ethics of Psychoanalysis*, p. 315.

9) Lacan, *The Four Fundamental Concepts of Psycho-Analysis*, p. 273.

를 향한 윤리가 아니다. 오히려 그것은, 이미 윤리 속에서 작용하고 있는 바로서의 (라캉적 의미에서의) **실재**의 차원을 재인식하고 승인함으로써 윤리를 재고하기 위한 시도이다. 윤리라는 용어는 종종 욕망을 제약하거나 '굴레씌우는'—우리의 행동(혹은 예컨대 과학의 '행동')을 결코 과도하지 않게 유지시키려는 목적을 지닌—일단의 규범들을 지칭하는 것으로 여겨진다. 하지만 윤리에 대한 이와 같은 이해는 윤리가 본성상 과도하다는 것을, 과도함이란 윤리의 구성성분인 것이어서 윤리 그 자체가 의미 일체를 상실하지 않고 단순히 제거될 수는 없다는 것을 인정하는 데 실패하고 만다. '사태의 원활한 진행', 즉 '현실원칙'에 의해 지배되는 삶과의 관계 속에서, 윤리는 언제나 과도한 무언가로서, 교란시키는 '중단'으로서 나타난다.

하지만 '**실재**의 윤리'를 목표로 하는 이와 같은 시도 속에서 내가 따르고 있는 원인[대의]에 관한 물음이 남아 있다. 라캉의 용어로 하자면 주인 담론의 쇠퇴는, 즉 라캉이 근대성의 도래라고 이해하고 있는 것은 윤리의 담론을 막다른 골목에 빠뜨린다. 주인 담론의 배후에 있는 윤리적 준칙은 아마도 유베날리스의 다음과 같은 유명한 시구 속에서 가장 잘 정식화될 것이다: '*Summum crede nefas animam praeferre pudori, et propter vitam vivendi perdere causas*(명예보다 삶을 선호하고, 살기 위해 삶을 살 만한 가치가 있는 것으로 만드는 모든 것을 잃는 것을 모든 죄 가운데서도 가장 큰 죄로 삼아라)'. 이러한 신조의 또 다른 판본은 폴 클로델에게서 발견될 수 있을 것이다: '살기 위해서 자신의 이유를 잃는 것은 자신의 삶을 잃는 것보다 더 슬프다.' 「칸트를 사드와 더불어」에서 라캉은 이러한 윤리적 모토에 대한 자신의 '번역'을 제안한다: '욕망은, 욕망이라 불리는 것은 겁쟁이 노릇을 하는 삶을 아무 의미도 없는 삶으로 만들기에 충분하다.'[10] 근대성은 주인 담론에 대한 어떠한 대안도 제공하지 못한 것처럼 보인다. 다음과 같은 연약한 준칙을 제외하면 말이다: '우리가 잃을 수 있는 최악의 것은 우리 자신의 생이다.' 이 준칙은 개념적 힘도 결여하고 있으며 동시에 '동원'의 힘 또한 결여하고 있다. 그리고 '전통적 가치들'로의 회귀를 선포하는 정치적 담론들이 그토록 매혹적이게 되는 것은 일부분 바로 이러한 결여에 기인한 것이다. 그것은 또한 단지 자신들의 대의를 위해 죽기를 원하는 '극단주의자들'과 '광신도들'이 초래하는 그 넋을 빼앗는 공포감을 상당 부분 설명해준다.

이 책은 주인 담론에 토대를 둔 윤리이기를 거부하며 동시에 윤리적인 것의 궁극적 지평을 '자기 자신의 생'으로 환원시키는 것에 근거하고 있는 '(후)근대적' 윤리라는 불만족스러운 대안을 똑같이 거부하는 어떤 윤리를 위한 개념적 틀을 제공하려는 시도이다.

---

10) 'Kant with Sade', *October* 51 (Winter, 1989), Cambridge, MA: MIT Press, p. 68.

1. 일상생활의 (도덕–)병리학

'정념적'1)이라는 개념이, 칸트의 실천 철학에서, 수많은 다양한 이론적 가닥들을 연결하는 일종의 개념적 매듭의 지위를 갖는

1) [1장의 원 제목은 'The (Moral-)Pathology of Everyday Life'이며, 역자는 그것을 프로이트의 『일상생활의 정신병리학』의 바로 그 제목을 염두에 두면서 '일상생활의 (도덕–)병리학'이라고 옮겼다. 정신분석적 맥락에서 'pathological'을 '병리적'이라고 옮기는 것은 부자연스러운 것이 아니다. 하지만 칸트적 맥락이 문제가 될 때 이 표현은 '정념적'이라고 번역되어야 할 이유가 있다. 또한 주판치치가 여기서 이야기하고 있는 칸트적 요점 가운데 하나는 'pathological'을 단순히 ('정상적'에 대립되는) '병리적'이라는 의미로 편협하게 이해하는 것을 피해야 한다는 것이다. 그래서 역자는 둘 중 하나를 선택해야 할 때 일반적으로는 '병리적' 보다는 '정념적'을 번역어로서 선호하기로 했다. 그리고 이러한 점들을 고려한다면 이 장의 제목은 '일상생활의 (도덕–)정념학'이라고 번역하는 것이 더 좋을지도 모른다.]

다는 것은 잘 알려져 있다. 칸트는 이 용어를 윤리적인 것의 영역에 속하지 않는 것을 지칭하기 위해 사용한다. 그렇지만 우리는 정념적인 것이라는 이 개념이 '정상적'인 것의 반대로 간주되어서는 안 된다는 것을 강조해야 하겠다. 오히려 칸트의 견해를 따르자면, 다름아닌 우리의 '정상적' 일상 활동들이야말로 더 많게든 더 적게든 언제나 정념적인 것이다. 우리는 우리의 활동을 추동하는—우리를 앞으로 내몰거나 뒤에서 재촉하는 데 이바지하는—무언가가 있을 때 정념적으로 행동하는 것이다. 이와 같은 추동력에 대해서 칸트는 *Triebfeder*, 즉 '충동' 혹은 '동인'이라는 일반적 술어를 사용한다. 가장 기본적인 필요need에서 가장 고상하고 추상적인 관념에 이르기까지 그 무엇이건 그와 같은 추동력으로서 이바지할 수 있다. 이 개념을 확장한 것이 다름아닌 '정상성'의 세계 그 자체다. 따라서 정념적인 것에 대한 대안은 정상적인 것일 수 없다. 그것은 오히려 자유, 자율, 의지의 형식적 결정과 같은 개념들을 내포할 것이다.

칸트도 잘 알고 있었지만, 윤리 그 자체 또한 하나의 추동력을 요한다. 칸트는 그것을 『실천이성비판』에 나오는 상당히 소름끼치는 구절에서 소개하고 있다:

> 삶과는 전혀 다른 어떤 것에 대한 존경…… 이와 비교하고 대조할 때 삶은 삶의 모든 쾌적함과 함께 오히려 아무런 가치도 갖지 못한다. 인간은 삶에서 조금만큼의 흥취라도 발견하기 때문에가 아니라 오로지 의무에서 사는 것이다. 순수 실천 이성의 진정한 동기(*echte Triebfeder*)는 이러한 성질을 갖는다.[2]

---

2) Immanuel Kant, *Critique of Practical Reason*, New York: Macmillan,

그렇지만 칸트의 윤리는 단순히 금욕주의의 윤리, 즉 모든 쾌락을 원칙상 포기하는 윤리가 아니라는 것을 강조해야 하겠다. 위에 인용한 구절로 인해 윤리적 주체에게는 어떠한 '안락'이나 '선善'도 자신을 위해 요구하는 것이 허용되지 않을 것이라고 결론내리게 되어서는 안 된다. 진정한 역설은 다른 곳에, 즉 쾌락원칙과 윤리적 차원의 구조적으로 결정된 '빗나간 조우'에 있다. 쾌락원칙이 윤리적 주체에게는 금지되어 있다는 것이 아니다. 오히려, 쾌락원칙이 그러한 주체에게 그 매혹의 힘을 상실한다는 것이다. 그것은 이용가능하고 접근가능하다, 다만 더 이상 매력적이지 않을 뿐이다. 게다가 우리는 겉보기에 우울한 이 관념에서 용기를 북돋는 무언가를 발견할 수도 있다. 즉 우리는, 윤리적인 것의 영역으로 들어가면 우리가 그렇게도 소중히 여기는 모든 쾌락들을 희생해야만 할 것이라는 두려움을 결코 가질 필요가 없는 것인데, 왜냐하면 그것은 상실이나 희생으로서 경험되지조차 않을 것이기 때문이다. '우리'는 이전과 동일한 사람이 아닐 것이다. '우리'는 아무것도 서운해 할 것이 없을 것이다.

쾌락원칙과 윤리적인 것 간의 이와 같은 빗나간 조우는, 마르셀 프루스트의 『스완의 사랑』에서 그토록 예리하게 묘사된, 사랑을 정의하는 빗나간 조우와 아주 닮았다. 주인공은 오데트를 필사적으로 사랑하지만 그녀는 더 이상 그를 사랑하지 않는다. 끔찍한 고통 속에서 처음에 그는 자신이 실제로 원하는 것은 그녀에 대한 사랑이 끝나서 고통에서 벗어나는 것이라고 믿는다. 하지만 그러

1993[1956], p. 92. [국역본 : 『실천이성비판』, 백종현 옮김, 아카넷, 2002, 197쪽.]

고 나서 자신의 감정을 좀더 신중히 분석했을 때 그는 그것이 그렇지가 않다는 것을 깨닫는다. 그 대신 그는 고통은 멎으면서도 여전히 그 자신은 사랑에 빠져 있기를 원하는데, 왜냐하면 사랑의 쾌락에 대한 경험은 이 후자의 조건에 달려 있기 때문이다. 문제는, 오데트에 대한 사랑을 끝낸다면, 그녀에 대한 사랑에서 '치유'된다면 고통이 멎을 것임을 알고 있음에도 불구하고, 그가 가장 일어나지 않기를 바라는 것이 바로 그것이라는 점이다. 왜냐하면 '그가 병적인 상태에 있음으로 해서, 사실상 온 인격의 죽음인 그런 치유를 죽음만큼이나 두려워하고 있었'으니까 말이다.[3] 다시 말해서 그의 조건에서 치유될 경우 그는 더 이상 동일한 주체가 아닐 것이며, 따라서 더 이상 오데트의 사랑에서 쾌락을 느끼지도, 오데트의 무관심이나 배반에서 고통을 느끼지도 못할 것이다.

프루스트에 의해 묘사된 이 상황은 '정념적인' 것과 윤리적인 것이라는 칸트의 두 개념의 관계를 보다 분명하게 정의할 수 있도록 해준다. 주체는 애매성이 없지 않은 방식으로 자신의 정념성에 '애착되어' 있고 '종속되어' 있다. 주체가 가장 두려워하는 것은 이런 저런 특수한 쾌락을 상실하는 것이 아니라 쾌락(이나 고통)이 도대체 그러한 것으로서 경험되는 바로 그 틀을 상실하는 것이니까 말이다. 주체는 자신의 정념성, 자신의 존재와 현 실존의 중핵을 구성하는 파토스의 상실을 두려워한다. 그것이 아무리 비참한 것이라 할지라도 말이다. 그녀[4]는 자기 자신이 전적으로

3) Marcel Proust, *In Search of Lost Time*, vol. 1, London: Vintage, 1996, p. 361. [국역본: 마르셀 프루스트, 『잃어버린 시간을 찾아서』 2, 국일미디어, 1998, 168쪽.]

새로운 풍경 속에, 그녀의 실존이 더 이상 그녀가 느끼는 것에 의해 확증되지 않게 될 아무 특색 없는 영토 속에 있는 것을 발견하는 것을 두려워한다. 칸트의 요점은 이러한 두려움이 근거 없다는 것이다. 왜냐하면 그것은—윤리적인 것으로의 이행이 일어난다면—더 이상 이 '상실'을 상실로서 경험하지 않게 될 바로 그 주체에 속하는 것이기 때문이다.

여기서 실천 이성의 어휘에서 소개할 두 번째 핵심적인 개념은 욕구 능력의 대상(*Objekt des Begehrungsvermögens*)이라는 개념이다. 의지가 의무 그 자체에 외부적인 그와 같은 대상에 의해 규정된다면, 우리의 행동은 결코 정념적인 것 이외의 어떠한 것도 아닐 테니 말이다. 욕구 능력은 우리 행동의 근거로서 복무한다. 그것은 (인간) 생의 본질적 특성 가운데 하나다:

> **생**이란 한 존재자가 욕구 능력의 법칙에 따라 행위하도록 하는 그 존재자의 능력이다. **욕구 능력**이란 그와 같은 존재자가, 그것의 표상들을 통해서 이 표상의 대상들의 현실성의 원인이 되는 능력이다. 쾌는 어떤 대상이나 어떤 활동이 생의 주관적 조건들과 합치하는 것의, 다시 말해 객관의 현실성과 관련해서…… 그 표상의 원인성의 능력과 합치하는 것의 표상이다.[5)]

---

4) [주판치치는 일반적으로 주체를 가리키는 대명사로서 남성형인 '그'를 사용하지 않고 여성형인 '그녀'를 사용한다. 이것은 그동안의 남성중심적 관행에 대한 반발이나 보상의 제스처가 아닐지도 모른다. 주판치치는 다른 한 논문에서 '만일 **남자**가 존재한다면, 그것은 그가 아직 전적으로 주체인 것은 아니기 때문이다'라고 쓰고 있다.]

5) Kant, *Critique of Practical Reason*, pp. 9~10 (각주). [국역본: 47쪽.]

칸트의 시대에—그리고 칸트 이전에도 역시—욕구의 '상위' 능력과 '하위' 능력을 구분하는 것은 일반적인 것이었다. 칸트 자신은 이러한 구분에 강하게 반대한다. 그는 다른 경우에는 명민한 저자들이 쾌감과 결합되어 있는 매 표상들이 그 근원을 감각들에서 갖느냐 지성에 갖느냐에 주목함으로써 하위 욕구 능력과 상위 욕구 능력의 구별을 지적하는 것이 가능하다고 믿었다는 것에 놀라움을 금치 못한다. 대상들의 표상들이 제아무리 다르다고 해도—그것들은 감각을 특성짓는 것이 아니라 지성을 특성짓는 것일 수 있으며, 심지어 이성을 특성짓는 것일 수도 있다—쾌감은, 바로 그로 인해 저 표상들이 의지의 규정 근거가 되는 것인바, 그 특성에 있어서 언제나 유사한 것이다. 쾌감들은 언제나 경험적이며, 따라서 정념적이다. 쾌는 물론 '지성적' 쾌일 수 있지만, 그렇다고 해서 덜 쾌인 것은 아니다. 더욱이, 쾌는 직접적일 필요가 없으며, 오히려 노력과 지연과 희생을 요구할 수 있다. 칸트가 이야기하기를 예컨대 사람들은 한갓되이 힘을 씀에서나, 우리의 기획을 가로막는 장애를 극복하는 데 있어 자기의 정신력을 의식함에서나, 혹은 정신적 재능의 개발 등에서도 즐거움을 찾을 수 있는 경우가 있다. 우리가 이러한 것들을 여느 것보다 더 정제된 기쁨이며 흥겨움이라고 칭하는 것은 옳을 것이다. 그러나 그렇다고 해서 그러한 쾌들이 감각적 쾌들이 의지를 규정하는 것과는 여하간 다른 방식으로 의지를 규정한다고 주장할 수 있는 것은 아니다. 논변의 이 지점에서 칸트는—그에 대한 평판과는 달리 유머 감각을 소유하고 있음을 확증해주는 방식으로—하위 욕구 능력과 상위 욕구 능력의 차이를 가정하는 것은 '마치 형이상학에서 무턱대고 참견하고 싶어 하는 무식쟁이들이 물질은 너무나

섬세해서 그걸 보면 그들 자신이 어지러워진다고 생각하고서는, 이런 식으로 물질이 정신적이면서도 연장적인 것임을 알아냈다고 믿는 것이나 마찬가지다'라고 말한다.[6)]

다시 말해서, 우리는 의지를 점진적으로 고양시킴으로써, 점점 더 세련되고 섬세하고 고상한 목표들을 추구함으로써, 자신의 '저열한 동물적 본능들'로부터 점차로 벗어남으로써, 윤리적인 것의 영역에 도달할 수는 없다. 오히려 우리는 정념적인 것에서 윤리적인 것으로 나아가기 위해서 예리한 단절, '패러다임 전환'이 요구된다는 것을 보게 된다. 여기서 우리는 칸트의 윤리에 대한 표준적 이미지의 유혹에 저항해야만 한다. 이에 따르면 칸트의 윤리는 (정념적인 일체의 것으로부터의) 항구적 '정화'를 요구하며, 윤리적 이상에 대한 점근선적 접근을 요구한다. 칸트의 텍스트가 이 이미지를 지지하는 바가 없지는 않지만, 그럼에도 불구하고 그것은 오도적이다. 우선은 칸트의 논변의 논리에 대한 상당한 단순화를 초래하기 때문에. 두 번째로는, 또 다른 매우 중요한 논변의 노선—'자유의 행위'(*Aktus der Freiheit*), 진정한 윤리적 행위는 언제나 전복적이라는 주장—을 흐려놓기 때문에. 그것은 결코 단순히 '개선'이나 '개량'의 결과인 것이 아니다. 그리하여:

> 어떤 사람이 비단 **법적으로**뿐만이 아니라 **도덕적으로** 선한…… 사람이 된다는 것은 준칙의 기초가 불순한 한 점차적인 **개선**을 통해서 가능한 것이 아니라 인간 마음속의 소질의 **혁명**을 통해서 일어나지 않으면 안 된다. ……오직 새로운 창조와도 같은 일종의 재생을 통해서 새로운 인간이 될 수 있는 것이다.[7)]

6) 같은 글, p. 23. [국역본: 71~72쪽.]

『이성의 한계 안에서의 종교』에 나오는 이 구절은 칸트적 윤리의 논리를 파악하는 데 있어 특히 중요하다. 철학적 윤리와 종교적 교의 속에서 도덕적 물음들이 제시되는 방식에 대한 칸트의 구분은 분명 친숙한 것이다. 이보다 덜 알려진 것은, 그가 소질(*Gesinnung*)의 적합한 변화를 무로부터의*ex nihilo* 창조라는 제스처에 위치시킨다는 사실이다. 우리가 그것을 일종의 비합리성으로의 후퇴로서, 관념론의 키마이라[8]로서 보게 되면 이 제스처의 충격은 전적으로 우리를 피해가게 된다. 오히려 반대로 그것은 유물론적 제스처이다. 자크 라캉이 몇 번 지적하는 것처럼, 오로지 무로부터의 창조라는 계기에 대한 수용만이 진정한 '이론적 유물론'을 위한 열림을 허용한다.[9] 라캉 자신의 행위로의 이행*passage à l'acte* 이라는 개념 그 자체가 그와 같은 칸트적 제스처에 토대하고 있는 것 아닌가? 라캉이 '자살은 유일하게 성공적인 행위다'라고 진술할 때[10] 그 요점은 정확히 이렇다. 그와 같은 행위 이후에 주체는

7) Immanuel Kant, *Religion Within the Limits of Reason Alone*, New York: Harper Torchbooks, 1960, pp. 42~43. [국역본: 칸트, 『이성의 한계 안에서의 종교』, 신옥희 옮김, 이화여자대학교 출판부, 1984, 58쪽.]

8) [영어로는 '키메라'라고 하는 '키마이라'는 머리는 사자, 몸통은 염소, 꼬리는 뱀이나 용의 형상을 하고 있는 신화적 괴물이다. 매우 비현실적인 희망이나 관념을 가리키는 말로 쓰인다.]

9) 예를 들어: '*ex nihilo*, 즉 "영에서 시작하는"이 나타내는 경계들은, 올해의 설명을 시작할 때 지적한 것처럼, 엄격히 무신론적인 사고가 필연적으로 스스로를 위치시키는 장소이다. 엄격히 무신론적인 사고는 "창조론"의 관점과 결코 다르지 않은 관점을 채택한다.' Jacques Lacan, *The Ethics of Psychoanalysis*, London: Routledge, 1992, pp. 260~261.

10) 물론 여기서 우리는 이러한 '상징적 자살'을 '현실에서의 자살'과 구분해

더 이상 전과 동일하지 않을 것이다. 그녀는 '재탄생되는' 것일 터이다. 하지만 오로지 새로운 주체로서 말이다.

그리하여 칸트는, '상위 욕구 능력'이라는 표현에 도대체 의미가 있는 것이라면, 오로지 순수 이성이 그 자체로 이미 실천적이라는 사실을 지시하기 위해서만 사용될 수 있을 뿐이라고 결론 내린다. 그렇다면 상위 욕구 능력은 어떤 특수한 대상이 아니라 오히려 욕구 행위 그 자체를 목표하는 욕구인 '순수 욕구'에 의해 규정되는 바로서의 주체의 의지를 지칭한다. 그것은 선험적인 바로서의 욕구 능력을 지칭한다.[11)]

바로 이 접속점에서 우리는 그 유명한 칸트의 개념쌍을 만난다: 형식/내용, 형식/질료, 혹은 형식/대상. 이러한 짝맺음은 종종 공격을 받기도 했으며 또 그 때문에 칸트의 윤리는 '한낱 형식주의'라는 불찬성의 딱지를 얻기도 했다. 형식주의라는 비난은 통상 (의무의 내용을 추상하는 한에서의) 정언명령을 겨누는 것이다. 하지만 그와

야만 한다:

> 이 상징적 자살의 행위, '현실에서의*in* reality' 자살에 엄격히 대립되어야 하는 상징적 현실로부터의*from* symbolic reality 이 물러남. ……현실에서의 자살은 상징적 소통의 그물망 속에 붙잡혀 있다. 스스로를 죽임으로써 주체는 큰 타자에게 메시지를 보내려 시도한다. 즉, 그것은 죄의식의 승인, 정신을 맑게 하는 경고, 감상적인 호소로서 기능하는 행위(……)인 반면, 상징적 자살은 주체를 간주체적 회로로부터 배제하는 것을 목적으로 한다. (Slavoj Žižek, *Enjoy Your Symptom!*, London and New York: Routledge, 1992, pp. 43~44. [국역본: 지젝, 『당신의 징후를 즐겨라!』, 한나래, 1997, 96쪽.]

11) [칸트적 맥락에서 '욕구'라고 번역되는 이것을 라캉적 맥락에서 '욕망'으로 이해할 수 있다. 이와 관련해서는 7장의 역주를 참고할 것.]

동시에 정언명령에 대한 칸트의 정식화는 또 다른 한층 더 근본적인 구분에 의존하고 있다: 단지 의무에 따라서 행해진(*pflichtmäßig*) 활동들과 배타적으로 의무를 위해서만 행해진(*aus Pflicht*) 활동들의 구분. 물론 이것은 어떤 활동의 합법성과 도덕성(혹은 윤리성)에 대한 그 유명한 구분이다. 칸트는 이 구분을 다음과 같이 설명한다. '그 동인(*Triebfeder*)과 무관하게 어떤 활동이 단지 법에 부합하느냐 부합하지 않느냐 하는 것은 그것의 **합법성**이라 불린다. 하지만 법에서 생기는 의무의 **이념**이 또한 그 활동에 대한 동인이기도 한 그러한 부합성은 그것의 **도덕성**이라 불린다.'[12]

우리는 행위의 윤리적 차원은 '합법적/위법적'이라는 개념쌍에 대해 '정원외적supernumerary'이라고 말할 수도 있을 것이다. 그렇다면 이는 또한 라캉의 **실재** 개념과의 구조적 연관성을 암시한다. 알랭 바디우가 지적한 것처럼[13] 라캉은 인식가능한 것과 인식불가능한 것이라는 겉보기에 상호 배타적인 양자택일의 논리에서 배제하는 방식으로 **실재**를 파악한다. 인식불가능한 것은 인식가능한 것의 한 유형에 불과한 것이다. 그것은 인식가능한 것의 한계 사례이거나 타락한 사례이다. 반면에 **실재**는 전적으로 또 다른 등록소register에 속한다. 이와 유사하게도 칸트에게 있어서 위법적인 것은 여전히 합법성의 범주에 속한다. 양자 모두는 동일한 등록소에, 의무에 부합하거나 부합하지 않는 것들의 등록소에 속한다. 윤리는—유비를 지속하자면—이러한 등록소에서

12) Immanuel Kant, *The Metaphysics of Morals*, Cambridge: Cambridge University Press, 1993[1991], p. 46.

13) Alain Badiou, *L'Antiphilosophie*: *Lacan* (미출간 세미나), 1995년 3월 15일부터의 강의.

벗어난다. 윤리적 행위는 의무에 부합할 것이겠지만 이것만으로는 윤리적인 것이 되지 않으며 될 수 없다. 따라서 윤리적인 것은 법과 법의 위반이라는 틀 내에 위치시킬 수 없다. 다시금, 합법성과 관련하여, 윤리적인 것은 언제나 어떤 잉여나 과잉을 제시한다.

그렇다면 물음은 이렇다: '이 과잉의 본성은 정확히 무엇인가?' 간단하게 답해서 그것은 칸트의 '형식' 개념과 관련이 있다. 그것의 정확한 의미는 좀더 신중한 고려를 필요로 한다.

다음과 같은 어쩌면 터무니없는 시나리오를 예로 들어보자. A라는 인물이 살인 혐의로 기소를 당한다. 그렇지만 또 다른 B라는 인물은 피의자 A가 그 범죄를 저질렀을 리 없다는 것을 알고 있다. B는 A와 불륜 관계에 있을 것이라고 의심했던 아내를 미행했었다. 살인이 있었던 날 B는 아내가 (곧 기소될 운명이었던) A를 방문하는 것을 목격했다. 살인이 있기 한 시간 전에 아내가 A의 집을 떠났지만, 질투심에 찬 남편은 남아서 그 경쟁자를 감시했다. 그에 관해 더 많은 것을 알아내기 위해서 말이다. B가 분명히 목격했듯이, A는 결코 자기 집을 떠나지 않았다. 아직 목격자로서 나서지 않은 이 목격자 B는 몇 가지 상이한 선택을 할 수 있다.

1. 그는 자신에게 이렇게 말할 수 있다. '내가 이 사기꾼한테 빚진 게 뭐지? 왜 내가 그를 도와야 하지? 그자는 내 아내와 같이 잤을 뿐 아니라 내가 그에게 알리바이를 제공하면 내 창피한 상황이 공개될 거야. 그자는 벌을 받아 마땅해. 스스로 자초한 일이지.' 따라서 이 선택은 결국 아무것도 하지 않는 것이다. 칸트의 용어로 하자면, 이 선택항을 택할 때 B는 정념적으로

행위하는 것이다.

2. 그는 자신에게 이렇게 말할 수 있다. '내게 좋은 계획이 있어. 난 이 나쁜 자식에 대한 증오를 접어두고 그를 위해 증언할거야. 이것이 요구하는 희생(앙갚음할 기회와 내 부부관계의 명예 등을 포기하는 것)을 고려했을 때 나는 고결한 인물이라는 명성을 얻게 될 거야. 나는 지역사회의 존경을 얻게 될 것이고 아마도 아내를 되찾게 될 수도 있을 거야.' 이것 또한 정념적 행위의 사례이다. 칸트적 의미에서 합법적이지만(즉, 의무에 따르지만) 윤리적이지 않은(의무가 유일한 동기가 아니다) 몇 가지 다른 변종들이 이러한 행위 범주에 포함될 수 있을 것이다. 예컨대 B는 다른 사람을 도와주기를 거절하는 것에 대한 신의 처벌이 두려운 것일 수도 있다. 혹은 그가 '내가 그의 입장이라면 어찌할까? 분명 나는 이 형벌이 과도하다고 생각할거야…….'라고 생각하면서 스스로를 희생양과 동일화할 수도 있을 것이다. 기타 등등.

3. 물론 또한 제3의 가능성도 있다. B는 다만 목격자로 나서는 것이 그의 의무라는 것을 깨닫고는 바로 그 이유로 그렇게 할 수 있다. 물론 그렇다고 해서 A가 비열한 사람이라는 것과 A의 목이라도 부러뜨리고 싶은 심정이라는 것을 다른 사람들이 알도록 하게 할 수 없다는 것은 아니다. 이것이 그의 현재 의무와 아무런 상관도 없다는 것을 그가 깨닫고 있는 한에서 말이다. 이 경우 그의 행위는 윤리적이다. 그는 의무에 따라서 행위하는 것뿐만이 아니라 또한 (배타적으로) 의무 때문에 혹은 의무를

> 위해서 행위하는 것이니까 말이다. 그리하여 그의 의지는—언제나 가능한 것인바 또 다른 숨은 동기가 발견되지 않는다는 가정하에서—오로지 도덕법칙의 형식에 의해서만 규정된 것이다.

하지만 그렇다면 정확히 무엇이 '내기에 걸린' 것이며, 이 순수 형식이란 무엇인 것인가? 무엇보다도 먼저 문제의 그 형식은 '질료의 형식'일 리가 없다. 칸트는 법적인 것과 윤리적인 것을 두 개의 상이한 등록소에 위치시킨다는 단순한 이유에서 말이다. 따라서 질료와 형식, 법적인 것과 윤리적인 것은 동일한 하나의 두 상이한 측면들인 것이 아니다. 그럼에도 불구하고 몇몇 주석가들은 칸트적 형식의 문제에 대해 다음과 같은 해답을 제시했다: 모든 형식은 그것과 연결된 내용을 갖는다; 언제나 우리는 오로지 형식과 내용을 다룬다. 그래서 이러한 견해에서 볼 때 만일 어떤 행위가 윤리적인지 아닌지를 결정하고자 할 때 단지 우리는 사실상 어떤 것이 우리의 의지를 규정하는가를 알기만 하면 되는 것이다. 그게 내용이라면 우리의 활동은 정념적이다. 그게 형식이라면 우리의 활동은 윤리적이다. 실로 이는 형식주의라 불러 마땅할 것이리라. 하지만 '순수 형식'이라는 개념을 사용할 때 칸트가 의도한 바는 그게 아니다.

무엇보다도 우선 '형식주의'라는 명칭은 칸트가 합법성이라 부르는 것에 더 적합하다는 사실에 즉각 주목해야 한다. 합법성과 관련해서는, 어떤 활동이 의무에 부합하는가의 여부만이 문제가 된다. 그러한 활동의 '내용'은, 이 부합성의 실제 동기는, 무시된다. 그것은 단순히 문제가 되지 않는 것이다. 하지만 법적인 것과는 달리 윤리적인 것은 의지의 '내용'과 관련하여 사실상 일정한 주장을 제출한다. 윤리는 활동이 의무에 부합할 것만을 요구하는 것이 아니라 이 부합성이 그 활동의 유일한 '내용' 혹은 '동기'이어야 함을 요구한다. 그리하여 형식에 대한 칸트의 강조는, 사실상, 윤리적 활동을 위한 하나의 가능한 충동*drive*을 드러내려는 시도이다. '형식'은 이전에 '질료'가 차지했던 자리를 차지하게 되어야만 한다고, 형식 그 자체가 하나의 충동으로서 기능해야만 한다고 칸트는 말하고 있는 것이다. 형식 그 자체는, 의지를 규정할 수 있으려면, 질료적 잉여로서 전유되어야만 한다. 반복하건대, 칸트의 요점은 질료성의 모든 흔적들이 도덕적 의지의 규정 근거로부터 일소되어야만 한다는 것이 아니다. 오히려 그의 요점은 도덕법칙의 형식 그 자체는, 활동의 동기적 힘으로서 기능하기 위해서는, '질료적'이 되어야 한다는 것이다.

결과적으로 우리는 '순수한' 윤리적 행위의 가능성과 관련하여, 사실상, 해결되어야 할 두 개의 상이한 문제가 있다는 것을, 혹은 밝혀져야 할 두 개의 '미스터리'가 있다는 것을 알 수 있다. 그 첫 번째는 우리가 흔히 칸트적 윤리와 연결시키곤 하는 것이다. 우리 활동의 모든 정념적 동기나 동인을 제거하는 것이 어떻게 가능한가? 주체는 어떻게 일체의 자기-이해를, '쾌락원칙'을, 자신의 안녕 및 자신에게 가까운 사람들의 안녕에 대한 일체의 관심을 무시할 수 있는가? 어떤 종류의 섬뜩하고도 '비인간적인' 주체를 칸트의 윤리는 전제하고 있는 것인가? 이러한 일련의 물음은, '당신이 얼마나 멀리까지 왔건 언제나 한 번 더의 노력이 요구될 것이다'라는 논리를 갖는, 주체의 의지에 대한 '무한한 정화'라는 쟁점과 연관되어 있다. 처리해야 할 두 번째 물음은 칸트의 견해에 따라 요구되는 '윤리적 실체변환transubstantiation'이라 부를 수 있을 것과 관련이 있다. 한낱 형식을 질료적으로 효력이 있는 충동으로 전환시킬 가능성에 관한 물음. 내가 보기에는 두 번째 물음이 둘 중 더 긴급한 것이다. 그것에 답을 하게 된다면 첫 번째 물음에도 자동적으로 답이 제공될 테니까 말이다. 따라서, 그 자체로 정념적이지 않은 (즉 주체적 인과작용의 '통상적' 양태인 쾌락이나 고통의 표상과는 아무런 관련도 없는) 어떤 것이 그럼에도 불구하고 어떻게 주체의 활동의 원인 혹은 충동이 될 수 있는가? 여기서 물음은 더 이상 동기와 동인의 '정화'에 관한 물음이 아니다. 그보다 훨씬 더 근본적인 것이다. 어떻게 '형식'은 '질료'가 될 수 있는가, 어떻게 주체의 우주 속에서 원인의 자격을 갖지 않는 어떤 것이 갑자기 원인이 될 수 있는가?

이것은 윤리 속에 내포된 진정한 '기적'이다. 그리하여 칸트적 윤리의 핵심적 물음은 '어떻게 의지의 모든 정념적 요소들을 제거하여 의무의 순수 형식만 남도록 할 수 있는가?'가 아니라, 오히려 '어떻게 의무의 순수 형식 그 자체가 정념적 요소로서, 즉 우리 활동의 추동력 또는 동인의 역할을 맡는 요소로서 기능할 수 있는가?'이다. 만일 후자가 현실적으로 발생한다면—만일 '의무의 순수 형식'이 현실적으로 주체를 위한 동기(동인 혹은 충동)로서 작용한다면—우리는 더 이상 '의지의 정화'와 일체의 정념적 동기들의 제거라는 문제에 대해 걱정할 필요가 없을 것이리라.

하지만 이것은 그와 같은 주체에게 있어서 윤리는 단순히 '제2의 자연'이 되어버리고 그리하여 윤리이기를 전적으로 그만두게 된다는 것을 암시하는 것처럼 보인다. 윤리적으로 행위하는 것이 충동의 문제라면, 그것이 그처럼 별 노력이 들지 않는 것이라면,

희생도 괴로움도 포기도 요구하지 않는 것이라면, 그때 그것은 또한 전적으로 그 가치와 덕성을 결여하게 되는 것처럼 보인다. 사실상 이것은 칸트의 주장이었다: 그는 그와 같은 상태를 '의지의 신성함'이라 불렀던바, 또한 그는 그것이 인간 행위자들에게는 획득불가능한 이상이라고 생각했다. 또한 똑같이 그것은 전적인 평범성과 동일시될 수도 있다—한나 아렌트의 유명한 표현을 말바꿈해 본다면, '근본적 선의 평범성'. 그럼에도 불구하고—그리고 본 연구의 근본적 목적들 가운데 하나가 바로 이를 보여주는 것인바—이러한 분석은 너무 빨리 나아가며, 따라서 무언가를 빠뜨린다. 여기서 우리의 이론적 전제는, 인간 활동의 신성함 또는 평범성 가운데 어느 하나로 와해됨 없이 윤리를 충동의 개념에 토대짓는 것이 현실적으로 가능할 것이라는 것이다.

칸트가 윤리적인 것 속에서 인지하고 있으며 또한 '형식'이라는 개념과 연계시키고 있는 그 과잉의 본성에 대한 물음으로 이제 돌아가 보자. 법적인 것과 관련하여 윤리적인 것이 도입하는 이 잉여는 정확히 무엇인가?

'의무에 부합해서' (법적인 것)
'의무에 부합해서, 그리고 오로지 의무 때문에' (윤리적인 것)

위와 같이 써봄으로써, 윤리적인 것이 사실상 본질적으로 어떤 보충물[14]이라는 것을 분명히 볼 수 있다. 그렇다면 첫 번째 층위

---

14) [라캉적 맥락에서, '보충물(supplement)'은 '보완물(complement)'과 구분되는 것이다. 보완의 개념에는 잉여성이나 이질성이 내포되지 않는다.

(법적인 것)에서 시작해보자. 활동의 내용(그것의 '질료')은 이 내용의 형식과 마찬가지로 '의무에 부합해서'라는 개념 속에서 전적으로 규명된다. 내가 나의 의무를 행하는 한 더 이상 말할 것이 없는 것이다. 나의 의무를 다하는 행위가 배타적으로 이 의무를 위해서만 행해졌을 것이라는 사실은 이러한 분석 층위에서는 아무것도 바꾸어 놓지 않는다. 그러한 행위는 단순히 의무에 따라서 행해진 행위와 전적으로 구별불가능할 것이다. 결과가 똑같을 테니 말이다. (배타적으로) 의무를 위해서 행위하는 것의 의미는 두 번째 분석 층위에서만 가시적일 것인데, 우리는 이 층위를 간단히 형식의 층위라 부를 것이다. 여기서 우리는 더 이상 그 어떤 것의 형식, 이런 저런 내용의 형식이 아닌 어떤 형식과 만난다. 하지만 그것은 공허한 형식이라기보다는 내용 '밖의' 형식이며, 오로지 그 자체를 위해서만 형식을 제공하는 형식이다. 다시 말해서 우리는 여기서 '순수한 쓰레기'인 것처럼 보이기도 하는 잉여와, 즉 절대로 어떠한 목적에도 이바지하지 않는 어떤 것과 대면한다.

라캉의 정신분석 이론은 순수 형식이라는 이와 같은 칸트적 개념을 포착하는 개념 또한 포함한다: *plus-de-jouir*, 즉 잉여-향유. 라캉의 '대수적' 표현에서 이 잉여-향유에 대한 또 다른 이름은 '*objet petit a*[대상 *a*]'이다. 후자의 정식화를 참조하여, 칸트의 순수 형식 개념과 라캉의 대상 *a*라는 개념이 사실상—동일하지는 않더라도—매우 유사한 개념적 문제들을 해결하기 위

알랭 바디우의 『윤리학』(동문선, 2001)을 번역한 이종영은 이 둘을 각각 '잉여적 부가물'과 '보족물'로 번역하며 또한 이 책의 역주(110쪽)에서 두 개념의 차이를 적절하게 설명하고 있다.]

해 도입된다는 것을 보여줄 수 있다. 무언가에 대한 형식으로서의 형식과 '순수 형식'을 칸트가 구분하도록 추동한 것과 동일한 필요성이 라캉으로 하여금 (필요need에 대한 정식화로서의) 요구demand와 (라캉이 문자 *a*로써 지칭하는 대상을 그 대상으로 갖는) 욕망desire을 구분하도록 한다.

두 경우 모두에서 내기에 걸려 있는 것은 어떤 잉여에 대한 개념화이다. 칸트의 경우 이 잉여는 공식에 명백하게 나와 있다: 의무에 따라서뿐만이 아니라 또한 오로지 의무를 위해서. 라캉의 경우 욕망은 언제나 요구된 대상이 아닌 다른 어떤 것—요구된 대상보다 더한 어떤 것—을 지향한다. 의지적 잉여volitional surplus에 대한 이 두 개념들 사이에는 여전히—게다가 이미 용어상의 층위에서는 이미—한 가지 분명한 차이가 있는 것처럼 보일지도 모른다. 칸트는 이 잉여를 형식이라는 용어로 표현하는 반면에 라캉은 그것을 대상이라는 용어로 개념화한다. 그렇지만 그들의 텍스트를 보다 면밀하게 검토해 보면, 한 편으로 칸트의 순수 형식 개념에서 대상의 지울 수 없는 흔적을 볼 수 있으며 다른 한 편으로 라캉의 대상 *a*가 형식 개념에 빚지고 있는 바를 볼 수 있다.

우리는 본 연구를 시작하면서 칸트의 실천 철학의 주축점들 가운데 하나로서 *Triebfeder*(충동 혹은 동인) 개념을 소개했다. 이 *Triebfeder*는 의지의 대상-충동에 다름아니다. 이제 비록 칸트는 윤리적 행위는 여하한 *Triebfeder*의 결여에 의해 변별되어진다는 것을 강조하고 있지만, 그럼에도 불구하고 칸트 스스로 순수 실천 이성의 *echte Triebfeder*(진정한 충동)라 부르는 것을 도입한다. 이와 같은 의지의 진정한 대상-충동 자체는, 정확히,

여하한 *Triebfeder*의 부재로서의 순수 형식을 통해 정의된다. 또한 여기서 우리는 대상 *a*라는 라캉의 개념이 그리 멀리 떨어져 있지 않음을 볼 수 있다. 대상 *a*는 다름아닌 대상의 부재와 결여를, 욕망이 그 둘레로 회전하는 공백을 지칭한다. 필요가 만족된 이후에도, 그리고 주체가 요구된 대상을 얻은 이후에도 욕망은 그 자체로 지속된다. 욕망은 필요의 만족에 의해 '꺼지지' 않는다. 주체가 요구하는 대상을 획득하는 순간, 주체가 여전히 '얻지 못한' 혹은 가지고 있지 않은 것으로서 대상 *a*가 출현한다. 그리고 바로 그것은 욕망의 '진정한(*echte*)' 대상을 구성한다.

라캉 이론에서 대상 *a*와 형식 개념 사이의 적절한 연계와 관련해서는, 욕망은 정확히 요구의 순수 형식으로서, 요구를 만족시킬 모든 특수한 대상들(혹은 '내용들')이 제거될 때 요구에서 남게 되는 것으로서 정의될 수 있다는 점을 지적하기만 하면 된다. 그리하여 대상 *a*는 형식을 얻게 된 공백으로서 이해될 수 있다. 라캉의 말대로라면: '대상 *a*는 그 어떤 존재도 아니다. 대상 *a*는 요구에 의해 전제된 공백이다. ……"그건 그게 아니다"라는 말은 매 요구의 욕망 속에는 단지 대상 *a*에 대한 요청만이 있다는 것을 의미한다.'15)

그리하여 우리는 윤리에 대한 칸트의 개념화 속에 내포된 대상-충동이 그 어떤 다른 정념적 동기와도 꼭 같지는 않지만 그렇다고 단순히 동기나 동인의 전적인 부재인 것도 아님을 볼 수 있다. 오히려 요점은 바로 이 부재가 어떤 지점에서 동인으로서 기능하

15) Jacques Lacan, *The Seminar, Book XX: On Feminine Sexuality. The Limits of Love and Knowledge*, New York and London: W. W. Norton, 1998, p. 126.

기 시작해야 한다는 것이다. 그것은 어떤 '질료적 무게'와 '실정성'을 획득해야만 하며, 그렇지 않을 경우 인간 행동에 어떠한 영향도 발휘하지 못할 것이다.

이러한 개념화는 또 하나의 흥미로운 문제를 제시한다. 칸트에 따르면 주체가 정념적인 것에서 분리될 때 어떤 잔여물이 남는다. 그리고 윤리적 주체의 충동을 구성하는 것은 바로 이 잔여물이다. 하지만 이는 정념적인 것의 영역으로부터의 분리 과정이 그 분리를 가능하게 하는 바로 그것을 산출한다는 것을 함축한다. 어떻게 그럴 수 있는가? 어떻게 그 어떤 것(잔여물)이, 윤리적인 것의 산물에 불과한 것이면서 동시에 윤리적인 것의 추동력 역할을 할 수 있는가? 정확히 어떻게 우리는 윤리적인 것의 영역을 정의하는 것처럼 보이는 이 시간적인 '개재성in-between'을 파악할 수 있는 것인가?

이 물음에 대한 답이 『실천이성비판』의 열쇠를 제공한다는 것을 보게 될 것이다. 하지만 문제는 거기서 멈추지 않는다. 『비판』의 독해에서뿐만 아니라 『도덕형이상학 정초』에서도 구조적으로 동일한 물음들의 전 계열이 필연적으로 부상하니까 말이다. 어떻게 자유가 자유를 토대짓는 조건으로서 이바지 할 수 있는가? 어떻게 자율성이 자율성의 조건으로서 이해될 수 있는가? 칸트의 주장은 이성의 (실천적) 입법이 자기 자신을 전제하는 규칙을 요구한다는 것이다. 그는 또한 '자유와 무조건적 실천 법칙은 상호 의거한다'고 주장한다.[16] 이 주장들과 그 주장들이 지시하고 있는 구조는 실천 이성의 주체의 지위를 고려하지 않는다면 해명될 수 없다.

16) Kant, *Critique of Practical Reason*, p. 29. [국역본: 83쪽.]

2. 자유의 주체

칸트의 텍스트에 너무 심한 폭력을 가하지 않고서도 우리는 실천 이성의 주체가 처음부터 분열된 주체라고 말할 수 있을 것이다. 자크-알랭 밀레는 그와 같은 분열이 하나의 선택을 내포한다고 기술한다. 그 선택에서 우리는 한편으로 쾌락의 삶을, 삶과 안녕에 대한 사랑을 발견하며, 파토스나 정념성 본연의 질서, 즉 우리가 느낄 수 있는 것의 질서에 속하는 일체의 것을 발견한다. 그리고 다른 한편으로 안녕에 대립되는 바로서의 도덕적 선을—그것이 함축하거나 함축할 가능성이 높은 책무들과 더불어—발견한다. 즉 일체의 파토스에 대한 부정을 말이다.[1] 아마도 '부정'은 이 주체적 분열에 걸려 있는 것을 기술하기 위한 가장 적합한

1) Jacques-Alain Miller, *1, 2, 3, 4* (미출간 세미나), 1984년 12월 12일부터의 강의.

단어는 아닐 터인데, 왜냐하면 우리는 조금이라도 금욕주의 비슷한 어떤 것을 다루고 있지 않기 때문이다. 칸트는 우리에게 이렇게 말하고 있다.

> 그러나 행복의 원리와 윤리를 이렇게 구별하는 것이 그렇다고 곧 양자를 대립시키는 일은 아니다. 순수 실천 이성은 행복에 대한 요구를 포기하고자 하는 것이 아니라, 단지 의무가 문제가 될 때는 그런 것을 전혀 고려치 않으려 하는 것이다.[2]

그리하여 행복과 의무의 관계는 부정의 관계가 아니라 오히려 무관심indifference의 관계다. 하지만 분열된 '실천적' 주체와 관련된 가장 중요한 요점은, 우리의 출발점으로 이바지할 수도 있는 다음과 같은 점이다: '주체는 파토스와 분열 중에서 하나를 선택해야만 한다는 사실에 의해 분열되어 있다.'[3] 다시 말해서: 주체는 정념적인 것과 순수한 것 사이에서 분열되어 있는 것이 아니다. 정념적 주체성에 대한 대안은 순수하거나 무구한 윤리적 주체성인 것이 아니라 자유나 자율이다. 그리고 이는 우리를 다음과 같은 잠정적 결론으로 이끈다: 실천 이성의 주체를 특성짓는 분열은 정념적 주체와 분열된 주체 사이의 분열일 것이다. 나중에 우리는 이 점으로 되돌아올 것이다. 현재로서는 어떻게 이 주체적 분열이 칸트의 텍스트 속에서 표명되고 있는가를 검토하기로 하자.

---

2) Immanuel Kant, *Critique of Practical Reason*, New York: Macmillan, 1993[1956], p. 97. [국역본: 205쪽.]

3) Miller, *1, 2, 3, 4*, 1984년 12월 12일부터의 강의.

어떤 자유?

칸트는 인간 존재로서의 우리는 자연의 일부라고 주장하는데, 이는 우리가 전적으로, 즉 내적으로도 외적으로도, 인과 법칙들에 종속되어 있다는 것을 의미한다. 그리하여 우리의 자유는 '외부'로부터뿐만이 아니라 '내부'로부터도 제약된다. 우리는 '세계 속에서'와 마찬가지로 '우리 자신 속에서'도 자유롭지 않다.

논리적으로 말해서 주체의 어떠한 행위라도 '설명'하는 것이 가능하다. 즉 그 행위의 원인과 동기를 입증하거나 그것의 '메커니즘'을 드러내는 것이 가능하다. 임의의 행위에 내포된 모든 '요인들'을 고려에 넣는 것이 실제로 가능할 것인가를 의심한다 할지라도(인간 행위자는 그렇게 할 수 있기에는 너무 복잡하다), 그것으로는 자유의 존재를 입증하기에는 충분하지 않다. 그와 같은 '인간주의적' 자세는, 본질적으로 신학적인 가정을 함축한다: 어떤 관점에서 볼 때, 즉 모든 것을 포용할 수 있는 신의 눈으로 볼 때, 인간은 자신의 똑딱거림을 자기 자신의 결정들의 결과라고 상상하고, 자신들이 스스로의 리듬을 따르고 있다고 상상하는 정교한 시계에 불과하다.

제2『비판』의 근본적 테제들 중 하나는 순수 이성의 실천적 능력에 관한 것이다. 그렇지만, 순수 이성 그 자체가 실천적이라고 하는 명제와 칸트가 자유와 도덕법칙을 순수 이성에 근거짓는다는 사실은, 자유가 '내부로의 철회'에 기초하고 있음을 함축하지는 않는다. 그러므로 우리는 저 밖의 비도덕적 세계 속에서가 아니라 그에 대립되는 영혼의 깊은 곳 속에서 순수 이성의 순수성을 찾아야만 하는 것이 아닐 것이다. 우리의 '본래적 성향들'에 유념하고 우리의 '진정한 자기'를 재발견할 것을 주장하는 현대의 이데올로기처럼 칸트는 단순히 '가장 깊은 신념들'에 따라서 행위하도록 우리를 격려하는 것이 아니다. 오히려 『비판』의 절차는 우리의 성향들과 가장 깊은 신념들이 근본적으로 정념적이라는—그것들이 타율의 영역에 속한다는—사실에 대한 칸트의 인식에 토대를 두고 있다.

반대로 자유로운 행위의 규정적 특징은, 주체의 성향들에 대해서 전적으로 외래적이라는 바로 그것이다. 물론 자유는 아무리 상식적 합리성을 위하는 것이라 해도 단순히 원하는 무엇이든 행하는 것을 의미하지는 않는다. 왜냐하면 이는 타인을 해치는 것을 내포할 수도 있을 것이기 때문이다. 하지만 칸트에게 문제는 전적으로 다른 어떤 곳에 있다. 원하는 무엇이든 행하기 때문에 자유롭다고 말하는 것이 말이 되지 않는 것이라면, 이는 우리가 그 원함 속에서 사실상 자유로운 것인지를—즉, 어떠한 경험적 표상도 우리의 의지에 실제로 영향을 미치지 않는다는 것을—증명하기가 불가능하기 때문이다.

그리하여 우리는 실천 이성의 '자기'는 실제로 '집에서 살지' 않으며 따라서 주체의 자유의 토대는 오로지 '외래적 신체' 속에서만 거주할 수 있다고 말할 수 있을 것이다. 주체는 자신을 자신의 집에 있는 이방인으로서 발견하는 한에서만 자유에 접근할 수 있다. 칸트의 논변의 이러한 측면은 어떤 비평가들에게 진정한 분노와 불편함을 불러일으켰다.[4] 이 비평가들이 말하기를, 칸트

4) 여기서 나는 앨리슨이 소개하고 있는 이러한 비판의 어조와 논변을 차용한다. (Henry E. Allison, *Kant's Theory of Freedom*, New Haven, CT and London: Cambridge University Press, 1991, pp. 196~198.)

의 요구들은 우리의 가장 깊은 개인적 신념들과 충돌한다. 칸트의 윤리는 본질적으로 소외의 윤리인데, 왜냐하면 우리로 하여금 '가장 진실로 우리의 것'인 것을 거부하도록 강요하고, 사랑도 동정심도 고려하지 않는 추상적 원칙에 복종하도록 강요하기 때문이다. 몇몇 비평가들은 (배타적으로) 의무를 위해서 행위하라는 요청을 '혐오스러운' 것으로 간주하기도 했다. 이러한 반대들은 칸트가 윤리적 문제의 신경을 건드렸음을 보여준다. 즉, (특별히 윤리적인) 향유의 문제와 '이웃에 대한 사랑' 속에서의 그것의 길들임domestication이라는 문제를 말이다. 몇몇 비평가들에게 칸트의 조치 가운데 가장 받아들이기 힘든 것은 바로 칸트가 이 '외래적 신체'를 '가장 진실로 우리의 것'인 것으로 취하고 주체의 자유와 자율을 바로 그것에 토대짓는다는 점이다.

'심리학적 자유'(칸트의 용어)는 자유의 가능성이라는 문제에 대한 해답일 수 없는데, 왜냐하면 그것은 결정론에 대한 또 다른 이름에 불과하기 때문이다. 주체의 활동에 대한 원인이 내적이라는—표상과 욕구와 열망과 경향성이 원인으로서 기능한다는—사실에 자유를 토대지으려 한다면, 우리는 자유 비슷한 어떠한 것도 결코 발견하지 못할 것이다. 오히려 그 대신 우리는 자유 그 자체가 심리학적 인과성—시간 속에서의 심리적 현상들의 필연적 관계—으로 도로 환원됨을 발견하게 될 것이다. 칸트의 주장에 따르면, 도덕법칙의 기초에 놓여 있는 자유 개념을 이해하려 할 때, 자연 법칙에 따라서 규정되는 인과성이 주체 안에 있는 규정 근거들에 의해서 필연적인가 아니면 주체 밖에 있는 규정 근거들에 의해 필연적인가 하는 것은 문제 거리가 아니다. 또한 그 규정 근거들이 주체 안에 있는 경우에, 그것들이 본능들로 이루어진 것이냐 아니면 이성의 산물인 동기들로 이루어진 것이냐 하는 것도 문제 거리가 아니다. '그것들은 언제나, 한 존재자의 현존이 시간상에서 규정될 수 있는 한에서, 그 존재자의 인과성의 규정 근거들이고, 그러니까 지나간 시간의 필연화하는 조건들 아래에 있는 것이다. 이 조건들은 그러므로, 주체가 행위해야 할 때, 더 이상 그의 지배 아래 있지 않은 것이다.'[5] 여기엔 자유를 위한 어떠한 여지도 없다. 이제 칸트가 결론을 내리기를, 만일 의지의 자유가 그와 같은 심리학적 자유에 불과한 것이라면 그것은 근본적으로는 고기 굽는 자전自轉 기구의 자유보다 나을 것이 없을 것이다. 이런 기구도 한번 태엽만 감아주면 스스로 자기 운동을 한다.[6]

그렇다면 어떻게, 그리고 어떤 근거에서 자유를 설명할 수 있는가? 이 물음에 대한 답은 상당히 놀라우며, 상당한 정도로 죄라는 개념 주위를 돌고 있다. 자유를 죄와 연결시키는 이 논변(이는 「순수 실천 이성의 분석학에 대한 비판적 조명」에서 전개된다)을 검토하기 전에 강조되어야 할 것은 이것이 칸트의 자유 개념에 대한 전통적 해석에서 발견하는 논변이 아니라는 것이다. 그 전통적 해석은 자유의 토대 혹은 '연역'에 바쳐진 '공식적인 장'인 '순수 실천 이성 원칙들의 연역'이라는 제목의 장에 초점을 맞춘다. 따라서 '순수 실천 이성의 분석학에 대한 비판적 조명'에 대한 장을 우리의 출발점으로 취함으로써 우리는 표준적 독해를 따르지 않는 것이다. 그렇지만 그것이라고 해서 칸트의 축원을 받지

5) *Critique of Practical Reason*, pp. 100~101을 볼 것. [국역본: 212쪽.]
6) 같은 곳. [국역본: 213쪽.]

못하는 것은 아니다. 자유 개념의 어려움을 이야기하고 있는 「머리말」에서 그는 '독자에게 분석학의 결론부에서 이 개념에 관해 말하는 바를 가볍게 지나쳐 보지 않기를 바란다'고 하고 있다.[7)]

어떤 주체?

칸트가 말하기를, 이성적 존재자는 그가 저지른 (윤리적 의미에서) 불법적인 모든 행위에 대해서, 비록 그것이 하나의 현상으로서 지나간 사건들에 의해 충분히 규정되고 그런 한에서 불가피하게 필연적인 것이라 할지라도, 그런 행위를 하지 않았을 수도 있었다고 정당하게 말할 수 있다. 계속해서 칸트가 말하기를, 그는 그와 같은 행위를 고의 없는 과실이라고, 사람들이 결코 완전히는 피할 수 없는 한낱 부주의라고 묘사하기 위해 하고 싶은 만큼 꾸며댈 수가 있다. 그리하여 그는 자연 필연성의 대류에 의해 휩쓸려 들어간 것이라고 주장함으로써 자신은 무죄라고 선언하고자 애쓴다. 칸트의 결론에 따르자면, 그럼에도 불구하고 그는 '그가 부당한 짓을 저질렀을 당시에 제정신이었다는 것만, 다시 말해 자기의 자유를 사용했다는 것만 의식한다면, 그의 유리한 점을 얘기하는 변호인도 그의 안에 있는 고발인을 침묵하게 만들 수 없다'는 것을 알게 된다.[8)]

칸트가 덧붙이기를, 개인들이 아직 어렸을 때부터 악성을 보이

---

7) 같은 글, p. 8. [국역본: 45쪽.]

8) 같은 글, pp. 102~103. [국역본: 214~215쪽.]

고 어른이 될 때까지 점점 더 나빠지는 경우들이 있다. 그래서 우리는 그들을 태생적인 악한으로 간주하고, 성격에 있어서 전혀 개선의 여지가 없는 것으로 간주한다. 그럼에도 불구하고 우리는 그들을 그들의 행위를 가지고 판단하고, 그들의 범행을 죄로 질책한다.[9] '어찌할 수 없었다'는 사실은 결코 그들이 죄(*Schuld*)를 면하게 하는 데 도움이 되지 않는다. 이는 어떤 '(~)일 수 있다'(*Können*)가 '(~)이다'(*Sein*)를 함축한다는 사실을—다시 말해서, 어떤 행위들은 칸트가 '자유에 의한 인과성(*Kausalität durch Freiheit*'이라 부르는 것을 전제한다는 것을, 실제 경우에서, '이를테면 사실상(*gleichsam durch ein Faktum*)' 증명할 수 있음을 것을—증언한다.[10]

자유의 현실성을 증명해주는 바로 그것은—혹은, 보다 정확히 말해서, 자유를 '일종의 사실로서' 정립하는 바로 그것은—여기서 죄책감이라는 가장 속에서 제시된다. 그렇지만 우리는 이 죄책감을 '도덕적 양심'이라는 개념과 혼동하지 않도록 대단히 유의해야만 한다. 칸트의 논변이 때로 이러한 혼동을 부추기기는 하지만, 이론적 엄밀함은 이 두 개념을 분리시킬 것을 요구한다. 도덕적 양심으로서의 죄책감은 무조건적 도덕법칙과는 거의 무관한 온갖 종류의 '획득된 관념들'과 사회적 제약들로부터 결과할 수 있다는 것을 우리는 아주 잘 알고 있다. 다른 한 편으로 자유의 가능성과 관련된 죄책감은 오로지 그것의 역설적 '구조'를 통해, 즉 어떤 행동을 저지를 때 칸트의 말대로 '자연 필연성의 대류에

9) 같은 글, p. 104. [국역본: 217~218쪽.]

10) 같은 글, p. 110. [국역본: 227쪽.]

의해 휩쓸려 들어간' 것임을 알고 있음에도 불구하고 우리가 죄를 느낄 수 있다는 사실을 통해 고찰되어야만 한다. 우리는 '우리의 통제를 벗어난' 것임을 알고 있었던 무언가에 대해서도 죄를 느낄 수 있다. 다시 말해서 죄를 자유의 가능성에 연계시킬 수 있도록 해주는 지점은 우리가 죄를 느끼는 그 무엇에 관한 문제와는 아무런 관련이 없다. 우리가 그 문제를 계속해서 고집한다면 결코 칸트가 한낱 심리학적 자유라 부르는 것 너머에 이를 수 없을 것이다.

이 점을 명확히 하기 위해서는 정신분석의 발견들을 살펴보는 것이 좋을 것이다. '비이성적 죄책감'의 사례들은 정신분석에서 꽤 흔한 것이다. 여기서 주체는 엄밀히 말해 자신의 통제를 벗어났던 어떤 일에 대해서 죄를 느낀다. 예를 들어 어떤 주체의 친구가 자동차 사고로 죽는다. 그 주체는 사고 현장 근처에도 있지 않았지만 죄책감에 괴로워한다. 이런 사례들은 보통은 '욕망과 죄'의 층위에서 설명된다. 문제의 그 주체는 친구의 죽음에 대한 무의식적 욕망을 가지고 있었는데, 이를 인정할 수 없었고 따라서 이 친구의 실제 죽음은 죄책감을 낳는다. 그렇지만 또 다른 한층 더 흥미로운 죄책감의 '층위'를 고려할 필요가 있다. 자크-알랭 밀레가 자신의 한 강의에서 지적한 것처럼, (죄책감을 포함해서) 다양한 증상들을 겪을 뿐만 아니라 바로 이 겪음 때문에 죄를 느끼는 많은 환자들이 있다. 그들은 자신들이 느끼는 죄 때문에 죄를 느낀다고도 말할 수 있을 것이다. 그들은 무의식적 욕망 때문만이 아니라, 이를테면 이러한 종류의 '심리학적 인과성'을 지탱하는 바로 그 틀 때문에 죄를 느낀다. 마치 그들은, 일단 자리를 잡게 되면 복종하지 않을 수 없으며 '휩쓸려 들어가지' 않을 수 없는 '심리학적 인과성'의 바로 그 성립에 책임감을 느끼는 것과도 같다.

이와 더불어 우리는 자유에 대한 칸트의 설명에서 등장하는 바로서의 죄책감 개념에 접근하고 있다. 여기서 문제가 되는 죄책감은 우리가 행했을 (혹은, 행해지기를 바랬을) 수도 있으며 그렇지 않았을 수도 있는 어떤 것 때문에 우리가 경험하는 죄책감이 아니다. 오히려 그것은 또 다른 가능성의 일별과도 같은 무언가를, 혹은 다른 식으로 표현하자면, '자유의 압력'에 대한 경험을 내포한다. 첫 번째 근사치로 우리는 죄책감이란 주체가 본래적으로 자유에 참여하는 방식이라고 말할 수 있을 것이다. 그리고 바로 이 지점에서 우리는 윤리적 주체에 대해 구성적인 분할 혹은 분열과, 즉 '나는 다른 어떠한 것도 할 수가 없었지만, 그럼에도 불구하고 나는 여전히 죄가 있다'에서 표현되는 분열과 조우한다. 자유는 주체의 이와 같은 분열 속에서 스스로를 드러낸다. 여기서 핵심적 요점은, 자유는 '나는 다른 어떠한 것도 할 수 없었다'는 사실과, 나는 '자연 필연성의 대류에 휩쓸려 들어간' 것이라는 사실과 양립불가능하지 않다는 것이다. 역설적이게도 주체가 자연 필연성의 대류에 휩쓸림을 의식하는 바로 그 순간 그녀는 자신의 자유를 또한 깨닫는다.

종종 주목되기도 한 것처럼, 칸트의 자유 개념은 '터무니없는' 결과를 낳는다. 예컨대, 만일 자율적 행동만이 자유로운 것이라면, 나는 나의 비도덕적 행동에 대해 유죄인 것도 책임이 있는 것도 아닌데, 왜냐하면 그 행동은 언제나 타율적이기 때문이다. 그렇지만 자유와 주체성에 관한 칸트의 입장에서 이보다 더 거리가 먼 것도 없을 것이다. 이미 본 것처럼 그의 반성들이 우리로

하여금 대결하지 않을 수 없도록 만드는 그 역설은 엄밀히 이와 대립되는 것이다: 궁극적으로 나는, 사태들이 내 통제를 벗어나 있었던 것이라도, 내가 참으로 '다른 어떠한 것도 할 수 없었다'고 하더라도, 유죄인 것이다.

그렇지만 이 지점에서 우리는 논의를 좀 더 밀고 나아가야 한다. 겉보기에 분명 대립되는 이 두 결론이 어떻게 칸트의 견해로부터 따라나오는 것처럼 보이는 것인지를—어떻게 칸트의 논변이 겉보기에 분명 서로 배타적인 두 방향으로 인도되는지를—설명하기 위해서 말이다. 한 편으로 칸트는 우리 행동의 그 어느 것도 실제로 자유롭지 않다는 것을, 우리가 우리 행동에 영향을 미치는 정념적 동기들의 부재를 결코 확실하게 입증할 수 없다는 것을, 이른바 '내적'이거나 '심리적'인 동기들은 실제로 (자연적) 인과성의 또 다른 형식에 불과하다는 것을 우리에게 완고하게 설득하려는 것처럼 보인다. 다른 한 편으로 그는 똑같은 완고함을 가지고서 우리가 우리의 **모든** 행동에 대해 책임이 있다는 것을, 우리의 비도덕적 행위에 대해 어떠한 변명도 있을 수 없다는 것을, 그러한 행동을 정당화할 방법으로서 어떠한 종류의 '필연'에도 호소할 수 없다는 것을—요컨대, 우리는 언제나 자유로운 주체로서 행위한다는 것을—지치지 않고 강조한다.

이 지점에서, 현상계와 예지계의 구분을 통상 참조하면서 이 구분을 통해 자유를 '구출'하려고 노력하는 것은(현상계로서의 주체는 인과성에 종속된다. 하지만 예지적 '관점'에서 볼 때 주체는 자유롭다) 문제를 해결하지 못한다. 칸트가 사실상 이러한 해결책을 시도하고 있기는 하지만, 그러고 나서 그는 이것을 우리가 되돌아가게 될 훨씬 더 복잡한 이론으로 정교화하지 않을 수 없다. 그렇지만 이 단계에서 우리는 칸트의 논변의 이 두 이질적인 노선들을 어떻게 함께 생각할 것인가라는 수수께끼에 대한 답을 이미 제시할 수 있다.

이 논변 노선들은 두 상이한 분석 층위에 위치하고 있으며 그것들이 나타나는 상이한 맥락들에 관심을 기울여야만 한다는 데서 시작해 볼 수 있다. 프로이트의 유명한 언명을 말바꿈해 보자면, 우리는 칸트의 절차를 다음과 같은 정식화로써 요약할 수 있을 것이다: 인간은 자신이 믿고 있는 것보다 훨씬 더 자유롭지 못할 뿐만 아니라 또한 자신이 알고 있는 것보다 훨씬 더 자유롭다. 다시 말해서, 주체가 스스로를 자유롭다고 믿는 곳에서(즉, '심리학적 인과성'의 층위에서) 칸트는 정념적인 것의 환원불가능성을 주장한다. 그는 우리의 모든 개개의 '자발적' 행동에 대해서 그 행동을 자연적 인과 법칙에 연결시키는 원인과 동기를 발견하는 것이 가능하다고 주장한다. 이러한 논변 노선을 '탈심리화 공준'이나 '결정론적 공준'이라고 부르자.

그렇지만 주체가 이미 일체의 심리psychology로부터 분리되어 있을 때—즉, 심리가 한낱 또 다른 유형의 인과성에 불과한 것이며, 주체는 한낱 자동장치*automaton*에 불과한 것으로 보일 때—칸트는 이 주체에게 다음과 같이 말한다: 그렇지만 당신은 바로 이 상황에서 당신이 알고 있는 것보다 더 자유롭다. 다시 말해서, 주체가 스스로를 자율적이라고 믿을 때, 칸트는 **타자**의, 그녀의 통제를 벗어난 인과적 질서의 환원불가능성을 강조한다. 하지만 주체가 **타자**에 대한 그녀의 의존성을 깨닫게 되고 스스로에게 '이건 걱정할 만한 일이 아니야'라고 말하면서 기꺼이 단념할 준비를 할 때, 칸트는 **타자** 속에 있는 '틈새'를 지적하며, 바로 그 틈새 속에 주체의 자율과 자유를 위치시킨다.

자유에 대한 칸트의 정초 작업에 대한 이러한 개략적 설명에서도 '**타자**의 **타자**는 없다'는 라캉의 유명한 주장에 대한 반향을 식별하는 것이 가능하다. 다시 말해서 **타자** 그 자체가 비일관적이며 어떤 결여에 의해 표식되어 있다. 칸트가 말하고 있는 바는, 원인의 **원인**은 없다는 것이다. 그리고 바로 이것이 주체의 자율과 자유를 위한 여지를 마련해주는 것이다. 바로 그 때문에 주체는 그녀의 행동이 인과적 법칙들에 의해 전적으로 결정되어 있음에도 불구하고 죄가 있을 수 (즉, 자유를 가지고 다르게 행동했을 수) 있는 것이다. 여기서 우리는 칸트가 자유를 정초하는 이 제스처의 전복적 성격을 놓치지 않도록 유의해야만 한다. 그는 인과적 결정 너머 어딘가에 있는 주체의 자유를 드러내려고 노력하지 않는다. 반대로 그는 인과적 결정의 지배를 최후까지 고집함으로써 주체의 자유가 현시될 수 있도록 해준다. 인과적 결정 속에는 원인과 결과 사이의 관계에 '걸림돌'이 있음을 그는 보여준다. 바로 이것에서 우리는 가장 엄밀한 의미에서 (윤리적) 주체와 조우한다. 그 자체로서의 주체는 인과적 결정의 결과이지만, 직접적 방식으로는 아니다—주체는 원인과 (그것의) 결과의 관계를 유일하게 가능하게 만드는 바로 이 어떤 것의 결과이다.

칸트의 제스처의 충격을 온전히 파악하기 위해서는, 비록 다른 맥락에서의 것이기는 하지만 현재의 논의에 어떤 빛을 던져주는 라캉의 유사한 제스처를 상기해보는 것이 도움이 될 것이다. 나는 라캉이 구조주의 전통과 단절을 이루는 그 특수한 방식을 가리키고 있다.

물론 라캉은 '주체의 탈심리화'에 있어서는 구조주의를 따른다. 그의 말대로 하자면, '무의식은 언어처럼 구조화되어 있다.' 이 말의 뜻은, 원칙적으로 우리가 주체의 증상들과 행동들을 그것들의 '인과적' 출처를 입증해주는—너무나도 자주 상상적 창조의 낭만적 무의식, '밤의 신들'과 '주체의 자발성'의 장소로서 간주되곤 했던 그 무엇을 지배하고 있는 엄밀한 논리와 일단의 법칙들을 드러낼 수 있도록 해주는—해석 과정(프로이트의 '판독 deciphering')에 맡길 수 있다는 것이다. 그렇지만 구조주의가 궁극적으로 주체를 구조(**타자**)와 동일화하는 것이라면, 바로 이 지점에서 라캉은 매우 칸트적인 방식으로 개입한다: 그는 **타자** 속의 결여에 대한 상관물로서, 즉 구조가 스스로를 감싸안는 데 실패하는 지점에 대한 상관물로서 주체를 도입한다. 그는 이것을 두 가지 방식으로 한다. 첫 번째는 '주체의 실존의 증거'로서 환원 불가능한 향유의 계기를 도입하는 것이다. 두 번째는—그리고 이것이 여기서 우리의 관심을 끄는 것인데—'언표행위'와 관련하여 전환사shifter[11]인 '나'를 통해 주체를 정의하는 것이다. '나'는 기표들의 장치를 무력하게 만들며 그것을 '불-완전한'(*pas-toute*) 것으로 만드는 언어의 한 요소이다. 즉 '나'는 지칭은 하지만 기표작용을 하지는 않는 어떤 요소이며, 언어 구조 밖에 있는 어떤 것—발화 행위 그 자체—을 지칭하는 요소이다. **타자** 속의 '틈새를 메우는' 기능을 갖는 고유 명사와는 달리 '나'는 돌이킬 수 없는 공백을 열어놓는다. '나'는, 바로 그것이 사용될

11) ['shifter'는 대명사 '나'나 부사 '여기'와 같이 발화자나 발화되는 상황에 따라 의미가 가변적으로 결정되는 낱말을 가리킨다. '전환사', '연동소', '변화사' 등으로 번역된다. 예스페르센이 처음 이름을 붙였으며 야콥슨에 의해 차용된 개념이다.]

때, 언표행위의 주체에 대한 어떤 고유한 기표도 있을 수 없음을 지시한다. 그리고—여기서 우리가 간략하게 요약하고 있는 논변을 상세하게 전개한—밀레가 그의 세미나 『1, 2, 3, 4』에서 지적했듯이, **타자**의 **타자**는 없다는 라캉의 주장은, **타자**와 진술은 그것들의 언표행위의 우연성 말고는 그것들의 실존을 보증할 어떠한 것도 가지고 있지 않다는 것을 의미한다. 이러한 의존성은 원칙적으로 **타자**의 기능으로부터 제거될 수 없으며, 바로 이 점이 그것의 결여를 입증하는 것이다. 언표행위의 주체는 **타자**의 구조 속에 어떤 확고한 자리를 가지고 있지 않으며 가질 수도 없다. 그것은 자신의 자리를 오로지 언표의 행위 속에서만 발견한다. 그리고 이는, 주체를 탈심리화한다는 것은 주체를 (언어적인 혹은 여타의) 구조로 환원한다는 것을 함축하지 않는다고 말하는 것과 같다.[12] 라캉적 주체는 '탈심리화' 작용이 완료되었을 때 남는 것이다. 그것은 언표행위의 난포착적인 '박동하는' 지점이다.

이제 (칸트적) 윤리적 주체 개념을 좀더 정교하게 정식화하는 과제로 돌아가자.

---

12) 믈라덴 돌러는 알튀세르의 호명 개념을 분석하면서 구조주의의 주체(이 경우는 알튀세르의 주체)와 정신분석의 주체의 차이를 유사한 방식으로 보여주었다. 후자는 호명된 주체가 아니다. 즉 호명의 행위 속에서 호출된 이후에 전적으로 종속[주체]되는(그를 호출하는 이데올로기적 국가 기구에 종속되는 subject to 그리고 그 기구의 주체되는 subject of) 개인이 아니다. 오히려 반대로 정신분석의 주체는 호명 작용 이후에 남는 것이다. (정신분석적) 주체는 (알튀세르적) 주체가 되는 것의 실패에 다름아니다. Mladen Dolar, 'Beyond Interpellation', *Qui parle*, vol. 6, no. 2, Berkeley, CA, 1993, p. 78을 볼 것.

실천 이성의 주체의 도래는 '강제된 선택'의 계기라 불릴 수 있는 계기와 일치한다. 역설적으로 보일지는 모르겠지만, 여기서 문제가 되고 있는 강제된 선택은 자유, 즉 주체에게 처음에는 심리적 자유의 가장 속에서 나타난 자유의 선택에 다름아니다. 주체가 스스로를 자유롭고 자율적이라고 믿을 수밖에 없다는 것은 주체의 구성에 있어 필수적인 것이다. 그리하여 칸트는, 우리가 프로이트를 말바꿈하여 '인간은 자신이 믿고 있는 것보다 훨씬 더 자유롭지 못하다'로 정식화했던 그 제스처로 주체를 일깨우고 있는 것이다. 다시 말해서 자유의 주체, 스스로를 자유롭다고 믿고 있는 주체의 확정적 경험은 자유의 결여에 대한 경험이다. 주체는 자유롭다고 가정되고 있지만, 그녀는 이 자유를 어떠한 실정적 방식으로도 드러낼 수 없으며, '나의 이 행위는 자유로웠다. 정확히 이 순간 나는 자유롭게 행위하고 있었다'라고 말함으로써 그것을 지적해낼 수가 없다. 오히려 주체가 진정으로 자유로운 그 순간을 정확하게 지적하려고 노력하면 할수록 그것은 그녀를 점점 더 회피한다. 그러면 그럴수록 그것은 (인과적) 결정에, 첫 눈에는 아마도 시야에서 가려져 있었을 그 정념적 동기들에 그 자리를 양보하고 마는 것이다.

칸트의 자유 개념을 정교화하기에 앞서서 우리는, 실천 이성의 주체의 분열은 정념적 주체와 분열된 주체 사이의 분열로서 이해되어야 한다는 주장에서 시작했었다. 이제 이 논점을, 다음의 도해를 통해, 우리가 지금까지 발전시켜 온 내용과 연결시킬 수 있다.

도식의 왼쪽 편은 '주체의 사실', 즉 주체가 이를테면 정의상 자유롭다는 사실을, 주체가 스스로를 자유로운 것으로 파악하지 않을

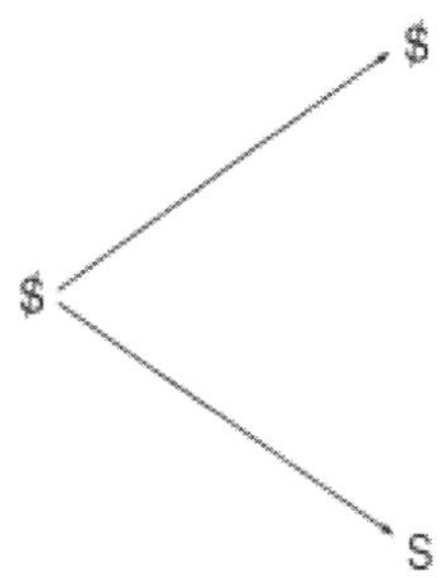

수 없다는 사실을 나타낸다. 오른쪽 편은 윤리적 주체가 직면하는 선택을 보여주는데, 그 선택에서 그녀는 스스로를 정념적인 것과 분열된 것 가운데 하나로서 선택해야만 한다. 그렇지만 역설은, 주체가 주체이기를 그만두는 결과를 낳지 않고서는 스스로를 정념적인 것으로서(S) 선택할 수 없다는 점이다. S의 선택은 배제된, 불가능한 선택이다. 남은 것은 단순히 스스로를 **주체로서**, 주체의 '순수 형식'—즉, 분열 그 자체의 형식—으로서 선택하는 것일 터이다. 우리는 또한, 이 경우에 주체는 스스로를 (정념적) '자아'로서가 아니라 주체로서 선택하는 것이라고 말할 수도 있을 것인데, 이때 자아는—그 일체의 깊이와 진정성에 있어서—정념적인 것의 장소로서 이해된다.

그렇지만 위에서 간략히 묘사된 삼각형 도식이 실천 이성의 주체의 성격을 다 보여주는 것은 아니다. 그 도식은, 주체를 다룰 때 우리가 주체의 여정, 주체가 출현하면서 거치는 경로를 고려해야만 한다는 사실에 비추어, 완성되어야 한다. 그리고 이는 주체성에 내재한 어떤 시간적 차원을 함축한다.

주체는, 우선은 자기 자신의 근본적 정념성을 경험하지 않고서는, 스스로를 분열된 주체로서 선택할 수 없다. 다시 말해서 주체는, 우선은 결정론의 공준(혹은, '탈심리화'의 공준—그것은 주체의 행동들의 동기와 의미를 완전하게 규명하는 정합적이고 '닫힌' 인과 사슬의 존재를 가정한다)에 의해 구성되는 영토를 통과해 여행하지 않고서는, 스스로를 (자유로운) 주체로서 선택할 수 없다. 주체는, 우선은 강제된 선택이 아닌 배제된 선택 혹은 불가능한 선택의 지점에 도달하지 않고서는, 스스로를 주체로서 선택할 수 없다. 이것은 S에 대한, 비자유에 대한, **타자**에의 근본적 종속에 대한 선택이다. 그것은 동기와 이해와 여타의 원인들에 의한 절대적 결정론을 선택하는 것이다. 주체는 우선은 '나는 행위한다'라든가 '나는 생각한다'와 같은 진술을 표명하는 것이 불가능해지는 지점에 도달해야만 한다. 그렇지만, 자기 자신의 비-존재non-being의 이 불가능한 지점—거기서 우리는 스스로에 대해 오로지 '나는 있지 않다I am not'라고만 말할 수 있는 것처럼 보인다—을 통과하는 것은 자유로운 주체의 지위를 획득하기 위한 근본적 조건이다. 오로지 이 지점에서만, 우리가 결정론의 공준을 끝까지 따른 이후에만, 윤리적 주체의 구성을 위한 토대로서 이바지할 수 있는 '나머지' 요소가 나타난다. 자유의 토대에서의 이와 같은 근본적 소외 경험을 칸트는 어떻게 기술하며 어떻게 개념화하는가?

종종 칸트는 현상으로서의 주체는 결코 자유롭지 않다는 것을, 자유는 오로지 그 예지적 '국면'에서의 주체성에 '속한다'는 것을 강조하곤 한다. 몇몇 비평가들에 따르면 이와 같은 입장은 불가능한 딜레마에 빠지게 된다. 자유는 엄격히 예지계에만 한정되어 현실의 인간 행위자를 이해하는 것이 문제일 때 전적으로 공허한 개념이 되어버리거나, 그게 아니라면 자유는 이 세계에서의 현실적 변화를 야기할 수 있어야만 하는데, 그 경우에 자유는 비시간적이며 예지적이라는 관념은 거부되어야만 한다. 다시 말해서, 문제는 다음과 같은 것이 된다: 어떻게 우리는 하나의 동일한 시간에 하나의 동일한 행위자에게 경험적인 동시에 순수 지성적인 특성을 귀속시킬 수 있는 것인가? 어떻게 우리는 어떤 행위가 필연적인 동시에 자유롭다고 생각할 수가 있는가?

칸트는 『이성의 한계 안에서의 종교』에서 이러한 물음들에 답한다:

> 선택 의지의 자유는 매우 독특한 성질의 것이어서 오직 인간이 자기의 준칙 안에 받아들인 동기(인간이 그의 행위의 보편적인 규칙으로 삼은 동기) 이외에는 어떤 다른 동기에 의해서도 인간의 선택 의지는 규정되지 않는다. 그리고 그러한 경우에 한에서만 하나의 동기는 그것이 어떤 것이든 간에 (자유로운) 선택 의지의 절대적 자발성과 양립할 수 있다는 것이다.[13)]

주체를 특징짓는 자유를 획득하기 위해서, 법칙적인 것에 대립되는 임의적이고 무작위적인 것을 가지고서 시작해서는 안 된다. 우리는 주체의 자유를, 그녀의 행동들이 예측불가능할 수도 있다는 사실에 토대지을 수는 없다. 이러한 접근은 우리가 '탈심리화의 공준'에 의해 요구되는 방향으로 아직 충분히 나아가지 못했

---

13) Immanuel Kant, *Religion Within the Limits of Reason Alone*, New York: Harper Torchbooks, 1960, p. 19. [국역본: 칸트, 『이성의 한계 안에서의 종교』, 신옥희 역, 이화여자대학교 출판부, 1984, 29쪽.]

다는 것을 입증할 뿐일 것이다. 우리가 처음에 주체에게 귀속시킨 동기들이, 그녀의 행동들을 설명하는 데 미치지 못하는바, 사실상 그녀의 행위를 이끈 동기들이 아니었을 수도 있을 것이다. 하지만 이것만으로는, 그녀를 움직인 어떤 다른 동기들이나 '정념적 이해관계'가 없었음을 의미하지 않는다. 따라서 우리는 이 자유를 우리 행동들의 임의성에 토대지을 수 없으며, 반대로 법칙과 필연성 그 자체에만 토대지을 수 있다. 우리는 주체 그 자체가 법칙적, 인과적 필연성 속에서 하나의 (능동적) 역할을 하는 지점을 발견해야 한다. 주체 그 자체가 주체로부터 독립된 인과 법칙들로 보이는 것 속에 이미 사전에 기입되어 있는 지점을 말이다.

위에 인용된 구절에서 칸트가 겨냥하고 있는 것은 바로 이것이다. 우리가 주체를 다루기 시작하는 순간부터, 원인과 결과의 관계는 하나의 행위를 전제하고 내포하는데, 이 행위(반드시 '의식적'이지는 않은 결단)에 의해 어떤 *Triebfeder*는 (충분한) 원인으로서 임명되며, 주체의 행동을 인도하는 준칙 속에 병합된다. 헨리 E. 앨리슨 또한 이러한 독해를 제시했는데, 그는 문제의 그 논변을 '병합 테제incorporation thesis'라 부르고 있다. *Triebfeder*들은 그것들 자체로는 어떤 것도 '동기화'할 수 없다. 그것들은 어떠한 것도 직접 산출할 수 없다. 그것들은 오로지 준칙들 속에 병합되는 한에서만 그러한 힘을 갖는다. 오로지 이러한 방식으로만 그것들은 '충동들'이나 '동인들'이 된다.

> 간단히 말해서, 만일 자기-보존, 자기-이해, 혹은 행복이 내 행동의 원칙이라면, 만일 그것이 나의 준칙들을 명령한다면, 그것에 이러한 권위를 부여하는 것은 바로 나(내 안에 있는 본성이

> 아닌)이다. ……이는 우리가 근본 준칙들을 어떤 신비한 선-시간적이거나 비-시간적인 방식으로 채택된 것으로서, 혹은 자기-의식적인 신중한 과정에 의해 채택된 것으로서 간주해야 한다는 것을 의미하는 것이 아니다. 오히려 반성을 통해 우리가 도덕적 요구들을 향한 의지의 근본적 정향으로서 이해되는 그와 같은 준칙에 처음부터 내내 전념하고 있었다는 것을 발견한다는 것이다.[14)]

그리하여 앨리슨에 따르면 칸트는 이렇게 말하고 있는 것이다: 물론 당신이 (자연적) 필연성의 대류에 의해 휩쓸려 들어간 것일 수 있다, 하지만 결국 이 원인을 원인으로 만든 것은 바로 당신이다. 당신 행동의 원인의 원인이란 없다. 원인의 원인은 단지 주체 그 자신일 수밖에 없다. 라캉적 용어로 하자면, **타자**의 **타자**는 주체다. 의지의 초월적 토대, 그리고 자유로운 의지라는 개념은 의지가 그것의 대상들 일체에 선행한다는 것을 함축한다. 의지는 일정한 대상을 향해 정향될 수 있다. 하지만 이 대상 자체는 의지의 원인이 아니다.

이미 우리는 일상적 경험을 고찰해 보더라도 이러한 논변의 힘을 식별할 수 있다. 하지만 정신분석의 발견들을 고찰할 때 이는 특히 두드러진다. 여기서 가장 예리한 사례는 물신주의fetishism의 사례일 것이다. 예컨대 어떤 대상은 A라는 사람에게는 아무런 반응도 불러일으키지 않지만, 반면에 B라는 사람에게 있어 그 대상은, B 자신도 어찌해 볼 수 없는 상태에서, 온갖 종류의 행동과 절차와 의식儀式을 불러일으킬 수 있다. 이는 문제의 그 대상이

14) Allison, *Kant's Theory of Freedom*, p. 208.

두 사람의 리비도적 경제 속에서 동일한 역할을 하지 않기 때문이다. 칸트의 용어로 우리는 B의 경우에 이 대상은 이미 준칙 속에 병합된 것이며, 이로 인해 그것은 엄밀한 의미에서의 충동(*Triebfeder*)으로서 기능하게 된다고 말할 수 있을 것이다. 칸트가 더 나아가 말하고 있는 것은, 주체가 여기서 어떤 역할을 하고 있다고 간주되어야 한다는 것이다. 우리는 이 충동 혹은 동인의 병합에 내포된 결정을 주체에게 귀속시켜야만 한다. 비록 그것이 경험적이지도 시간적이지도 않더라도 말이다. 비교를 계속해 본다면, 물신주의자들도 '바로 오늘 나는 하이힐 신발을 궁극적 대상으로, 내 욕망의 충동으로 결정했다'고 결코 말하는 법이 없을 것이다. 오히려 물신주의자라면 이렇게 말할 것이다: '나는 어쩔 수가 없다', '그건 내 잘못이 아니다', '그건 내 통제를 벗어난 일이다', '난 그것에 저항할 수가 없다'…….

물론 문제의 그 결정은 무의식의 층위에, 혹은 칸트적 용어로는, *Gesinnung*의 층위에, 즉 칸트에 따르자면 동인들을 준칙 속에 병합하는 궁극적 토대인 주체의 '소질'의 층위에 위치시켜야 한다. 이러한 논점과 관련된 가장 중요한 칸트적 테제는 주체의 근본적 소질인 *Gesinnung*이 그 자체로 선택된 것이다라는 것이다.[15] 사실상 우리는 이 점을 정신분석이 *Neurosenwahl*, 즉 '신경증 선택'이라는 개념을 가지고서 가리키는 것에 연계시킬 수 있을 것이다. 주체는 그녀의 무의식'에 종속된subject to'(혹은, 봉사하는) 동시에, 끝에 가서는 무의식'의 주체subject of'로서

15) Kant, *Religion Within the Limits of Reason Alone*, p. 20[국역본: 31쪽]을 볼 것: '하지만 이러한 소질 그 자체는 반드시 자유로운 선택의지에 의해 채택된 것이다.'

그것을 선택했다고 간주되어야 하는 자이다.

주체는 말하자면 그녀의 무의식을 선택한다는 이러한 주장—이는 '정신분석적 자유의 공준'이라 불릴 수 있을 것이다—은 바로 정신분석의 가능성의 조건이다. 분석의 종결을 구성하는 관점의 변화는, 혹은 (라캉적인) '*la passe*[통과]'는 이러한 공준을 배경으로 해서만 발생할 수 있다. 이 최초의 선택은 반복될 수 있다—분석이 주체로 하여금 또 다른 (두 번째) 선택의 문턱에 이르게 할 때, 즉 주체가 다시 한 번 선택의 가능성을 발견할 때, 분석은 종결에 이른다. 바로 이러한 방식으로 우리는 라캉이 『정신분석의 윤리』에 관한 세미나 시작할 때 한 언급들—혹은, 오히려, 물음들—을 이해할 수 있는 것이다.

> 분석이 우리로 하여금 도덕적 행동에 대한 준비를 하게 만들고 또한 그 경우에 분석이 종국에 가서는 우리를 문턱에 서 있도록 하는 바로 그 정도까지, 도덕적 행동은 우리에게 문제를 제기한다는 것을 지적하고자 한다. 도덕적 행동은, 사실상, 실재 위에 접목된다. 그것은 새로운 어떤 것을 실재에 도입하고, 그로써 우리의 현존 지점이 적법화되는 하나의 통로path를 열어놓는다. 어떻게, 정신분석은 우리로 하여금 그러한 행동에 대한 준비를 하게 만든다는 것인가? 어떻게, 정신분석은 우리를 말하자면 일에 착수할 준비가 되어 있도록 한다는 것인가? 그리고 왜 그것은 우리를 그러한 길로 이끄는 것인가? 또한 왜 그것은 문턱에서 멈추는 것인가?[16]

16) Jacques Lacan, *The Ethics of Psychoanalysis*, London: Routledge, 1992, p. 21.

앞서의 논점으로 돌아가자면 우리는 윤리적 주체를 낳는 '무로부터의 창조'라는 칸트의 테제를 바로 이와 같은 맥락 속에 위치시켜야만 한다. 칸트의 말대로

> 어떤 사람이 비단 법적으로뿐만이 아니라 도덕적으로 선한…… 사람이 된다는 것은 준칙의 기초가 불순한 한 점차적인 개선을 통해서 가능한 것이 아니라 인간 마음속의 소질의 혁명을 통해서 일어나지 않으면 안 된다. ……오직 새로운 창조와도 같은 일종의 재생을 통해서 새로운 인간이 될 수 있는 것이다.[17]

'이론 철학'에서와 마찬가지로 칸트는 실천 이성의 영역 속에, 현상적인 것의 층위로도 예지적인 것의 층위로도 환원될 수 없는 제3의 요소를 도입한다. 칸트가 『순수이성비판』에서 세공하는 주체 개념이 세 가지 분리된 작인들(현상적 '나', 표상과 의식의 '나'; 예지적인 것의 층위에 놓여 있는바, 칸트의 표현대로 '생각하는 사물'; 순수 통각의 초월적 '나')을 내포한다면, 우리는 이와 동일한 3원적인 주체적 구조를 실천 이성의 영역에서도 만난다. 우선 현상적 영역, 즉 인과 사슬 내에 존재하는 바로서의 인간 활동과 행동이 있다. 여기서 우리는 '심리학적인 나'를, 즉 스스로를 자유롭다고 믿는 의식적인 나를 발견한다. 다음으로는 주체의 소질 혹은 *Gesinnung*이 있는데, 이는 주체에게 곧바로 접근가능하지 않으며 주체의 행동들로부터 추론될 수 있는 것이기 때문에 '예지적'이다. 끝으로 세 번째 요소가 있다. 그것은 이러한 *Gesinnung*

17) Kant, *Religion Within the Limits of Reason Alone*, pp. 42~43. [국역본: 58쪽.]

에 대한 주체의 선택, '주체의 자발성의 행위'이며, 이는 현상적이지도 예지적이지도 않다.

칸트가 첫 번째 『비판』에서 '통각의 초월적 통일성' 혹은 '주체의 자발성의 행위'라고 부르는 것의 '실천적' 대응물로서 *Gesinnung*을 이해해야 한다고 제안할 때 앨리슨은 너무 서두르는 것처럼 보인다. 이러한 해석의 문제점은 *Gesinnung*과 *Gesinnung*의 선택이라는 주체의 (초월적) 행위 간의 중요한 구분을 흐려놓는 데 있다. 첫 번째 『비판』에서 칸트가 통각의 순수한 나와 (예지적인) '생각하는 사물' 간의 구분을 때로 흐려놓는 것이 사실이기는 하지만, 이 구분은 그의 실천 철학에 절대적으로 중요하다. 주체의 소질인 *Gesinnung* 그 자체는 선택된 어떤 것이라는 사실을 주장할 때 칸트는 우리가 '우리-안의-사물-자체'(*Gesinnung* 혹은 주체의 소질)라 부를 수 있는 것과 주체가 그녀의 *Gesinnung*을 '선택'하는 텅빈 장소 외에 어떠한 것도 아닌 초월적 나 사이의 차이를 강조하는 것이다. 이 텅빈 장소는 예지적이지 않다. 오히려 그것은 현상들과 예지체들noumena의 차이를 지탱하는 맹점의 체현이다. (행위하는) 주체가 자신에게 투명할 수 없고 '자신-안의-사물-자체'인 그녀의 *Gesinnung*에 직접 접근할 수 없는 것은 바로 이 '맹점' 때문이다.

더 나아가, 초월적 자유와 실천적 자유에 대한 구분의 기원에는 바로 이러한 구분이 있는 것이다. 칸트에게 있어서 실천적 자유는 *Gesinnung*이라는 개념과 관련되어 있다. 여기에 걸려 있는 것은 어떤 특수한 동인을 그녀의 행동을 규정하는 준칙 속에 병합할 주체의 자유이다. 다른 한편 초월적 자유의 기능은, 이 근본적 선택 배후에 아무것도 없다는 것을, 자유의 어떠한 '메타-토대'도 없다는 것을 보여주는 그 텅 빈 공간을 구획하고 보존하는 것이다. 다른 동인을 물리치면서 어떤 하나의 동인을 '병합'하게 하는 원인이 주체의 소질이라면, 초월적 자유가 존재한다는 주장은 단지 이 원인 배후에 어떠한 **원인**도 있을 수 없다는 것을 의미할 뿐이다.

이러한 관점에서 다시 한 번 우리는 칸트에게 종종 겨누어지는 반대 주장—정념적인 것의 영역에 속하는 것을 완전히 제거하는 것은 불가능하다. 이 영역의 무언가가 언제나 남는다—을 검토해 볼 수 있다. 여기서 필시 우리에게 의혹이 생겨나는 것은 칸트 자신이 이러한 주장을 주저 없이 인정할 것이라는 단순한 사실 때문이다. 이것은 바로 자유의 가능성의 물음이 생겨나는 지점이며, 그 물음이—결코 포기되지 않고서—답을 발견하는 지점이다. 칸트가 이 점을 전개하고 있는 과정 속에서 이 논변을 역전시킬 방법을 찾는 것이 가능하다. 정념적 요소를 완전히 제거하는 것이 불가능하다는 것과 우리는 언제 주체가 실제로 단지 **타자**('**타자**'라는 말을 행위의—'외적인' 것뿐만 아니라 '내적인'—타율적 동기들로서 이해한다면)의 그림자 속에서 행위하고 있는 것인지를 결코 알지 못할 것이라는 것은 참이다. 하지만 **타자**가 이러한 모든 정념적 요소들을 설명할 수 있고 '흡수'할 수 있다는 견해를 지지할 아무것도 없다는 것 또한 참이다. 다시 말해서, 타율의 현장으로서의 **타자** 그 자체가 완벽한 체계로서 완결되는 것을 가로막는 어떤 타율적 요소를 '포함하지' 않는다는 것을 보장해 주는 아무것도 없다. 주체와 **타자**의 관계에는 다른 어떤 것이, 주체에도 속하지 않고 **타자**에도 속하지 않으며 양자에 대해 '외밀적인extimate' 어떤 것이 있다. 앞에서 우리는 주체를 **타자**

의 **타자**로서 이해할 수 있을 것이라고 말했다. 이제 우리는 **타자**의 **타자**는 라캉이 말하는 대상 *a*, 즉 주체와 **타자** 양자를 피해가는 한에서 그 둘의 관계를 규정하는 욕망의 '대상-원인'이라고 말함으로써 이 공식을 정교화할 수 있다. 그렇다면 칸트의 철학에서 이 역할을 할 수 있는 것은 무엇인가? 그것은 바로, 그 자체로 현상적이지도 예지적이지도 않은 초월적 주체이다.

심리학적 자아, 실천적 자유에 관련된 바로서의 주체의 *Gesinnung*(준칙 속으로의 충동의 병합), 그리고 초월적 자유라는 칸트의 구분을 고려할 때, 우리는 칸트의 실천 철학의 '교훈'은 단순히 예지적 자유와 현상적 필연성의 차이라는 문제가 아님을, 오히려 그것은 (실천적) 자유와 필연성(부자유) 모두가 초월적 자유를 배경으로 해서만 가능하다는 것임을 알 수 있다.

또한, 앞으로 우리가 폭넓게 검토하게 될 '근본악'의 문제가 칸트의 실천 철학에서 그토록 중요한 것은 바로 이러한 이유 때문이다. 악, 근본악은 역설적으로 '부자유의 자유로운 선택'으로서만 정의될 수 있다. 다시 말해서 여기서 또한 자유의 진정한 부정은 불가능하다는 것이 판명된다. 주체는 자유롭기를 원하건 원하지 않건 자유롭다. 그녀는 자유와 부자유 모두에서 자유롭다. 그녀는 선에서도 악에서도 자유롭다. 그녀는 심지어 자연적 필연성의 궤도를 따를 뿐인 곳에서도 자유롭다. 이러한 상황의 논리는 진리의 두 층위에 대한 구분에서 작용하는 논리와 정확히 동일하다. 진술의 층위에 위치한 진리가 있으며, 그것은 또한 거짓의 반대, 거짓말의 반대이다. 하지만 그렇다면 또한 언표행위의 층위가 있는 것이며 거기서 '나는 언제나 진리를 말한다':

> 단지 거짓의 반대에 불과한 진리는 틀림없이 있다. 하지만 그 양자 모두의 위에 있거나 양자 모두를 토대짓는 또 다른 진리가 있다. 이는 정식화라는 바로 그 사실과 연관된 것인데, 왜냐하면 나는 그것을 참으로서 정립하지 않고서는 아무것도 말할 수 없기 때문이다. 그리고 내가 '나는 거짓말을 하고 있다'고 말한다 하더라도, 나는 다름아닌 '나는 거짓말을 하고 있다는 것은 참이다'라고 말하고 있는 것이다. 그리고 바로 그 때문에 진리는 거짓의 반대가 아니다.[18]

우리는 라캉의 『텔레비전』의 그 유명한 개시 진술인 '나는 언제나 진리를 말한다'를 다음과 같이 말바꿈할 수 있을 것이다: '나는 언제나 자유롭게 행위한다'. 여기서 우리는 자유의 두 층위를 확실하게 구분해야 한다. 하나는 부자유의 반대편에 있는 자유이고, 다른 하나는 자유와 부자유(혹은, 필연) 양자 모두의 위에 있는, 혹은 양자 모두를 토대짓는 자유이다.

그리하여 마침내 우리는 칸트의 기본적 제스처의 두 번째 부분에 이른다: 인간은 자신이 믿고 있는 것보다 훨씬 더 자유롭지 못할 뿐만 아니라 또한 자신이 알고 있는 것보다 훨씬 더 자유롭다. 우리의 행동들이 결정되는 경로를 온전히 횡단한 지금 우리는 자유의 어떤 잉여와 조우한다. 혹은 달리 표현하자면, 우리는 **타자** 속의 결여와, 즉 *Gesinnung*은 선택의 대상(물론, 전적으로 텅 빈 장소에서 선택된)이라는 사실에서 드러나는 결여와 조우한다. 더구나 윤리적 주체로서의 주체의 구성이 가능해지는 것은

18) Jacques-Alain Miller, 'Microscopia', in Jacques Lacan, *Television: A Challenge to the Psychoanalytic Establishment* (ed. Joan Copjec), New York and London: W. W. Norton, 1990, p. xx.

오로지 이 지점에서다. 윤리적 주체는 두 가지 결여의 일치로부터 솟아난다: 주체 속에 있는 결여('강제된 선택'의 순간에 연계된 주체의 자유의 결여)와 **타자** 속의 결여(**타자**의 **타자**는 없다는, 원인 배후의 **원인**은 없다는 사실). 우리는 이제 앞서 도입한 도식을 완성할 수 있다.

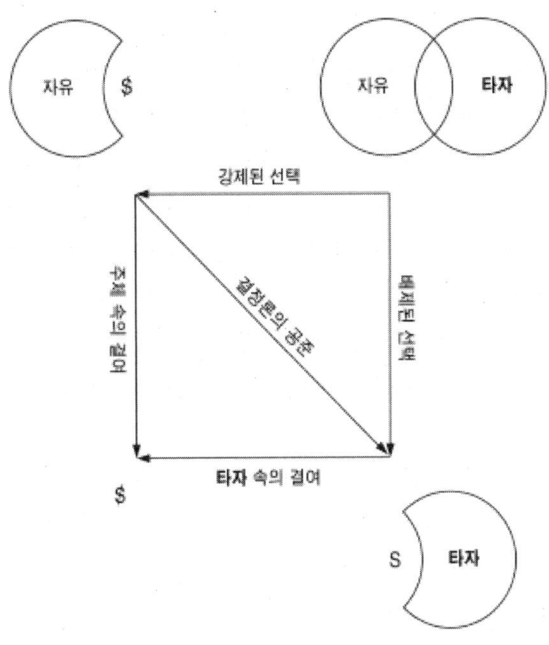

(여기서 '자유냐 **타자냐**'라는 *vel*에 의해 표상되고 있는) 출발점은 '강제된 선택'인데, 왜냐하면 주체는 오로지 자유만을 선택할 수 있으며 나머지 다른 쪽에 대한 선택은 비-존재 혹은 비실존의 선택—'주체의 비-주체화된 질료'에 대한 상징인 S의 선택—이

될 것이라는 사실로 인해 제외될 것이기 때문이다. 그리하여 우리는 상징 $\$$로 이동하는데, 이 상징은 분열에 의해 표식된 주체를, 혹은 자신의 자유 속에서 분할된 주체를 표상하며, 스스로를 자유롭다고 생각하지만 동시에 바로 이 자유로부터 배제된 주체를 표상한다. 여기서 칸트는 '탈심리화 공준' 혹은 '결정론의 공준'을 도입한다. 그리하여 이러한 이동은 주체를 본래적으로 불가능한 선택으로 이끈다. 주체는 한낱 **타자**의 의지의 대상에 불과하며 기계적이거나 심리학적인 인과관계의 손 안에 있는 도구에 불과한 자기 자신과 대면하도록 강제받는다. 이 지점에서 칸트는 그의 두 번째 제스처와 더불어 개입하는데, 그것은 *Gesinnung*의 선택과 관계가 있다. 이 제스처는 자유의 주체의 차원을 열어놓는다. 자유의 주체는 실로 **타자**의 효과[결과]이다. 하지만 **타자** 속에 있는 어떤 원인의 결과[효과]라는 의미에서는 아니다. 오히려 주체는 **타자** 속에서 결코 발견되지 않을 어떤 원인이 있다는 사실의 결과이다. 그녀는 이 원인의 부재의 결과이며, **타자** 속의 결여의 결과이다.

이제 우리는 1장 끝에서 미해결로 남겨 놓았던 물음에 답할 수 있다. 윤리적인 것의 추동력이나 동인이 동시에 그것의 결과라는 사실을 이해하는 것이 어떻게 가능한가? 자유가 자유의 조건으로서, 그리고 자율이 자율의 조건으로서 서있다는 것이 어떻게 가능한가? 이 순환적 운동은 본질적으로 주체의 지위와 성격에 연계되어 있다. 주체 없이는 어떠한 자유도 있을 수 없다. 하지만 주체의 출현 그 자체는 이미 자유로운 행위의 결과이다. 실천 이성의 '순환적' 논리는 주체성의 구조에 대한 참조를 통해 설명되어야 할 것이다.

3. 거짓말

칸트의 실천 철학에서 가장 쟁점이 되는 논점들 가운데 하나는 분명 '거짓말할 권리'라는 공식에서 요약되는 논점이다. 이 쟁점에 대한 칸트의 입장은 엄밀히 말해서 '비인간적인' 것처럼 보인다. 그것은 칸트의 윤리의 바로 그 핵심과 관련되어 있다는 사실 때문에 특별히 흥미로운 것이다.

칸트와 '거짓말할 권리'

뱅자맹 콩스탕은 「정치적 반작용에 관하여」라는 논문에서 이렇게 썼다:

진리를 말하는 것은 의무라고 진술하는 도덕적 원칙은, 그것이

> 단독으로 무조건적으로 취해질 경우, 어떠한 사회도 불가능한 것으로 만들 것이다. 한 독일 철학자가 이 원칙에서 이끌어낸 바로 그 직접적 결론에서 우리는 이에 대한 증거를 갖는다. 이 철학자는 살인자에게 쫓기는 우리의 친구가 우리 집에 피신하고 있는지를 묻는 살인자에게 거짓말을 하는 것은 범죄일 것이라고 단언하기까지 한다.[1)]

콩스탕의 텍스트는 파리에 살았던 크라머F. Cramer 교수에 의해 독일어로 번역되었다. 독일어 번역본에서 콩스탕이 한 '독일 철학자'라고 말하는 구절에는 주석이 붙어 있는데, 거기서 그 번역자는 콩스탕이 염두에 두고 있는 그 '독일 철학자'는 칸트라는 이야기를 콩스탕이 자신에게 했다고 진술하고 있다. 이와 관련해 특별히 흥미를 끄는 것은 칸트의 출판된 저작에는 콩스탕이 말한 사례에 대한 언급이 전혀 없다는 점이다. 그럼에도 불구하고 칸트는 콩스탕의 논문의 독일어본 출판에 「박애적 관심 때문에 거짓말을 할 권리라고 하는 것에 관하여」라는 논문으로 즉각 응답했다. 콩스탕(앞 구절)을 인용한 후에 칸트는, 콩스탕이 언급한 바를 어디에선가 진술한 적이 있다는 것을 기억은 하지만 어디에선지는 기억나지 않는다는 취지의 각주를 덧붙인다. 사태의 전반이 상당히 재미나다. 왜냐하면 칸트는 자신이—적어도 특별히 그와 같은 단어들로는—실제로 쓴 적이 없었던 어떤 것에서 자기 자신을 알아보고 있으니까 말이다. 물론 칸트가 이 입장을 자기 자신의

1) 'On a Supposed Right to Lie Because of Philanthropic Concerns', in Immanuel Kant, *Ethical Philosophy*, Indianapolis, IN: Hacket, 1994[1983], p. 162에서 인용.

입장으로 취하여 그것을 옹호하려는 순간 이는 아무 상관도 없는 것이 된다. 그는 이 특수한 경우에서조차도 거짓말을 하는 것은 잘못일 것이라고 주장한다. 달리 빠져나갈 길이 전혀 없다면, 우리는 친구를 쫓고 있는 살인자에게 진리를 말해야만 한다.

이 사례에서의 칸트의 입장이 그의 비평가들에게 찬성을 얻지 못했음을 지적하는 것은 아마 불필요할 것이다. 반대로 아직도 그것은 그의 철학에서 가장 '혐오받는' 부분으로 남아 있다. 그것을 윤리적 쟁점으로 간주하는 사람들에게 그것은 분명 혐오와 거부의 대상이다. 예컨대 허버트 페이튼은 '이 잘못된 논문'을 '한 노인[칸트는 이 글을 썼을 당시 73세였다]이…… 어린 시절의 교육[칸트의 어머니는 거짓말하는 것을 엄하게 나무랐을 것이다]의 영향하에서 자신의 주요한 확신을 정당화되지 않은 극단으로까지 밀고 나아갈 수 있는 방식을 보여주는' 것으로서 간주한다.[2] 페이튼은 이 논문을 칸트의 윤리의 기본 원칙들에 아무런 영향도 미치지 않는 '일시적 탈선'으로 처리해버릴 것을 제안한다.

쟁점을 도덕 철학에서 정치 철학과 법 철학으로 바꿈으로써 칸트를 구출하려는 몇몇 시도들도 있었다.[3] 이러한 독해에 정당성이 없는 것은 아니다. 사실 칸트는 각주에서 이렇게 말한다:

---

2) Herbert J. Paton, 'An Alleged Right to Lie: A Problem in Kantian Ethics,' in G. Geisman and H. Oberer (eds), *Kant und das Recht der Lüge*, Würzburg: Königshausen & Neuman, 1986, p. 59.

3) François Boituzat, *Un droil de mentir? Constant ou Kant* (Paris: PUF, 1993); Hans Wagner, 'Kant gegen "ein vermeintes Recht, aus Menschenliebe zu Lügen"', in Geisman and Oberer (eds), *Kant und das Recht der Lüge*.

'나는 이 원칙을 "진실하지 않음은 자기 자신에 대한 의무의 위반이다"라고 말하는 정도로까지 예리하게 만들고 싶지는 않다. 이 원칙이 윤리학에 속하는 것이라도, 여기서의 관심사는 법적 의무(*Rechtspflicht*)이니까 말이다.'[4] 그렇지만 무엇보다도 먼저 우리는 칸트가 이 문제를 윤리적인 것으로 취급했다고 하더라도 그의 대답은 달라지지 않았을 것임을 잊지 말아야 하며, 그 다음으로는 이 논변에서 칸트 자신이 종종 순전히 사법적이거나 법률적인 지반을 훨씬 뛰어넘어 윤리적 바다로까지 나아간다는 것을 잊지 말아야 한다. 우리는 이러한 애매성의 기원이 콩스탕의 논문 그 자체에 있는 것이라고 주장할 수도 있을 것이다. 그 논문은 어떤 '도덕적 원칙'의 물음에서 시작을 하지만 그러고 나서는 법적인 권한과 의무의 용어로 논변을 세공한다. 칸트는 바로 이 층위에서 실로 논쟁에 진입하는 것이며, 하지만 도덕적 원칙의 물음은 언제나 배경에 남아 있는 것이다. 다시금 강조되어야만 하는 것은, 가장 큰 분개와 불안감을 불러일으킨 것은 무엇보다도 콩스탕이 칸트에게 전가한 그 사례의 윤리적 측면이라는 점이다. 그리고 바로 그렇기 때문에, 쟁점을 도덕 철학에서 정치 철학과 법 철학으로 바꿈으로써 칸트를 '구출'하려는 시도들은 아무래도 문제가 있는 것이다. 그와 같은 독해는—적어도 암묵적으로—칸트가 그 문제를 윤리적 문제로서 간주했을 경우 그가 전적으로 달리 답했을 것임을 암시한다. 다시 말해서 이러한 독해는 문제를 해결하지 못하며, 칸트의 입장이 생성하는 불편감을 해결하지 못한다. 단지

4) Kant, 'On a Supposed Right to Lie Because of Philanthropic Concerns', p. 163.

이는 우리의 관심을 다른 어떤 것으로 돌림으로써 그것을 비켜가는 것이다. 여하간 우리는 이 논변들의 양 측면 모두를, 법적인 측면과 윤리적인 측면 모두를 검토할 것이다. 우리가 앞으로 보여주고자 노력할 것이지만, 법적 관점에 대한 칸트의 호소는 연약한 반면에, 논쟁의 윤리적 측면에 관하여 적어도 우리는 칸트가 자신의 도덕 철학의 기본 원칙들에 충실하게 남아 있다는 것을 말할 수 있다.

우선 콩스탕의 텍스트의 8장 '원칙에 관하여'를 칸트의 답변과 비교해 본다면, 두 저자 모두가 '상상적' 논적과 싸우고 있다는 인상을 받는다. 사실상 콩스탕의 비판의 주된 수신자는 칸트가 아니라 '상식'—이는 콩스탕에게 '편견'과 동일한 의미를 갖는다—이라는 이름으로 원칙을 거부하려는 자들이다. 콩스탕의 텍스트는 프랑스 혁명이라는 맥락 속에서, 그리고 1789년의 원칙들과 1793년에 있었던 그 원칙들의 파괴적 결과들 사이의 관계라는 맥락 속에서 바라보아야 한다. 그 텍스트의 출발 지점은, 당시에 혁명의 원칙들과 그 원칙들의 실천적 적용 사이의 극단적 불일치라고 간주되었던 어떤 것이다. 이러한 불일치는 원칙들에 대한 대중적 반란을 낳았다: 고상한 원칙들은 공포정치의 온갖 악행들에 책임이 있는 것으로서 간주되었다. 혹은, 이러한 견해의 또 다른 판본으로, 그것들은 이론상 좋지만 실천적 가치는 전혀 없는 것이었다. 콩스탕은 이러한 원칙들에 대한 변론을 제공한다. 그리고 그의 표현대로라면, 그 원칙들의 '복원'을 위해 분투한다. 그가 이러한 과제에 착수하는 그 방식은 종종, 1793년에 쓰여진 「'그것은 이론상 참일 수는 있지만 아무런 실천적 쓸모도 없다'는 말에 관하여」에서 전개된 칸트 자신의 논변을 일깨워준다. 콩스탕은 어떤 원칙이 나쁘다면 그것이 너무 이론적이기 때문이 아니라 충분히 이론적이지 않기 때문이라고 주장하는 것이다. 그렇기 때문에 콩스탕은 일반적 원칙들을 특수한 경우들에 적용하는 데 좀더 정확성을 기할 수 있게 해줄 **중간 원칙***middle principle*이라는 개념을 도입한다. 콩스탕에 따르면 칸트에게는 바로 그와 같은 원칙이 결여되어 있는 것이다.

우리의 친구를 쫓는 살인자의 사례에서 중간 원칙은 다음과 같이 도출될 것이다:

> 진리를 말하는 것은 의무다. 의무 개념은 권리 개념과 뗄 수 없는 것이다. 의무란, 어떤 사람에게 있어서 다른 사람의 권리에 상응하는 것이다. 어떠한 권리도 없는 곳에 어떠한 의무도 없다. 그리하여 진리를 말하는 것은 의무이지만, 진리를 말할 권리를 가진 사람과 관련해서만 의무다. 하지만 아무도 다른 사람을 해치는 진리에 대한 권리를 갖지 않는다.[5]

이는 또한 도덕 원칙들은 '절대적' 가치를 갖는다고 하는 칸트(혹은 '독일 철학자')에 반대하는 콩스탕의 기본적 논변을 요약한다. 콩스탕은 일반적 의견이 원칙들 자체에 반대로 돌아서게 한 것은 바로 이와 같은 종류의 '절대주의'라고 주장한다.

칸트의 답변을 검토하기 전에 우리는 칸트가 콩스탕의 도전을 그것의 가장 엄밀한 형식에서 받아들인다는 점을 강조해야 한다.

---

5) 'On a Supposed Right to Lie Because of Philanthropic Concerns', pp. 162~163에 나오는 칸트의 인용으로부터 인용.

다시 말해서: 그는 우리가 우리의 친구를 쫓는 살인자에게 오로지 '예'와 '아니오'로만 답할 수 있으며 물음에 답하기를 단순히 거부할 수는 없다는 가정을 받아들인다. 이러한 상황에서 칸트는 진리를 말하는 것이 의무라고 말한다.

여기서 생겨나는 첫 번째 의문은 이렇다: 정직truthfulness과 거짓말은 어느 정도로까지 법적인 관념들인 것인가? 이러한 혼동을 처음 초래한 것을 가지고 콩스탕을 비난할 수는 있겠지만 칸트는 최선을 다해 그러한 혼동을 유지하려는 것처럼 보인다. 칸트의 논증은, 정직과 거짓말이라는 한 쌍의 용어를 법적인 맥락에서 취급하려는 그의 결정에도 불구하고, 다른 방향들로 계속해서 행로를 바꾼다. 때로는 윤리적 쟁점의 방향으로(예컨대 그가 진리를 말할 의무는 '무조건적 명령인 신성한 이성의 법'이라고 말할 때), 그리고 때로는—법 그 자체보다는, 어떤 법 철학에 관심을 기울인다는 의미에서—좀더 '철학적인' 영역을 향해. 법과 법 철학이 칸트의 이론에서 다소간 불가분의 관계에 있는 것이 참일지는 모르지만, 특정 국가 기구에 세워진 기존 관행으로서의 법과 법의 토대와 가능성에 관심을 두는 법 철학 간의 구분을 강조하는 것이 여전히 도움을 줄 것이다. 사실상 바로 이러한 구분이야말로 칸트가 자신의 논변에 덧붙이지 않을 수 없는 어떤 주장들—예컨대, '거짓말은, 법학자들이 자신들의 정의에서 요구하듯 다른 사람에게 해를 끼쳐야만 한다는 추가적 조건을 요구하지 않는다'[6]—의 기저에 놓여 있는 것이다.

칸트는 두 가지 점에서 콩스탕과 논쟁을 벌인다. 첫째는 거짓말

6) 같은 글, p. 163.

이라는 바로 그 개념에 관한 것이고, 둘째는 이로부터 뒤따르는 원인과 결과의 관계에 관한 것이다. 우선 칸트는 진리는 의지에 달려 있지 않다는 점을 지적한다. 다시 말해서, 우리는 정직(진리를 말하려는 의도, 의지)을 진술의 진리(혹은, 허위)와 구분해야 한다. 전자는 우리의 진술과 믿음의 일치에 관한 것이다. 반면에 후자의 경우에는 우리의 진술과 그 진술이 지칭하는 '사실들'의 관계에 강조점이 있다. 거짓말의 경우도 마찬가지다. 이 구분을 예증하기 위해 칸트는 콩스탕의 사례를 얼마간 수정한다. 칸트의 판본에서는, 희생양이 될 그 사람이 집에 있지 않다고 내가 거짓말을 하지만 그 사람이 (나도 모르게) 창문을 통해 탈출해서 밖에서 살인자를 만나서 죽는 일이 일어날 수도 있다.

이 수정된 시나리오는 거짓말하는 사람이 진리와 관련하여 틀릴 수도 있다는 것을 보여준다. 우리가 다른 사람을 속이고자 한다면 그렇게 하겠다는 의도만으로는 충분치 않다. 다시 말해서—그리고 바로 이것이 칸트가 뜻한 바인데—살인자의 물음에 대한 나의 답변과 이어지는 그의 행동 사이에는 어떠한 필연적 연관도 없다. 그리하여 내가 진리를 말한다고 하더라도 나는 내 친구의 죽음에 책임이 있을 수 없는 것이다. 이는 단지 내가 말을 하고 있는 그 순간 내 친구가 어디에 있는지를 절대적 확신을 가지고서 알 수 없다는 이유 때문만이 아니라, 살인자가 '예'나 '아니오'라는 내 대답을 어떻게 받아들일 것인지를, 그가 나를 믿을 것인지 아니면 거짓말을 해서 내 친구를 보호하려 하고 있다고 가정할 것인지를 알 방도가 나에게 없다는 이유 때문이기도 하다. 반복하자면, 내 대답과 살인자의 행위 사이에는 어떠한 필연적 관계도 없다. 나는 내 친구를 숨겨주려는 최선의 의도를 가지고 있더라도 그의 행방을 결국 누설하고야 마는 수도 있는 것이다.

논리적 측면만을 고려한다면 물론 칸트는 옳다. 하지만 문제는 법률이 대부분 원인과 결과의 관련성이 필연적이지 않은 경우들을 다룬다는 것이다. 사건 X는 실제로 일어났을 경우에만 필연적이 되니까 말이다. 마지막 순간까지 그것이 발생하지 않을 가능성이 언제나 있다. 그렇기 때문에 법은 강한 개연성과 약한 개연성이라는 개념을 마땅히 이용할 수 있다. 그리하여 우리는 문제의 법적 측면에서 볼 때 칸트의 논변은 그렇게 설득력이 있지 않다고 결론을 내릴 수 있을 것이다.

그렇지만 칸트는 콩스탕에 반대하는 또 다른 논변을 전개하는데 이는 그의 법 철학과 관련된 것이다. 칸트의 법(*Recht*) 개념에 따르면, 정직[7](과 거짓말)은 법과 사회 그 자체의 바로 그 토대들에 영향을 주는데, 이는 합법성과 법의 규칙들이 계약에 토대를 두고 있기 때문이다. 하지만 어떤 근본적인 정직이 없다면 계약 같은 것은 결코 있을 수 없다. 계약은 계약 당사자들이 그것을 진지하게 취급하는 한에서만 의미가 있는 것이다. 계약—이 경우에는 '사회적 계약'—은 우리가 어떤 기본적인 안전을 누릴 수 있게 해주고 그리하여 '문명화된 삶'을 누릴 수 있게 해주는 것이며, 따라서 여타의 모든 의무와 법적 권리를 위한 기초로서 이바지한다. 칸트에 따르면 정직과 거짓말의 문제들이 사회법률적 맥락에서 그와 같은 무게를 갖는 것은 바로 이러한 견해에 기인하는

7) [원문에는 'truth'이지만 문맥상 'truthfulness(정직)'가 들어가야 할 자리다. 저자는 이러한 역자의 의견에 동의했다.]

것이다. 즉 그 문제들은 사회와 법률의 바로 그 토대들과 관계하는 것이다. 따라서 거짓말은 실정법적 고려들에 의해 그것에 부과된 협소한 틀을 초과한다. 실정법의 관점에서 본다면 거짓말은 그 결과가 다른 사람에게 해를 끼칠 때에만, 그리고 이 해악이 명기될 수 있는 때에만 법적으로 문제가 된다. 그렇기 때문에 칸트는 다음과 같이 덧붙일 필요가 있다고 생각한다:

> 따라서 다른 사람에게 의도적으로 부정직한 선언을 하는 것으로서만 정의되는 거짓말은, 법학자들이 자신들의 정의에서 요구하듯 다른 사람에게 해를 끼쳐야만 한다는 추가적 조건을 요구하지 않는다. ……거짓말은 언제나 타인에게 해를 끼치니 말이다. 어떤 다른 인간에게 해를 끼치는 것은 아니더라도, 바로 그 법의 근원(*Rechtsquelle*)을 손상시키므로 거짓말은 인류 일반에게 해를 끼치는 것이다.[8]

바로 이것이 이 쟁점과 관련하여 칸트를 옹호하는 주석가들이 강조하는 지점이다. 예컨대 율리우스 에빙하우스는 이렇게 말한다: '살인자의 준칙은 생명의 법적 안전을 파괴하는 반면에, 거짓말쟁이의 준칙은 한발 더 나아간다. 그것은 (생명의 안전이건 어떤 다른 것의 안전이건 간에) 가능한 어떠한 안전에 대해서도 적법한—즉, 법의—요구라는 성격을 박탈한다.'[9] 다시 말해서:

8) 같은 글, pp. 163~164.

9) Julius Ebbinghaus, 'Kant's Ableitung des Verbotes der Lüge aus dem Rechte der Menscheit', in Geismann and Oberer (eds), *Kant und das Recht der Lüge*, p. 79.

살인자는 어떤 특수한 법률을 위반하는 반면에 거짓말쟁이는, 모든 계약의 토대를 무효화하고 그리하여 사회 그 자체의 토대를 무효화함으로써, 법을 그처럼 불가능한 것으로서 만든다. (사회계약에 대한 칸트의 생각에 호소하는) 이러한 해명이 칸트의 입장을 아무리 훨씬 더 이해가능한 것으로 만들지라도, 그것을 결코 더 설득력 있는 것으로 만들지는 않는다. 문제를 간단하게 정리한다면: 법이 거기 있는 것은, 정확히, 우리가 타인들의 정직에 의존할 필요가 없도록 하기 위해서이다. 계약서를 존중하겠다는 조금의 의도도 없으면서 계약에 서명하는 것은 간단한 것이다. 계약을 따르겠다는 진정한 확신이 아니라 계약에 서명한다는 순전히 상징적인 제스처 때문에 우리는 계약서에 묶이는 것이다. 즉, 계약을 위반하면 법적인 대가를 치러야 한다. 법(과 그것에 수반하는 권리들)이 있는 전적인 이유는 한낱 타인들의 정직함보다 더 견고한 계약의 토대를 제공해주기 위함이다. 거짓말은 현실적 사회관계들이 사실상 타인들의 정직에 근거하고 있는 경우에만 '궁극적 범죄'가 될 것이다. 그렇지만 법이 존재하는 이상 거짓말은 단지 법적 규범들에 대한 다수의 가능한 위반들 가운데 하나에 불과한 것이며, 법의 바로 그 가능성을 침식하고 그리하여 살인보다 훨씬 더 재앙적인 결과를 낳을 어떤 것이 아니다.

칸트가 콩스탕에 반대해서 전개하는 세 번째—가장 강력한—논변을 고찰하는 것이 아직 남아 있다. 이 논변은 다음의 세 구절에서 가장 잘 표현된다:

> 정직은 계약에 토대를 둔 모든 의무들의 기초로서 간주되어야만

하는 의무이다. 그리고 그러한 의무들에 관한 법률들은 그것들에 대한 최소한의 예외라도 허용되는 한 불확실하고 쓸모없는 것이 될 것이다.[10)]

……우선은 가능한 (규칙의) 예외들에 대해 먼저 생각해 볼 수 있겠느냐고 허락을 구하는 사람은 이미 (잠재적) 거짓말쟁이이다. 이는 그가 정직을 그 자체로 하나의 의무로서 인정하지 않고, 또한 예외를 허용하게 되면 자기-모순적일 것이기 때문에 본성상 어떠한 예외도 허용하지 않는 규칙에서 자신을 위해 예외를 남겨두려는 모습을 보여주기 때문이다.[11)]

모든 법적 실천 원칙들은 엄격한 진리를 포함한다. 그리고 여기서 이른바 중간 원칙이라고 하는 것들은 이러한 원칙들을 발생하는 사례들에 (정치의 규칙들에 따라서) 적용할 좀더 면밀한 규정을 내포할 따름이며 결코 그러한 원칙들에 대한 예외를 내포할 수는 없다. 왜냐하면 예외란 그것들에 원칙이라는 이름을 부여하는 바로 그 보편성을 파괴할 것이기 때문이다.[12)]

우리는 이 구절들에서 칸트가 자신의 논변에 새로운 요소를 도입하는 것을 볼 수 있다. 즉, 예외의 문제.

이 모든 구절들은 중간 원칙이라는 콩스탕의 개념에 대한 반응을 포함하고 있으므로, 콩스탕의 논변을 다시 한 번 보도록 하자.

진리를 말하는 것은 의무다. 의무 개념은 권리 개념과 뗄 수 없

10) Kant, 'On a Supposed Right to Lie Because of Philanthropic Concerns', p. 164.

11) 같은 글, p. 166.

12) 같은 곳.

> 는 것이다. 의무란, 어떤 사람에게 있어서 다른 사람의 권리에 상응하는 것이다. 어떠한 권리도 없는 곳에 어떠한 의무도 없다. 그리하여 진리를 말하는 것은 의무이지만, 진리를 말할 권리를 가진 사람과 관련해서만 의무다. 하지만 아무도 다른 사람을 해치는 진리에 대한 권리를 갖지 않는다.

이 구절은 두 가지 다른 방식으로 읽힐 수 있다. 곧 분명해지겠지만, 이 가운데 칸트에 의해 선택된 첫 번째 것은 그 근거를 콩스탕의 텍스트에 그다지 두고 있지 않다. 칸트는 콩스탕의 추론이 규칙에 대한 바로 그 예외로부터 규칙(원칙)을 만들려는 시도라고 주장한다. 칸트에 따르면 콩스탕의 중간 원칙이라는 개념은 어떤 규범의 위반이 (어떤 상황에서는) 그 자체로 하나의 규범이 될 수 있다는 것을 함축한다. 이는 다름아닌 의무의 위반이라는 개념을 터무니없는 것으로 만들 것인데, 왜냐하면 그렇게 되면 이러한 위반은 의무 그 자체에 의해 부과되는 것으로서 보아야 할 것이기 때문이다. 그렇지만 칸트는 이런 방식으로 콩스탕을 읽은 유일한 사람이 아니다. 칸트–콩스탕 논쟁에 대한 논평에서 예컨대 페이튼은 시종일관 규칙과 정언명령에 대한 예외에 관해 이야기한다.

만일 이것이 사실상 콩스탕의 입장이라고 한다면 칸트에게는 이를 공격할 충분한 이유가 있을 것이다. 칸트가 콩스탕이 주장하지 않는 어떤 것을 콩스탕에게 전가하고 있으며 따라서 그는 상상의 적과 싸우고 있는 것임을 보여주는 것은 사실 가능하다. 그렇지만 그럼에도 불구하고 칸트의 논변은 그 자체로 완전하게 타당한 것으로 남아 있다. 그것에 합격 판정을 내릴 수 있는 것은 특히나 칸트의 비판가들이 종종 바로 이 콩스탕(규칙의 예외를 선전한 것으로 추정된 콩스탕)을 가지고서 칸트에 반대해 콩스탕을 옹호했기 때문이다.

실로 콩스탕의 중간 원칙이 일반 원칙에 대한 예외를 내포하는 것이라면, 원칙이라는 개념 그 자체는 일체의 의미를 박탈당하게 될 것이다. 그렇지만 법칙의 위반은, 상황이 아무리 예외적이라 하더라도, 결코 규칙이나 원칙이 될 수 없다. 그런데 만에 하나 우리가 규칙의 예외를 '중간 원칙'이라는 것으로 정식화할 경우에 바로 그와 같은 일이 일어날 것이다. 이미 우리는 법이 존재하는 순간부터 거짓말은 '최고 범죄'로서, 법의 바로 그 가능성을 침식하는 범죄로서 간주될 수 없으며 단지 다른 위반들 가운데 하나에 불과한 것으로서 보아야 한다는 것을 지적했다. 그렇지만 '최고 범죄'로서 간주될 것은 거짓말을 재가하는 것, 즉 '거짓말할 권리'와 같은 어떤 것을 정식화하는 것일 것이다. '최고 범죄'는 어떤 상황에서는 법이 위반될 수 있다는 조항을 법 속에 써넣는 것일 것이다. 사실상 다음 두 진술에는 중요한 차이가 있다.

1. 어떤 상황에서는 법을 위반하는 것은 허용될 수 있다.
2. 법이 효력을 발휘하지 않는 (따라서 위반될 수가 없는) 경우들이 있다.

문제가 아직 충분히 명확하지 않다고 한다면, 콩스탕의 논변에 대한 다른 가능한 독해를 고려해 보는 것으로써 명확해질 수 있을 것이다.

우선 콩스탕이 '예외'라는 용어를 결코 사용하지 않으며 '규칙에 대한 예외'에 대해 결코 말하지 않는다는 점을 강조해야 한다.

그는 이 특수한 경우(우리의 친구를 쫓는 살인자의 경우)에 우리가 진리를 말해야 한다는 것을 요구하는 일반적 규범을 위반할 권리를 갖는다고 결코 말하지 않는다. 반대로 그가 말하는 것은, 그와 같은 상황에서 우리가 거짓말을 할 때 우리는 사실상 어떠한 (사법적) 규범이나 의무에도 반하는 것이 아니라는 것이다. ('어떠한 권리도 없는 곳에 어떠한 의무도 없다.')

콩스탕의 논변의 요점을 이해하기 위해서 우리는 이른바 '불가피한 경우'라고 하는 것의 법적 지위를 잠시 고찰하는 것이 좋을 것이다. 이것은 종종 논리적이고 사법적인 역설이라고 기술되기도 하는데, 왜냐하면 그것은 법에 대한 일종은 '적법한 위반'을 내포하기 때문이다. 예컨대 내가 자기 방어를 위해 누군가를 죽이는 경우. 만일 이를 '법에 의해 허용된 (혹은, 심지어 규정된) 위반'이라고 기술한다면, 우리는 역설을 만난다. 그렇지만 불가피한 경우가 '법률의 사례'가 아니라는 것을 깨닫는 순간 역설은 사라진다. 요컨대 그와 같은 경우에 판사는 내가 법을 위반한 것이 법적으로 정당했다고 판정하는 것이 아니라 어떠한 법도 위반한 것이 아니라고 판정할 것이다. 콩스탕의 요점은 바로 이것이다. 콩스탕은 (칸트와 다른 많은 사람들이 주장하듯) 살인자의 법률 위반이 나 자신의 법률 위반(이 경우, 나의 거짓말)을 적법화해 준다고 말하고 있는 것이 아니다. 오히려 그는 이 경우에 법률 위반 같은 것은 결코 없다는 것을 보여주고자 하는 것이다.

그리하여 우리는 콩스탕의 논변이 칸트가 인정하는 것보다 참으로 더 그럴듯하다는 점을 인정함으로써 거짓말의 법적 측면에 대한 이 논의에 결론을 내릴 수 있다. 이 논쟁에서 칸트는 자신의 실천 철학의 근본적 원칙 가운데 하나를, 즉 우리로 하여금 윤리적 영역을 법적 영역으로부터 구분할 것을 강요하는 그 원칙을 그 스스로 '위반한다'고까지 말할 수 있을지도 모른다. 하지만 의무의 무조건적 성격에 대한 칸트의 강조가 그 정당한 가치를 획득하는 지점에 도달하고자 한다면 이러한 구분을 유지해야만 하는 것이다.

무조건적인 것

이미 우리는 칸트의 비판가들 사이에서 가장 큰 분노와 불안을 자아낸 것은 거짓말에 대한 칸트의 텍스트의 윤리적 측면이라는 것을 강조한 바 있다. 윤리적 문제는—콩스탕의 사례가 부과한 틀을 미루어 두고, 그것을 보다 일반적으로 하나의 구조적인 문제로서 정식화한다면—다음과 같이 표현될 수 있다: '인류애humanity'는—혹은, 보다 정확히, 우리의 동포fellow-man에 대한 사랑은—도덕법칙에 대한 예외를 두는 것에 (그 둘 사이에 갈등이 있는 한에서) 정당성을 부여할 수 있는 것인가? 칸트의 윤리의 근본 원칙들이 주어질 때, 이 물음에 답하기 위해 많은 사유가 요구되는 것은 아니다. 의무에 부합해서 그리고 엄밀히 의무를 위해서 이루어지는 행위로서 정의되는 도덕적 선은 오로지 한 가지만 있을 뿐이다. 내 행위가 의무에 부합한다면, 그리고 그것이 동시에 오로지 의무를 위해서만 이루어진다면(우리가 논의하고 있는 사례에서 이는, 만일 내가 살인자에게 진리를 말한다면 그것은 두려움 때문에 그런 것이 아니라는 것을 의미할 것이다), 그것은 윤리적 행위다. 그렇지만 그럼에도 불구하고 이 문제에 대한 칸트의 입장은 『도덕 형이상학의 정초』와 『순수실천이성 비판』에서 애매한 상태로 남아 있다. 특히 그가 자신의 논점을 예증하기 위해 선택하는 사례들 때문에 말이다.

『정신분석의 윤리』에서 라캉은 이러한 애매성에 관심을 기울인다. 「이웃에 대한 사랑」이라는 장의 말미에서 라캉은 칸트가 두 번째 『비판』에서 제공하는 유명한 사례인 '단두대 우화'에 초점을 맞춘다. 그 우화의 내용은 이러하다.

> 누군가가 그의 성적 쾌락의 경향성에 대해, 사랑스런 대상과 그를 취할 기회가 그에게 온다면, 그로서는 그의 경향성에 도저히 저항할 수가 없다고 그럴듯하게 둘러댄다고 가정해 보자. 그러나 그가 이런 기회를 만난 그의 집 앞에, 그가 그러한 향락을 누린 직후에, 그를 달아매기 위한 교수대가 설치되어 있다면, 그래도 과연 그가 그의 경향성을 이겨내지 못할까? 그가 어떤 대답을 할지는 오래 궁리할 필요도 없다. 그러나 그에게, 그의 군주가 그를 지체 없이 사형에 처하겠다고 위협하면서, 그 군주가 기꺼이 그럴듯한 거짓 구실을 대 파멸시키고 싶어 하는, 한 정직한 사람에 대하여 위증할 것을 부당하게 요구할 때, 그의 목숨에 대한 사랑이 제아무리 크다 하더라도, 그때 과연 그가 그런 사랑을 능히 극복할 수 있다고 생각하는지 어떤지를 물어보라. 그가 그런 일을 할지 못할지를 어쩌면 그는 감히 확정하지는 않을 것이다. 그러나 그런 일이 그에게 가능하다는 것을 그는 주저 없이 인정할 것임에 틀림없다. 그래서 그는, 무엇을 해야 한다고 의식하기 때문에 자기는 무엇을 할 수 있다고 판단한다…….[13]

---

13) Immanuel Kant, *Critique of Practical Reason*, New York: Macmillan, 1993[1956], p. 30. [국역본: 85~86쪽.]

이 우화의 첫 번째 부분은 당분간 미루어 두기로 하고 두 번째 부분에 초점을 맞추자. 이 두 번째 부분은 도덕법칙이 궁극적 희생을 요구함에도 불구하고 인간 주체에게 스스로를 부과하는 방식을 예증하는 것으로 가정된다. 이 부분에서 칸트의 논변에 잘못된 것은 무엇인가? 라캉은 이렇게 언급한다: '사실상, 타인의 재화나 생명이나 명예에 대한 침해가 보편적 규칙이 된다고 한다면, 이는 인간의 우주 전체를 무질서와 악의 상태로 내던질 것이리라.'[14] 우리는 이러한 언급 속에 함축된 반어법을 간과하지 말아야만 한다. 라캉은 칸트가 순수한 도덕적 의무라는 허울 뒤에 은폐된 더없이 정념적인 동기를 끌어들이고 있는 것에 대해서 비판한다. 라캉은 칸트가 속임수를 쓰고 있다고 비난한다('너무나도 순진무구한, 순진무구한 협잡꾼인, 칸트여, 우리의 친애하는 칸트여').[15] 칸트는 이러한 (윤리적) 선택의 진정한 내기와 진정한 충격을 감춤으로써 독자를 속인다. 그의 사례에서 그는 정언명령(우리의 의무)을 우리의 동포의 선(안녕)과 동일한 쪽에 놓는다. 그 결과 독자는, 이 경우에 자기 자신의 죽음을 받아들인다는 생각은 적어도 가능한 것이라고 칸트가 말할 때 그다지 주저하지 않고서 필시 칸트를 따르게 될 것이다. 문제는, 여기서 독자가 의무 그 자체의 냉정함을 확신하기 때문이 아니라 타자에게 가해진 고통의 이미지가 대위점으로서 이바지하기 때문에 칸트를 따른다는 사실에 있다. 칸트의 사례는 우리에게 '어떤 *a fortiori*[더 강력한 이유에서]의 효과'를 산출하도록 되어 있으며, 그 결과

14) Jacques Lacan, *The Ethics of Psychoanalysis*, London: Routledge, 1992, p. 189.

15) 같은 글, p. 189.

우리는 선택에 걸린 진정한 내기와 관련하여 기만당한다. 다시 말해서 독자는—말하자면—'비원칙적 이유들' 때문에 칸트에게 동의할 것이다. 독자는 *a fortiori*한 이유 때문에 칸트에게 동의할 것이다. 도덕법칙의 선험적 가치를 확신하기 때문이 아니라 '더 강력한 이유'를 근거로 말이다. 우리가 우리의 의무를 위치시키는 어떤 선의 표상에 의해 인도되기 때문에 우리는 칸트의 논변을 받아들인다. 그리고 이것은, 가장 엄밀하게 칸트적인 의미에서, 타율이다. 칸트적 윤리(윤리의 '코페르니쿠스적 혁명'의 바로 그 지점)의 핵심적 새로움은 선 개념과 도덕법칙 사이의 위계를 역전시킨 것에 있다는 것을 염두에 둘 때, 논의된 그 사례에 관하여 최소한 우리는 그것이 이러한 핵심적 논점을 흐려놓고 있다는 것을 말할 수 있는 것이다.

진정한 쟁점을 밝히기 위해서는 그 사례를 조금 바꾸어야 한다고 라캉이 제안하는 것은 이 때문이다. 나의 의무와 타자의 선이 대립하고 있는 상황에, 그리고 내가 내 의무를 오로지 내 동포에게 해가 되는 방식으로만 완수할 수 있는 상황에 놓여 있다면 어찌할 것인가? 내가 타자에게 가할 악과 고통 앞에서 멈출 것인가, 아니면 그 결과들에도 불구하고 내 의무를 고수할 것인가? 쟁점에 걸려 있는 것이 나의 유사물*semblance*, 즉 나의 동포인 한에서의 타자의 권리에 대한 공격인 것인지 아니면 거짓 증언 그 자체의 문제인지를 알 수 있게 해주는 것은 오로지 이와 같은 경우이다. 그리하여 라캉은 우리에게 진실된 증인의 사례를 고찰해 볼 것은 권한다. 예컨대 공동체의 안전을 위협하는 행동을 한 내 이웃이나 형제를 고발하라는 요청을 받았을 때 생겨나는 양심의 사례를 말이다. 이 경우에 걸려 있는 것이 무엇인지에 대해 라캉은 다음과 같이 설명한다.

> 나는 진리의 의무가 향유의 본래적 장소를 비록 텅 빈 것일지언정 보존하는 한에서 그 의무를 향해 나아가야만 하는가? 아니면 나로 하여금 나의 향유를 선으로 억지로 대체하게 함으로써 나에게 변덕스럽게 행동하도록 명하는 이 거짓말에 나 자신을 내맡겨야 하는가?[16]

실로 칸트적 윤리의 핵심적 쟁점이 가능한 한 가장 분명한 방식으로 정식화되는 것은 이와 같은 양자택일 속에서다. 만일 도덕법칙이 선에 대한 여하한 선차적 고려를 배제한다면, 이 윤리가 이 양자택일과 관련하여 어디에 서 있게 되는 것인지는 분명하다. 일단 선이 무대에 오르면, **누구의 선인가?**라는 물음이 필연적으로 나오게 되어 있다. '변덕스럽게 행동한다'는 말을 했을 때 라캉이 염두에 두고 있는 것은 바로 그것이다: 만일 내가 내 형제나 이웃을 배반하지 않는다면, 나는 나의 다른 동포를 배반하게 될 수도 있다. 누구의 선이 더 가치 있는 것이라고 누가 결정할 것인가? 이는 '개인주의적'이건 '공동체주의적'이건 선의 개념에 기초하고 있는 윤리라면 피할 수 없는 근본적 곤궁이다. 칸트적 윤리의 기획은 정확히 이러한 곤궁을 피하려는 것이며, 바로 그렇기 때문에 그것은 단지 '전통 윤리학'의 한 판본에 불과한 것이 아니라 다른 어떤 것을 향한 되돌릴 수 없는 한 걸음인 것이다. 그렇지만 이미 본 것처럼 라캉은 이 점을 분명하게 하지 않은 것에 대해서 칸트를 비판한다. 칸트는 자기 자신의 핵심적인 이론적 자세의

16) 같은 글, p. 190.

어떤 결과들을 받아들이는 데 어려움을 겪는 것처럼 보인다. 따라서 라캉은 다음과 같은 물음으로써 그에게 도전한다. 나는 진리를 말해야 할 나의 의무가 향유의 본래적 장소를 비록 텅 빈 것일지언정 보존하는 한에서 그 의무를 따라야만 하는 것인가? 아니면 나로 하여금 나의 향유를 선으로 억지로 대체하게 함으로써 나에게 변덕스럽게 행동하도록 명하는 이 거짓말에 나 자신을 내맡겨야 하는가?

라캉과 칸트의 '초역사적' 논쟁에서 가장 놀라운 것은 칸트가 실제로 라캉에게 답을 한다는 것이다. (「박애적 관심 때문에 거짓말을 할 권리라고 하는 것에 관하여」에서) 뱅자맹 콩스탕에게 답하고 있지만, 실제로 훨씬 더 만족스러운 방식으로 라캉에게 답하고 있다.

그리하여 칸트가 의무의 무조건적 특성을 강조하는 것의 가치에 대해 몇 마디 말하는 것만 남아 있다.

주체의 정념성(그의 관심사와 경향성과 안녕)은 주체로 하여금 엄밀히 윤리적인 방식으로 행위하는 것을 가로막는다. 그렇지만 주체의 정념성의 최종적 한계는 주체가 아니라 **타자**에게서 발견되어야 할 것이다. 주체가 자신의 관심들을 이를테면 이미 괄호쳤을 때, 그의 의무를 이행하는 것에 대한 동포의 선이라는 또 다른 장애물이 여전히 남는다. 한 편에 나의 의무가 있고 다른 편에 내 동포의 선이 있는 상황에 내가 처해 있을 때, 후자는 의무의 이행에 대한 장애물이 될 수 있다. 타인들에게 해를 끼치지 않고서는 내 의무를 다할 수 없을 때 나는 스스로에게 '나의 의무에서 손을 떼고' 내 이웃에게 인정을 베푸는 것 말고는 선택의 여지가 없다고 말할 수 있다. 그리고 '선택의 여지가 없다'는 이러한 주장은, 자유와 윤리에 여전히 대립되어 있으면서도, 여기서 도덕적으로 정당화되는 것처럼 보인다. 칸트의 입장에서 근본적이고 본래적인 거짓말(*proton pseudos*)을 구성하는 것이 바로 이것이다. 근본적인 거짓말은 선택의 여지가 없다고, 상황의 압력 때문에 달리 행위할 수 없었다고 스스로에게 말하는 것으로 이루어진다. 걸려 있는 그 무엇이 정말로 하나의 거짓말이라면—우리가 '우리의 의무에서 손을 떼는' 경우를 정말로 다루고 있는 것이라면—여기엔 필시 결과가 없지 않은 것이다. '손을 떼는' 이유가 선한 이유였다고 하더라도, 잘못과 죄는 여전히 남는다. 칸트의 윤리가 라캉의 '욕망의 윤리'와 조우하는 것은 바로 이 지점에서다.17)

---

17) 라캉의 『정신분석의 윤리』에 나오는 다음의 구절을 볼 것:

> 최종 분석에서, 주체가 저 밑바닥에서 죄를 표명할 때 실제로 무엇에 대해 죄를 느끼는 것인가 하는 것은—양심의 감독관에게 용인될 수 있는 것이건 없는 것이건 간에—언제나 그가 자신의 욕망과 관련하여 어느 정도로 양보했는가 하는 것과 관련이 있다. 이를 더 살펴보자. 그는 선한 동기들 때문에 혹은 심지어 최선의 동기들 때문에 자신의 욕망과 관련하여 종종 양보했다. 그리고 이 때문에 놀랄 것은 없을 것이다. 왜냐하면 죄란 매우 오랜 시간 동안 존재해 왔으며, 또한 선한 동기와 선한 의도의 문제는, 비록 그것이 일정한 역사적 경험의 지대를 구성하고 있기는 하지만……, 그다지 사람들을 계몽시키지 못했다는 것이 오래 전에 주목되었으니까 말이다. 먼 곳에서 계속해서 재등장하는 물음은 언제나 동일하다. 그리고 기독교인들이 가장 틀에 박힌 방식으로 준수할 때조차도 결코 평화를 얻을 수 없는 것은 바로 그 때문이다. 왜냐하면, 우리가 어떤 일을 선을 위해 해야 한다면, 언제나 우리는 '누구를 위한 선인가?'라는 물음에 직면하게 되니까 말이다. 그러한 관점에서 보면, 사태는 더 이상 명백하지가 않다. (*The Ethics of Psychoanalysis*, p. 319)

그리하여, 정념적인 것의 환원불가능성의 주된 이유들 가운데 하나는 주체의 정념성의 궁극 지점이 **타자** 속에 '정박한다'는 사실에, 따라서 '성공적' 행위는 **타자**에 대해 결코 아무런 결과도 낳지 않는 것이 아니라는 사실에 있는 것이다. 이와 관련하여 우리는 이것이 칸트뿐만 아니라 모든 윤리에서 문제가 된다는 것을 지적해야 한다. 핵심적 물음은 우리가 우리 존재의 이 '외밀적'이고 본질적으로 텅 빈 지점에 대해 깨닫고 있는가 아니면 그것을 우리 행동에 영향을 받는 자들의 선보다 더 큰 **선**이라는 허울 배후에 감추려고 하는가 하는 것이다. 의무를 이웃의 선과 동일시하는 윤리는 이 문제를 회피할 수 없다. 사실상 그것은 이 문제를 재배가시키는데, 왜냐하면 그것은 다음의 두 물음과 대결하지 않을 수 없기 때문이다: (1) 우리가 타인의 선이라고 주장하는 것은 또한 타인 자신의 판단에서도 그와 같은 것으로서 기능하는가, 아니면 우리는 그 타인에게 그/녀의 선에 대한 우리의 관념을 부과하려고 하는 것인가? (2) 고려해야 할 '이웃'이라는 것도 상이하게 여럿이 있을 터인데, 그렇다면 우리는 누구의 선에 대해서 이야기하고 있는 것인가?

그리하여 우리는, 콩스탕이 칸트에게 '전가한' 그 특수한 사례에서 우리가—칸트적 윤리의 원칙들에 따라서—(잠재적) 살인자에게 정녕 진리를 말해야만 하는 것인지 물어볼 수 있을 것이다. 이 물음이 생기는 것은 특히나 그 사례가 너무나도 '작위적'이기 때문이다. 즉, 주체가 왜 살인자에게 단순히 '말하기를 거부하겠소'라고 응할 수 없었는가가 분명치가 않다. 또 다른 사례가 여기서 문제가 되는 윤리적 쟁점을 더 잘 표현할 수 있을 것이며, 또한 '욕망의 윤리'의 틀을 개괄할 수 있게 해줄 것이다. 그것은 라캉이 『정신분석의 윤리』라는 세미나에서 소개하는 사례인 안티고네이다. 안티고네는 오빠인 폴리네이케스를 묻어주려는 의도를 이행하기 위해서 그 무엇에서도 멈추지 않는다. 그녀의 고집은 어떠한 '선'에 의해서도 이끌린 것이 아니다. 그녀 자신의 선도 아니며(그녀를 기다리는 유일한 '선'은 생매장이다), 크레온이 대표하는 공동체의 선도 아니다(안티고네의 행위의 결과는 공동체의 파멸이며, 왕국의 몰락이다). 그녀의 출발점은 무조건적인 '반드시'이다. 즉, 폴리네이케스는 반드시 묻어주어야만 하는 것이다.

희곡의 어느 지점에서라도 안티고네는 멈추어 서서 스스로에게 '정말 그럴 가치가 있는 것인가?', '상황이 이러한데, 이를 끝까지 이행할 가치가 있는 것인가?'라고 물어볼 수 있었을 것이다. 물론 그러한 경우라면 어떠한 안티고네도 없을 것이다. 물론 안티고네가 오빠를 묻어주려는 시도를 포기하고 왕국을 구했다면 한층 더 윤리적으로 행위했을 것이라는 관점을 옹호하려는 사람은 언제나 있을 것이다. 하지만 이런 종류의 윤리는 칸트가 열어놓은 관점으로 들어서지 못하며, 또한 라캉이 논의한 윤리로 들어서지도 못한다. 두 명 모두는 편안함과는 거리가 먼 관점에서 윤리를 재단언하고 있으니까 말이다. 그들은 윤리적 행위를 (통상적이고 사회사법적인 의미에서의) 법의 차원도 아니고 법의 단순한 위반의 차원도 아닌(안티고네는 전제 국가에 짓밟히고 있는 '인권'을 위해 투쟁하는 활동가가 아니다)[18] **실재**의 차원 속에 위치시킨다.

18) '우리는 그녀를 가족과 집안을 지키려는 온순한 여자로 만들어 동정을 유발하고 동일시할 만한 인물로 내세우면서 그녀의 섬뜩한 기이함, "비인간성", 냉정함 등을 은폐함으로써 그녀를 길들이려는 모든 시도들에 반대

사드적 덫

그렇지만 우리가 칸트의 입장을 받아들일 때, 곧 또 다른 덫이 등장한다. '사드적 덫'. 칸트적 주체는 자신의 동포의 이미지 뒤에 숨는 것으로 무조건적 의무에 내포된 **실재**를 피할 수는 없다. 하지만 이 주체는 또한 자신의 의무 뒤에 숨을 수도 없다. 즉 의무를 자신의 행동에 대한 변명으로 사용할 수 없다. 슬라보예 지젝이 지적했듯이, 윤리적 주체로서 나는 '미안하다, 나는 그것이 불쾌한 것임을 알고 있지만 그걸 회피할 도리가 없었다. 도덕법칙은 그 행위를 나의 무조건적 의무로서 나에게 부과했다!'라고 말할 수 없는 것이다. 오히려 반대로 주체는 그가 그의 의무라고 칭하는 것에 대해 전적으로 책임이 있다.[19] 내가 나의 의무를 내 행동에 대한 구실로서 이용하는 담론의 유형은 엄밀한 의미에서 도착적이다. 여기서 주체는 그의 행동에서 그가 이끌어내는 잉여-향유를 **타자**에(**의무**나 **법**에) 귀속시킨다: '내 행위가 당신을 해친다면 미안하다. 하지만 나는, **타자**가 내가 하길 원하는 것을 했을 뿐이다. 그러니 이의가 있으면 **타자**에게 가서 말해보아라.' 이 경우 주체는 법 뒤에 숨는 것이다.

이를 예증하기 위해 앨리슨이 제시한 사례를 보자.[20] 내가 어

해야만 한다.' Slavoj Žižek, *The Sublime Object of Ideology*, London and New York: Verso, 1989, p. 117. [국역본: 슬라보예 지젝, 『이데올로기라는 숭고한 대상』, 인간사랑, 2002, 204쪽.]

19) Slavoj Žižek, *The Indivisible Remainder*, London and New York: Verso, 1996, p. 170.

20) Henry E. Allison, *Idealism and Freedom*, Cambridge: Cambridge

떤 사람을 극도로 싫어하고 있으며 그에 관한 어떤 정보를 갖게 되었다고 가정하자. 나는 그 정보를 그가 알게 된다면 큰 고통을 당하게 될 것임을 알고 있다. 그에게 고통을 야기할 의도로 나는 그에게 그 일에 대해 알려주기로 결정을 내린다. 하지만 나는 그의 알 권리를 근거로 이러한 행위를 정당화한다. 따라서 나는 그것이 불필요한 고통을 남에게 가하는 악의적인 행위라는 것을 인정하기보다는 오히려 그것을 진리-말하기라는 훌륭한 행위로서 나 스스로에게 (그리고 아마도 타인들에게) 제시하는 것이다. 심지어 나는 그것이 나의 신성한 의무라는 것에 스스로 수긍하고 있는 것일지도 모른다. 앨리슨은 어떤 상황의 '도덕적으로 돌출해 있는 요인(들)'을 무시할 수 있게 해주는 이른바 '자기-기만'이라는 것을 예증하기 위해 이 사례를 사용한다. 그렇지만 우리는 이 사례를 어떤 다른 것의 예증으로서 사용할 것이다. 즉, 우리의 의무를 행동의 구실로서 제시하는 도착적 태도의 예증으로서 말이다. 더구나 여기서 우리는 **이중적** '자기-기만'의 경우를 다루고 있는 것이다.

자기-기만의 첫 번째 계기는 앨리슨이 지적하고 있는 것이다. 즉 우리는 우리의 실제 의도—남을 해치는 것—와 관련하여 스스로를 기만한다. 하지만 이러한 자기-기만은 또 다른 보다 근본적인 자기-기만의 계기를 기반으로 해서만 가능하다. 그것은 우리가 우리의 의무(의 '내용')를 '기성의ready-made' 것으로서, 즉 우리가 상황에 연루되기 이전에 존재하는 것으로서 간주하는 한에서만 가능한 것이다. 그리고 바로 그렇기 때문에 이 사람에게

University Press, 1996, p. 181.

'우리는 당신의 실제 의도가 다른 사람을 해치려는 것이었다는 것을 알고 있다'고 말함으로써 그의 행동을 위선적인 것으로서 드러내는 것은 불가능할 것이다. 이 경우에 그는 단순히, 타인에게 진리를 말하기 위해서 있는 힘을 다해야만 했다고 계속 말할 것이다. 그 자신은 타인을 해쳤을 때 극심한 고통을 겪었으며, 하지만 그렇게 하는 것이 그의 의무였기 때문에 이를 회피할 수는 없었다고 말이다. ……이러한 종류의 위선자의 가면을 벗길 유일한 방법은 그에게 이렇게 묻는 것이다: '타인에게 당신이 알고 있는 것을 말하는 것이 당신의 의무라는 것이 어디에 쓰여 있습니까? 왜 당신은 그것이 당신의 의무라고 믿는 것입니까? 당신은 당신의 의무에 책임질 준비가 되어 있습니까?'

칸트의 윤리의 근본적 원칙들에 따르면, 의무는 오로지 주체가 자신의 의무로 만드는 그 어떤 것이다. 그것은 십계명처럼 '바깥' 어딘가에 존재하지 않는다. 어떤 것을 자신의 의무로 만들고 그에 대해 책임을 져야만 하는 것은 바로 주체다. 정언명령은 우리가 우리의 행위로부터 이끌어내는 잉여-향유를 뒤에 숨길 수 있는 윤리적 행위들의 목록(남김 없는 목록은 아니더라도)을, 즉 일종의 '순수 이성의 교리문답'을 만들 수 있게 해줄 어떤 시금석이 아니다.[21]

---

21) 다음의 구절을 비교해 볼 것:

> 그러므로 칸트의 정언명령을 구체적 사례에 적용될 경우 도덕적 주체에게서 결정의 책임을 덜어줄 일종의 형식적 틀로서 파악하는 것은 잘못일 것이다. '난 X라는 행위를 수행하는 것이 나의 의무인지를 확신할 수가 없다. 문제될 것 없다—나는 그것을 정언명령이 함축하고 있는 이중적인 형식적 기준에 맡김으로써 그것을 시험한다. ……그

이 지점에서 우리는 칸트의 논문 「박애적 관심 때문에 거짓말을 할 권리라고 하는 것에 관하여」로 돌아갈 수 있다. 칸트의 입장을 용인하기 어려운 것으로 만드는 것이 무엇인지가 이제 분명하다. 그것은 내 의무가 내 동포의 선과 일치하지 않는다는 사실이 아니다(이것은 가능한 것으로 인정해야만 하는 어떤 것이다). 오히려 그것은 이 사례에서 칸트가 진리를 말할 의무를, 정언명령의 시험을 궁극적으로 통과했으며 따라서 장래의 모든 세대들에게 유효한 계명들의 어떤 주 목록에 기재될 수 있는 기성의 의무로서 여긴다는 사실이다. 주체가 도착적 태도를 취하고, 자신의 행동이 무조건적 의무에 의해 그에게 부과된 것이라고 말함으로써 그 행동을 정당화하고, 도덕법칙 뒤에 숨어서 스스로를 그것의 의지의 '한낱 도구'로서 제시할 수 있게 해주는 것은 바로 이와 같은 제스처이다. 실로 칸트는 살인자에게 진리를 말하는 주체는 이 행동의 결과에 대해 책임이 없는 반면에 거짓말을 하는 주체는 그 상황의 결과에 대해 전적으로 책임이 있다고 주장하기까지 한다. 따라서 이 사례는, 의무는 오로지 그 자체에만 토대를 두고 있다는 사실과 바로 이 점이 도덕적 주체의 자유와 책임을 가능케 한다는 사실을 예증하기보다는 오히려 친구를 저버린 것에서 이

리고 X라는 행위가 시험에 통과하면, 나는 내 의무가 어디에 있는지를 아는 것이다…….' 칸트적 논변의 전 요점은 이와 같은 자동적 검증 절차의 정반대다. 정언명령이 텅 빈 형식이라는 사실은, 정확히, 그것이 우리의 의무를 오판하는 것을 막아줄 어떠한 보증물도 제공할 수 없다는 것을 의미한다. 정언명령의 구조는, 견딜 수 없는 불안을 낳는 심연을 메우는 동시에 공표하는 동일자의 반복이라는 헤겔적 의미에서, 동어반복적이다: '당신의 의무는……(당신의 의무를 행하는 것)이다!' (Žižek, *The Indivisible Remainer*, p. 170)

끌어내는 향유를 이른바 법에 대한 존중 뒤에 숨기는 도착증자의 경우를 예증한다.

그렇지만 이것이 그 자체로 그 사례의 다른 측면이 지닌 가치를 감소시키지 않는다는 것을 다시 한 번 강조해 두자. 어떤 사람이 살인자에게 진리를 말하는 것을 자신의 의무로 삼는 것은 가능하다. 역설적이게 들릴지는 모르겠지만, 이것은 윤리적 행위일 수도 있다. 용인될 수 없는 것은, 주체가 이 의무를 자신에게 부과된 것이라고 주장하는 것이다. 달리 행동할 수가 없었다고, 자신은 단지 법의 계명을 따른 것뿐이라고 말이다…….

이는 우리를 주체와 법의 관계의 핵심부에 이르게 한다. 법을 이미 확립된 계명들의 목록으로 환원시키는 어떤 진술(즉, '진리를 말하라!')을 가지고서 정언명령의 불가사의한 언명을 단번에 수행하는 것은 왜 허용될 수 없는 것인가? 우리가 추측하듯 단순히 그런 경우에 구체적 상황 속에서 발생할 수 있는 모든 특수한 정황들을 우리가 무시하는 것이기 때문만은 아니다. 경우마다 차이가 있어서 어떤 주어진 상황에서 결정을 내리는 도중에 새롭게 고려해야만 하는 요인과 마주칠 수 있는 것이기 때문만은 아니다. 상황은 이보다 훨씬 근본적인 것이다. 가능한 모든 상황들을—예컨대 충분히 강력한 컴퓨터를 사용해서—시뮬레이션 해보는 것이 가능하다고 해보자. 그렇더라도 그것은 주어진 상황들에 상응하는 윤리적 결정들의 실행가능한 목록을 한 데 모을 수 있다는 것을 함축하지는 않을 것이다. 도덕법칙의 핵심적 문제는 우리가 그것을 '적용'하는 상황들의 변이성이 아니다. 오히려 문제는 바로 그것의 구성에 있어서, 따라서 보편성의 구성에 있어서 주체의 자리 혹은 역할이다. 주체가 (주체의 책임과 자유를 방면시켜 줄 의무들의 목록을 만듦으로써) 윤리적인 것의 '구조'에서 말소될 수 없는 이유는, 특수한 것, 단독적인 것, 특이한 것에 있는 것이 아니라, 보편적인 것에 있는 것이다. 윤리 그 자체를 폐기시키지 않고서는 절대로 환원불가능한 그것은, 모든 주어진 상황의 다양한 색깔의 변이성인 것이 아니라, 모든 주체가 자신의 행동을 통해 보편적인 것을 정립하고 보편화의 어떤 작용을 수행하는 제스처이다. 윤리적 주체는 보편적인 것의 대행자*agent*가 아니며, 보편적인 것의 이름으로 혹은 보편적인 것의 위임을 가지고서 행위하지 않는다. 만일 그렇다고 한다면 주체는 윤리에서 불필요하고 없어도 되는 '요소'일 것이다. 주체는 보편적인 것의 대행자가 아니라 그것의 동인*agens*이다. 이는 단순히 보편적인 것이 언제나 '주체적으로 매개된' 것이라는 것을, 법은 언제나 '주체적인' (특수한, 선택적인, 혹은 편파적인) 것이라는 것을 의미하지 않는다. 오히려 그것은, 보편적인 것에 대한 어떤 정의가 아닌, 주체에 대한 정의를 가리키고 있다. 즉 그것은 주체가 이와 같은 보편화의 계기, 법을 구성 혹은 규정하는 계기 이외에 다른 어떤 것도 아니라는 것을 의미한다. 윤리적 주체는 자신의 모든 주체적 수하물을 어떤 주어진 (도덕적) 상황으로 가져와서 그것이 일에 영향을 미치도록 하는 주체가 아니라, 엄밀히 말해서 이러한 상황으로부터 태어나는, 오로지 그 상황으로부터만 출현하는 주체이다. 윤리적 주체는 보편적인 것이 그 자체로 돌아오고 그것의 규정을 성취하는 지점이다.

4. 가상의 논리학으로부터 요청들까지

가상의 '파도치는 대양'

이제 계속해서 칸트가 '초월적 이념들'이라는 일반적 명칭으로 지칭하는 저 '사물들'을 검토하도록 하자. 그것들로부터, 순수 실천 이성의 요청들의 논리와 기능을 '연역'할 수 있도록 말이다. 초월적 이념들—칸트는 그것들을 또한 *entia rationis*[이성적 존재자], 발견적heuristic 허구들, 이성의 개념들, 규제적 이념들이라고도 부른다—은 『순수이성비판』의 제2부 「초월적 변증론」과 더불어 열리는 사고의 영역에 속한다. 초월적 분석론에서 우리가 진리의 논리학을 다루고 있는 것이라고 한다면, 초월적 변증론은 우리를 가상의 논리학과 대면시킨다(이 두 명칭 모두는 칸트의 것이다). 다른 한편으로 우리는 제1 『비판』의 이 두 부분이 진리의 두 상이한 논리학을 다룬다고도 말할 수 있을 것이다. 전자의 경우 진리는 인식이 그 대상에 부합하는 것으로서 이해된다. 반면에 후자의 경우 진리는 인식이 그 자신과 부합하는 것으로서 파악된다.

다시 말해서 '진리의 논리학'은 고전적 진리 이론(*adaequatio intellectus et rei*)을 다루는 반면에, '가상의 논리학'은 진리에 대한 라캉의 생각에 더 가깝다. 이에 따르면 진리는 기표들('단어들')과 기표들에 한낱 외부적인 사물들 사이의 관계라는 층위에서가 아니라, 기표들 그 자체의 절합articulation의 층위에 위치시켜야 한다. 라캉의 주장대로 진리는 허구의 구조를 가지고 있으며 '비전체'(*pas-toute*)라는 사실을 설명해주는 것은 바로 이러한 '외부성의 결여'이며, 한계의 부재이다. 하지만 진리의 이와 같은 허구적 성격은 진리가 임의적이라는 것을 함축하는 것이 결코 아니다.

이는 초월적 이념들도 마찬가지다. 한 편으로 이성은 사물들(경험의 대상들)과의 어떠한 직접적 연관으로부터도 '자유롭다'. 그것은 오로지 (지성의) 개념들만을 다루며, 그 개념들을 상이하게 배치하거나 결합한다. 다른 한편으로, 개념들과의 이와 같은 '자유로운 유희'보다 덜 자유로운 어떤 것도 없음이 판명된다. 이는 초월적 변증론에서 칸트의 출발점이다. 이성은, 경험과 무관하게 작동하기 때문에, 어떠한 종류의 가상이건 마음대로 생산할 수 있는 것처럼 보인다. 하지만 그건 그렇지가 않은 것이어서 철학의 역사를 고찰해 본다면 철학이 동일한 이념들—영혼, (전체로서의) 세계, 그리고 신이라는 이념들—을 반복해서 체계적으로 산출하고 있음을 발견한다. 이와 같은 '동일자의 영원 회귀'로부터, 이와 같은 '반복 강박'으로부터 칸트는 이러한 이념들은 필연적일 수밖에 없다는 결론을 내린다. 인간 정신의 구조 속에는 이러한—그리고 정확히 이러한—이념들로 필연적으로 이끌리는 무언가가 있다.

인식과 대상의 합치로서 진리를 정의하는 고전적 진리 이론을 칸트가 출발점으로 삼기는 하지만, 여러 방식으로 의미심장하게 고전 철학에서 이탈하고 있는 칸트의 철학이 진리에 대한 그와 같은 정의에 만족할 수 없다는 것 또한 분명하다. 그와 같은 정의는 실로 주체와 대상의 관계에 대한 선칸트적인 생각을 함축하고 있는 것이다. 인식이 조응해야만 하는 그 대상은 오로지 가능한 경험의 대상일 수 있을 뿐인데, 이는 그와 같은 대상이 이미 선험적 (주관적*subjective*) 감성 조건들에 의해 '매개'되어 있다는 것을 의미한다. 더구나 칸트는 '인식이 지성과 이성의 일반적 형식적 법칙들에 합치됨'이라고 그가 정의하고 있는 하나의 논리적 기준을 어떠한 진리에서건 없어서는 안 되는 조건*conditio sine qua non*, 즉 '부정적 조건'으로서 확립한다. 그리하여 어떠한 진리에서건 없어서는 안 되는 조건은 인식이 그 자신과 합치해야 한다는 것이며, 인식이 '대상'과 합치하느냐의 문제는 그 이후에 오는 것이다.

칸트가 '진리의 형식적 기준'이라고 부르는 것 속에서 참과 거짓의 구분을 위한 필수적 배경을 발견하는 것이 가능하다. 다시 말해서, 우리가 거짓이라고 혹은 참이 아니라고 부르는 것 역시, 우리가 그것을 거짓인 것으로서 알아보기 위해서는, 진리의 형식적 조건을 충족시켜야만 한다. 진리의 형식적 조건은, 어떠한 가능한 진술이건 그것의 진위성에 대해 물을 수 있기 위해서라면, 만족되어야만 한다. 그렇지 않을 경우 우리가 고려하고 있는 것이 무엇이건 간에 그것은 '거짓'일 수조차 없는 것이다. 즉, 그것은 단지 칸트가 '*Unding*', 비-사물이라고 부르는 것밖에 될 수 없는 것이다(예컨대 '사각의 원').

이렇게 볼 때 변증론 혹은 '가상의 논리학'은, 순수 논리학을 통해 '물적material' 진리, 즉 통상적 의미에서의 진리(인식과 사물의 합치)에 도달하겠다고 하는 주장으로서 정의될 수 있다. 가상의 논리는 진리의 가능성이나 불가능성을 확립하는 것(이것은 논리적으로 모순되기 때문에 참일 리가 없다. 그것은 어떠한 모순도 내포하고 있지 않으므로 참일 수도 있다)으로만 기능하는 진리의 부정적 조건으로부터 그것의 '객관적' 가치를 이끌어낸다고 주장한다. 다시 말해서 가상의 논리학은 어떤 것이 논리적 관점에서 불가능하지 않다는 이유 때문에 그리고 오로지 그 이유 때문에 참이라고 주장하도록 우리를 유도한다. 그리하여 분석론과의 관계에서 변증론은 '충분치 않음'과 '지나침'의 이중 놀음을 통해 정의된다. 변증론(가상)은 분석론(진리)에서 가능한 경험의 대상을 뺀 것과 같다. 변증론(가상)은 분석론(진리)에 경험 속 그 어느 곳에서도 발견될 수 없는 대상을 더한 것과 같다. 결과적으로 가상은 진리의 반대가 아니며, 오히려 또 다른 층위에 위치시켜야만 한다. 변증적 가상은, 사실상 아무것도 없어야 하는 곳에서 나타나는 어떤 것이다. 다시 말해서: 이 가상은 대상의 결여의 자리에 있는 대상이다. 그리하여 우리는 '제자리에 없는' (즉 경험 속에서 발견될 수 없는) 대상을 위한 자리가 있는 어떤 형식적 논리적 구조(인식이 지성과 이성의 일반적이고 형식적인 법칙들에 합치함)를 갖는다. 이는 변증적 가상은 실제로는 어떤 것*something*의 가상이 아니라는 것을 의미한다. 그것은 어떤 실재적 대상에 대한 거짓되거나 왜곡된 표상이 아니다. 이 가상 배후에는 어떠한 실재적 대상도 없다. 오로지 아무것도 아닌 것만이, 대상의 결여만이 있을 뿐이다. 가상은 '아무것도 아닌 것'의 자리에 '어떤 것'이 있다는 것이다. 가상은 어떤 것을 거짓되게 표상하는 속임수를 내포하지 않는다. 가상은 그것이 있다는 단순한 사실에 의한 속임수다.

초월적 가상은 '이미지'의 내용과는 상관이 없으며 그것의 바로 그 존재와 상관이 있다. 그것은 존재의 층위에서 속인다. 이러한 측면에서 볼 때 칸트의 (초월적) 가상 개념은 라캉의 *le semblant* [유사물] 개념에 아주 가깝다.

칸트의 초월적 이념들에 대한 생각을 공정하게 독해하고자 할 때 우리는 시작 단계보다 한 단계 앞선 단계에서 그것들에 대한 검토를 시작해야만 한다. 즉 변증론의 시작에서가 아니라 분석론의 끝에서 말이다. 거기서 칸트는 그 유명한 지성의 영토에 대한 지도를 펼치며 이 영토의 거주자들이 그 너머를 바라볼 때 열리는 숭고한 광경을 묘사한다:

> 우리는 이제 순수 지성의 영토를 두루 돌아다녀 그 각 지방을 세심하게 시찰했을 뿐만이 아니라, 그것을 측량도 했고, 거기에 있는 모든 사물들에게 각각 제 자리를 정해 주었다. 그러나 이 영역은 섬과 같아서 자연 자신에 의해 불변적인 경계선으로 둘러싸여 있다. 그것은 (참으로 매력있는 이름인) 진리의 육지요, 이 육지를 둘러싼 것은 광막하고도 파도치는 대양이다. 그리고 이 대양이야말로 참으로 가상이 있는 곳이다. 여기에는 많은 안개 봉우리와 즉시 녹아 버리는 많은 빙산이 사람을 속여서 새로

> 운 육지인 줄로 잘못 생각하도록 한다. 그것은 발견에 열중해서 돌아다니는 항해자를 헛된 희망에 차서 부단히 항해토록 한다. 이로 인해 항해자는 모험을 그만둘 수도 없고, 그렇다고 해서 끝마칠 수도 없다.[1)]

광막하고도 요동치는 가상의 대양 속의 진리의 섬. 그런데 이것은 분석론 끝에 나오는 사태의 묘사이다. 일단 우리가 진리라는 매력적인 이름을 갖는 육지를 두루 시찰하고 측량했을 때, 이 육지는 모험가들에게 더 이상의 매력을 잃게 되며, 그들은 다른 곳으로 모험을 찾아 떠난다. 하지만 그들은 자신들이 몰락으로 인도되고 있음을 알지 못한다.

칸트가 『순수이성비판』의 이 특정 지점의 중요성을 강조하기 위해 사용하는 이미지들은 그 자체로 검토될 가치가 있다. 이런 맥락에서 가능한 한 가지 독해만을, 미와 숭고의 구분에 의지하는 독해만을 지적해 보도록 하자. 모든 것이 자신의 완벽한 장소에 있는 것처럼 보이고 조화가 지배하는 자연적 세계와 갑작스럽고 예기치 않은 '분출들'로 가득 찬 혼돈의 **자연**—우리에게 안전하고 편안한 느낌을 주는 **자연**(미)과 우리를 '쾌락 원칙 너머로' 이끌며 바람이 모래 한 알을 가지고 놀 듯 우리를 가지고 노는 **자연**(숭고)—사이의 차이.

칸트의 삶—일상적 습관의 변함없는 절차와 질서, 그리고 그가 결코 단 한 번이라도 쾨니히스베르크를 떠난 적이 없다는 사실—을 염두에 둘 때 우리는, 첫째로 그가 그의 (진리의) 육지에 대한

---

1) Immanuel Kant, *Critique of Pure Reason*, London: Macmillan, 1929, p. 257. [국역본: 칸트, 『순수이성비판』, 최재희 옮김, 박영사, 1986, 229쪽.]

충실성을 '실존의 윤리'의 수준으로 끌어올렸다고 말할 수 있을 것이다. 그리고 둘째로: 그렇기 때문에 이것은 칸트가 자신의 철학적 여정에서 진리의 육지를 뒤에 남겨두고 변증론의 파도치는 대양으로 밧줄을 풀고 항해하기로 결정했을 때 그를 뒤흔든 감정들이 필시 얼마나 역동적이었겠는가를 상상할 수 있게 해준다.

그렇지만 우리는 나중에 이 칸트적 이야기가 다소 예기치 않은 놀라운 전회를 취한다는 것을 보게 될 것이다. 사실상, 두려움과 매혹을 불러일으키는 그와 같은 극적인 공표 이후에 어떻게 우리의 기대들이 대부분 충족되지 않은 채로 남아 있게 되는가를 관찰하는 것은 흥미롭다. 변증론에서, 대단한 장관을 이루는 것과 같은 그런 일은 결코 발생하지 않는다. 혼돈 대신에 우리는 '체계적 단일성'과 조우한다. '실재의 침입' 대신에 우리는 초월적 이념을 얻는다. 이성은 사실상 지성을 파멸로 이끌지 않으며 오히려 지성에 의해 생산되는 개념들에 일관성을 제공한다. 이 모두가 '가상의 땅'에서 발생함에도 불구하고 말이다.

앞으로 우리는 초월적 이념들 가운데 단 한 가지만을, 즉 인격성의 오류추리로부터 따라나오는 이념을 상세하게 검토할 것이다.

'인격person은 또한 가면mask을 의미한다'

우리는 이 말을 칸트의 『최후유고』 중 초월적 이념들을 다루는 부분에서 발견한다.[2] 이 어원적 연결고리는 또한 라캉이 「다니엘

2) Immanuel Kant, *Gesammelte Schriften* (Akademie-Augabe), vol. 21,

라가슈의 보고서 「정신분석과 인격성의 구조」에 대한 논평」에서 지적한 바 있다. 라캉은 어원론적 유희 이상의 것이 연루되어 있음을 강조한다. '존재(*être*) 속에서 스스로를 단언하는 것으로 가정된 어떤 단일성을 개념이 체화하게 된 과정의 애매성을 환기시키는 것, 그것이 여기 걸려 있는 문제다.'[3] 이 말의 칸트적 반향을 간과하기는 어려운 일이다. 그것은 초월적 이념과 동일한 개념을 나름의 방식으로 기술하고 있다: 존재하는 것(존재)의 세계 속에서 실제로 존재하는 것인 양 보이는 단일성을 체화하는 어떤 개념.

이제 인격성의 오류추리를 고찰해보자. 칸트는 이를 다음과 같이 정식화한다: 상이한 시간들에 자기 자신의 수적인 동일성을 의식하고 있는 것은 그런 한에서 인격이다.[4] 이 오류추리는 칸트가 '가상'(*Schein*)이라고 부르는 것의 일부이지만 그럼에도 불구하고 이성의 '불가피한' '필연적인' 결론이라는 것을 강조하는 것이 중요하다. 다시 말해서 인격성에 대한 '추론'(*Schluss*)은 사고하는 주체의 '자발적 이데올로기'이다.

이 오류추리에 대한 칸트의 비판에 따르면, 우리의 동일성은 다음에 해당하는 것이다: 내가 나 자신을 의식하고 있는 전全 시간에 있어서 나는 이 시간을 나 자신의 단일성에 속하는 것으로서 의식한다; 그리고 '이 전 시간이 개별적 단일성으로서의 나 안에 있다고 말하는 것이나, 아니면 나는 이 모든 시간들에 있어서 수

Berlin: Walter de Gruyter, 1936, p. 142.

3) Jacques Lacan, 'Remarque sur le rapport de Deniel Lagache: "Psychanalyse et structure de la personnalité"', in *Écrits*, Paris: Seuil, 1966, p. 671.

4) [칸트, 『순수이성비판』, 박영사, 1986, 300쪽.]

적인 동일성을 갖는 것으로서 발견될 것이라고 말하는 것이나 결국은 매 한가지인 것이다.'[5] 여기서 요점은, 내가 하나를 다른 하나 없이는 생각할 수 없다는 것이다.

따라서 내가 표상들의 변천 속에서 순전한 '나'를 관찰하고자 한다면, 다시 한번 나는 나 자신을 제외하고는 다른 어떤 상관물 *correlatum*도 참조할 수가 없다. 상이한 시간들에서의 자기-의식의 동일성은 오로지 나의 사고 및 그 사고의 일관성을 위한 형식적 조건(통각의 초월적 단일성)일 뿐이며, '인격의 동일성은 결코 "나"의 [논리적] 동일성으로부터 따라나오지 않는다'.[6] 물론 이 동일성이 '외부'로부터, '외감'의 형식 속에서 현상하고 관찰될 수 있다고 한다면 다른 문제가 되었을 것이리라. 하지만 우리가 제2의 '인격'을 도입한다고 하더라도, 그건 그렇지가 않다.

> 하지만 만일 내가 나 자신을 다른 사람의 입장에서 (그의 외적 직관의 대상으로서) 관찰한다면, 이 외적 관찰자는 우선 **나를 시간 속에서** 표상한다. 통각에서는 **시간은**, 엄밀히 말해서, 내 속에서만 표상되기에 말이다. 따라서 비록 나의 의식 속에서 모든 시간의 모든 표상들에 실로 완전한 동일성을 가지고서 수반하는 '나'를 그가 인정한다고 하더라도, 이로부터 그는 나 자체의 객관적 지속성을 추리하는 것은 아닐 것이다. 외적 관찰자가 나를 집어넣는 시간은 나 자신의 감성 중에서가 아니라 그의 감성 중에서 발견되는 시간이 아닌 것과 마찬가지로, 나의 의식과 필연적으로 결합해 있는 동일성이 그렇다고 해서 그의 의식과 즉 내

---

5) Kant, *Critique of Pure Reason*, p. 341. [국역본: 300쪽.]

6) 같은 글, p. 343. [국역본: 302쪽.]

> 주관에 대한 외적 직관을 포함하는 의식과 결합해 있는 것은 아니다.[7]

이를 좀더 간단히 말하면 이렇다. 다른 누군가가 나를 그의 외적 직관의 대상으로서 관찰한다는 사실은 내가 나의 동일성에 관한 여하한 결론이라도 이끌어내는 것을 아직은 허용하지 않는다. 그와 같은 추론은 오로지 내가 나 자신을 내가 관찰당하는 바로 그 자리에 놓을 수 있을 때에만, 내가 나 자신을 내적 직관의 대상인 동시에 외적 직관의 대상으로서 바라볼 수 있을 때에만—내가 나 자신을 타자가 나를 바라보는 방식으로 바라볼 수 있을 때에만—가능할 것이다. 그리고 이를 위한 개념적 틀을 제공하는 것이 바로 인격성이라는 초월적 이념인 것이다.

하지만 이와 같은 정식화로써 우리는 인격성의 오류추리에 상응하는 초월적 이념에 도달하게 되었을 뿐만 아니라 또한 '**타자가 나를 보고 있는 것을 내가 보는 방식** the way I see the Other seeing me'으로서의 **자아-이상**이라는 라캉적 개념에 도달하게 되었다.[8]

그렇지만 이러한 개념적 배치가 '심리학적 이념들'(인격성이라는 이념은 '심리학적 이념들'이라는 제목으로 분류된다)에 국한되는 것이 아니라, 적어도 한 가지 의미에서는 초월적 이념들 일반을 위한 전형으로서 이바지한다. 초월적 이념들에 대해 이야기할 때마다 칸트는 우리가 여기서 논하고 있는 바로 그 배치를

---

7) 같은 글, pp. 341~342. [국역본: 300~301쪽.]

8) 자아-이상에 대한 정교한 해석은 Slavoj Žižek, *For They Know Not What They Do*, London: Verso, 1991, pp. 11~16을 볼 것.

기술하는 시각적 은유들을 사용해서 그렇게 한다. 모든 초월적 이념들은 지성과 이성의 어떤 관계를 표현한다. 한편으로 개념들이나 개념의 계열들을 창조하고 다른 한편으로 이 개념들을 총체성으로 질서짓고 통합하는 것은 지성과 이성에 분배된 두 가지 구별되는 과제들이다. 지성은 개념의 창조라는 과제에 몰두하며, 따라서 결코 개념들의 총체성을 시야에*in view*(칸트의 표현) 두지 못한다. 이 총체성은 이성의 '관점'에서만 볼 수 있다. 하지만 이성의 관점이 지식 획득 과정에 어떤 식으로건 영향을 미치고자 한다면(사실 이성은, 비록 '규제적 방식'으로일지언정, 언제나 그렇게 한다), 이와 같은 상호 배타적인 두 '관점'이라는 구상으로는 충분치가 않다. 오히려 반대로 지성은 '두 눈 가운데 하나로' 이성의 관점을 공유하는 것인 양 자신의 과제를 수행해야 하는 것이다. 이성이 지성의 작업에—'규제적 원칙들'로서의 초월적 이념들을 통해—어떤 식으로건 영향을 미치고자 할 때, 가장 일반적인 의미에서 초월적 이념이라는 것은 지성이 이성에 의해 그 자신이 보여지는 것을 보는 그 방식 이외에 다른 어떠한 것일 수도 없는 것이다.

「순수이성의 이념들의 규제적 사용」에 나오는 다음 구절을 보자.

> [초월적 이념들은] 탁월하고도 실로 없어서는 안 되는 필수적인 규제적 용도를 갖는다. 그것은 지성을 일정한 목표로 향하게 하는 것인데, 이 목표에서 지성의 모든 규칙들의 방향선方向線은 하나의 점에 수렴한다. 이 점은 하나의 이념(*focus imaginarius*[헛초점])에 불과한 것이다. 즉 그것은 가능한 경험의 한계 바깥에 놓여 있기 때문에 지성의 개념들이 실제로는 그 점으로부터 나오는 것은 아니다. 하지만 그럼에도 불구하고 그것은 이 개념들

> 에 최대의 통일과 토대의 확장을 주는 데 쓰인다. 물론 이로부터, 이 방향선들이 경험적으로 가능한 인식 영역 바깥에 놓여 있는 실재 대상에서 발사된 듯한 착각이 생겨난다(마치 거울에 반사된 대상들이 거울 저편에 있는 것처럼 보이듯이 말이다). 하지만 우리 눈앞에 있는 대상들 이외에 우리 등 뒤에 저 멀리 떨어져 있는 대상들도 보고자 한다면…… 이러한 환영은 없어서는 안 되는 필수적인 것이다.[9)]

칸트가 기술한 이 상황을 라캉의 그 유명한 광학적 묘사를 참조하는 것보다 덜 잘 파악할 수 있는 그 어떤 방법이 있겠는가? 이것은 라캉이 몇 가지 수정을 가한 상태로 부아스Bouasse에게서 빌려 오는 도식이며 자신의 개념들 가운데 몇 가지(이상적 자아와 **자아-이상**의 차이, 그리고 상상적인 것에서 상징적인 것으로의 이행)를 예증하기 위해 몇 번 사용된 도식이다.

도식의 왼쪽 부분부터, 즉 평면거울(**'타자'**를 나타내는, O)의 왼쪽 편에 있는 부분부터 검토해보자. 오목거울(x, y)이 있고, 그 앞에 받침대가 놓여 있다. 받침대에는 꽃들이 고정되어 있다. 이 도식을 순전히 개념적인 모델로서 볼 수 있을 것이라는 한에서, 꽃들을 현 논의에서 우리의 관심사가 되는 것으로 대체하는 것이 가능하다. 꽃들이 지성에 의해 산출된 일련의 개념들을 나타낸다고, 혹은 내 표상들 각각에 (상이한 시간들에) 동반되는 복수적인 '나는 생각한다'의 집합을 나타낸다고 상상해보자.

받침대 안에는 위아래가 뒤집힌 꽃병, 즉 '둘레에 무언가가 있는 공백nothing with something around it'이 있다. 이는 칸트가

---

9) Kant, *Critique of Pure Reason*, pp. 533~534. [국역본: 469쪽.]

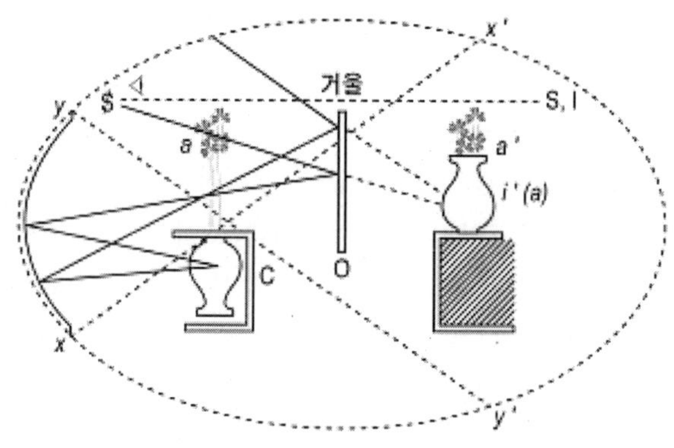

통각의 초월적 단일성이라고 부르는 것에 대한 나쁘지 않은 표현일 것이다. 그것이 오로지 형식적이고 논리적인 단일성인 한에서 말이다. (내가 생각하는 모든 것을 나는 그것을 '통해서' 생각하며, 따라서 그것은 결코 나의 직접적 고찰의 대상이 될 수 없다. 그렇기 때문에 그것은 내가 독립적인 사고로서 '볼' 수 없는 유일한 사고이다.) 만일 우리가 관찰자(예컨대, 우리 자신)를 도식의 이 절반의 오른쪽 윗부분 구석에 (즉 평면거울 O보다 위에 있는 어딘가에) 위치시킨다면, 꽃병은 오목거울(x, y)의 효과로 인해 받침대 위에 나타날 것이고 꽃들을 전체로 통일시킬 것이다. 즉 일련의 개념들에 총체성을 제공할 것이고, 한낱 논리적인 자기 단일성에서 '실재적' 단일성을 만들어낼 것이다. 칸트와 라캉 모두에 따르면, 이러한 배치는 데카르트적인 코기토의 정초에서 작동한다. 그렇지만 데카르트의 정식화에서 문제가 되는 것은—라캉과 칸트 모두가 깨닫고 있듯이—주체가 결코 그와 같은 이상적인 (자기 자신에 대한) 관찰자의 자리를 차지할 수 없다는 것이다. 주체로서 나는 필연적으로 '꽃들 사이 어딘가에'(라캉) 위치할 수밖에 없다. 나는 오목거울이 총체성으로 통일시켜 놓는 그 무엇의 일부이다. 칸트의 판본에서, 물론 그 이유는 그가 '지성적 직관'이라는 것을 거부한다는 데 있다: 나는 '나 자신이 나 자신을 관조하고 있는 것을 관조'할 수 없다. 그리하여 관찰자는 반드시 꽃들보다 위에 있는 어딘가에 위치한다(도식에 있는 눈).

이제 '가상 공간', 즉 도식의 오른쪽 부분을 여는 두 번째 (즉, 평면) 거울(O)을 도입하도록 하자. 이러한 개입과 더불어 어떤 일이 일어나는가? 주체인 나는 나 자신을 여전히 '꽃들 사이 어딘가에서' 발견할 것이다. 하지만 나는 통상 (나 자신의 총체성을 포함해서) '내 등 뒤에' 있는 것을 이제 내 앞에서 볼 수 있다. 이제 나는 평면거울 속에서 오목거울의 효과인 '일관성'과 '단일성'을 볼 수 있다.

다시 말해서 두 번째 거울의 개입과 더불어 일어나는 일은, 정확히, 칸트가 변증적 가상으로서 기술하는 것이다('물론 이로부터, 이 방향선들이 경험적으로 가능한 인식 영역 바깥에 놓여 있는 실재 대상에서 발사된 듯한 착각이 생겨난다(마치 거울에 반사된 대상들이 거울 저편에 있는 것처럼 보이듯이 말이다). 하지만 우리 눈앞에 있는 대상들 이외에 우리 등 뒤에 저 멀리 떨어져 있는 대상들도 보고자 한다면…… 이러한 환영은 없어서는 안 되는 필수적인 것이다'). 초월적 통각의 순수 형식으로서의 '나는 생각한다'는—이러한 배열이 함축하는 인격성 개념을 경유하여—존재하는 것의 영역 속에서 실제로 작용하는 것인 양 보이는 동일성으로 스스로 변형된다.

이 '환영'(칸트의 표현)이 발생하기 위해서는, 주체는 두 거울 사이에 위치하고 있어야만 하며, 이때 그가 (혹은 어떤 다른 대상이) 첫 번째 거울, 즉 그의 등 뒤에 위치하고 있는 거울에 미친 '효과'를 두 번째 거울에서 식별할 수 있어야 한다. 초월적 이념의 기능은 이러한 배치에 하나의 틀을 제공하는 것이다. 인격성이라는 이념의 경우를 보자면, 그것은 어떤 가상의 지점을, 즉 그 지점으로부터 주체가 타자에 의해 보여지는 방식대로 자신을 보게 될 그러한 지점을 체화한다.

유추해서, 좀더 일반적인 층위에서 볼 때, 초월적 이념은 지성과 이성의 관계를 절합한다. 이미 말한 것처럼 그것은 지성이 이성에 의해 보여지는 바로서 그 자신을 보는 방식이다. 칸트가 초월적 이념들을 언제나 '관찰자의 입장'을 통해 파악하고 있는 것을 관찰하는 것은 흥미롭다. 예컨대

> 모든 개념은 하나의 점으로서 간주될 수 있을 것이다. 그 점은, 관찰자의 입장으로서, 그것 자체의 시야를 갖는다. 즉 관찰자의 입장에서 표상될 수 있으며, 또한 이를테면 통람通覽될 수 있는, 다양한 사물들을 갖는다. ……그러나 상이한 시야들에 대해서는…… 그것들 전부를 하나의 중심점에서 내다보듯 내다볼 수 있게 해주는 하나의 공통적 시야가 있을 수 있다. 그리고 이 고차의 유類로부터 우리는 모든 유 가운데 최고인 유에, 따라서 보편적이고 참된 시야에, 도달하기까지 나아갈 수 있다. 그것은 최고개념의 입장에서 규정되는 것이다.[10]

그리하여 '최고개념'은 어떤 주어진 우주의 모든 지점들을 포함하게 될 틀인 것이 아니라, 이 모든 지점을 우리가 보게 되는 관점

10) 같은 글, pp. 542~543. [국역본: 476~477쪽.]

이나 입장인 것이며, 이 관점에서 볼 때 그것들은 통일성을 이루는 것으로 보이는 것이다. 칸트에 따르면 인식 주체는 이 관점에 결코 직접 접근할 수 없다. 그는—이 시각적 은유를 계속 따른다면—그 자신이 보고 있는 모습을 볼 수 없다. 그와 같은 관점의 가능성은, 이와 같은 '통일성'을 지각하기 위해서 주체가 동일화하는 바로 그 가상적 관점을 구성하는 규제적 이념이라는 개념과 더불어 열린다.

물론 역설은, 이와 같은 통일에 도달하기 위해서 주체가 자신의 '유기체적' 통일성을 상실해야만 한다는 사실에 있다. 이러한 가상적 관점과의 동일화는 이미 주체의 분열(혹은 소외)을 요구하며 전제한다. 내가 나 자신을 (시간 속에서 동일한) 하나의 인격으로서 지각하고 있다는 사실은 나의 인격성이 바로 그 핵심에 있어서 이미 **타자**의 관점에 의해 표식되어 있다는 것을 함축한다.

칸트는 초월적 이념을 초월적 도식과 비교한다. 초월적 도식에 대해서는 어떠한 대상도, 심지어 가언적인 대상조차도, 직접 주어지지 않는다. 그러면서 초월적 도식은 다른 대상들을 우리 자신에게 오로지 간접적으로, 즉 이 이념에 대한 그것들의 관계를 통해 그것들의 체계적 통일성에 따라서, 표상할 수 있게 해준다.[11] 초월적 이념은 표상 행위 자체와 관계한다. 그것은 표상의 '형식'이며, 표상의 '내용'인 것이 아니다. 우리는 지성의 개념들과 이성의 개념들('이성의 이념들')이 동일한 내용을 갖는다고 말할 수도 있을 것이다. 이성의 개념에 의해 도입되는 추가적인 '그 무언가'는 단지 이 '내용'을 새롭게 비추어주는 이 관점일 뿐이다. 영혼

11) 같은 글, p. 550. [국역본: 483쪽.]

(이나 인격), 우주, 그리고 신은 그런 종류의 개념들이다. 그것들의 유일한 내용은 또 다른 내용의 표상 양태이며, 지성의 개념들에 의해 이미 주어진 내용이다.

요청들로의 이행

초월적 이념들과 관련하여 요청들(칸트는 세 가지를 확립한다: 자유, 영혼의 불멸성, 신의 현존)은 어떤 변경을 제시한다. 초월적 이념들 세 가지는 그것들의 대상을 '얻는다'. 칸트의 말대로 순수 이성의 세 개념은 이제 '현실적으로 대상들을 갖는 개념들이라고 단정적으로*assertorically* 선언된다'.[12] 내가 '단정적으로'라는 말을 강조하는 것은 그것이 규제적 이념들과 요청들의 기본적인 차이를 깔끔하게 지적하고 있기 때문이다. 우리는 초월적 이념들의 대상은 허구(칸트는 이를 '발견적 허구'라 부른다)의 구조를 갖는 반면에 요청들의 (대상의) 존재는 공리적이라고 말할 수 있을 것이다.

초월적 이념들에 관한 한 우리는, 무엇보다도 먼저, 매 새로운 이념이 더 많은 것을 '내포한다'는 의미에서 어떤 위계가 있다는 것에 주목한다. 그리하여 칸트에 따르면 심리학적 이념들은 '사고하는 주체의 절대적 통일'과 관계하며, 우주론적 이념들은 '현상을 제약하는 조건 계열의 절대적 통일'과 관계하며, 신학적 이념

12) Immanuel Kant, *Critique of Practical Reason*, New York: Macmillan, 1993[1956], p. 141. 강조는 덧붙임. [국역본: 『실천이성비판』, 아카넷, 2002, 279쪽.]

들은 '사고 일반의 모든 대상들의 조건의 절대적 통일'과 관계한다.[13] 그렇지만 이러한 위계나 등급은 이 이념들의 상호의존성을 함축하는 것도 아니며 이 이념들을 서로 연결시킬 어떤 총괄적인 개념인 것도 아니다.

요청들과 더불어 상황은 조금 달라진다. 여기서 첫 번째 중요한 차이는 자유의 요청이 지닌 자리이며 그것의 예외적 지위이다. 칸트가 「순수실천이성의 변증론」에서 전개하는 다른 두 요청들과는 대조적으로 자유의 요청은 「분석론」에 나오는 칸트의 논변의 조건이며 필수불가결한 부분이다. 더구나, (칸트가 「변증론」을 시작하면서 강조하고 있는 것처럼, 의지의 규정 근거에 들어가지 않는) 다른 두 요청들과는 달리 자유는, 도덕법칙과 분리불가능하게 연결되어 있는바, 의지의 바로 이 규정 근거이다. 그리하여 『실천이성비판』에서 자유는 요청으로서의 기능만을 갖는 것이 아니라 또한 모든 윤리의 조건으로서 하나의 사실, '이성의 사실'이다. 따라서, 어떤 의미에서 진정한 요청은 단 두 가지가 있을 뿐이다: 영혼의 불멸성과 **신**.

초월적 이념들과 요청들의 두 번째 중요한 차이는 요청들(혹은, 좀더 정확히 말해서, 두 번째와 세 번째 요청)이 그것들 상위에 실로 어떤 다른 개념을 가지고 있다는 것이다. 즉 (여하한 특수한 '선'으로서 정의되는 것이 아니라, '의지가 도덕법칙에 완전하게 부합함'으로서 정의되는) 최고선이라는 개념. 최고선은 의지의 규정 근거가 아니라 그것의 대상이다. 영혼의 불멸성과 신의 현존은 최고선의 '실현'을 가능하게 하기 위해서 요청된다.

---

13) Kant, *Critique of Pure Reason*, p. 323. [국역본: 285쪽.]

이러한 측면에서 볼 때, 최고선은 신과 불멸성 '위에' 위치하고 있다는 것뿐만 아니라 그 둘이 반드시 함께 요청되어야만 한다는 것에 주목하는 것이 중요하다. (그것들이 요청되어지는 유일한 이유인) 최고선과 관련하여 그것들은 상대방이 없다면 아무것도 아니다. 오로지 함께라야만 그것들은 요구된 역할을 수행할 수 있다. 논리적이고 구조적인 측면에서 볼 때 이 역할은 초월적 이념들에 의해 수행되는 역할과 크게 다르지 않다. 유일한 핵심적 차이는 이제 지성의 관점과 이성의 관점이 말하자면 '인격화'된다는 것이다.

도식적으로 말해서, 영혼 불멸성의 요청은 '의지가 도덕법칙에 완벽하게 부합함'(최고선)이라는 이상을 향한 무한한 진보의 가능성과 관계한다. 우리가 이러한 완벽성을 달성하기에 생은 너무 짧기 때문에 우리는 지속적인 향상의 가능성, 즉 도덕적 진보의 지속을 가능하게 할 일종의 '생 이후의 생'을 요청한다. 두 개의 관점의 차이가 개입하는 것은 바로 여기서다. 그리하여 신에 대한 요청을 불멸성에 대한 요청과 연결해야 할 필요성이 생긴다. 주체의 무한한 실존이 그 자체로 최고선을 가능하게 하는 것은 아니다. 그것은 아직 우리에게 최고선에 대한 접근을 제공하지 않는다. 오로지 신의 관점에서의 조망만이 그것을 가능하게 하는데, 왜냐하면 이 (무한한) 지속은 오로지 신의 관점에서만 하나의 전체로서, 통일로서 나타나기 때문이다.

규제적 이념들과 관련하여 우리는 그것들의 역할이 지성의 관점을 이성의 관점과 결합하는 것이라는 점을 강조했다. 지성은 개념들 및 개념들의 계열의 창조라는 과제에 몰두해 있으며, 바로 그렇기 때문에—칸트 스스로 표현하고 있듯이—지성은 그것들의 총체성을 결코 **보지** 못한다. 후자는 이성의 관점에서만 가시적이다. 지성이 이성에 의해 제공되는 지침들에 주목하고자 한다면, 이성이 그것을 바라보는 관점과 자신을 '동일화'하는 방식으로 작용해야만 한다. 요청들과 더불어 이러한 배치는 말하자면 체현되는 것이다. 이제, 지성의 관점을 체화하는 것은 (윤리적) 주체이다. 주체는 (무한한) 향상 과정에 직접 연루되고 몰입되어 있으며, 자신의 실존의 '도덕적 계열'을 창조하느라 여념이 없는데, 바로 그렇게 때문에 그는 결코 자신의 총체성을 볼 수 없는 것이다. 다른 한편으로 신은 이성의 관점을 체화하는바, 그것은 이 계열을 하나의 총체로서 본다.

> 시간 제약을 받지 않는 **무한자**는 우리에게는 끝이 없는 이 계열에서 도덕법칙과의 부합의 전모를 본다. ……[인간은] 이승에서나 그의 현존의 가시적인 미래의 어느 지점에서나, 신의 의지에…… 완전하게 합치할 것을 희망할 수 없다. 오로지 (신만이 내다볼 수 있는) 그의 지속의 무한성에서만 그렇게 할 수 있는 것이다.14)

이 구절에서 칸트가 어떻게 '**무한자**'와 어떤 존재의 무한한 현존을 구분하고 있는가를 보는 것은 흥미롭다. **무한자**는 '시간 제약을 받지 않는'다라고 말할 때, 이는 불멸의 영혼에게 있어서 시간적 제약은 여전히 유효하다는 것을 함축한다. 이러한 관점에서 볼 때, 불멸성의 요청은 상당히 유별난 요청임이 판명난다. 영혼의 불멸성은 초감성적인 어떠한 것도 요청하지 않으며, 오로지

---

14) Kant, *Critique of Practical Reason*, p. 130. [국역본: 260~261쪽.]

'시간적 제약'에 여전히 의존하는 감성적인 것의 무한한 지속만을 요구할 뿐이다.

5. 선과 악

이성의 한계 안에서의 환상

칸트는 영혼의 불멸성에 대한 요청을 **최고선** 개념의 필수적 전제로 도입한다. 이때 **최고선** 그 자체는 '의지가 도덕법칙에 완전히 부합함'으로서 정의된다. 불멸성의 요청에 대한 칸트의 '연역'을 살펴보자.

> 그러나 의지의 도덕법칙과의 완전한 부합은 신성성, 곧 감성 세계의 어떠한 존재자도 그의 현존의 어떤 시점에서도 이를 수 없는 완전함이다. 그럼에도 불구하고 그 부합은 실천상 필연적인 것으로 요구되므로, 그것은 저 완전한 부합을 향한 **끝없는 전진**(前進) 중에서만 만나질 수 있다. ……그러나 이런 무한한 전진은 동일한 이성적 존재자의 무한히 지속하는 실존과 인격성—이것

> 을 사람들은 영혼의 불멸성이라고 부르거니와—을 전제하고서만 가능하다. 그러므로 최고선은 실천적으로는 영혼의 불멸성을 전제하고서만 가능하다. 그러니까 이 영혼의 불멸성은 도덕법칙과 불가분리적으로 결합되어 있는 것으로서 순수 실천 이성의 하나의 요청이다.[1)]

조금 뒤에 칸트는 '이성적이되 유한한 존재자에게는 보다 낮은 단계로부터 보다 높은 단계의 도덕적 완전성에로의 끝없는 전진만이 가능할 뿐이다'라는 것을 덧붙인다.

이 '연역'과 그것의 전제들은 어떤 명백한 곤란함에 직면한다. 그 곤란함은, 이성적이되 유한한 존재자에게는 끝없는 (무한한) 전진만이 가능할 뿐이라고 하는 칸트의 진술에서 가장 강력하게 독자를 가격한다. 이 역설은 루이스 화이트 벡에 의해 이미 지적된 바 있다.[2)] 만약 영혼이 불멸이라면, 영혼은—'육체'가 죽을 때—더 이상 시공간 세계의 주민이 아니다. 그런데 만약 영혼이 더 이상 시간적 제약에 종속되지 않는다면, '지속적이고도 끝없는 전진'이라는 것을 어떻게 이해할 것인가? 우리는 또한 영혼이 '육체적 사슬'에서 해방될 때 왜 그와 같은 전진을 필요로 할 것인가를 물어볼 수 있을 것이다. 왜냐하면 그러한 경우에 신성성 holiness은 즉각 성취될 수 있을 테니까 말이다. 그리고 만약 그게

---

1) Immanuel Kant, *Critique of Practical Reason*, New York: Macmillan, 1993[1956], p. 126. [국역본: 『실천이성비판』, 백종현 옮김, 아카넷, 2002년, 258쪽.]

2) L. W. Beck, *Commentary on Kant's Critique of Practical Reason*, London and Chicago: University of Chicago Press, Midway Reprint, 1984, pp. 170~171을 볼 것.

아니라면—만약 영혼의 영원성이라는 전제가 (좋은 쪽으로의) 지속적 변화를 내포한다면—우리는 실존의 영원한 양태가 아니라 시간적 양태를 다루고 있는 것이 될 것이다. 변화라는 개념은 오직 시간 내부에서만 의미가 있는 것이다. 그렇다면 영혼의 불멸성에 대한 요청의 이와 같은 역설적인 '연역'에 대해 어떻게 생각해야 할 것인가?

이러한 물음들은 우리를 다음과 같은 불가피한 결론으로 이끈다: **칸트가 실제로 요청할 필요가 있는 것은 영혼의 불멸성이 아니라 신체의 불멸성이다.** 칸트가 말하는 '보다 낮은 단계로부터 보다 높은 단계의 도덕적 완전성에로의 끝없는 전진'이라는 전제는 불멸의 영혼을 낳을 수 없으며, 오히려 불멸의 파괴불가능한 숭고한 신체를 낳는다. 이것은 시간을 통해 실존하고 변화하지만, 끝없는 점근선적 운동 속에서 그것의 종말, 즉 죽음에 도달하는 신체일 것이다. 그렇기 때문에 우리는 문제의 그 요청이 '순수 실천이성의 환상'이며, 엄밀하게 라캉적인 의미에서의 환상이라고 정당하게 말할 수 있는 것이다.

불멸성의 요청에 있어 특히 흥미로운 것은 칸트가 그것을 정식화하면서, 어떤 특수한 구조적 곤궁에 대해 사드가 그랬던 것과 동일한 답을 제공한다는 것이다. 라캉이 「칸트를 사드와 더불어」라는 제목의 논문에서 칸트와 사드의 놀라운 근접성을 드러내면서 우리로 하여금 그것에 주목하게 한다는 것은 널리 알려진 사실이다. 거기서 그가 영혼의 불멸성에 대해 논하고 있는 것은 아니다. 하지만 '칸트는 사드와 더불어 읽혀야 한다'는 그의 주장이 바로 이 요청과 연계될 때 가장 설득력 있는 예증을 발견하는 것이라고 말할 수 있을 것이다.

사드적 주인공/고문자들이 대면하는 기본적인 문제는 그들이 희생양들을 단지 죽을 때까지만 고문할 수 있다는 점이다.[3] (그렇지만 않다면 점점 더 완성된 고문을 향하여 끝없이 진행될 수도 있을) 이 회합에서 유감스러우면서도 불운한 유일한 사항은 희생양들이, 그들이 당해왔을 극도의 겪음과 관련하여, 너무 일찍 죽는다는 것이다. (희생양들이 경험하는 것처럼 보이는, 그리고 이 경우 그들의 극도의 겪음과 일치하는) 향유(*jouissance*)는 여기서 '쾌락 원칙'—즉 신체가 견딜 수 있는 한계—이라는 형태로 장애물을 만난다. '너무 일찍'이라는 문구에 함축된 바는 바로 그것이다. 고문은, 향유의 명령이며 '지시'인 '*encore!*'[4]와 관련하여, 너무 일찍 끝난다. 요컨대 문제는 신체가 향유의 척도에 맞추어져 있지 않다는 것이다. 신체의 향유 말고는 어떠한 향유도 없다. 하지만 신체가 향유의 과제(혹은 의무)에 부합하려면 신체의 한계가 '초월되어야' 한다. 그리하여 쾌락—즉 신체가 아직 견딜 수 있는 겪음의 한계—은 향유의 장애물이다. 이러한 한계를 넘어서는 것의 불가능성에 대한 사드의 해답은 환상, 즉 무한한 겪음의 환상이다. 희생양들은 상상력의 모든 한계를 넘어 끝없이 고문당하지만 계속 살아서 고통을 겪으며, 점점 더 아름다워지거나 점점 더 '신성holy'해지기까지 한다.

이 '사드적 시나리오'나 사드적 환상이 한낱 병든 상상력의 천박한 공상에 불과한 것이 아니라, 매우 특별하면서도 일반적인

3) '사드적 패러다임'을 이처럼 개괄함에 있어 우리는 Jacques-Alain Miller가 그의 (미출간된) 세미나 『1, 2, 3, 4』에서 전개한 것과 동일한 논변을 따르고 있다.

4) ['아직', 혹은 '다시'라는 뜻.]

어떤 구조적 문제에 응답한다는 사실을 인정하는 것이 중요하다. 그 문제란 쾌락과 향유의 관계를 명료화하는 것이다. 이 관계는 그것의 직접적인 성적 내포들 훨씬 너머까지 연장되며, 쾌락과 의무의 관계를 포괄한다.

칸트는 매우 유사한 문제와 대면한다. 왜냐하면 그의 저술에서 정념적인 것(이는 주체가 느낄 수 있는 것, 쾌락과 고통이다. '지적인' 혹은 '정신적인' 쾌락 또한 여기에 포함될 수 있다)은 장애물을, 자유의 방해물을 나타내기 때문이다. 칸트에게 자유는 본질적으로 주체의 '분열'과 밀접한 관계가 있다. 그것은 주체가 정념적인 것으로부터 분리되는 행위 속에서 구성된다. 하지만 우리는 정념적인 것이 복수를 한다고, 즉 정언명령의 통로를 따라서 어떤 종류의 쾌락을 심어놓음으로써 자신의 법칙을 부과한다고 말할 수도 있을 것이다. 이러한 쾌락에 대한 최선의 묘사는 '고통 속의 쾌락'일 것이다. 즉 쾌락의 변형으로서의 고통, 쾌락이 소진될 때 그 자리를 차지하는 정념적 양태로서의 고통 말이다. 여기서 주체의 직접적 관심사는 다른 어떤 것—예컨대, 주체가 그것의 이름으로 자신의 직접적 관심사와 쾌락을 잊게 되는 어떤 이념이나 어떤 *cosa nostra*[우리의 것]—에 의해 대체된다. 예컨대, 주체는 '대의good cause'에 이바지한다는 것을 알기 때문에 고통을 받아들이려 한다. 사드와 칸트 모두는 이러한 논리를 뛰어넘으려고 한다.

그리하여 칸트에게 있어서 자유는, (여하한 종류의 정념적 동기라는 형태로의) 쾌락에 의해서건, 아니면 주체의 죽음에 의해서건, 언제나 한계를 만날 수 있다. 이러한 방해를 '뛰어넘을' 수 있게 해주고 그것 너머에서도 지속할 수 있게 해주는 그 무엇은,

라캉이 환상이라고 부르는 것이다. 영혼의 불멸성에 대한 칸트의 요청(그것의 진리는, 우리가 보았듯이, 육체의 불멸성이다)은 정확히 동일한 제스처를, 동일한 '해결책'을 함축한다. 그것의 기능은 시간과 공간 외부에 시간과 공간의 좌표를 설치하는 것이며, 그리하여 '보다 낮은 단계로부터 보다 높은 단계의 도덕적 완전성에로의' 무한하고 끝없는 전진을 가능하게 하는 것이다.

칸트가 영혼 불멸성의 요청을 도입하는 것은 종종 반대에 직면한다. 「순수 실천 이성의 분석론」에 나오는 논변과는 대조적으로 이제 칸트가 도덕적 주체들에게 (일종의) 천국과 행복을 약속하는 것처럼 보인다는 것이다. 이러한 요청과 더불어 그는 그가 이전에 그렇게도 엄격하게 배제했던 것을 '뒷문으로' 도입하는 것처럼 보인다. 우리의 행동을 위한 어떤 가능한 '정념적 동기'를 말이다. 하지만 불멸성의 요청과 관련한 우리의 논변에 비추어 볼 때, 이 약속(혹은, 격려)은 매우 이상한 것임이 판명난다. 왜냐하면 그것은 다음과 같이 말하고 있으니까 말이다: 도중에 발생할지도 모르는 온갖 고통과 괴로움에도 불구하고 정언명령을 끝까지 따른다면, 당신이 희생 그 자체에서 취하는 쾌락과 자긍심으로부터도 자유로워질 가능성이 마침내 당신에게 주어질 수 있으며, 그리하여 당신은 마침내 당신의 목표에 도달할 것이다. 그렇다면 칸트의 영혼 불멸성은 우리에게 매우 특이한 천국을 약속한다. 왜냐하면 윤리적 주체를 기다리는 것은 사드적 규방을 섬뜩하게도 닮은 천국의 미래이기 때문이다.

자살의 논리학

그렇지만, 순수한 윤리적 행위를 달성하는 것의 내재적이고 구조적인 불가능성처럼 보이는 것에 대한 칸트의 대답이 도덕적 완전성에로의 무한한 전진 단 한가지에 불과한 것은 아니라는 점을 지적해야 한다. 도덕에 대한 칸트의 텍스트들에서, 반대 방향으로 나아가는 또 다른 논변의 노선을 식별하는 것이 가능하다. 그것은 우리가 이미 인용한 바 있는 『이성의 한계 안에서의 종교』에 나오는 다음의 구절에서 가장 명시적으로 정식화되어 있다.

> 어떤 사람이 비단 **법적으로**뿐만이 아니라 **도덕적으로** 선한…… 사람이 된다는 것은 준칙의 기초가 불순한 한 점차적인 **개선**을 통해서 가능한 것이 아니라 인간 마음속의 소질의 **혁명**을 통해서 일어나지 않으면 안 된다. ……오직 새로운 창조와도 같은 일종의 재생을 통해서 새로운 인간이 될 수 있는 것이다.[5]

바로 이 두 번째 관점에서, 칸트가 전개한 것들은 윤리적 행위에 대한 라캉의 생각과 가까워진다. 여기서 이 개념에 대한 슬라보예 지젝의 개괄적 설명을 빌려오기로 하자. 행위act는 그것의 담지자(행위자agent)를 근본적으로 변형시킨다는 점에서 '행동action'과 다르다. 행위 이후에 나는 '전과 동일하지 않다'. 행위 속에서 주체는 무화되고 뒤이어 다시 태어난다(혹은, 다시 태어나지 않

5) Immanuel Kant, *Religion Within the Limits of Reason Alone*, New York: Harper Torchbooks, 1960, pp. 42~43. [국역본: 칸트, 『이성의 한계 안에서의 종교』, 신옥희 역, 이화여자대학교 출판부, 1984, 58쪽.]

는다). 행위는 주체의 일시적 소멸 같은 것을 내포한다. 따라서 행위는 언제나 '범죄'이며, 내가 속한 상징적 공동체의 제약들에 대한 '위반'이다.[6] 행위가 갖는 바로 이와 같은 특징과 관련하여 라캉은 자살은 모든 ('성공적') 행위의 전형이라고 주장하는 것이다. 하지만 이 진술을 이해함에 있어서 우리는 매우 조심할 필요가 있다. 왜냐하면 여기 걸려 있는 것은 단순히 주체의 (자발적) 죽음인 것이 아니기 때문이다.

그러므로, 칸트의 도움을 빌어, 자살의 두 가지 상이한 논리학을 구분하는 것이 도움이 될 것이다. 첫째로 희생의 논리를 따르는 자살이 있다. 의무가 부를 때 나는 이것 혹은 저것을 그리고 필요하다면 심지어 나의 생명을 희생한다. 여기서 우리는 무한한 '정화'의 논리를 다루고 있는 것이다. 나의 생명을 희생하는 것은 단지 앞으로 나아가기 위한 '또 하나의 단계'에 불과하다. 즉 희생되어야만 하는 수많은 '대상들' 가운데 하나에 불과한 것이다. 그것이 마지막 단계라는 사실은 한낱 우연의 일치에 불과하며, 혹은 칸트적으로 표현한다면, 초월적 필연성인 것이 아니라 경험적 필연성인 것이다. 영혼의 불멸성에 대한 칸트의 요청을 지배하고 있으며 큰 **타자**의 일관성을 보존하는 데 이바지하는 것은 바로 이와 같은 논리이다. 이 논리에 따르면 정념적인 것의 등록소에 속하는 모든 것에서 그 자신을 무한정 분리시켜야만 하는 것은 바로 주체이며, 동시에 큰 **타자**(의 자리)는 더욱 강해질 뿐이다. 그것의 '사디즘'은 주체의 새로운 모든 희생과 더불어 증대하며,

---

6) Slavoj Žižek, *Enjoy Your Symptom!*, London and New York: Routledge, 1992, p. 44를 볼 것. [국역본: 『당신의 징후를 즐겨라!』, 97~98쪽.]

따라서 주체에게 점점 더 많은 것을 요구한다. 우리는 대중문화에 나오는 사례를 지적할 수 있다. 대중문화는 도덕의 이 초자아 측면에 점점 더 매혹을 느끼고 있는 것처럼 보이니까 말이다. 예컨대 <터미네이터 2>를 보자. 터미네이터는 처음에 사람들을 도와서, 미래에 터미네이터 같은 기계의 발명으로 (따라서 재앙으로, '근본악'의 분출로) 이어질 수 있는 일체의 것을 지구상에서 제거하는 일을 한다. 끝에 가서 터미네이터 그/것 자신은 그와 같은 사이보그를 생산하기 위해 필요한 모든 과정들을 해독하는 데 이용될 수 있는 유일한 모델로 남는다. 그/것은 인류를 재앙에서 구하기 위해 자신을 용광로에 던진다. 이와 동일한 유형의 자살이 <에일리언 3>에 나온다. 리플리는 처음에 모든 에일리언들을 해치우는데, 끝에 가서야 자기 몸 속에 마지막 에일리언이 살고 있다는 것을 발견한다. 이 마지막 에일리언을 파괴하기 위해서 그녀는 스스로를 죽여야만 한다. 즉 그녀는 그녀 자신 안에 있는 '이방인'을 파괴해야만 하며, 그녀 자신 안에 있는 '정념적인 것'의 마지막 잔여물을 잘라내야 한다.

두 번째 유형의 자살은 덜 대중적이다. 아무런 대의에도, 아무런 목적에도 소용이 없으니 말이다. 걸려 있는 문제는, 끝에 가서 우리가 **타자**의 제단 위에 제공해야 하는 최대한의 것으로서 우리 자신의 생명을 올려놓는다는 것이 아니다. 요점은 우리가 **타자**를 통해서, **타자** 속에서, 우리 자신을 '죽인다'는 것이다. 우리는 우리의 존재에 정체성을, 지위를, 지탱물을, 의미를 제공했던—**타자** 속에 있는, 상징적 질서 속에 있는—그것을 무화시킨다. 이는 칸트가 국왕살해(루이 16세의 처형)를 논하는 『도덕형이상학』에 나오는 그 유명한 각주에서 지칭하는 그 자살이다. '국왕살해'는 실제로 올바른 용어가 아닌데, 왜냐하면 칸트가 몰두하고 있는 문제는 정확히 군주의 살해(국왕살해)와 군주의 **형식적 처형** 간의 차이이기 때문이다. 바로 그 후자와 관련하여 칸트는 '마치 국가가 자살을 한 것과도 같다'[7]고 말하며, 이를 그가 다른 곳에서 '악마적인 악diabolical evil'이라고 부르는 것으로 묘사한다. 우리가 다루고 있는 것은 '왕의 두 신체들'의 차이이다. 군주가 단지 살해당한 것이라면, 이는 오로지 그의 '경험적 신체'에만 타격을 가하는 것이 될 것이며, 그의 상징적 권한 속에 체화된 '다른 신체'는 많든 적든 손상되지 않은 채 살아남을 것이다. 하지만 군주의 **형식적** 처형(이를 칸트는—형식에 대한 그의 거의 강박적인 강조에도 불구하고, 아니 오히려 그것 때문에—도를 넘도록 불필요한 것이라고 기술한다)은 군주의 '상징적 신체'에, 즉 기존의 상징적 질서에 타격을 가하는 그 무엇이다. 칸트가 보기에, '국민'의 이와 같은 행위는 왜 자살의 구조를 가지고 있는 것인가? 국민은 이 상징적 질서와의 관계 속에서만 **국민**으로서 구성되기 때문이다. 그것 바깥에서 국민은 어떠한 고유의 지위도 없는 '대중'에 불과하다. 사람들에게 아무리 비천한 것일지라도 상징적 실존을 부여하는 것은 바로 (상징적 기능에서의) 군주인 것이다. 그리하여 칸트의 논변에는 뚜렷하게 들리는 저음부가 있는데, 이는 다음과 같은 물음을 암묵적으로 제기하고 있는 것이다: 프랑스 국민이 그들의 군주에 대해 그토록 불만이었다면 왜 그냥 그를 살해하지 않았는가? 왜 그들은 형식적 처형을 실행하

7) Immanuel Kant, *The Metaphysics of Morals*, Cambridge: Cambridge University Press, 1993, p. 132.

여 자신들이 발을 딛고 있는 바로 그 지반을 흔들어 놓은 (즉, '자살을 한') 것인가?

하지만 칸트가 이와 같은 '악마적인 악'의 행위에 그토록 '흔들리게' 된 또 다른 이유가 있다. 자신의 논변에 의해 그는 그것을 윤리적 행위를 기술하기 위해 사용했던 것과 정확히 동일한 언어로 기술하지 않을 수가 없는 것이다.

1. 그것은 순수하게 **형식적인** 행위이다. 그것은 오로지 형식을 위해서 형식을 따르는데, 알다시피 이는 도덕에 대한 바로 그 정의다. 도덕을 합법성과 구분해주는 것은 바로 형식의 잉여이다. 즉 우리가 의무에 부합해서 행위할 뿐만 아니라 오로지 의무 때문에 행위한다는 사실이다.
2. 그것이 불러일으키는 공포는 감성적 느낌이 아니라 오히려 도**덕적 느낌**이다.
3. 그것은 감성적 추동에서 생겨나는 것으로서 설명될 수 없으며, 오히려 **준칙으로부터 생겨나는** 것으로서만 설명될 수 있다.
4. '그것은 설명될 수 없다. 자연의 메커니즘에 따라서 발생하는 것만이 설명될 수 있는 것이니까 말이다'—따라서 그것은 **자유의 행위**이다.[8]

그리하여 우리는 이와 같은 '악마적인 악'의 행위 앞에서 칸트를 사로잡은 공포의 주된 이유를 그것이 순수한 윤리적 행위와 섬뜩할 정도로 닮아 있다는 데서 볼 수 있다.

---

8) 같은 곳.

따라서, 한편으로 (최고선을 정의하는) '의지가 도덕법칙 완전히 부합함'의 가능성은 '환상의 논리학'에, 즉 시간과 공간 바깥에 시간과 공간의 좌표를 설치하고 그리하여 '보다 낮은 단계로부터 보다 높은 단계의 도덕적 완전성'에로의 끝없는 전진을 가능하게 해주는 기능을 갖는 영혼 불멸성에 대한 역설적 요청에 의존하고 있다. 이와 같은 관점에서, 본연의 행동이 불가능한 한에서 이 요청은 정확히 비-**행동**의 가능성을 유지하는 데 기여한다. 다른 한편으로 윤리적 행위의 모든 조건을 만족시키는 행위는 이미 여기에 있으며, 이미 '실현되어' 있다—하지만 오로지 도착된, '도착적인' 형식으로, 즉 악마적인 악의 행위, **타자**를 경유한 자살의 논리를 따르는 행위로서 말이다(칸트의 사례에서 프랑스 국민은, 그들에게 상징적 정체성을 제공했던 **타자** 속의 그 무엇을 그들이 무화시켰기 때문에, '자살을 한다').

악의 등급

'근본악'이라는 주제는 현재 뜨거운 쟁점이 되고 있는 어떤 것이다. 그리고 칸트는 '근본악의 이론가'로서 매우 다양하며 때로 모순적이게 해석된다. 『윤리학』에서 알랭 바디우는, (선한) 어떤 일을 하려는 의지가 나타날 때마다 근본악이라는 주제는 '윤리적 이데올로그들'에 의해 제기되는 유령이 되어왔다는 것을 지적한다.[9] 모든 '실정적' 기획은 한층 더 큰 악을 초래할 수 있을지도

9) Alain Badiou, *L'Éthique. Essai sur la conscience du Mal*, Paris:

모른다는 근거로 사전에 침식당할 수 있다. 그리하여 윤리는 한낱 하나의 기능으로 환원된다. 즉 악을 방지하는 것, 혹은 적어도 악을 줄이는 것. 이와 같은 '더 적은 악'의 윤리가 칸트를 참조하는 것은 정당한 것으로 보인다. 우리가 결코 충족시킬 수 없는 방식으로 (윤리적) 행위의 기준들을 규정했다고 칸트를 비판하는 것은 헤겔까지 거슬러 올라간다. 이로부터, 우리의 모든 행동들은 필연적으로 '나쁘다'는 것이, 그리고 전혀 행위하지 않는 쪽을 선택해야만 '순수한' 상태로 남아 있을 수 있다는 것이 따라나온다. 이러한 관점에서는, 선은 존재하지 않으며 악은 '어디에나 있다'.

그렇지만 이러한 입장의 근거를 칸트에게 두는 것은 칸트의 실천 철학의 두 가지 핵심적 특징을 무시하는 한에서만 가능한 것이다.

1. 칸트에게 있어서 **선**을 실현하는 것보다 **악**을 실현하는 것이 결코 더 쉽지 않다.
2. 근본악의 '근본적' 성격은 그것의 '양quantity'을 가리키지 않는다. 왜냐하면 그것은 현실 세계에 영향을 미치는 바로서의 악의 '근본성'을 설명하기 위해 고안된 개념이 아니기 때문이다. 오히려 그것은 칸트가 자유의 가능성의 필연적 결과로서 도입하는 이론적 '구성물'이다. 우리의 견해로는, 예컨대 홀로코스트를 참조하면서 (칸트의) 근본악 개념을 논하는 사람들이 이 개념이 지닌 요점을 순전히 놓치고 마는 것은 바로 그렇기

Hatier, 1993, p. 15.

때문이다.

첫 번째 점과 관련하여 당분간은 그것이 칸트가 *Übel*[해악]과 *Böse*[악]를 구분하는 것과 연관되어 있다는 것을 언급하는 것으로 그치기로 하자.[10] 정념적 행위는 '선하지' 않다. 하지만 그것으로는 이를 '악'이라고 하기에 충분치 않다. 오히려 그것은 이 선과 악good *and* evil의 편에 머물러 있다.

두 번째 점에 대해서는 어떤가? 칸트는 『이성의 한계 안에서의 종교』(1973)에서 근본악 개념을 도입한다. 이 저작은 칸트의 그 어떤 텍스트보다도 더 그의 동시대인들에게 놀라움과 충격을 주었고 추문을 일으켰다. 이 저작에 동반된 이 추문과 불편함의 원천을 어떻게 정위할 수 있는가? '세계는 악하다'는 것은 역사 그 자체만큼이나 오래된 불평이라고 칸트는 진술한다. 여기서 한 가지는 분명하다. 즉 근본악이라는 개념과 더불어 칸트는 세상의 사악한 방식들을 비난하면서 이 '아름다운 영혼'의 노래에 자신의 목소리를 추가하려고 결코 노력하지 않는다. 칸트의 악에 대한 이론의 '추문'의 원천들 가운데 하나를 다음과 같은 사실에, 즉 그것이 말 그대로 '제자리에서 벗어난' 것이라는 사실에 위치시킬 수 있다. 그것은 칸트 시대의 악에 관한 두 가지 지배적인 담론들에 비추어 볼 때 제자리에서 벗어난 것이다. 칸트는 악이 종교적 전통에서—즉 성서에서—파악되는 방식에 대해 두 가지 점에

10) *Übel*과 *Böse* 모두는 악을 뜻한다. 하지만 *Übel*은 ('**선**과 **악**의 투쟁'에서와 같이) 절대적 의미에서의 **악**을 지칭하는 반면에, *Böse*는('사회악'이나 '필요악'에서와 같이) 불쾌하거나 해로운 상황이나 행동을 의미하는 악을 지칭한다.

서 대립한다. 칸트에 따르면 이 전통의 첫 번째 허용할 수 없는 주장은 '논리적인 것의 역사화'라 부를 수 있는 것이다. **논리적으로 첫 번째인** 것으로 생각되어져야 할 계기가 성서에서는 **시간적으로 첫 번째인** 것으로서 제시된다. 인류에게 있어 악의 기원은 인류의 역사의 기원에 위치한다. 따라서 악은 '우리의 최초 부모들로부터 상속물로서 우리에게 전수되었다'. (악으로의) 추락은 인간 역사의 단계들 가운데 하나로서 파악된다. 하지만 칸트에게 있어서 악은 오로지 논리적인 의미로만—즉 경험 속에서의 자유의 사용에 앞서는 근거로서 정립되며 그리하여 **출생 그 자체가 그것의 원인이라는 것이 아니라** 출생과 동시에 인간성 속에 현존하는 것으로서 파악되는 한에서만—'생득적innate'이라고 말해질 수 있다. 따라서 악에의 성향은 모든 위법적 행동의 형식적 근거일 뿐 아니라 그 자체가 하나의 (자유의) 행위이다.[11]

칸트가 보기에 논쟁의 여지가 있는 두 번째 논점은 다음과 같다: 인간이 (원죄를 통해) 순진무구한 원 상태에서 악으로 나아가는 과정을 이야기할 때 성서는 이를 **법**의, 즉 **신성한** 계명들의 위반이라는 것을 가지고서 기술하고 있다. 그리하여 순진무구함이 금지된 영역으로 침범해 들어갈 때, 악은 탄생한다. 이는 한 가지 명백한 의문을 낳는다: 순진무구함 그 자체가 어떻게 이와 같은 일보를 내딛게 되었는가? 물론, 그렇게 하도록 **유혹당한** 것이었고, 유인당한 것이었다.

칸트에 따르면 악에 대한 물음에 대한 이와 같은 대답은 자유와 양립불가능하며, 따라서 윤리와 양립불가능하다. 악을 인간성에

11) Kant, *Religion Within the Limits of Reason Alone*, p. 17, p. 26을 볼 것. [국역본: 27, 38쪽.]

외적인 것으로서 간주한다면, 그리고 그 둘의 관계를 저항이 불가능한 유혹의 관계로서 파악한다면, 우리는 다음과 같은 고전적인 결정론적 아포리아에 빠지게 된다: **신**은, 엄밀히 말해 우리의 통제를 벗어난 어떤 일을 가지고서 우리를 벌하는 표리부동한 **신**이다. 다른 한편으로 유혹에 저항할 수 있지만 그럼에도 불구하고 나쁜 일을 계속 행한다면, 악의 가능성에 대한 물음은 답변되지 않은 채 남아 있게 된다. 칸트는 문제를 또 다른 층위에 위치시킨다: 행위자의 소질(*Anlage*)은 선하지도 악하지도 않고 중립적이며 유혹은 저항불가능한 것이 아니지만 여전히 악한 행동은 행해진다. 이 문제에 대한 칸트의 답변은 악에의 성향을 자유의 바로 그 주체적 근거 속에서 인식해야만 한다는 것이다. 이 근거 자체는 자유의 행위(*Aktus der Freiheit*)로서 파악되어야 한다. 이 시초적 행위 속에서 나는 나 자신을 악한 것으로서 선택할 수 있다.

칸트는 악의 세 가지 상이한 양태를 확인한다.

1. 인간 본성의 허약성. 그것 때문에 우리는 선을 행하려는 우리의 의지에도 불구하고 정념적 동기들에 굴복한다. 의지는 선했다. 우리는 선을 원했다. 하지만 이 선의 실현은 실패했다.
2. 인간 의지의 불순성. 여기서 문제는 준칙과 그것의 실현 사이의 불일치가 아니다. 준칙은 그것의 대상과 관련해서 선하며 우리는 또한 그것을 '실천'하기에 충분한 힘을 가지고 있지만, 도덕법칙에 대한 존중 때문에 그렇게 하는 것이 아니라 예컨대 자기애 때문에, 어떤 개인적 이익 때문에, 선을 행하는 것이 우리에게 유용할 것이라고 생각하기 때문에 그렇게 한다.

3. 사악성(*Bösartigkeit*), 혹은 '근본악'. 이것은 좀 다른 구조를 갖는다. 그것의 토대는, 자기애의 동기를 도덕법칙에 대한 복종의 조건으로 만드는 (자유로운, 하지만 비-시간적인) 행위이다.

> 그것은 또한 인간 심정의 전도성(*perversitas*)이라고 불릴 수 있다. 왜냐하면 그것은 자유로운 의지의 동기들 가운데서 윤리적 질서를 뒤집어 놓기 때문이다. 그리고 이와 더불어 여전히 법적으로 선한 (즉, 적법한) 행위가 있을 수 있겠지만, 정신의 태도는 (도덕적 소질에 관한 한) 이미 그 뿌리에서 부패되어 있는 것이며, 따라서 인간은 악하다고 칭해지는 것이다.[12)]

다시 말해서 근본악은 정념적 동기와 법칙의 위계를 전도시킨다. 그것은 전자를 후자의 조건으로 만들며, 반면에 후자(법칙)는 동기들의 만족을 위한 최고의 조건 또는 '기준'이 되어야만 한다. 우리는 단지 '우연에 의해서', 도덕법칙이 우리에게 알맞을 때나 우리의 정념적 경향들과 양립가능할 때, 도덕법칙에 복종한다. 사실상 근본악은, 우리가 자유롭다는 사실이 주어졌을 때 첫 번째 두 가지 악의 양태들의 가능성을 설명해주는 것이며, 그 이상도 (그 이하도) 아니다. 그것은 어떠한 경험적 행위도 가리키지 않으며, 모든 정념적, 비-윤리적 행동의 뿌리를 가리킨다. 그것은 도덕법칙에서 오는 것과는 다른 준칙들을 채택하기 위한 선조건이다.

---

12) 같은 글, p. 25. [국역본: 37쪽.]

이 세 가지 악의 '등급'에 칸트는 또한 네 번째를, '악마적인 악'을 덧붙이는데, 이는 근본악과 조심스럽게 구분되어야 한다. 칸트는 악마적인 악을 인간에게 적용될 수 없는 경우로서 배제시킨다. 여기서 우리는 앞서의 첫 번째 논점에 이르게 된다: 칸트에게 있어서 **선**을 실현하는 것보다 **악**을 실현하는 것이 결코 더 쉽지 않다. 순수하게 악한 행위의 실현은 순수하게 선한 행위의 실현보다 결코 더 쉽지가 않다. 더구나, 순수한 악행과 순수한 선행을 구분하는 것조차 결코 분명치 않은데, 왜냐하면 그것들은 정확히 동일한 구조를 가지고 있을 것이기 때문이다.

천사처럼, 악마처럼

'악마적인 악'은 만일 우리가 도덕법칙에 대한 대립을 준칙의 층위로까지 끌어올릴 경우 발생할 것이다. 이럴 경우 준칙은 법칙에 대해서 단지 (근본악의 경우에서처럼) '부정적으로' 대립되는 것이 아니라 직접적으로 대립될 것이다. 이는, 예컨대, 도덕법칙에 반대되게 행위하는 것이 자기-이해나 안녕에 반대되게 행위하는 것을 의미함에도 불구하고 그렇게 할 준비가 되어 있음을 함축할 것이다. 우리는 도덕법칙에 반하여 행위하는 것을 하나의 원칙으로 만들 것이며, 어떠한 일이 있어도 (즉 설사 그것이 우리 자신의 죽음을 의미한다고 해도) 이 원칙을 고수할 것이다.

이와 같은 악마적인 악의 개념에 있어 첫 번째 곤란은 그것의 정의 자체에 있다. 즉 도덕법칙에 대한 대립을 준칙(원칙 혹은 법칙)의 층위로 끌어올릴 경우 악마적인 악이 발생할 것이라는 데 말이다. 이 정의에서 무엇이 잘못된 것일까? 도덕법칙—'이것을 해라' 혹은 '저것을 해라'라고 말하는 법칙이 아니라 우리의 의무를 결코 지명하지 않으면서 단지 그것을 행하라고 명령하는 불가사의한 법칙—에 대한 칸트적 개념이 주어졌을 때, 다음과 같은 반대가 생겨난다. 즉 만일 도덕법칙에 대한 대립이 준칙이나 원칙의 층위로 끌어올려진다고 한다면, 그것은 도덕법칙 그 자체일 것이다. 이 층위에서는 어떠한 대립도 가능하지 않다. (도덕)법칙의 층위에서 자신을 도덕법칙과 대립시키는 것은 가능하지 않다. 어떠한 것도, 그 자체가 도덕법칙이 되지 않고서는, 도덕법칙에 **원칙상**—즉 비정념적인 이유로—대립할 수는 없다. 정념적 동기가 우리 행동에 영향을 미치도록 허용하지 않으면서 행위하는 것은 선을 행하는 것이다. 선에 대한 이와 같은 정의와 관련하여 볼 때 이제 (악마적인) 악은 다음과 같이 정의되어야 할 것이다: 정념적 동기가 자신의 행동에 영향을 미치도록 허용하지 않으면서, 어떠한 정념적 동기도 자신의 행동에 영향을 미치도록 허용하지 않는 행동들에 자기 자신을 대립시키는 것은 악이다. 그리고 이는 참으로 터무니없는 것이다.

그리하여, 칸트의 윤리의 맥락 속에서, 도덕법칙에 대한 대립에 대해 이야기하는 것은 말이 되지 않는다. 인간 의지의 연약함이나 불순함(이는 법칙을 행동의 유일한 동기로 만드는 데 실패함을 함축한다)에 대해 이야기할 수는 있지만, 도덕법칙에 대한 대립에 대해 이야기할 수는 없다. 도덕법칙에 대한 대립은 그 자체로 하나의 도덕법칙이 되어버릴 것인데, 왜냐하면 이 층위에서는 그 둘을 어떻게든 구분할 방법이 전혀 없기 때문이다. 다시 말해서

'악마적인 악'은 불가피하게 '최고선'과 일치한다. 군주의 형식적 처형에 대해 논의하면서 칸트가 그것을 순수한 윤리적 행위를 기술할 때와 동일한 용어로 기술할 수밖에 없는 것은 바로 그 때문이다. 그가 악마적인 악을 도입하는 방식은 최고선의 도입과 엄밀히 대칭적이다. 양자 모두는 의지가 **법칙**과 전적으로 일치하게 될 '이상들'로서 정위되며, 양자 모두는 인간 행위자들에게 적용될 수 없는 경우들로서 배제된다. 유일한 차이는 칸트가 최고선에 대해서 영혼 불멸성의 요청이라는 지지물을 제공한다는 것이다. 하지만 우리는 불멸의 영혼이 악마적인 악의 요청으로서도 똑같이 잘 기능할 수 있을 것이라는 것을 망각하지 말아야 한다. 우리는 「순수 실천 이성의 요청으로서의 영혼의 불멸성」이라는 절의 첫 단락을 다음과 같이 바꿔 쓸 수 있을 것이다.

> 이 세계에서의 최고악의 실현은 도덕법칙에 의해 규정될 수 있는 의지의 필연적 객관이다. 그러나 이 의지에서, 소질의 (비)도덕법칙과의 완전한 부합은 최고악의 최상 조건이다. ……그러나 의지의 (비)도덕법칙과의 완전한 부합은 악마적인 것, 곧 감성세계의 어떠한 이성적 존재자도 그의 현존의 어떤 시점에서도 이를 수 없는 완전함이다. 그럼에도 불구하고 그 부합은 실천상 필요한 것으로 요구되므로, 그것은 저 완전한 부합을 향한 끝없는 전진 중에서만 만나질 수 있다. 이 무한한 전진은 영혼 불명성을 전제하는 하에서만 가능하다. 그리하여 최고악은 영혼 불멸성을 가정할 때에만 실천적으로 가능한 것이다.

그렇지만 칸트에 대한 우리의 반대는 단지 그가 '최고악'을 '최고선'과 동일한 용어를 통해 파악한다는 사실을 참조하는 것만은 아니다. 오히려, 그가 그것을 '산출'하고는 있지만 이 구조적 동일성을 그 자체로서 인식하거나 받아들이는 데 실패했다는, 혹은 그렇게 하기를 거부했다는 사실을 참조하는 것이다. 따라서 우리는 칸트를 따라서—하지만 동시에 칸트에 반대해서—악마적인 악, 최고악은 최고선과 구별할 수 없으며, 그것들은 성취된 (윤리적) 행위에 대한 정의들에 다름아니다는 것을 명시적으로 단언할 것을 제안한다. 다시 말해서, 윤리적 행위의 구조라는 층위에서, 선과 악의 차이는 존재하지 않는다. 이 층위에서 악은 형식적으로 선과 구별할 수 없다.

윤리에 대한 칸트의 생각에서 따라나오는 것은, 윤리적 행위의 형식적 구조가 어떠한 선(에 대한 개념)도 전제하고 있지 않으며 오히려 그것을 정의한다는 것이다. 선은 행동의 형식적 구조에 대한 이름인 것을 제외하면 다른 어떤 것도 아니다. 다른 한편으로 이것은 라캉이 '어떠한 실정적 적법성도 이 준칙이 보편적 규칙의 지위를 취할 수 있는 것인지의 여부를 결정할 수 없다. 왜냐하면 이 지위에 의해 궁극적으로 그 준칙은 모든 실정적 적법성에 대립될 수 있기 때문이다'라고 말할 때 찾고 있는 그 무엇이다.[13] 윤리의 근본적 역설은, 윤리를 정초하기 위해서는 이미 어떤 윤리(어떤 선의 개념)를 전제해야만 한다는 것이다. 칸트의 윤리의 전 기획은 이러한 역설을 피하려는 시도이다. 그는 도덕법칙이 오로지 그 자체에만 정초하고 있는 것이며 선은 오로지 도덕법칙 '이후에' 선인 것임을 보여주려고 한다. 그렇지만 이러한

13) 'Kant with Sade', in *October* 51 (Winter, 1989), Cambridge, MA: MIT Press, p. 58.

주장에는 대가가 있다.

'네 의지의 준칙이 동시에 언제나 보편적 법칙을 제공하는 원칙으로서 유지될 수 있도록 행위하라'—정언명령에 대한 이와 같은 정식화에 함축된 역설은 무엇인가? 역설은 그것이 그 '정언적' 성격에도 불구하고 아무튼 모든 것을 활짝 열어놓고 있다는 것이다. 내가 원래 선의 어떤 개념(즉 보편적으로 용납될 수 있는 그 무엇에 대한 어떤 개념)에 의해 인도되고 있다는 전제를 받아들이지 않는다면 나의 행동(의 준칙)이 보편적 법칙을 제공하는 원칙으로서 유지될 수 있는지 어쩐지를 내가 어떻게 결정할 수 있다는 말인가? 칸트가 무모순의 원칙에서 그런 기준을 발견했다고 확신하고 있었던 것은 사실이다. 그렇지만 이 기준의 약점을 증명하는 상당한 만큼의 주석들이 있다. 앨리슨의 지적처럼[14], 사실상 어떤 준칙이든 간에 적당하게 정식화만 된다면 보편화가능성 시험에 통과할 수 있게 될 것이라는 것을 이미 많은 비평가들이 보여주었다. 다시 말해서, 어떠한 것이건 보편적 주장으로 변형될 수 있다. 어떠한 것도 윤리로부터 선험적으로 배제되지 않는다.

우리의 주장은 칸트적 윤리의 약점으로 가정되는 이것이 사실상 최대의 강점이며 따라서 그것을 그 자체로서 받아들여야 한다는 것이다. 앨리슨은 문제의 근원을 정확하게 확인한다. 즉 문제는 정언명령을 우리의 의무가 무엇인지를 명확하게 말해 주고 따라서 보증을 제공해 줄 수 있는 시험이라고 생각하는 데 있다는

14) Henry E. Allision, *Idealism and Freedom*, Cambridge: Cambridge University Press, 1996, p. 180.

것이다. 하지만 우리가 보기에 그는 이 문제에 잘못된 답을 제공한다. '시험'이라는 바로 그 개념을 오도적인 것으로서 기각하는 대신에 그는 우리의 준칙들을 시험하는 데 도움을 줄 수 있는 어떤 것을 현실 속에서 확인하려고 한다. 첫째로 그는 칸트의 윤리에서 가장 중요한 개념 가운데 하나로 자기기만이라는 개념을 소개한다.

> 바로 준칙의 시험이라는 것이 자기기만을 낳는 주요한 원인을 제공한다. 여기서 자기기만은 우리가 행위의 원칙들의 진정한 본성을 우리 스스로에게 위장하고 감춘다는 형식을 취하고 있다. 요컨대 비도덕적 준칙들은, 도덕적으로 돌출해 있는 상황의 특징들을 무시하거나 불분명하게 흐려놓는다는 오로지 그 이유로 인해서, 보편화가능성의 시험을 통과하는 것처럼 보인다.[15]

준칙들을 시험하는 동안에도 '도덕적으로 돌출해 있는 상황의 특징들'에 동시에 관심을 기울여야 한다는 제안을 하고 있는 이러한 주장의 문제점은, 물론, '도덕적으로 돌출해 있는 상황의 특징들'이라는 개념의 개념적 약점이다. 알튀세르 이래로 우리가 이미 알고 있는 바처럼, 자기기만으로부터 우리를 보호해주는 것으로 가정되고 있는 그 돌출해 있거나 명백한 상황의 특징들은 사실상 가장 세련된 형식의 자기기만을 내포하고 있을 수 있다. 모든 이데올로기는 어떤 것들을 '명백한' 것으로 만들기 위해 열심히 작업하며, 우리가 이러한 것들을 명백하고 자명하고 의문의 여지가 없는 것으로 여기면 여길수록 이데올로기는 더욱 더 성공적으로

15) 같은 글, p. 181.

일을 완수한 것이다. 앨리슨의 제안—우리의 준칙을 시험할 때, 우리가 의지할 수 있는 어떤 것이 현실 속에 있다—을 받아들일 경우 우리는 또한 다음 준칙의 기저에 깔린 논리를 받아들여야만 한다: '안내자(*Führer*)가 만일 당신의 행동에 대해 알고 있을 경우에 그가 그에 대해 찬성할 방식으로 행위하라.' '안내자'를 **신**으로 대체할 경우 우리는 우리 문화에서 훨씬 더 용납가능한 정언명령을 얻는다: '**신**이 만일 당신의 행동에 대해 알고 있을 경우에 **신**이 그에 대해 찬성할 방식으로 행위하라.' 하지만 이 두 명령의 논리와 구조가 정확히 동일하다는 것을 잊지 말아야 한다. 우리는 우리의 준칙들을 도덕법칙에 대해 '외적인', 그리고 무엇이 일반적으로 용납가능하고 무엇이 그렇지 않은가의 지평을 결정하는, 어떤 것에 기대어 시험하는 것이다.

보편자가 이미 확립되어 있어서 우리에게 무엇이 우리의 의무인지를 '추측'할 수 있게 해주고 그것을 잘못파악하지 않도록 보증해주는 것이 아니라 오로지 행위야말로 보편적 지평을 열어놓거나 보편자를 정립하는 것이라고 주장해야만 하는 것은 바로 이 때문이다. 동시에 이러한 이론적 자세는 주체가 3장에서 논의된 도착적 태도를 취하는 것이 불가능하도록 하는 장점을 갖는다. 주체는 자신의 의무 뒤에 숨을 수 없다. 주체는 스스로 자기 의무라고 지칭하는 것에 대해 책임이 있다.

이제 우리는 다시 선과 악의 구별불가능성으로 되돌아온다. 그것은 정확히 무엇을 의미할 수 있는 것인가? 그것이 무엇을 의미하지 않는가에서 시작해보자. 그것은 어떤 행위가 '선한' 것인지(이었는지) 아니면 '나쁜' 것인지(이었는지)에 관한 **불확실성**을 가리키는 것이 아니다. 그것은 행위의 바로 그 구조가 선악의 짝에 의해 구성되는 등록소에 대해 외래적이라는 사실을 가리킨다. 그것은 좋지도 나쁘지도 않다는 것을 말이다.

우리는 이러한 논의를 또 다른 관점 속에 위치시킬 수 있다. 여기서 선과 악의 구별불가능성이라는 것은, 행위라는 이름의 가치가 있는 어떠한 행위건 정의상 '악한' 것이거나 '나쁜' 것이라는 것을 (혹은 그와 같은 것으로서 보여질 것이라는 것을) 단순히 가리키고 있을 뿐이다. 왜냐하면 그것은 언제나 어떤 '경계 넘기'를, 주어진 상징적 질서(혹은 공동체)의 제한들에 대한 '위반'을 나타내기 때문이다. 이는 루이 16세의 처형에 대한 칸트의 논의에서 분명하다. 이는 또한 안티고네의 경우에서도 분명하다.

칸트가 이러한 결론에서 뒷걸음질치고 있는 것이라면, 그럼에도 불구하고 그가 암묵적으로 이를 승인하고 있다는 것이 사실이며, 또한 그것이 그 일체의 엄밀함 속에서 조명되어지도록 충분히 멀리까지 밀고 나아간 최초의 인물이 그였다는 것도 사실이다. 덧붙여서, 행위 성취의 근본적 불가능성을 함축하는 '악무한'의 논리에서 칸트가 '주춤한다'는 사실 때문에 행위에 대한 그의 생각을 거부하게 되어서는 안 된다. 다시 말해서 진정한 문제는 칸트가 '불가능한' 것을 요구하고 있으며 그렇기 때문에 행위하는 것을 자제해야만 '악'을 피할 수 있다는 것이 아니다. 행위에 대한 칸트적 생각을 거부한다는 것은 '필연적인' 것에, 즉 '가능한' 것에 자신을 내맡긴다는 것이 될 것이다. 이는 칸트 철학의 이 측면을, 정확히 '불가능한' 것을 목적으로 하는 이 측면을 체계적으로 회피하는 '윤리적 이데올로기'의 먹이감이 되는 일일 것이다. 이 '윤리적 이데올로기'는 칸트의 이 측면을 회피한다. 왜냐하면 그것은, 자칭 칸트의 '비형이상학적 인간주의'를 고집하는 반면에,

행위에 대한 칸트적 생각은 가장 엄밀한 의미에서 '반인간주의적'(혹은 비인간주의적)이기 때문이다.

바로 그렇기 때문에 우리는 칸트에 의해 전개된 행위 개념을 유지하고 그것을 '경계 넘기'라는, '위반'이라는 주제와, 악의 물음과 연계하자고 제안한다. 그것은 어떠한 (윤리적) 행위건, 정확히 하나의 행위인 한에서, 필연적으로 '악한' 것이라는 사실을 인정하는 문제이다. 그렇지만 우리는 여기서 '악'이 의미하는 바를 특화해야만 한다. 그것은 행위의 바로 그 구조에 속하는, 행위는 언제나 '위반'을, '현상태what is'에서의 변화를 함축한다는 사실에 속하는 악이다. 그것은 어떤 '경험적' 악의 문제가 아니다. 그것은 모든 이데올로기에서 '근본악'으로서 비난받는 행위의 바로 그 논리이다. 근본적인 이데올로기적 제스처는 이 구조적 '악'에 이미지를 제공하는 것에 있다. 행위에 의해 열린 틈새(즉 행위의 낯선, '제자리에서 벗어난' 효과)는 이러한 이데올로기적 제스처 속에서 하나의 이미지와 연계된다. 통상 그것은 고통당함의 이미지이며, 다음과 같은 질문과 함께 대중들에게 전시된다: 이것이 당신이 원하는 것인가? 그리고 이 질문은 이미 대답을 함축한다: 당신이 그것을 원하는 것은 불가능할 것이고, 비인간적일 것이다! 여기서 우리는 이론적 엄밀함을 주장해야만 하며, 이데올로기에 의해 전시되는 이 (통상 매혹적인) 이미지를 불편함의 실재적 원천으로부터—'바라지 않은', '부차적인' 선의 효과인 것이 아니라 반대로 선의 본질에 속하는 '악'으로부터—분리시켜야만 한다. 심지어 우리는 윤리적 이데올로기는 '선'에 대해서, 행위 그 자체의 논리에 대해서 적대적이기 때문에 '악'과 투쟁한다고 말할 수도 있을 것이다. 여기서 한층 더 나아갈 수도 있을

것이다: 오늘날 사회적 장이 '윤리적 딜레마들'(생명윤리, 환경윤리, 문화윤리, 의학윤리……)로 포화를 이루고 있다는 것은 윤리의 '억압'에, 즉 윤리를 **실재**의 차원에서 사고할 수 없는 무능력에, 단순히 더 큰 악을 방지하려는 의도를 갖는 일단의 제약들과는 다른 윤리를 구상할 수 없는 무능력에 엄밀히 상관적이다. 이러한 배치는 '현대 사회'의 또 다른 측면과 관련되어 있다. 즉 우리 시대의 바로 그 '사회적 질병'이 된 것처럼 보이며 '역사의 종말'이라는 '(후)근대적 인간'의 체념적 태도의 어조를 정착시키는 '울증depression'과 관련되어 있다. 이와 관련하여, 울증은 '영혼의 어떤 상태인 것이 아니다. 단테가 말했듯이, 그리고 심지어 스피노자도 말했듯이, 단순히 도덕적 실패에 불과한 것이다. 그것은 죄이며, 도덕적 쇠약함을 의미한다'[16]고 한 라캉의 테제를 재단언하는 것은 흥미로울 것이다. 바로 이와 같은 도덕적 쇠약함이나 비겁함(*lâcheté morale*)에 반대하여, 우리는 본연의 윤리적 차원을 긍정해야만 하는 것이다.

'주체 없는 주체화'로서의 행위

그렇지만 또 다른 문제가 남는다. 윤리적 행위(를 수행하는 것)의 가능성이라는 물음 말이다. 인간 주체가 (윤리적) 행위를 성취하는 것이 도대체 가능한 것인가? 혹은, 보다 정확히, **행위** 같은

16) Jacques Lacan, *Television: A Challenge to the Psychoanalytic Establishment* (ed. Joan Copjec), New York and London: W. W. Norton, 1990, p. 22.

어떤 것이 (경험적) **현실** 속에서 실제로 발생하는 것이 가능한 것인가? 혹은, 오로지 어떤 최고 **존재자**에게만 하나의 전체, 하나의 **행위**로서 보이는 일련의 실패들 속에서만 그것은 존재하는 것인가? 불멸성과 **신**(**최고 존재자**의 관점)의 요청들에 의해 틀 지워진 '환상의 논리학'을 깨고 나오려면 우리는 **행위**들이 사실상 현실 속에서 발생한다는 것을 단언해야만 한다. 다시 말해서, 우리는 '최고선'과 '최고(혹은 악마적인)악'을 인간 행위자에게는 불가능한 것으로서 배제한 칸트를 '공격'해야만 한다. 하지만 그것은 우리가 또 다른 환상에 굴복하고 하나의 환상을 단순히 또 다른 환상으로 대체한다는 것을 의미하지 않는가? 이러한 종류의 주장은 우리가 **법**을 '현상화'하고 인간 의지의 내적 분열이나 소외를 폐지하고, 악마적이고/이거나 천사적인 존재자들의 실존을 단언해야만 한다는 것을 함축하지 않겠는가? 사실 이 점은 콥젝[17]에 의해 지적되었다. 그녀는—그녀의 표현대로—'지성적 용기의 결핍'이라는 이유로 즉, 악마적 악의 가능성을 인정할 용기를 가지지 못했다는 이유로 칸트를 비난하는 비평가들에 대항하여 칸트를 옹호한다. 그녀의 주장에 따르면, 악마적 악을 (현실적 가능성으로) 생각하려는 시도는 의지의 자기소외를 부인하고 의지를 순수한 실정적 힘으로 만들려는 또 다른 시도인 것이 판명난다. 이는, **법**의 거부 가능성이라는 낭만적 개념과 결합된, 칸트의 철학에 대한 주의주의적voluntarist 독해에 해당하는 것이다.

우리는 이러한 주장 그 자체의 타당성에 이의를 제기하지 않는

17) Joan Copjec, 'Evil in the Time of the Finite World', in Joan Copjec (ed.), *Radical Evil* (S series: S_2), London and New York: Verso, 1996, p. xvi.

다. 하지만 문제는 그것이 '비극적 체념의 윤리'라 부를 수 있는 것과 그다지 멀리 떨어져 있지 않은, 칸트적 윤리에 대한 어떤 이미지를 우리에게 남겨놓는다는 것이다. 즉 인간은 한낱 인간일 뿐이다. 인간은 유한하며, 자신 안에서 분열되어 있다. 그리고 그의 단독성은, 그의 비극적 영광은 바로 거기에 있다. 인간은 **신**이 아니다. 그리고 인간은 **신**처럼 행위하려고 해서는 안 된다. 만일 그렇게 한다면 그는 불가피하게 악을 야기할 테니 말이다. 이러한 자세에 있어서 문제는 그것이 (통상적 의미에서의) 악의 실재적 근원을 깨닫는 데 실패한다는 것이다. 가장 빈번하게 이용되는 사례인 홀로코스트를 예로 들어보자. 나치가 수백만 명의 유대인을 고문하고 죽이는 것을 가능하게 했던 것은 단지 그들이 스스로를 **신**이라고 생각했고 따라서 누가 살고 누가 죽을 것인지를 결정할 수 있다고 생각했기 때문이 아니라, 그들이 자신들을 누가 살 수 있고 누가 죽어야 하는지를 이미 결정해 놓은 **신**(이나 어떤 다른 **이념**)의 **도구**로 보았다는 사실 때문이었다. 실로 가장 위험한 것은 자신이 **신**이라고 생각하는 하찮은 관료인 것이 아니라, 오히려 하찮은 관료인 척하는 **신**이다. 주체에게 가장 힘든 일은 어떤 의미에서 자신이 '**신**'임을, 즉 자신이 선택권을 가지고 있음을 받아들이는 것이라고 말할 수도 있을 것이다. 따라서 불멸이라는 종교적 약속에 대한 올바른 응답은 유한자의 파토스가 아니다. 윤리의 토대는 우리로 하여금 우리의 유한성을 승인하고 우리의 '더 높은', '불가능한' 염원을 포기하도록 명하는 명령들일 수 없다. 오히려 윤리의 토대는, '본질적으로' 우리 행동의 부산물인 어떤 것으로서 발생할 수 있는 '무한한' 것을 우리 자신의 것으로서 재인식하도록 하는 명령이다.

'악마적인 악'에 대한 칸트적 배제를 옹호하는 자들이 보지 못하거나 단지 침묵으로 간과하는 것은 (최고)선과 (최고)악의 대칭성이다. '악마적인 악'의 가능성을 배제할 때 우리는 또한 선의 가능성도 배제한다. 우리는 윤리 그 자체의 가능성을 배제하며, 혹은 보다 정확히 말해서, 윤리적 행위를 그 자체로 불가능한 어떤 것으로서, 스스로를 '완전히' 실현하는 데 영원히 실패하는 가운데만 존재하는 어떤 것으로서 정립한다.

그리하여 이 문제에서 칸트에 대한 우리의 비판은 그가 어떤 것을 악마적인 악만큼 근본적이고 극단적인 것으로서 받아들일 '용기'를 갖지 못했다는 것이 아니다. 반대로 문제는 (배제를 요구하는) 이 극단성이 이미 그 자체로 윤리에 대한 어떤 칸트적 개념화의 결과라는 것이다. 이 문제의 근원을 확인하기 위해서 『실천이성비판』으로 돌아가 보자. 이 저술에서 칸트는 한편으로 순수 실천 이성의 대상들과 다른 한편으로 의지를 구분한다. 그는 '실천 이성의 유일한 대상은 선과 악이라는 대상들뿐이다'라고 주장한다.[18] 동시에 그는 '의지가 도덕법칙에 완전히 부합함'을 신성성으로 정의한다. 그리하여 한편으로 실천 이성의 대상으로서의 최고선이 있고, 다른 한편으로 그것의 최고 조건으로서의 신성한 의지가 있다. 영혼 불멸성의 요청은 이러한 구분을 배경으로 해서 작용한다. 이 요청에 의해 도입되는 기본적 작용은 실천 이성의 대상(최고선)을 의지에 연계시키는 것—그것을 의지의 대상으로 만들고, 이 대상의 '실현'이 신성한 의지의 가정하에서만 가능하다는 것을 정립하는 것—에 있다. 바로 이러한 작용 때문에 한편으로

18) Kant, *Critique of Practical Reason*, p. 60. [국역본: 140쪽.]

칸트는 사드 및 사드의 '향유에의 의지'(*volonté de jouissance*)에 가까워지게 되는 것이고 또한 다른 한편으로 (사드이기를 원치 않는) 칸트는 최고선/악을 인간 행위자에게 불가능한 것으로서 배제할 필요가 있는 것이다. 이 지점에서 나는 칸트에게 반대하고만 싶어지는데, 왜냐하면 내가 보기에 대상과 의지의 이와 같은 연계는 필연적인 것이 아니기 때문이다. 그리하여 나의 테제는, 성취된 행위와 동의어인 '최고악'과 '최고선'이 **실로 존재한다**는, 혹은 오히려, 그것들이 **실로 발생한다**는 것이 될 것이다. 존재하지 않는 것은 신성한 혹은 악마적인 의지이다.

물론 이러한 자세는 윤리적 주체에 대해 어떤 중요한 결과를 낳는다. 하지만 문제의 이 측면을 검토하기 전에, '악마적인 악'의 (배제를 야기하는) 극단적 성격은 이미 그 자체로 윤리에 대한 어떤 칸트적 개념화의 결과라는 주장을 입증해보자.

우리는 이를 칸트의 단두대 우화의 첫 번째 부분에서 가장 분명하게 볼 수 있을 것이다. 거짓말에 대한 논의에서 우리가 검토하지 않았던 그 부분 말이다. 칸트는 두 개의 이야기를 만들어내는데, 이는 첫째로 도덕법칙의 존재를 '증명'하는 것으로 가정되며, 둘째로 주체가 도덕법칙 이외의 다른 어떠한 이유로도 자신의 정념적 이해에 반하여 행위할 수 없다는 것을 보여주는 것으로 가정된다. 첫 번째 이야기는 자신이 욕망하는 여자와 밤을 보내는 조건으로 그 침실에서 나오는 길에 처형되는 상황에 놓이게 되는 남자에 관한 것이다. 이미 우리가 논의했던 나머지 이야기는, 자신이 거짓 증언을 하게 되면 누군가가 목숨을 잃게 되고 그렇게 하지 않으면 자신이 처형당하게 되는 입장에 놓인 남자에 관한 것이다. 첫 번째 이야기와 관련하여 칸트는 '그가 어떤 대답을 할지는 오래 궁리할 필요도 없다'라고 간단히 단언한다. 두 번째 이야기와 관련하여 칸트는 그가 거짓말을 하여 다른 사람을 죽게 하느니 차라리 그 자신이 죽는 쪽을 선택하는 것을 상상하는 것은 적어도 가능한 일이라고 주장한다. 이 두 설명으로부터, 도덕법칙을 제외하고는 우리가 우리의 안녕과 '정념적 이해'에 반하여 행위하도록 만들 수 있는 그 어떤 '힘'도 없다는 것이 따라나온다. 이에 반대하여 라캉은 그와 같은 '힘'—즉 (쾌락과 구분되는 바로서의) 향유—이 실로 존재한다고 한다.

> 여자와 밤을 보내는 것이 역설적이게도 그로 인해 겪게 될 처벌에 비추어 저울질되는 쾌락으로서 우리에게 제시된다는 사실에 첫 번째 사례의 놀라운 의미가 있다. ……하지만 이 사례를 망쳐놓기 위해서는, 개념적 전환을 취하기만 하면 된다. 즉, 향유라는 것이 바로 죽음의 받아들임을 함축하는 한에서, 여자와 보낸 밤을 쾌락이라는 범주에서 향유라는 범주로 이동하기만 하면 된다.[19]

라캉의 논변은 미묘하다. 그는 향유를 그 자체 법칙에 대립될 수 있는 어떤 악마적인 힘으로서 설정하지 않는다. 반대로 그는 향유 속에서 법칙의 바로 그 중핵을 인지한다. 라캉의 진술에 따르면, 상황 전체가 그 성격을 완전히 탈바꿈하고 도덕법칙 그 자체의 의미가 완전히 변경되기 위해서는, 향유가 겪음의 형식이 되는 것으로 충분하다. '도덕법칙이 여기서 어떤 역할을 유효하게 수행

19) Jacques Lacan, *The Ethics of Psychoanalysis*, London: Routledge, 1992, p. 189.

할 수 있다면, 바로 그것은 연루된 향유의 지탱물로서 그러한 것임을 누구나 알 수 있다.'[20] 다시 말해서—칸트의 주장대로—도덕법칙을 제외한 그 어떠한 것도 우리로 하여금 모든 정념적 이해들을 제쳐놓고 우리 자신의 죽음을 받아들이도록 유도할 수 없는 것이라면, 여자와 밤을 보내는 어떤 사람의 사례는, 비록 그가 그에 대해 목숨으로 대가를 치르게 될 것임을 알고 있다고 하더라도, 도덕법칙의 사례이다. 그것은 '악마적인' (혹은 '신성한') 것이 아니면서도 도덕법칙의 사례이며, 윤리적 행위이다. 이것이 라캉의 논변의 핵심적 요점이다. 즉, '천사적인' 것도 '악마적인' 것도 아니면서도 (윤리적) **행위**에 대한 칸트의 기준에 완벽하게 합치하는 행위들이 있다. 그것은 원하건 원하지 않건 어떤 행위를 수행하는 주체에게 발생한다. 악마적인 (혹은 천사적인) 피조물을 낭만화하기에 이르는 그러한 종류의 주의주의를 초과하는 것은 바로 이 지점이다. (법의 실재적 중핵으로서의) 향유는 의지의 문제가 아니다. 혹은, 좀더 정확히 말해서, 그것이 의지의 문제라면, 언제나 주체가 원하지 않는 어떤 것으로서 외양하는 한에서 그렇다. 라캉에 따르면, 칸트를 사드와 가까워지게 하는 것은 그가 '향유(최고선)에 대한 의욕'을 도입한다는 사실, 즉 그가 **실재**를 의지의 대상으로 만든다는 사실이다. 그러고 나서 이는 필연적으로 이 (최고선이나 '악마적인 악'이라고 하는) 대상(의 가능성)의 배제로 나아가는바, 이러한 배제 그 자체는 그것의 실현에 관한 환상(영혼의 불멸성)을 지탱해주는 것이다. 칸트에게 있어서 어떤 사람이 자기 자신의 파괴를 원한다는 것은 상상할 수 없는

20) 같은 글, p. 189.

일이다—이는 악마적인 것일 것이다. 라캉의 답변은, 그럼에도 불구하고 그것이 상상가능하며 그와 같은 극단적 사례들도 존재한다는 것이 아니라, 그 안에는 극단적인 그 무엇도 전혀 없다는 것이다. 어떤 층위에서는 모든 주체가, 아무리 평균적인 주체라 해도, 자신의 파괴를 원한다. 그것을 원하건 원하지 않건 말이다.

다시 말해서 선의 '천사화'와 악의 '악마화'는 **실재**를 의지의 대상으로 만드는 것에 대해—의지와 법칙의 일치를 윤리적 행위의 조건으로 만드는 것에 대해—지불해야만 하는 (개념적) 대가이다. 이것은 행위의 '주인공'이 존재한다는 주장 이외에 다른 어떤 것도 함축하지 않으며, 이는 우리로 하여금 윤리적 주체의 지위에 대한 물음에 이르게 한다. 칸트는, 상당한 정도까지, (윤리적) 주체를 그 주체의 의지와 동일화한다. 첫 번째 단계에서 그는 행위의 윤리적 차원을 주체의 의지와 연계시킨다. 이로부터, 주체가 윤리적 행위를 (성공적으로) 성취하려면 천사적인 주체이거나 악마적인 주체여야 한다는 것이 따라나온다. 하지만 이 두 경우 중 어느 것도 인간 존재에게는 적용될 수 없으며, 칸트는 그것들을 (현세에서는) 불가능한 것으로서 배제한다. 천사와 악마를 이처럼 배제한 결과, 남아 있는 것 속에서 작용하는 영원한 분리가 뒤따른다. 주체는 죄의 지속에서 드러나는 환원불가능한 의심에게로 '양도된다'. 주체는 그 자신을 그의 정념성으로부터 무한정 분리시켜야만 한다.

다시 말해서, 많은 비평가들이 칸트의 윤리의 가장 가치있는 점으로서 칭찬하는 의지의 (내적) 분열, 의지의 자신으로부터의 소외는 이미 칸트가 보다 근본적인 소외를 깨닫는 데 실패했다는 사실의 결과이다. 그것은 행위 속에서의 주체의 소외, 주체가 반드시 '자신의' 행위의 주인공이지는 않다는 것을 함축하는 소외이다. 칸트가 이 근본적 소외나 분열을 깨달았다면, '성공적' 행위에 대한 그의 생각은 신성한 의지나 악마적 의지 어느 쪽도 요구하지 않을 것이다.

이제 이는 정확히 무엇을 의미하는가—칸트가 인정하기를 거부하는 '근본적 소외'는 정확히 무엇이며, 어떻게 그의 거부는 가시적인가? 다시금 그것은 칸트가 자신의 이론적 입장들을 증명하기 위해서 우리에게 고려해 볼 것을 권하는 사례들에서 가시적이다.

> 예를 들자면, 나는 모든 안전한 수단을 통해 재산을 키우는 것을 나의 준칙으로 삼았다. 지금 내 손 안에는 하나의 위탁품이 있는데, 그 원 소유자는 죽었고, 위탁에 관한 아무런 문서도 남아 있지 않다. 두말할 것도 없이 이것은 나의 준칙을 적용할 경우다. 이제 나는 이 준칙이 보편적 실천 법칙으로도 타당할 수 있는가를 알고자 한다. 그래서 나는 저 준칙을 현재의 경우에 적용한다. ……그리고 나는 이내, 법칙으로서 그러한 원리는 도대체가 위탁물이라는 것을 없게 만들 터이므로 자기 자신을 파기시키는 것임을 안다.[21]

여기서 칸트는 정확히 무엇을 말하고 있는 것인가? 그는—라캉의 말을 사용하자면—자신의 과제에 부합하는 위탁자 없이는 어떠한 위탁도 없다는 것을 말하고 있는 것이다. 위탁자라는 개념에 전적으로 부합하며 또한 그 개념으로 전적으로 환원가능한 그러

---

21) Kant, *Critique of Practical Reason*, p. 27. [국역본: 79쪽.]

한 위탁자 없이는 어떠한 위탁도 없다. 이 주장과 더불어 실제로 칸트는 다름아닌 의지의 신성함('자신의 과제에 부합하는'에 함축된바, 의지가 도덕법칙에 완전히 부합함)을 (윤리적) 행위의 조건으로서 설정한다. 이 점은 보다 일반적으로 정식화될 수 있다. 행위에 부합하는 주체 없이는 어떠한 (윤리적) 행위도 없다. 그렇지만 이는 언표행위의 층위와 진술의 층위에 대한 구분이 말소됨을 함축한다. 진술의 주체는 언표행위의 주체와 일치해야만 한다. 혹은, 좀더 정확히 말해서, 언표행위의 주체는 진술의 주체로 전적으로 환원될 수 있어야만 한다.

이런 관점에서 볼 때, 거짓말이나 거짓말하는 행위가 칸트의 윤리에서 가장 큰 '신경통'의 지점이라는 것은 필시 우연의 일치만은 아닐 것이다. 우리가 다루고 있는 문제는 정확히 거짓말쟁이의 문제/역설이다. 거짓말쟁이가 자신의 과제에 부합한다면, 그는 '나는 거짓말하고 있다'고 결코 말할 수 없다(왜냐하면 그렇게 하면 진리를 말하고 있는 것이 될 테니 말이다). 칸트라면 그것은 거짓말을 불가능하게 만들 것이기 때문에 불가능하다고 말했을 것이다. 그렇지만 라캉이 올바로 지적한 것처럼, 이는 전혀 참이 아니다. 우리는 그와 같은 진술을 받아들이고 '이해'하는 데 아무런 문제가 없다는 것을 일상 경험에서 알고 있다. 라캉은 이 역설을 단지 겉보기의 역설이라고 부르며, 바로 언표행위의 주체와 진술의 주체를 구분함으로써 해결한다.[22] '거짓말을 하고 있다'

---

22) Jacques Lacan, *The Four Fundamental Concepts of Psycho-Analysis*, Harmondsworth: Penguin, 1979, p. 139를 볼 것:

> 실로, 언표행위의 나는 진술의 나와, 즉 진술 속에서 그 사람을 지칭하

는 **타자** 속에서 어휘 금고의 일부를 형성하는 기표이다. 이 '어휘'는 내가 도구로서 이용할 수 있는 어떤 것, 혹은 나를 '말하는 기계'로서 이용할 수 있는 어떤 것이다. 주체로서 나는 다른 층위에서, 언표행위의 층위에서 출현하며, 이 층위는 환원불가능하다. 다시금 여기서 우리는 왜 주체가 스스로를 한낱 법의 도구로서 제시하면서 법 '뒤에 숨을' 수 없는가를 설명하는 지점에 이른다. 그와 같은 제스처에 의해 중단되는 것은 바로 언표행위의 층위이다.

'자신의 과제에 부합하는 위탁자 없이는 어떠한 위탁도 없다' 혹은 '자신의 행위에 부합하는 주체 없이는 어떠한 (윤리적) 행위도 없다'라는 것은 우리가 진술과 언표행위의 차이에 대한 폐지를 행위의 '실현'을 위한 기준이나 조건으로서 설정한다는 것을 함축한다. 그리고 이러한 폐지는 (인간 존재에게) 불가능한 것으로서 정립되는 동시에 (칸트에 대한 해석들 속에서) 금지된 것으로서 정립된다: 만일 우리가 그것을 실제로 실행하고자 한다면 우리는 불가피하게 악을 야기할 것이다.

하지만 핵심적 물음은 왜 이 차이의 폐지가 행위의 기준 혹은 필요조건이어야 하는가 하는 것이다. 왜 행위의 성취는 이 분열의 폐지를 전제한다고 주장하나? 행위를 또 다른, 역의 관점에 위치

는 그 전환사와 동일하지 않다. 따라서 내가 진술하는 지점에서, 나—그 순간 진술을 정식화하는 그 나—가 거짓말을 하고 있다는 것을, 그가 조금 전에 거짓말을 했다는 것을, 그가 조금 뒤에 거짓말을 하고 있을 것이라는 것을, 혹은 심지어 '나는 거짓말을 하고 있다'고 말하는 가운데 그가 속이려는 의도를 가지고 있다는 것을 선언한다는 것을 내가 타당한 방식으로 정식화하는 것이 전적으로 가능하다.

시키는 것이 가능하다: 이 분열을 완전하게 드러내고 그것을 현존하도록 만드는 것이 다름아닌 ('성공적인') 행위이다. 이러한 관점에서 성공적 행위를 정의한다면 다음과 같을 것이다: 성공적 행위란 정확히 거짓말쟁이의 역설처럼 구조화되어 있다. 이 구조는 '나는 거짓말하고 있다'라고 말하는, '불가능한 것'을 발화하고 그리하여 진술의 층위와 언표행위의 층위간의, 전환사 '나'와 기표 '거짓말하고 있다' 간의 분열을 완전히 드러내는 거짓말쟁이에 의해 야기되는 구조와 동일한 것이다. 우리가 여기서 주장하고 있는 것처럼 행위의 어떠한 주체나 '주인공[영웅]'도 없다고 주장하는 것은, '거짓말하고 있다'의 층위에서 주체는 언제나 (칸트적 의미에서) 정념적이며 **타자**에 의해, 주체에 앞서는 기표들에 의해 규정된다는 것을 의미한다. 이 층위에서 주체는 환원가능하며, '없어도 되는' 것이다. 하지만 이것이 전부인 것은 아니다. 진술의 '주체'는 미리 규정되는 반면에(그는 주어진 기표들만을 사용할 수 있다), (전환사) 나는 사후적으로 규정된다. 그것은 '그것이 언표행위의 층위에서 산출하는 것의 — 진술의 층위에서 발생된 — 의미 signification가 된다'.[23] 우리가 윤리적 주체를 위치시켜야 하는 것은 바로 이 층위다. 이를테면 또 다른 주체에 의해 발생된 행위 (여기서는 '화행speech act')에서만 '그것이 (~)인' 것what 'it is'이 되는 어떤 것의 층위 말이다.[24]

---

23) Lacan, *The Four Fundamental Concepts of Psycho-Analysis*, p. 139.

24) 후기 작업에서 라캉은 이와 동일한 분열을 또 다른 차이를 통해 정의한다. 즉, **타자**/향유를 통해서 말이다. **타자**와 관련하여 나는 내 행위의 창조자가 아니다(즉, **타자**가 '나를 통해 말한다/행위한다'). 그리하여 나는 그것들에 책임이 있지 않을 수 있다. 그렇지만 이 행위로부터 '성장하는'

그렇지만 행위가 진술의 층위와 언표행위의 층위의 차이를 '드러낸다'는 사실은 행위의 주체가 분열된 주체라는 것을 함축하지 않는다. 반대로 우리는 우리가 실제로 행위를 다루고 있을 때 주체는 '그의 행위 속에 있는 모든 것이다'는 것을 아주 잘 알고 있다. 진술과 언표행위의, 말을 하거나 무언가를 행하는 주체와 이로부터 생겨나는 주체적 형상의 구분을 드러내는 것은 정확히 주체의 분열의 폐지이다. 물론 이는 행위의 주체가 자신이 무엇을 원하는지를 정확히 아는 '온전한' 주체라는 것을 의미하는 것이 아니라, 오히려 주체는 이 행위 속에서 '실현된다', '객관화된다'는 것을 의미한다. 주체는 대상 편으로 이행한다. 윤리적 주체는 이 대상을 원하는 주체가 아니라 오히려 이 대상 그 자체이다. 행위 속에는 어떠한 '분열된 주체'도 없다. '그것'(라캉적인 *ça*)과 이로부터 생겨나는 주체적 형상이 있다.

그리하여 우리는 고유한 의미에서의 행위는 라캉이 '머리 없는 주체화' 혹은 '주체 없는 주체화'라 부르는 것의 논리를 따른다고 결론내릴 수 있겠다.[25]

다른 어떤 것이, 즉 어떤 향유가 있다. 주체와 주체의 책임을 위치시켜야 하는 것은 바로 이 향유의 파편 속에서다. 이 점에 대한 상세한 설명은 Slavoj Žižek, *The Indivisible Remainder*, London and New York: Verso, 1996, p. 93을 볼 것.

25) Lacan, *The Four Fundamental Concepts of Psycho-Analysis*, p. 184를 볼 것.

6. 문학에서의 행위와 악

제논의 유명한 역설(아킬레스와 거북이)에 대해 이야기할 때 라캉은 이렇게 진술한다. '숫자는 한계를 갖는다. 그리고 바로 그러한 정도까지, 무한하다. 아킬레스가 단지 거북이를 지나칠 수 있을 뿐이라는 것은 아주 분명하다. 그는 거북이를 따라잡을 수는 없다. 그는 무한에서만 거북이를 따라잡을 수 있다.'[1] 이러한 언급은 '아킬레스의 두 얼굴'을 구별할 수 있게 해준다. 아킬레스의 '사드적' 얼굴과 '돈주앙적' 얼굴 말이다. 앞으로 보게 되겠지만 이 '아킬레스의 두 얼굴'은, 앞서 우리가 칸트의 행위 이론의 두 측면으로 설명했던 것을 아주 잘 예시한다. 한편으로 신체의 불멸성이라는 (사드적) 환상을 요구하는 의지의 신성함을 향한

1) Jacques Lacan, *The Seminar, Book XX: On Feminine Sexuality. The Limits of Love and Knowledge*, New York and London: W. W. Norton, 1998, p. 8.

무한한 접근이 있으며, 다른 한편으로 언제나 '너무 멀리' 가는, **타자** 속에 구멍을 남겨 놓고 그리하여 '악마적인 악'의 전형이 되는 '자살적' 행위가 있다. 다시 말해서 (윤리적) 행위의 성취를 위해서는 한 걸음만 더 내딛으면 되는 것이거나, 그와 같은 행위를 이미 지나쳐버린 것이거나이다. (욕망의) 대상을 아직 획득하지 못한 것이거나, 이미 그 너머로 가버린 것이거나이다.

'사드적 운동'은 우리가 욕망의 대상 전체에 무한히 접근할 것임을 함축한다. 매번의 단계마다 우리는 그것에 좀더 가까이 가지만 결코 실제로 '전체 거리를 답파하지는' 못한다. 따라서 사드가 그의 유명한 진술에서 표현하고 있듯이, 우리 앞에는 (언제나) 한 번 더의 노력이 남아 있다. 사드적 '패러다임'이 우리에게 상당히 지루하게 느껴지기 쉬운 것은 바로 그 때문이다. 사드의 이야기들은 (아킬레스가 실로 거북이를 따라잡기 위해서 노력하고 있는 것이기라도 한 듯) 극도로 천천히, '조금씩 조금씩' 나아간다. 그 이야기들은 무수한 '세부 테크닉들'과 장황한 지엽들로 과적되어 있다. 이 이야기의 주인공들은 '세상의 시간 전부'를 가진 것처럼 보이며, 다름아닌 쾌락 획득의 지연이 그들에게 최대의 쾌락을 주는 것처럼 보인다. 이는 또한 우리가 성애적*erotic*이라고 부르는 것을 지배하는 패러다임이기도 하다.

다른 한편으로 '돈주앙적 운동'이 있다. 너무 서두르는 추구라고 하는 것이 그에 대한 최선의 묘사일 것이다. 여기서, 욕망의 대상을 획득하는 일에 착수하는 매번 우리는 너무 급하게 나아가 곧바로 그것을 추월하게 되며, 결국 몇 번이고 다시 시작해야만 하는 처지에 이르게 된다. '사드적 패러다임'은 단조롭다(하지만 서스펜스를 통해 여전히 우리를 매혹한다). 반면에 '돈주앙적 패러다임'은 반복적이다(하지만 모험으로 가득하다). 또한 이 두 접근의 차이는 향유의 대상에 대한 '부분부분'의 접근과 '하나하나'의 접근이라는 차이를 가지고서 정식화할 수 있다. 첫 번째 경우 우리는 타자를 부분부분 즐기지만, '조각들을 한 데 모아놓기를' 원할 때라도 그것들은 결코 하나의 전체를, **하나**를 이룰 수 없다. 두 번째 경우 우리는 **하나**에서 시작한다. 우리는 여럿을 '하나하나' 즐긴다. 하지만 우리는 그들 전부를 즐겼다고 결코 말할 수 없다. '그녀'는, 그녀들 하나하나는, 본질적으로 보다-**하나**-덜*One-less-than*이다. '바로 그렇기 때문에, 여자—당사자인(*en cause*) 그녀—에 대한 남자의 그 어떤 관계에서건, 바로 이와 같은 **하나**-덜(*Une-en-moins*)의 관점에서 그녀는 취해져야만 한다. 나는 이미 돈주앙과 관련하여 그것을 여러분들에게 지적했다…….'[2] (**타자**와 '부분부분' 혹은 '하나하나' 재결합하려고 하는) 이 두 시도 모두가, 진지하게 착수될 경우, '악마적인 악'의 영토에 들어간다는 것은 필시 우연이 아닐 것이다. 이 장에서 우리는 욕망의 대상에로의 이 두 '접근들'의 논리를 어떤 근본적 곤궁에 대한—의지와 향유(행위의 실재적 중핵)의 관계를 지배하는 곤궁에 대한—두 가지 응답으로서 상세하게 검토할 것이다. 우리는 라클로의 『위험한 관계』 주인공 발몽을 사드적 패러다임의 주인공으로서, 그리고 돈주앙을 돈주앙 자신의 패러다임으로서 취할 것이다.

2) 같은 글, p. 129.

발몽의 경우

『위험한 관계』가 들려주는 이야기 전체는 기원적 신화—현재의 이야기가 시작되기 위해서는 깨져야만 하는 메르테유와 발몽의 신화적 관계—를 배경으로 설정되어 있다. 이 관계는 정확히 사랑과 향유가 근본적으로 양립불가능한 한에서 사랑과 향유가 일치하는 일종의 '기원적 **통일**'로서 우리에게 제시된다. 이 양립불가능성과 관련하여 소설의 어조는 세미나 『앙코르』에 나오는 라캉의 진술들과 일치한다. 사랑은 동일화와 관련이 있으며, 그리하여 '우리는 하나다'라는 공식에 따라서 기능한다. 다른 편에는 향유가 있으며, 그것은 원칙상 결코 '전체'이지 않다. 타자의 신체에 대한 향유는 언제나 부분적이다. 그것은 결코 **하나**일 수 없다.[3] 소설 도입부에서 메르테유는 투르벨 부인을 유혹하려는 발몽의 계획에 대해 경고하면서, 투르벨 부인이 그에게 단지 절반의 향유(*demi-jouissance*)만을 제공할 수 있을 것이라고 말한다. 그와 같은 관계에서 1+1은 언제나 2라는 것을 (그리고, 1은 '전체인', '비-절반인' 향유에 대한 정의일 것이므로, 1+1은 결코 1이

3) 라캉은 이렇게 진술한다:

> 사드였던 칸트주의자 유형이 탄복스럽게 강조하고 있듯이, 우리는 **타자**의 신체의 일부만을 즐길 수 있다. 우리는 어떤 신체가 **타자**의 신체를—그것을 에워싸고 흡수해버리는 지점에 이르기까지—완벽하게 감싸는 것을 결코 본 적이 없다는 단순한 이유에서 말이다. 바로 그 때문에 우리는 단지 그것을 조금만 압착하는 것에 한정해야만 한다. 이처럼 팔목이나 다른 무언가를 택해서 말이다—아야! (같은 글, p. 23)

될 수 없다는 것을) 강조하면서 말이다. '현실 세계에서' 향유는 언제나 절반의 향유이지만, 메르테유와 발몽의 경우에는 '절대적 자기-포기'와 '쾌락이 그 자체의 과잉 속에서 정화될 때의 감각들의 엑스터시'가 있었다.[4] 이는 메르테유 후작부인의 묘사다. 다른 한편으로 발몽은 이를 다음과 같이 묘사한다. '우리가 사랑의 눈에서 눈가리개를 벗기고 사랑으로 하여금 사랑의 불꽃으로 쾌락을 비추도록 강요했을 때, 사랑은 우리를 시샘했습니다.' 그리하여 이 신화적 관계에서 사랑과 향유의 이율배반은 폐지된다—아니면 오히려, 폐지되어 있었다.

처음에 (성공적인) 성적 관계가, 즉 **하나**의 달성이 있었다. 발몽과 메르테유는 '더욱 중요한 일이 [그들을] 부르고' 있기 때문에, 의무가 부르기 때문에, 이 관계를 깨뜨렸다. 그들은 세상을 이롭게 하기 위해 갈라섰다. 그리고 '각자가 자기 주변에서 신앙을 전파'하기 시작했다(p. 28[26쪽]). 그렇지만 그들의 원래 관계는 그들의 모든 이어지는 사업들에서 하나의 척도로서 남아 있었다. 즉 이 척도와 비교할 때 그들의 다른 모든 파트너는 부적합한 것으로 판명이 나는, 측량불가능한 척도로서 말이다. 그리고 이로써 원래의 **하나**로부터 어떤 계열이 열리게 된다. 발몽 편에서건 메르테유 편에서건 질투의 원인이 되는 것은 바로 이러한 불균형—혹은, 좀더 정확히 말해서, 이러한 불균형의 위협—이다. 메르테유가 벨르로슈와 관계를 맺게 되자, 발몽은 예컨대 이렇게 말한다.

4) Choderlos de Laclos, *Les Liaisons dangereuses*, Harmondsworth: Penguin, 1961, p. 31. 앞으로는 모두 이 판본을 참조할 것이다. [국역본: 피에르 쇼데를로스 드 라클로, 『위험한 관계』, 문학사상사, 박인철 옮김, 2003, 31쪽.]

> 당신이 당신의 호의를 한 곳 이상에 배분하는 한 나는 결코 질투는 하지 않습니다. 당신의 연인들은 나 혼자 지배했던 그 거대한 제국을 자기들끼리는 유지할 수 없으니 알렉산더 대왕의 후계자들일 뿐입니다. 그런데 당신은 그들 중 한 사람에게 당신 자신을 전부 바치시다니요! 내 권능에 도전하는 것이 한 명의 다른 남자라니요! 이것은 정말 참을 수 없는 일입니다. 내가 그런 일을 참으리라 기대하지 마십시오. 나를 전과 다름없이 상대하시든지, 아니면 적어도 두 번째인 연인을 취하십시오. (p. 48[57쪽])

여기서 작동하는 논리는 이렇다: 단독으로 나 혼자(발몽)이거나, 아니면 타인들의 계열이거나이다. 그리고 이 계열이 크면 클수록 발몽에게는 더 기분 좋은 것이다. 물론 특권적 파트너는 결코 계열의 일부일 수 없다. 후작부인은, 발몽이 그녀에게 투르벨 부인을 성공적으로 유혹한 후에 주기로 약속한 보답을 요청할 때 그에 대한 응답으로 '나는 간혹 나 혼자서 하렘의 모든 여자를 대신할 수 있다는 생각을 가진 적이 있었는지 모르겠지만, 그중의 한 여자가 되는 것에 동의한 적은 없었어요'라고 말한다(p. 306[434쪽]).

다시 말해서 한편으로 메르테유 후작부인과 다른 한편으로 다른 모든 여자들 사이에는 어떠한 관계도, 어떠한 비례도 없다. 발몽 자작의 경우도 마찬가지다. 그는 후작부인이 (겉으로) 다른 누군가를 (유일한) **하나**의 '지위'로 승급시킬 때 격노한다. 메르테유는 발몽 자작이 그녀를 다른 여자들과의 계열 속에 위치시키려 할 때 격노한다.

하나가 (반드시 그래야만 하는 바) 갈라질 때, 우리는 수학자들이 '실수 연속체'라 부르는 것의 논리로 이항된다. 주어진 임의의 두 실수들 사이에 언제나 어떤 실수가 있기 때문에, 우리는 임의의 두 실수의 차이를 점진적으로 줄임으로써 그 차이를 무화할 수가 결코 없다. 마치 아킬레스가 결코 자신과 거북이 사이의 거리를 계속해서 절반씩 답파함으로써 거북이를 따라잡을 수 없는 것처럼 말이다. 사실 그는 거북이를 추월할 수는 있을 것이다. 하지만 오로지 무한에서만 거북이에게 도달할 것이다. 후작부인에게 보내는 편지에서 당스니 기사가 표현하고 있듯이, *ce n'est pas nous deux qui ne sommes qu'un, c'est toi qui est nous deux*[오직 하나인 것은 우리 둘이 아닙니다. 우리 둘인 것은 바로 당신입니다]. 여기 걸려 있는 것은 우리 둘은 하나다라고 하는 통속적인 사랑 공식이 아니다. 요점은 메르테유가 (그들) '둘 다'라는 것이다. 그리하여 메르테유의 태도는 이러하다: 타자와 하나가 되는 것은 당신이 (이미) 둘 다일 때에만 가능하다.

발몽과 메르테유의 사업과 음모의 배경에는, 사랑은 '기계적으로' 산출되고 규제될 수 있다는, 사랑의 '불꽃'은 사람 마음에 따라서 타오를 수도 쇠약해질 수도 있다는 가정이 놓여 있다. 발몽은 투르벨 부인이 그와 사랑에 빠지도록 만들기로 결심하며, 전략을 구성하고 이를 체계적으로 한 단계 한 단계 이행한다. 그 어떤 것도 우연에 내맡기지 않으면서 말이다. 그리고 투르벨 부인은 실제로 그와 사랑에 빠진다. 믈라덴 돌라르가 지적했듯이 이러한 가정은 18세기 유럽 문학의 중심 주제이다. 모차르트의 오페라 <코시 판 투테>[5]를 분석하면서 돌라르는 이를 보다 일반적인, 기계에 대한—계몽운동의 자율적 주체성에 대한 대응물로서의 *l'homme-machine*[6], 혹은 '자동기계' 모델에 대한—매혹과 연

---

5) ['코시 판 투테(*Cosi fan tutte*)'는 '여자는 모두 이런 것'이라는 뜻이다.]

계시킨다. 이러한 주제설정에 따르면: '가장 숭고한 느낌이라도 결정론적 법칙에 의해 기계적으로 산출될 수 있으며, 실험적이고 합성적인 방식으로 야기될 수 있다'.[7] 이를 아는 사람(<코시 판 투테>에서는, 철학자)은 이 기계들을 마음대로 조종할 수 있으며, 바라는 어떠한 결과라도 산출할 수 있다.

라클로의 소설에서 이와 같은 위치에 있는 것은 메르테유 후작부인이다. 예컨대 편지 106에서 그녀는 세실 같은 여자는 '*machines à plaisir*', 즉 '쾌락을 주는 기계'에 불과하다고 주장한다. 그녀는 이렇게 덧붙인다: '잊지 마십시오. 사람들은 이러한 기계의 용수철과 동력장치에 금방 익숙해지기 마련입니다. 이런 기계를 위험 없이 사용하려면, 재빨리 이용해서 일찌감치 멈추게 한 후, 곧 부서뜨리지 않으면 안 됩니다'(p. 254[358쪽]). 그렇지만 이러한 지식은 특권화되는 한에서만 유효하다. '평범한 지식'이 될 때 그것은 급속하게 그 힘과 효력을 상실한다. 하지만『위험한 관계』의 우주 속에서, 자율적 주체를 자동기계나 쾌락기계로부터 분리시키는 것은 지식만이 아니다. 메르테유는 또한 이 비-주체들을 지칭하기 위해 '*espèces*'[족속들]라는 또 다른 표현을 사용한다. *espèces*는 조작될 수 있으며, 또한 다른 것과 등가적이고 대체가 능하고 교환가능한 사물처럼 취급될 수 있는 사람-기계들이다. 다른 편에 우리는 메르테유가 *scélérats*('악한 사람들')이라 부르는 것을 놓을 수 있을 것이다.[8] 오로지 *scélérat*만이 대상, 기계

6) ['인간기계'라는 뜻이며, 특히 18세기의 유물론 철학자 라메트리(La Mettrie)의 저서 제목이다.]

7) Mladen Dolar, 'La femme-machine', *New Formations*, 23, Summer 1994, London: Lawrence & Wishart, p. 46.

혹은 사물의 지위 너머로 오를 수 있다. 다시 말해서—그리고 이는 핵심적인 18세기의 주제로서 간주될 수 있을 것인데—**자율로의 길은 악으로 통한다**, 즉 ('우연적인 악'으로서뿐만이 아니라) '윤리적 태도'로서의 악, 하나의 기획으로서의 악 말이다. 지식 그 자체로는 충분치 않다. 사실 그것은 우월성의 근거이다. 하지만 이 우월성이 유효하려면 그 이상의 무언가가 요구된다. 악을 위한 결단, 그리고 결과에 상관없이, 심지어는 자신의 안녕을 희생하더라도 그것을 고집하는 힘 말이다.

우리 논의의 목적상 『위험한 관계』의 매우 흥미로운 측면은 투르벨 부인에 대한 발몽의 유혹의 성격이다. 발몽의 목적은 단순히 그녀와 '밤을 보낸다'는 의미에서 투르벨 부인을 '정복'하는 것과는 거리가 멀다. 오히려 그것은 또 다른 계획의 부산물일 것이다. 발몽이 투르벨 부인과 더불어 착수하는 기획은 사실상 유일무이한 것이다. 그것은 다른 기획들과 꼭 같지는 않은 것이다. 투르벨은 결혼을 했을 뿐 아니라 '행복하게' 결혼했다. 그녀의 정조와 충실은 '진정한' 것이다. 그녀의 정조와 충실은—'대부분의 다른 여자들'의 경우처럼—꾸민 것이 아니며 주어진 사회적 규범과 가치들 때문에 받아들인 것이 아니다. 처음부터 발몽은 투르벨을 단지 '하나 더'로서 접근하지 않으며, 발몽의 변덕스러운 식욕을 위한 또 하나의 맛있는 식사거리로서 접근하지 않는다.

8) [불어 'espèce'는 '종' 또는 '종류'라는 뜻이다. 메르테유는 진부하다는 의미에서 다소 경멸적인 용어로 이 표현을 사용하는데, 대충 '족속' 정도로 옮길 수 있을 것이다. 예컨대 메르테유는 발몽 자작에게 보낸 편지 141에서 이 표현을 'scélérat'라는 표현과 함께 사용한다. 박인철의 국역본(474쪽)에서는 이 둘을 각각 '바보'와 '악한'으로 옮기고 있다.]

우리는 더 나아가, 발몽이 실로 발몽이 되는 것은 오로지 투르벨 부인의 유혹을 통해서라고 말할 수도 있을 것이다. 그 이전에 발몽은 단지 돈주앙의 또 다른 판본에 불과하며, 한 여자 다음에 또 한 여자를 '정복'하는 지칠 줄 모르는 유혹자이다. 투르벨 부인을 유혹함으로써 발몽은 유혹의 패러다임을 완전히 바꾼다. '하나하나'(혹은 오히려, 셋셋)의 논리는 '부분부분'의, 즉 조금조금의 논리—목표를 향한 무한한 접근의 논리—에 길을 내준다.

발몽의 사업을 그토록 어렵게 만드는 것은 투르벨 부인의 고결한 품성 때문만은 아니며 또한—그리고 특히—발몽 자신이 이 기획을 위해 설정한 조건들 때문이다. 그가 말하기를, 승리는 완벽해야 한다. 그리고 이는 투르벨 부인이 혼돈스러운 열정의 순간에 그의 유혹 노력에 굴복하는 것으로는 충분치 않음을 뜻한다. 오히려 그녀의 굴복 행위는 반성과 **냉정한 결단**의 결과이어야만 한다. 발몽은 투르벨 부인을 *espèces*의 층위에서, 즉 다른 모든 여자들의 층위에서—쾌락을 위한 기계들의 층위에서—원하는 것이 아니다. 그녀가 결정적 한 걸음을 내딛을 때, 이 한 걸음에는 자신이 무엇을 하고 있으며 그 행위의 결과가 무엇일지에 대한 분명한 자각이 수반되어야 한다. 다시 말해서 그는 투르벨 부인을 **주체**로서 원한다.

발몽이 그에게 주어진 기회의 이용을 두 번이나 거절하는 것은 바로 그 때문이다. 첫 번째는 그가 투르벨 부인을 '고상한 행위'로 '누그러뜨릴' 때이다. 이 에피소드에서 (투르벨이 자신을 '감시' 하도록 지시했음을 알고 있는) 발몽은 인근 마을로 가서 어떤 아주 가난한 가족이 재산을 몰수당하지 않도록 '관대하게' 구제해준다. 그는 이 일을 메르테유에게 이렇게 전하고 있다.

> 만일 내가 오래 전부터 품어온 계획을 저버리고 설익은 승리를 거두어서 오랜 시간에 걸친 투쟁의 매력과 공들여 상대를 패배시키는 일의 매혹을 모두 맛볼 수 있는 기회를 자칫 상실한다거나, 혹은 내가 철없는 욕정으로 산만해져서 투르벨 부인의 정복자가 명부에 이름 하나 추가하는 별볼일 없는 공훈 말고는 자신의 노고에 대해 아무것도 얻지 못하기를 원할 수도 있다면, 사람의 마음이란 것이 이 얼마나 약한 것이고, 상황의 지배라는 것이 얼마나 강력한 것입니까. 아! 그녀가 항복하기를, 하지만 싸워주기를 나는 바랍니다. 나를 패배시킬 힘은 없다 하더라도 대항할 힘은 갖고 있기를, 그리고 자신의 무력함을 천천히 맛보되 자신의 패배를 인정하려 하지 않기를 나는 간절히 바라고 있습니다. 발견한 사슴을 매복해 있던 바로 그 자리에서 기습해 죽이는 것은 변변치 못한 밀렵꾼이나 하는 짓입니다. 진정한 사냥꾼은 궁지에 몰아 사로잡는 법이지요. (p. 63[78~79쪽])

여기에 그는 다음을 덧붙인다: *Ce projet est sublime, n'est pas?*(숭고한 계획이지 않습니까?)

이 구절은 몇 가지 점에서 논평할 가치가 있다. 우선 발몽은 한 명의 인간, (욕정에 거의 휩쓸려버리는) '정념적 주체'로서의 그 자신과 '전문가'로서의 그 자신의 차이를 요약한다. 발몽이 '투르벨 부인의 정복자', 즉 '전문가'로서의 그 자신을 거의 위험에 빠뜨린다고 말할 때 그는 자신 개인과는 무관한 듯 냉정한 표현을 사용하고 있다. 여기서 두 번째로 중요한 것은 이 '위험'에 대한 그의 정의다. 그는 그가 유혹한 여자들의 '명부에 이름 하나 더 추가하는 별볼일 없는 공훈 말고는' 자신의 노고에 대해 아무것도 얻지 못하는 위험에 처해 있다. 투르벨 부인을 향한 발몽의 의도는 유일무이한 것이다. 결정적인 물음은 그가 그녀를 '가질' 것인가 그러지 못할 것인가가 아니다. 결정적 물음은 그가 그녀를 올바른 방식으로 '가질' 것인가이다. 달리 말하자면: 승리 그 자체는 승리를 위해 충분치 않다. 사슴을 기습해 죽이는 '변변찮은 밀렵꾼'의 승리는 사슴을 궁지에 몰고 기습의 효과를 이용하지 않는 '진정한 사냥꾼'의 승리와 별개의 것이다.

이야기에서 나중에 발몽에게 또 다른 기회가 제공되는데, 다시금 그는 그 기회를 취하지 않는다. 이번에는 메르테유에게 다음과 같은 편지로 설명한다: '아시다시피 나는 이제 완전한 승리를 필요로 할 뿐, 우연한 상황에 기대를 걸고 있지는 않으니까요'(p. 232[327쪽]).

다른 편지에서 그는 이와 유사한 것을 말한다. 예컨대 편지 6에서 그는 이렇게 말하고 있다.

> 그녀의 가책의 원인이 되고 이어 그 가책의 치유자가 되는 것은 그 얼마나 즐거운 일이겠습니까! 부인을 사로잡은 편견을 지워버리려는 생각은 내게는 추호도 없습니다! 이 편견은 도리어 나의 행복과 명예에 보탬이 돼줄 것입니다. 부인은 정조를 믿겠지만 나를 위해 희생할 것입니다. 자신의 과오를 보고 두려워해도 그 때문에 망설이지는 않을 것입니다. (pp. 33~34[35쪽])

편지 70에서는 다음과 같이 말한다.

> 그러기는커녕 오히려 나의 계획은 그 여자가 나에게 바치는 하나하나의 희생의 가치와 영향을 절실하게 느끼도록 하는 데 있습니다. 양심의 가책을 느끼지 않을 수 없을 정도로 너무 빨리

> 끌고 가지 않으면서, 그 여자를 천천히 괴롭히면서 정조를 함락시키는 것입니다. 그리고 저 음침한 광경을 그녀의 눈으로 끊임없이 보게 하는 것입니다. (p. 150[205~206쪽])

이제 우리는 발몽이 추구하는 것이 무엇인지를 보다 정확하게 볼 수 있는 위치에 있다. 그는 투르벨 부인이 어떤 한 걸음을 내딛도록 하며, 그런 다음에 그는 멈추고 후퇴하여 그녀가 이 한 걸음의 함축들을 충분히 자각하고 자신의 위치의 의미를 완전하게 깨닫게 되기를 기다린다. 여느 때의 발몽의 절차가 한 여자를 유혹하여 그녀가 스스로 '명예를 더럽히도록' 만들고 그런 다음에 그녀를 저버리고 (가능하다면) 파멸시키는 것이라고 한다면, 투르벨 부인과의 관계에서는 다른 무언가를 시도한다. 그는 그녀의 현실적 파멸 이전에 그녀를 '파멸시키려' 한다. 다시 말해서 발몽은 투르벨 부인을 '두 죽음 사이'의 영역으로 체계적으로 내몬다.

세 편의 18세기 소설—『신엘로이즈』, 『클라리사』, 『위험한 관계』—에 나오는 '비극적' 여주인공들에 대한 연구에서 로잰 룬트는 세 여자(줄리, 클라리사, 투르벨 부인) 모두에게 한 가지 공통점이 있다는 것을 지적한다. 그들 모두는, 어떤 지점에서, 산죽은 *living dead* 것과 연결된다.[9] 과장하지 않더라도 우리는 이것이 단지 『위험한 관계』뿐 아니라 18세기 일반의 핵심 주제 가운데 하나라고 말할 수 있다(이 주제는 다른 곳에서도 발견될 수 있으

---

9) Roseann Runte, 'Dying Words: The Vocabulary of Death in Three Eighteenth-Century English and French Novels', in *Canadian Review of Comparative Literature*, Fall 1979, Toronto: University of Toronto Press, p. 362를 볼 것.

므로, 18세기 너머에서도 마찬가지다). 발몽이 투르벨은 '저 음침한 광경을 그녀의 눈으로 끊임없이 보'아야 한다고 말할 때, 이 말은 필시 우리에게 또 다른—이번에는 영화적인—이미지를 상기시킬 것이다. 즉 영화 <죽음의 카메라>*Peeping Tom* 말이다. 영화의 줄거리는 살해된 일련의 여자들 주위를 선회한다. 그 여자들에게는 한 가지 공통점이 있다. 죽은 그들의 눈은 절대적 공포의 표정을 하고 있다. 그들의 표정은 단순히 겁에 질린 희생양의 표정에 불과한 것이 아니다. 그들의 얼굴에 있는 공포는 상상불가능한 것이며, 그 살인 사건들을 수사하는 어느 누구도 그것을 설명할 수 없다. 이 수수께끼 같은 표정은 수사의 주요 단서가 되는데, 이는 희생양들이 죽기 전에 본 것이 무엇이었는가에, 무엇이 그들에게 그와 같은 공포를 심어주었는가에 달려 있다. 살인자는 일종의 괴물이라든가 괴물 같은 가면을 쓰고 있다는 것이 답이 될 것이라 예상할 수도 있을 것이다. 하지만 그렇지가 않다. 이 수수께끼에 대한 해답으로 판명되는바 희생양들은 살해당하고 있는 동안 자기 자신의 이미지를 본 것이다. 살인자의 무기는 두 개의 길고 가위 같은 모양의 칼날이며, 그 끝에 거울이 부착되어 있어서 희생양은 자신을 관통하는 칼날을 볼 수가 있으며 자신이 죽어가는 것을 지켜볼 수 있다. 하지만 그 이상의 것이 있다. 살인자는 직업적인 영화제작자로, 자신의 희생양들을 영화의 일부를 위한 '스크린 테스트'를 하는 척 하면서 적당한 위치로 유인한다. '스크린 테스트'를 하던 어떤 시점에 살인자는 카메라 지지대 끝에서 두 칼날을 꺼내고 희생양을 죽이기 위해 이동해 들어가는데, 그 동안 희생양은 다가오는 렌즈 둘레의 거울을 들여다본다. 희생양이 자신이 죽는 것을 지켜보는 동안, **훔쳐보는 톰**Peeping Tom

은 이 모두를 촬영한다. 특별히 희생양의 공포의 표정에 초점을 맞추면서 말이다. 그의 강박은 단순히 여자살인 강박과는 거리가 멀다. 발몽의 경우에서처럼 그것은 '숭고한 계획'의 불가피한 부산물에 불과한 것이다. **훔쳐보는 톰**이 원하는 '전부'는 희생양의 얼굴에 있는 궁극적 공포의 표정을 촬영하는 것이다(그리고 나중에 '평화롭게' 그것을 연구할 기회를 갖는 것이다). 그의 향유는 타자가 자신의 죽음을 지켜보는 것을 지켜보는 것이다. 여기서 응시는 말 그대로 그의 환상의 대상이다.

이 시나리오는 발몽의 향유와 그의 투르벨 부인에 관한 계획의 전형을 보여준다. 발몽은 그녀가 죽기 오래 전에 자신의 죽음에 대해 완전히 의식하게 되기를 바란다. 그는 죽음이 그 표식을 살아 있는 유기체에 남기기를 바라며, 희생양이—말하자면—**죽음을 살도록** 강제되는 지점에 이르게 되길 바란다. 바로 이것을 발몽은 다음과 같이 외치면서 말하고 있다: '가엾은 여인, 그녀는 자신이 죽어가는 것을 지켜보고 있는 거지요'('*La pauvre femme, elle se voit mourir*'). 그를 그토록 매혹시킨 것은 바로 이것이다. 따라서 발몽이 자신의 기획은 '숭고한' 것이라고 말할 때 우리는 그에게 동의하지 않을 수 없는 것이다.

하지만 '자신의 죽음을 사는 것'과 '자신이 죽어가는 것을 지켜보는 것'은 정확히 무엇을 의미하는가? '가엾은 여인, 그녀는 자신이 죽어가는 것을 지켜보고 있는 거지요'의 배후에 있는 말해지지 않은 외침은 다름아닌 '복많은 여인, 그녀는 자신이 즐기고 있는 것을 지켜보고 있는 거지요'('*L'heureuse femme, elle se voit jouir*')이다. 그리하여 우리는 여기서 라캉이 파악하고 있는 바로서의 도착적 위치의 전형적 경우를 다루고 있는 것이다. 도착증자에게 걸려 있는 것은 자신을 위한 향유를 찾는 것이 아니라 **타자**가 즐기도록 하는 것이며, **타자**가 결여하는 잉여-향유를 제공함으로써 **타자**를 완성하는 것이다.10) 도착증자는, 그가 **타자**의 편에서 나타나도록 만드는 향유의 도움으로, **타자**가 '완전한' 주체가 되기를 원한다. 이미 본 것처럼, **타자**를 주체화하려는 이러한 의도는 소설 속에 매우 명백하다.

우리는 이미 *espèces*와 *scélérat*에 대한 메르테유의 구분을 언급했다. 우리는 *scélérat*만이, '악한' 자만이 자율적 주체의 층위에 도달할 수 있는 반면에 나머지 모두는 한낱 기계나 사물에 머문다는 것을 지적했다. 그렇지만 이게 전부는 아니다. 발몽의 희생양인 투르벨 부인 역시, 어떤 순간에, 한낱 기계 뭉치인 *espèces*의 층위에서 고양된다. 그리고 그녀를 그처럼 승격시키는 것은 바로 그녀를 고문하는 자이다. 그의 손 안에서, 그가 그녀에게 가하는 고문들을 통해서, 희생양이 하지 않을 수 없는 선택을 통해서, 그녀는 주체가 된다. 여기서 소설은 투르벨의 '첫 번째 죽음'—그녀가 최종적으로 발몽을 선택하고 '자신을 내던지는' 순간—에 대한 주목할 만한 이미지를 제공한다. 라클로는, 발몽의 펜을 통해서, 투르벨 부인에 대한 다음과 같은 묘사를 우리에게 제공해준다. '한번 상상해 보십시오. 한 여자가 손가락 하나도 까딱하지 않고 똑같은 표정을 짓고 앉아 있는 모습을 말입니다. 무슨 생각을 하는 것도 아니고, 내 말을 듣지도, 들으려 하지도 않습니다. 그러면서 한 곳을 응시하면서 눈에는 쉴 새 없이 눈물

10) Jacques-Alain Miller, *Extimité* (미출간 세미나), 1986년 4월 16일부터의 강의를 볼 것.

이 흐르고요'(p. 303[428쪽]). 이것은 콩디약의 조상[11], 즉 새로운 (새로 태어난) 주체의 형상으로서 무에서 이제 막 다시 시작하려 하는 조상의 완벽한 이미지이지 않은가?

윤리와 관련하여 여기서 특별히 우리의 흥미를 끄는 소설의 다른 측면은 발몽이 메르테유 후작부인과 맺고 있는 관계에서 출현하는 발몽의 욕망과 죄라는 문제이다. 어떤 지점에서 발몽은 후작부인과의 관계 혹은 계약을 배반하고 그리하여 그의 '윤리'와 '의무'를 포기한다. 이야기의 이 측면은 유명한 편지 141에 응축되어 있다. 그 편지에서 메르테유 후작부인은 편지-속의-편지를 쓴다. 나중에 발몽은 그것을 베껴서 투르벨 부인에게 보내게 된다. 우리는 모든 생각들이 '(그것은) 제 탓이 아닙니다'('*ce n'est pas ma faute*')라는 구절로 결론이 나는 유명한 '수사학적' 편지를 말하고 있는 것이다.

---

11) 콩디약(Étienne Bonnot, Abbé de Condillac)은 그의 『감각론』(*Traité des sensations: Traité des animaux*, Paris: Fayard, 1987)에서 아주 특이한 사고실험을 창안한다. 그 실험의 의도는 제1질료*materia prima*인 감각으로부터 도출되는 바로서 지성의 기원을 상상할 수 있게 하는 것이다. 그는 어떤 조상彫像을 상상해보라고 한다. 그 조상은 내부적으로 우리 인간과 똑같이 구성되어 있지만 외부는 대리석으로 둘러싸여 있으며 (아직은) 그 어떤 관념도 포함하지 않은 정신을 가지고 있다. 조상 표면을 덮고 있는 대리석 때문에 조상은 감각을 이용할 수 없다. 콩디약은 독자들에게 독자 자신을 이 조상의 자리에 놓고 그가 제시하는 여정을 따라가 보라고 한다. 그 여정을 통해 그는 '감각들에 부합하는 다양한 인상들에 감각들을 열어놓는다'. 조금씩 그는 조상의 몸에서 대리석을 벗겨내어 상이한 감각들을 위한 길을 (조합을 달리하면서) 터주며 그리하여 조상의 원시적 정신 속에 어떻게 관념들이 형성되는지를 '관찰'하게 된다.

> 나의 천사여, 사람이 어떤 일이든 거기에 흥미를 잃는 것은 자연의 법칙이지 제 탓이 아닙니다.
>
> 따라서 지난 4개월 동안 미칠 듯이 몰두했던 연애에 대해 지금에 와서 제가 흥미를 잃었다 하더라도, 그것은 제 탓이 아닙니다.
>
> 예를 들면, 지나친 이야기이긴 하지만, 제가 당신의 정조와 똑같은 정도의 사랑을 갖고 있다면, 당신의 정조가 사라짐과 동시에 제 사랑이 식어버렸다 해도 그것은 제 탓이 아닙니다.
>
> 따라서 저는 얼마 전부터 당신을 속여 왔던 것입니다. 하지만 그것 또한 어떻게 다룰 수 없는 당신의 애정의 강요 때문에 할 수 없이 그런 것이지 제 탓은 아닙니다.
>
> 오늘, 제가 미칠 듯이 좋아하는 어떤 여인이 당신을 버리라고 요구하는군요. 하지만 그것은 제 탓이 아닙니다.
>
> 지금이야말로 거짓 맹세를 질책하기에 좋은 기회인 듯싶습니다. 하지만 자연이 남자에게 지조를 주고, 여자에게 고집을 준 것은 제 탓이 아닙니다.
>
> 제발 제가 다른 정부를 택하듯, 당신도 다른 애인을 택하십시오. 이것은 좋은 충고입니다. 정말 좋은 충고입니다. 당신이 이 충고를 나쁘게 생각해도 그것은 제 탓이 아닙니다.
>
> 그럼 안녕, 나의 천사여. 그동안 즐거웠습니다. 이제 당신과 후회 없이 헤어지겠습니다. 언젠가는 당신에게 되돌아갈지도 모르지요. 세상이란 그런 것, 제 탓이 아닙니다. (pp. 335~336[476~477쪽])

그건 발몽의 탓이 아니다. 그리고 그 이유는 그것이 자연의 법칙이기 때문이며, 투르벨 부인 자신이 그가 그렇게 하도록 강요했기 때문이며, 또 다른 여자가 그것을 요구하기 때문이며, 자연이 남자에게 지조만을 주었기 때문이며, 세상이란 것이 그런 것이기 때문이다. 논변의 수사학은, 점차로 논변 자체의 토대를 우스꽝스러운 것으로 만드는 방식으로 형성되어 있다. '제 탓이 아닙니다'(즉, '나는 달리 행동할 수 없었습니다')의 완고한 반복은, 그것이 그렇게 되길 발몽이 원하기만 했다면 모든 것이 달라졌을 수도 있다는 사실을 완전하게 표현한다. 그리고 이것은 물론 투르벨 부인에게 가장 고통스러운 그 무엇이다. 이 편지를 읽을 때 그녀는 자신이 다른 모든 것을 희생하면서 추구한 바로 그것을 상실한 위치에 놓여 있음을 발견한다. 하지만 이것은 (윤리적) 주체되기 과정의 또 다른 판본이다.

이 편지는 치명적인 편지이며, 발몽이 말 그대로 투르벨 부인을 살해하는 중상中傷의 편지다. 혹은 좀더 정확히 말해서 이 편지는 메르테유 부인이 발몽의 '칼'을 이용해서 투르벨 부인을 살해하는 편지다.[12]

발몽은 이 에피소드로 인해 완벽한 '젖먹이'가 된다. 메르테유는 그를 완전히 바보로 만들어 놓는다.

> 그래요, 자작님, 당신은 투르벨 부인을 대단히 사랑하고 있었어

---

12) 메르테유는 발몽에게 이렇게 말한다:

> 자작님, 여자가 다른 여자의 가슴에 일격을 가할 때, 급소를 벗어나는 일은 좀처럼 없지요. 그 상처는 치료될 수 없는 것이에요. 내가 이 여자에게 상처를 줄 때, 아니 내가 당신의 가격을 유도했을 때, 나는 이 여자가 나의 경쟁자이며, 한때 당신이 나보다 그 여자를 더 좋아해서, 나를 그 여자보다 못한 여자라고 생각하고 있었다는 사실을 잊지 않았어요. (p. 341[485쪽])

> 요. 지금도 사랑하고 있고요. 당신은 그 여자를 미칠 듯이 사랑하고 있어요. 그러나 내가 재미 삼아 놀려주니까 당신은 용감하게도 그 여자를 희생시켰습니다. 당신은 놀림거리가 되기보다는 투르벨 부인 같은 여자를 천 명이라도 희생시켰을 거예요. 자존심이란 정말 무서운 거예요. 자존심이란 행복의 적이라고 옛 성현들이 말씀하셨다는데 정말 그 말이 옳긴 옳군요. (pp. 340~341[484쪽])

다른 한편으로 이 모든 일은 후작부인에게도 냉혹한 깨우침으로 귀결된다. 발몽은 단지 그의 '자존심' 때문에 그녀에게 이끌리는 것이라는 그녀의 오랜 가정이 전적으로 정당한 것임이 증명되니까 말이다.

발몽이 투르벨 부인과 진정으로 사랑에 빠져 있음을 메르테유가 확실하게 알게 되는 그 결정적 순간은 어느 곳인가? 정확히 발몽이, 자신의 말대로, 투르벨 부인을 **희생**시킬 때. 이 희생은, **희생**이기 때문에, 투르벨 부인에 대한 그의 무관심을 증언하는 것이 결코 아니다. 그것은 그녀에 대한 그의 사랑의 증거다. 투르벨을 잃은 것은 희생이었다는 발몽의 인정으로까지 이르게 되는 그 게임의 무대에서 메르테유는 투르벨 부인에 대한 그의 실제 감정을 발견할 완벽한 방법을 선택한다. 그녀는 '욕망과 죄'라는 등록소에 그를 위한 함정을 놓는다. 그녀의 물음은 둘 모두가 따르겠다고 맹세했던 규칙들을 발몽이 '객관적으로' 깨뜨렸느냐의 여부가 아니다. 결정적인 물음은 그가 그 규칙들을 '주체적으로', 그의 욕망의 층위에서 깨뜨렸느냐의 여부이다. 따라서 메르테유가 놓은 함정의 요점은 발몽이 투르벨 부인을 희생할 준비가 되어 있는가의 여부를 알아내는 것이 아니라, 그녀와 헤어지는 것을 그가 **희생으로 간주하느냐**의 여부를 알아내는 것이다. 물음은 발몽이 '객관적으로' 잘못을 했는가 하는 것이 아니다. 진정한 물음은 그가 **죄를 느끼는**가 하는 것이다. 그가 실제로 죄를 느낀다면, 후작부인에게 그는 죄가 있는 것이다. 메르테유는 발몽이 죄가 있을 경우 그녀의 도발에 대해 그가 실제로 그렇게 하고 있는 바로 그대로 반응할 것임을 아주 잘 알고 있다. 발몽이 죄를 느낀다면 초자아의 논리는 그가 그에게 가장 귀중한 것을 취하여 그것을 희생하도록 자동적으로 이끌게 될 것이다.

하지만 이 편지에는 또 다른 '뒤틀림'이 있다. '그것은 제 탓이 아닙니다'라는 문구는 원래 메르테유의 발명품이 아니다. 그리하여 여기 나오는 것은 단지 '편지-속의-편지에서 베낀 편지'에 불과한 것이 아니다. 이 모든 것의 기원에는 또 다른 편지가 있다. 발몽이 투르벨 부인에 대한 '성공' 이후에 메르테유에게 쓴 편지 말이다. 이 편지에서 그는 예컨대 이렇게 말한다: '나는 끝까지 고집하겠습니다. 조금도 사랑하고 있지 않다고요. 상황이 나로 하여금 그 역할을 맡도록 강요한 것이지만, 그것은 내 탓이 아닙니다'(p. 328[466쪽]). 그리하여 우리는 '그것은 내 탓이 아닙니다'라는 표현을 후작부인에게 보낸 발몽의 편지에서 처음으로 만나게 된다. 바로 이 문구 때문에 메르테유는 상황의 심각성을 자각하게 된다. 그녀는 어떤 친구에 관한 이야기를 발몽에게 들려주는 것으로 그 구절에 반응한다. 그 친구는 발몽처럼 계속해서 어리석은 일들을 하면서 나중에 그게 자기 탓이 아니라고 주장한다는 이야기다. 이것은 발몽이 메르테유의 편지에서 베껴서 투르벨 부인에게 보낸 바로 그 이야기, 즉 우리가 앞서 인용한 바 있는 그 편지인 것이다.

메르테유는 '그건 내 탓이 아닙니다'라는 바로 그 문구가 죄에 대한 인정의 가장 순수한 형식임을 매우 잘 알고 있다. '상황이 나로 하여금 그렇게 하도록 강요했어요', '나는 그것을 회피할 수 없었어요', '그건 내 통제를 벗어난 일이었어요' 같은 주장들은 그 기저에 놓인 논리 때문에 주체의 죄에 대한 가장 좋은 증언이라는 것을 그녀는 매우 잘 알고 있다. 그러한 주장들은 주체가 '자신의 욕망에 대해 양보(*cédé sur son désir*)'했다는 것을 보여준다. '욕망의 법칙'이라 부를 수 있을 그 어떤 것을 정의해보자면, 욕망은 '자연의 법칙'에, 어떻게 '세상이 돌아가는가'에, 혹은 '환경의 힘'에 아무런 관심도 기울이지 않는다가 될 것이다. 바로 이것이 '욕망의 논리'를 후작부인과 발몽의 (원래) 기획에 연결시켜주는 것이다. 따라서 메르테유는 발몽이 다름아닌 그녀에게 그처럼 김빠진 구실을 댈 때 그것을 터무니없는 모욕으로 간주한다. 그녀가 발몽에게 보내는 편지-속의-편지(발몽은 나중에 그 편지를 베껴서 투르벨 부인에게 보낸다)는 투르벨 부인의 '가슴을 찌르는 칼'에 불과한 것이 아니다. 그것은 또한 발몽에게 이러한 종류의 수사학은 자율적 주체가 아닌 한낱 자동기계에게나 어울리는 것임을 상기시켜주는 그 무엇이다. 다시 말해서 그것은, 기계적인 인간 피조물인 *espèces*는 이러한 종류의 '치명적 헛소리'로 놀림당할 수는 있겠지만 스스로를 자율적 주체라고 믿는 사람이 그와 같은 구실을 또 다른 자율적 주체에게 사용하는 것은 용서받지 못할 일이라는 것을 상기시키는 그 무엇이다. 메르테유의 노여움은 발몽이 감히 그녀에게 '그건 내 탓이 아닙니다'라고 말한 것 때문에—발몽이 자기 자신뿐만 아니라 그녀 또한 과소평가하고 있음을 보여준 것 때문에—생겨난다. 그는 단순히 그와 같은 불충분한 구실을 사용함으로써 자신을 과소평가하며, 또한 그녀가 그것을 '구매할' 것이라고 믿음으로써 그녀를 과소평가한다.

욕망의 법칙에 관한 이러한 요점은 『정신분석의 윤리』에 나오는 라캉의 설명과 일치를 이룬다.

> 그것을 묵인한다면, 배신 속에서 무언가가 소진된다. 선의 관념에 이끌려…… 자기 자신의 주장들을 포기하고 스스로에게 '그래, 사정이 그러하다면 우리는 우리 입장을 포기해야 해. 우리 둘 중 어느 누구도 그만큼의 가치가 있지는 않지. 특히 나는 말이야. 그러니 평범한 길로 돌아가야 해'라고 말한다면 말이다. 거기서 당신이 발견하는 것은 자신의 욕망에 대한 양보의 구조라는 것을 당신은 확신할 수 있다. 내가 타자에 대한 경멸과 자기 자신에 대한 경멸을 단일한 항목으로 결합시킨 저 경계를 일단 넘게 되면, 돌아올 길은 어디에도 없다.[13]

발몽에게 일어나는 것이 바로 이것이다. 그는 그 어떤 되돌아옴도 없는 길로 발을 내딛는다. 더구나 그는 그것을 (라캉의 설명과 일치하게도) 정확히 선의 이름으로 행한다. 상황의 심각성을 깨달을 때 발몽은 그의 최후 보루로 필사적으로 후퇴한다. 그는 후작부인에게 거래를 제안한다. 그는 그녀에게 결혼한 배우자에게 쓰는 편지와도 흡사한 질투의 편지를 쓴다. 그 편지에서 그는 그

---

13) Jacques Lacan, *The Ethics of Psychoanalysis*, London: Routledge, 1992, p. 321.

녀와 당스니의 정사를 그와 투르벨의 정사와 같은 층위에 놓으며 말하자면 상호 용서를 제안한다. 후작부인이 이 거래를 단칼에 거절하고 또한 '공갈'에 가까운 그것의 함의('당신이 나를 잃기를 원하지 않는다면 내가 말하는 것을 하는 것이 좋을 것이다') 역시 거부한 이후에, 발몽은 또 다른 편지에서 메르테유 또한 '그녀의 욕망에 대해 양보'해야 한다고 제안한다. 그렇지 않으면 둘 모두 파멸할 것이라고 하면서 말이다. 편지 152에서 그는 그녀에게 대강 다음과 같이 말한다: 우리 각각은 상대방을 파멸시키기에 필요한 모든 것을 소유하고 있다. 하지만 그 대신에 우리가 우정과 평화를 재확립할 수 있는 것이라면 왜 그런 일을 하겠나? 선택은 당신의 것이지만, 당신은 부정적 답이 전쟁 선언으로 간주될 것임을 알아야 한다. 메르테유의 응답은 이렇다: 좋다, **그건 전쟁**이다. 그리하여 후작부인은 끝까지 자신의 의무에 대해 충실하게 남아 있으면서 상호 배신에 대한 발몽의 제안을 용납하길 거부하는 유일한 사람이라고 말하는 것은 공정하다. 그녀는 그녀의 욕망을 포기하기를 거절한다.

> 내가 '자신의 욕망에 대해 양보하는 것'이라 부르는 것에는 언제나 주체의 운명 속에서 어떤 배반이 동반된다. ……주체가 자기 자신의 방식을 배반하거나…… 혹은, 좀더 간단히, 주체는 함께 어떤 일을 하기로 맹세한 누군가가 그의 희망을 배반하고 그들 간의 협약이 함축하는 일을 그를 위해 하지 않는다는 사실을 관용한다. 그 협약이 무엇이건, 운명적이건 불운한 것이건, 위험한 것이건, 근시안적인 것이건, 혹은 참으로 반역이나 도주의 문제이건 이는 중요치 않다.[14)]

발몽이 '상황이 나로 하여금 그 역할을 맡도록 강요한 것이지만 그것은 내 탓이 아닙니다'라고 쓸 때 그는 이전까지 하고 있었던 것과는 아주 다른 게임을 시작한다. 우리는 그가 겪고 있는 그 변동을 '도덕법칙'(즉, 그의 주체성을 규정하는바, 그가 자신의 원칙으로서 채택하는 입장에 연계된 법칙)의 관점으로부터 초자아의 법의 관점으로의 변동이라고 정의할 수도 있을 것이다. 이러한 변동은, 무엇보다도, 그가 후작부인의 편지에 반응하는 방식에서 가시적이다. 그는 자신의 죄를 전적으로 의식하고는 있지만, 그에 대해 완전히 오산하고 있다. 그는 투르벨 부인의 포기를 그가 자신의 옛 방식을 되찾고 후작부인과 평화를 이루기 위해 지불해야 하는 대가로 이해한다. 그는 그가 무엇을 하든 일이 더 나빠지기만 할 뿐임을 보지 못한다. 후작부인은 그가 자신의 가장 귀중한 것을 희생할 수 있다는 것에 대해 결코 의심하지 않는다. 요점은 이러한 희생이 그의 죄에 대한 궁극적 증거라는 것이다. 그가 투르벨을 포기하느냐 하지 않느냐의 여부는 '기술적 문제'이다. 그가 이러한 관점에서 계속 무엇을 하건 그것은 너무 많은 것이거나 너무 적은 것이 되어야 할 것이다. 그리고 이것으로도, 여기서 우리가 초자아를 다루고 있는 것임을 확증하기에 충분하다. 그는 그에게 요구되는 희생을 하며, 그에게 가장 소중한 대상을 거부하지만 그렇게 함으로써 그는 단지 초자아의 덫에 더욱더 얽히게 될 뿐이다. 그가 후작부인에게 투르벨 부인을 다시 손에 넣는 것 그 단 한가지만이 그에게 더 큰 영예를 가져다줄 수 있을 것이라고 편지를 쓸 때 바로 그 만큼은 분명한 것이다. 그리하여

---

14) 같은 곳.

발몽의 행위는 본질적으로 성취되지 않은 채 남아 있는 행위이다. 그것을 성취하기 위해서 그는 '한 번 더의 노력'을 (영원히) 해야만 한다.

돈주앙의 경우

돈주앙(여기서는 이 신화의 가장 세련된 판본 중 하나인 몰리에르의 희곡에 초점을 맞추겠다)을 악마적인 악의 형상으로 만드는 것은 그의 방탕한 삶, 그의 죄많음이 아니다. 그의 입장의 '악마적' 성격은—악마적인 악에 대한 칸트의 정의에서처럼—그가 대표하는 악이 단순히 선함의 반대에 불과한 것이 아니며 그리하여 (통상적인) 선과 악의 기준에 따라서 판단될 수 없다는 사실에서 온다. 이는 물론 '악'에 대한 그의 고집이 항상적이라는 사실에, 즉 그것이 강령의 형식을, (기존의) 도덕규범에 대한 '원리화된 비순응'의 형식을 가지고 있다는 사실에 기인하는 것이다. 우리는 이를 몰리에르의 희곡에서 분명하게 볼 수 있는데, 거기서 스가나렐르(돈주앙의 여행에서 돈주앙과 동행하는 하인)는 선을 믿으며 또한 죄를 혐오하고 신을 믿지만 그와 동시에 수많은 양보를 기꺼이 하고 돈주앙과는 달리 즉각적 필요나 편의에 따라서 자신의 원칙들을 굽히는 사람으로서 제시되고 있다.

돈주앙의 입장은 위반과 부정(대립, 반역, 논쟁)의 논리에 의해 지배되지 않는다. 그의 유일한 '아니오'는 그에게 제공되지만 그가 일관되게 거부하는바 회개와 은총에 대한 '아니오'이다. 그의 입장은, 몇몇 해석가의 제안처럼, '그 어떤 것도 신성하지 않다'고

하는 '계몽된 무신론자'의 입장이 아니다. 카미유 뒤물리에가 말했던 것처럼—그리고 정확히, 내 견해로는—무신론자는, 우리가 '진짜 증거'를 그에게 제공할 수만 있다고만 한다면, 실제로는 단지 믿음을 추구하고 있는 것이다.[15] 무신론자가 **신성한** 존재에 대한 입수가능한 최초의 '물질적' 증거를 탐욕스럽게 '움켜잡으려' 하고 그리하여 열정적 신자가 되는 것은 무신론자의 태도에 내재하는 것이다. 물론 돈주앙은 이러한 유형의 그 어떤 일도 하지 않는다. **하**늘에 의해 그는 **신**의 존재를 확증하는 다량의 '실체적 증거'(움직이고 말하는 석상, 형태를 바꾸고 **시간**이 되는 여자의 환영 등등)로 말그대로 폭격을 당한다. 이는 가장 경직된 무신론자라도 납득시킬 증거이지만 이러한 증거에 직면하여 돈주앙은 꿈쩍도 하지 않는다.

그리하여 우리는 **하**늘과 돈주앙 사이의 '소통'에 기본적인 오해가 있지 않은지 묻지 않을 수 없다. 돈주앙은 **신**의 존재를 의심하고 있다고 결코 말하지 않는다. 그가 말하는 것은 '그가 믿는 전부는 둘 더하기 둘은 넷이고 둘 곱하기 넷은 여덟이다'라는 것이다. 이 유명한 진술은 보통은 그의 무신론과 냉소주의에 대한 가능한 한 가장 분명한 표현으로서 간주된다. 하지만 데카르트적 우주에서—그것은 의심의 여지없이 돈주앙의 우주이기도 하다—둘 더하기 둘은 넷임을 믿는다고 말하는 것은 **신**의 존재를 믿는다고 말하는 것이나 마찬가지다. 정직한 **신**만이 이 '수학적 진리'가 영원하며 불변이라는 것을 보증할 수 있다. 우리는 또한

15) Camille Dumoulié, *Don Juan ou l'héroïsme du désir*, Paris: PUF, 1993, p. 106을 볼 것.

수학의 진리가 불변으로 남아 있는 것이 돈주앙에게 본질적인 문제라는 것을 알고 있는데, 왜냐하면 그는 (이번에는 모차르트의 돈지오반니로서) 중요한 계산을 해야 하기 때문이다: 이탈리아에서는 640 + 독일에서는 231 + 프랑스에서는 100 + 터키에서는 91 + 스페인에서는 1003. (따라서 *Mille e tre*[1003], 즉 그 유명한 돈주앙적 숫자는 스페인에서의 그의 정복만을 고려에 넣은 것이다. 그의 목록을 다 더한다면 2065라는 숫자를 얻는다. 총계뿐만 아니라 각각의 나라에서의 '성과'를 고려할 때 우리는 —키에르케고르가 이미 지적했듯이— 그의 숫자 대부분이 홀수이며 '불완전'하다는 것을 알 수 있다(231, 91, 1003, 2065). 결과적으로 이러한 숫자들의 효과를 라캉이 *pas-toute*[불-완전, 비-전체]라 부르는 것과 연계하는 것이 가능할지도 모른다. 이러한 맥락에서 돈주앙이 '완전한' 수(100)로 정복을 이루는 유일한 나라가 프랑스라는 것은 아이러니하다. 그리하여 프랑스는 아주 놀랍게도 돈주앙의 진정한 정신과 조화를 이루지 못하는 것이다. 프랑스에서 '성적 관계'는 다른 어떤 곳에서보다 더 완전하게 존재한다는 신화의 정체를 폭로하기 위해서는 라캉을 기다려야만 했다.)

돈주앙의 태도는 다음과 같은 방식으로 가장 잘 묘사될 수 있을 것이다: '나는 신이 존재한다는 것을 분명 믿는다(혹은 심지어, 완전하게 잘 알고 있다), 하지만 그래서 어쨌다는 것인가?' 바로 이것이 그의 입장을 그토록 추문적이고, 참을 수 없고, 생각할 수도 없고, '악마적으로 악한' 것으로 만드는 것이다. (사건들에 직접적으로 개입하기 때문에 등장인물들*dramatis personae* 가운데 하나인 것이 분명한 **하늘**을 포함해서) 희곡 속의 모든 등장인물은, 돈주앙이 그렇게 행동하는 것은 그가 **최고 심판관**의 존재를 믿지(혹은 알지) 못하기 때문인 것이라고 믿는다. 그들은 돈주앙이 **신**의 존재를 깨닫기만 하면 되고 그러면 모든 것이 바뀔 것이라고 믿는다. 이 우주 속에서 전혀 생각도 할 수 없는 일은 **신**의 존재를 의심하지 않는 누군가가 신을 전적으로 무시하면서 살아가는 것이다.

하지만 이는 돈주앙이 체화하고 있는 바로 그 분열이다. 그렇기 때문에 그의 태도는 그가—그에게 제공된 그 모든 실체적 증거와 은총에도 불구하고—그의 최후의 '아니야, 아니야!'를 내뱉는 순간에서야 (공동체에게) 전적으로 참을 수 없는 것이 된다. 그리하여 그는 그이건 어떤 다른 '무신론자'이건 죽기 전에 '결국 앞에 뭐가 놓여 있는지를 알 수는 없는 일이지. 만약을 대비해서 그렇게 하자'라고 말하면서 뉘우치는 것이 현명할 것이라고 하는 진부한 말 너머로 나아간다. 돈주앙은 그 앞에 놓여 있는 것을 너무나도 잘 알고 있다. 이러한 앎에도 불구하고 그가 뉘우치기를 거부하고 '안전하게 놀기'를 거부한다는 것이 요점인 것이다.

기록되지 않은 이야기에 따르면, (또 한명의 악명높은 '무신론자'인) 볼테르가 한번은 교회를 지나가면서 인사차 모자를 만지는 모습이 목격되었다고 한다. 이 이야기에 따르면, 나중에 이를 목격한 사람은 볼테르에게 어떻게 공공연하게 무신론자라고 자처한 그가 교회 앞에서 모자를 벗을 수 있는 것인가를 조롱하듯 물었다. 볼테르는 놀란 얼굴로 답했다: '**신**과 내가 말을 건네는 사이가 아니라는 건 사실일 수 있습니다. 그래도 서로 인사는 합니다.'

이 이야기는 또한 돈주앙의 태도를 묘사하는 것으로서 취할 수 있다. 몰리에르의 희곡에서 돈주앙과 그의 하인 스가나렐르가

한 가난한 남자를 만나는 숲에서의 장면은 이와 관련하여 가르쳐 주는 바가 있다.

가난한 남자: 나리, 적선하시는 셈치고 동냥을 좀.
돈주앙: 아! 아주 타산적으로 나오는군.
가난한 남자: 나리, 저는 가난한 자로 10년 전부터 이 숲에 혼자 묻혀삽니다. 나리에게 온갖 행운이 있기를 하늘에 빌겠습니다.
돈주앙: 다른 사람의 걱정은 말고 네 옷이라도 한 벌 내려주시라고 기도해라.
스가나렐르: 이봐요, 당신은 나리를 잘 몰라. 이분은 둘에 둘을 보태면 넷이 되고, 넷에다 넷을 하면 여덟이 된다는 것밖에 믿지 않으셔.
돈주앙: 이 숲속에서 뭘 하고 사나?
가난한 남자: 저에게 뭔가 동냥을 주시는 분들의 번영을 밤낮으로 기도하고 있습니다.
돈주앙: 그럼 너도 편히 살 수 있을 텐데?
가난한 남자: 그런데 나리, 무척 고생하고 있습니다.
돈주앙: 농담이겠지. 밤낮으로 신에게 기도를 드리는 인간이라면 그 자신의 일이 잘 안 될 리가 없지 않아.
가난한 남자: 정말입니다, 나리. 목구멍에 들어갈 빵조각 하나 없는 날이 많으니까요.
돈주앙: 이상한 얘기군. 네 마음씨가 하늘에 통하지 않나 보지. 아! 어디 한번 저주를 해봐, 이 1루이 금화를 줄 테니까.
가난한 남자: 나리! 그런 죄를 저더러 지라는 겁니까?
돈주앙: 그래, 1루이 금화를 버느냐 안 버느냐다. 자, 여기 있어. 네가 저주하면 줄 테다. 자 저주해 봐.

가난한 남자: 나리! …….
돈주앙: 저주하지 않으면 주지 않겠어.
스가나렐르: 자, 조금만 저주해봐, 별로 나쁠 것 없지 않아.
돈주앙: 자 가져, 이 금화를, 자 가지라니까, 하지만 저주를 해야 해.
가난한 남자: 아닙니다, 나리. 굶어죽는 게 낫습니다.
돈주앙: 자, 자, 인류애를 위해 너에게 이걸 준다.[16)]

이 에피소드에서 특별히 흥미로운 것은 그것이 완전히 대립되는 두 개의 해석을 열어놓는다는 것이다. 첫 번째 해석에 따르면 돈주앙은 가난한 남자와의 조우에서 완전히 패배한 채로 빠져나온다. 가난한 남자는 유혹에 굴복하지 않으며 그리하여 돈주앙이 경멸하면서 믿지 않는 **선**善이 그럼에도 불구하고 존재한다는 것을 돈주앙에게 증명해 보인다. 이러한 관점에서 볼 때 돈주앙의 마지막 제스처—그가 결국 그 가난한 남자에게 돈을 준다는 사실—는 창피를 당한 주인이 남아 있는 자신의 존엄과 자존을 구하기 위해 취하는 필사적인 제스처로서 기능한다. 주인만이 그토록 관대할 수 있는 여유를 가질 수 있는 것이며, 누구든 자신이 선택한 사람에게 마음에 드는 어느 때건 돈을 줄 여유를 가질 수 있는 것이다. 따라서 앞의 장면에서 **주인**(돈주앙)을 **노예**(가난한 남자)와 구분시켜주는 유일한 것은 이와 같은 '자비'의 제스처인데,

16) Molière, 'Don Juan or The Statue at the Feast', in: *The Miser and Other Plays*, Baltimore, MD: Penguin, 1966, pp. 224~225. 이후로 계속 이 판본을 참조할 것이다. 그리고 이후로는 본문 내에서 쪽수를 표시하기로 한다. [몰리에르, 「동쥐앙」, 『세계희곡선』, 삼성출판사, 1985, 41~42쪽.]

주인만이 그러한 것을 베풀 여유를 가질 수 있는 것이다.

하지만 이 동일한 장면은 돈주앙의 **승리**로, 즉 자기 자신의 태도에 대한 축성祝聖으로 이해될 수 있다. 이를 보기 위해서는 가난한 남자가 단순히 돈주앙의 반대편에 있는 것이 아니라는 사실을 간과하지 말아야 한다. 그 둘은 동일한 언어를 말한다. 돈주앙은 동등한 맞수와 조우하며, 그의 (사진술의 용어로) '양화 positive'와 조우한다. 여기 걸려 있는 것은 '최고선'과 '최고악'의 조우인바, 그 둘은 동일한 언어를 말하고 있는 것이다. 이 섬뜩한 닮음은 돈주앙과 가난한 남자 각각의 주장을 스가나렐르의 권유와 비교할 때 특별히 두드러진다. 스가나렐르는 '자, 조금만 저주해봐, 별로 나쁠 것 없지 않아'라고 하면서 권유한다—이는 그 자체로 (공동) **선**의 의례적 논리를 보여주는 완벽한 사례이다. 이러한 논리의 관점에서 볼 때, 무언가에 대한 과도한 고집은—그 무언가가 그 자체로 아무리 선한 것이라 하더라도—공동체의 조화를 파괴하는 교란적인 어떤 것으로서 자동적으로 지각된다. 저주를 하는 것은 악하지만, '조금이라도 저주를 하느니' 차라리 죽겠다고 하는 것은 '악마적인', '위험한', '불온한' 요소를 누설한다.[17] 그리하여 한편으로는 뉘우쳐야 할 '손에 잡히는' 이유들을

17) 선에 대한 과도한 고집이 초래하는 이러한 혼란은 이미 슬라보예 지젝에 의해 지적된 바 있다.

> 자기 이혼에 찬성하라는 헨리8세의 압력에 저항한 카톨릭 성인 토마스 모어를 생각해보는 것으로 족하다. ……'공동체주의적' 관점에서 볼 때 그의 우직함은 '비합리적인' 자기파괴적 제스처였으며, 사회체의 직조를 자르고 들어가 왕권의 안정을 위협하고 그로써 전 사회질서의 안정을 위협한다는 의미에서 '악한' 것이었다. 따라서 비록 토마스

가지고 있지만 그렇게 하기를 거부하는 돈주앙이 있으며, 다른 한편으로는 욕을 하지 않아야 할 그 어떤 '손에 잡히는' 이유도 없지만 그렇게 하기를 거부하는 어떤 사람이 있다. 다시 말해서 둘 모두는 그들이 똑같은 완고함으로 거부하고 있는 행위가 '손에 잡히는' 일체의 것(돈주앙의 경우는 **신**이 보내주는 신호, 가난한 남자의 경우는 그와 같은 신호의 부재)에 의해 지지되고 있는 상황에 놓여 있는 것이다. 그리하여 돈주앙의 마지막 제스처, 즉 그의 자비의 제스처는 전적으로 다른 결과를 낳는다. 그는 가난한 남자의 고집에도 불구하고 돈을 주는 것이 아니라 그의 고집 때문에 주는 것이다. 그의 행위는 더 이상 자비의 행위가 아니며, 오히려 노예에게서 자신과 동등한 자—또 하나의 주인—를 알아보고 인정하는 주인의 제스처다.

주인과 노예의 변증법을 통해 상황을 이와 같이 읽는 것과 관련하여, 돈주앙의 태도에서 그토록 추문적인 그 무엇에 대한 또 다른 설명을 제공하는 것이 가능하다. 다른 어느 곳에서 그리고 어떤 편들 사이에서 이 변증법은 희곡 속에 등장하는가? 좀더 면밀하게 조사해보면 그것이 실제로 돈주앙과 **신**(**하늘**, 기사장의 석상) 사이에서 발생한다는 것이 분명해진다. 이는 특히나 『돈주앙』의 몰리에르 판본에서 그러한데, 그 판본은 으레 이야기의 시작으로 나오는 장면을, 즉 돈나 안나가 아버지의 죽음(돈주앙과의 결투에서 죽은 기사장)을 애도하고 복수를 외치는 장면을 빠뜨린다.

모어의 동기가 명백히 '선한' 것이었다 해도 그의 행위의 바로 그 형식적 구조는 '근본적으로 악한' 것이었다. 그의 행위는 공동체의 **선**을 무시한 근본적 도전의 행위였다. (*Tarrying with the Negative*, Durham, NC: Duke University Press, 1993, p. 97.)

많은 해석가들은 몰리에르가 이 시작 장면을 잘라냄으로써 극작상의 실수를 저지른 것이라고 주장했다. 그렇게 되어 (돈주앙이 기사장의 석상과 마주하게 되는) 희곡의 결말이 그 본연의 동기를 상실하게 된다는 것이다. 하지만 몰리에르가 이 누락을 통해 다른 무언가를 성취한 것이라고 주장할 수도 있을 것이다. 그로써 그가 드라마의 중심을 이동시킨 것이라고 말이다. 기사장의 석상은 더 이상 돈주앙에게 복수를 할 개인적 이유를 가진 누군가를 표상하지 않는다. 그 대신 우리는 그 끔찍한 석상을 **하늘**의 특사, **피안**의 특사로서 인식한다. 이렇게 해서 또 다른 드라마가 전면에 드러나게 된다. 그것은 돈주앙과 **하늘** 사이에서 발생하는 드라마이며, 그 속에서 돈주앙은 역설적이게도 '노예'의 자리를 차지하게 된다. 그리하여 ('**절대주인**'인 **죽음**을 배경으로 한) 주인과 노예의 투쟁은 주인과 (기사장의 석상으로 구현된) **절대주인**의 투쟁이 된다. 이러 관점에서 볼 때 돈주앙의 위치는 **절대주인**(**죽음**) 앞에서 물러서지 않으며 또한 실제 죽음과 상징적 죽음(영원한 저주)을 동시에 면할 수 있게 해줄 상징적 계약의 제안을 받아들이길 거부하는 노예의 위치이다. 비록 그가 '타자를 겨냥한 타격은 자기 자신에 대한 타격이다'는 것을 아주 잘 알고 있지만[18]

18) Mladen Dolar, 'Lord and Bondsman on the Couch', *The American Journal of Semiotics*, 2-3, 1992, p. 74를 볼 것. 노예뿐 아니라 '주인 또한 투쟁을 끝까지 추구하지 않았다. 그는 노예를 살려주었으며, "상징적" 인정으로써 스스로를 만족시켰다'는 것을 돌라르는 지적한다. 이 변증법의 출발점인 생사의 투쟁은 두 편 중 한 편의 죽음으로 끝나지 말아야 한다. 그렇게 되면 그들의 상호 (상징적) 인정은 불가능할 테니 말이다. 하지만 돈주앙은 투쟁을 끝까지 추구하기로 결정하기 때문에 두드러진다.

그럼에도 불구하고 그는 끝까지 그의 자세를 고집한다.

그렇게 함으로써 그는 **피안**의, **타자**의, **신**의 히스테리화라 부를 수 있을 어떤 것을 초래한다. 극의 결말은 이러한 '히스테리화'를 가장 명료하게 무대올린다. 마지막 장면에서 **하늘**의 사자들이 차례로 나타나 돈주앙에게 그가 어디로 가고 있는 것인지를 일러주고 뉘우칠 기회를 제안한다. 그가 고집스럽게도 거부하는 제안. 이 '피안으로부터의 개입들'의 의미는 라캉적 질문 '*Che vuoi?*' ('당신이 실제로 원하는 것은 뭐지?')를 가지고서 가장 잘 표현할 수 있을 것이다. 이 질문의 압력하에 굴복하는 것에 대한, 자신의 수수께끼 같은 욕망에 대해 양보하는 것에 대한 돈주앙의 한결같은 거부에 직면해서야 **하늘**은 무력해지며 **주인**으로서의 위치에서 추락한다. 이러한 무력함에 대한 최선의 표현은 돈주앙의 추문적 생애에 최종적으로 종지부를 찍는 '히스테리적 격발'이다. ('천둥이 울리고 번개가 번쩍인다. 대지가 벌어지고 돈주앙을 삼킨다. 그가 사라진 구덩이에서 불꽃이 일어난다.') 불꽃, 천둥, 입을 벌려 돈주앙을 삼키는 대지 그 자체…… 몇몇 해석가들은 이러한 장관의 희극적 효과에 이미 관심을 기울였다. 사실 우리는 이 희극적 효과와 우리의 일상 경험에서 알고 있는 희극적 효과의 연관성을 확립할 수도 있을 것이다. 예컨대 교사가 보통의 섬세한 수단으로는 더 이상 학급에서 '질서 유지'를 할 수가 없어서 학생들에게 소리를 지르기 시작할 때 그 교사는 두려움이나 존중보다는 웃음을 불러일으키게 마련이다. 이와 마찬가지로 우리는 『돈주앙』에서 천둥과 지옥불과 입을 벌린 대지가 권위의 현시들이라기보다는 권위의 추락을 보여주는 분명한 표지들이라고 말할 수 있다.

몰리에르의 『돈주앙』의 변별적 특징 가운데 하나는 주인공이 여자들과의 관계를 보는 방식이다. 돈주앙의 위치는 다음과 같이 요약될 수 있다: '모든 여자들은 나의 아갈마의 몫에 대한 권리를 갖는다. 그리고 모든 여자들은 내가 그들의 것을 감미하도록 할 권리를 갖는다.' 혹은 돈주앙 자신의 말대로 표현하자면:

> 어여쁜 여인들은 우리를 매혹할 권리가 있어. 처음에 만났다는 우월감으로 다른 여인들이 우리의 가슴에 호소하는 정당한 몫을 약탈해서는 안 되는 법. ……한 여인을 사랑한다고 해서 다른 여인에게 부당하게 대해야 한다는 법은 없으니까. 나는 다른 여자의 매력을 보는 눈은 여전히 간직하고 있으며 자연의 섭리에 따라 그녀들에게 경의와 찬사를 바치는 거야. ……마치 알렉산더 대왕처럼 나의 사랑의 정복을 넓히기 위해 다른 세계가 있었으면 얼마나 좋겠니. (p. 202[18~19쪽])

요컨대 여기서 돈주앙의 추리는 순수 실천 이성의 근저에 있는 추리의, 도덕법칙이라는 보편적 언어의 왜곡이다. 그 왜곡은 그가 보편적 분배의 대상으로서 제공하는 것이 정의상 배타적인 바로 그 하나—'사랑의 선물'—라는 사실에 있다. 돈주앙은 라캉이 대상 *a*라 부르는 것을, 또는 그가 플라톤의 『향연』에 대한 해석에서 아갈마라 부르는 것을 나눌 것을 제안한다. 신비의 보물, 주체가 주체 안에 가지고 있는 타자의 사랑과 욕망을 불러일으키는 비밀의 대상을 말이다. 몰리에르의 희극적 천재comic genius는 이 '향유의 실체의 보편적 분배'의 논리를 훌륭하게 포착한다. 이것은 희곡의 바로 시작부터 명백하다. 희곡은 담배에 대한 스가나렐르의 칭송에서 시작한다. 담배에 대해 스가나렐르가 말하는 것은,

그 마지막 세부에 이르기까지, 돈주앙이 여자들에게 바치는 '경의와 찬사'에 적용될 수 있다.

> 아리스토텔레스가 뭐라고 하건 모든 철학이 동원되어도 담배를 당해내는 건 없어. ……그렇지 않아, 한대 피우면 누구에게나 친절해지고 어디를 가나 기꺼이 좌우로 친절을 베풀게 되지 않느냐 이거야? 남이 꼭 청하지 않아도 바라는 바를 척척 해주거든. (p. 199[15쪽])

이것은 바로 돈주앙이 그의 아갈마를 다루는 방식이다. 그는 그것을 주변의 모두에게 분배한다. '좌우로 베풀게' 되며, 남이 꼭 청하지 않아도 베푼다.

키에르케고르 역시 돈주앙의 아갈마의 고갈되지 않는 특성을 지적했다. '그렇다면 그들 모두가 그의 주변에 모여든다는 것이 얼마나 놀라운가! 그 행복한 여자들. 그들은 실망하지도 않는다. 그는 그들 모두에게 충분한 것을 가지고 있다.'[19] 키에르케고르는 돈주앙의 '고갈되지 않는 샘'이라는 역설을 해결하기 위해서 그 주인공을 '자연의 힘'으로서, 감각성의 원리로서 해석할 것을 제안한다. 따라서 그는 돈주앙을 하나의 개인으로 보는 자들을 비난한다. 육감성 자체를 한 명의 개인에게 그처럼 응축하는 것은 생각할 수 없는 일이기 때문에 주인공에 대한 그러한 지각은 터무니없는 일이라는 것이다. 또한 바로 그렇기 때문에 키에르케고르는 돈주앙 신화에 유일하게 적합한 매체는 음악이며 유일하게

---

19) Søren Kierkegaard, *Either/Or*, Garden City, NY: Doubleday, 1959, vol. 1, p. 100.

수용가능한 판본은 모차르트의 오페라라는 확신을 가지고 있었다. 따라서 그는 몰리에르의 희곡을 전적으로 부적합한 것으로, 심지어는 터무니없는 것으로 본다. 하지만 돈주앙을 (육감성의) **원리**로서 보는 해석이 돈주앙이 지닌 가장 혼동스럽고 추문적이며 '생각할 수도 없는' 바로 그 차원—원리 그 자체가 돈주앙**으로서**, 한 명의 구체적 개인으로서 외양한다는 사실—을 현실적으로 피하고 있는 것은 아닌지 하는 물음이 떠오른다. 키에르케고르에 따르면, 돈주앙을 추상적 원리로서 이해하는 한에서만 우리는 그의 이야기를 일종의 희작burlesque으로 보는 것을 피할 수 있다. 특히나 그 유명한 *mille e tre*에 이르러서는 말이다. 그렇지만 이것은 키에르케고르 해석의 약점이다. 왜냐하면 그것은 문제라고 간주하는 바로 그것이 어떻게 실제로 이미 문제의 '해결'인지를 포착하는 데 실패하고 있으니까 말이다. 희작적 해결이긴 하지만, 바로 그 믿기지 않음을 통해서 그것이 해결하고자 하는 곤란을 증언하고 있는 해결. 다시 말해서, *mille e tre*는 물음(혹은 문제)이 아니라 답이다. 그것은 어떤 기획의 결과이지 그것의 원 목적인 것이 아니다. 그것은 불가능한 과업이 아니라, 이미, 불가능한 과업에 대한 답이다. 그것은 더 근본적이고 구조적인, 그리고 경험적이지 않은 어떤 곤궁에 대한 답이다. *mille e tre*가 경험적 불가능성이라면 근본적 불가능성은 또 다른 영역에 놓여 있다. 앞으로 보게 되겠지만, 이러한 관점을 통해서만 우리는 많은 관심이 주어지지는 않는 것이 보통이지만 그럼에도 불구하고 돈주앙 신화에 핵심적인 어떤 사실을 설명할 수 있게 될 것이다.

돈주앙의 신화는 사실상 『돈주앙』의 최초 판본이 나오기 오래 전에 별도로 존재한 두 개의 신화의 합성이다. 첫 번째는 **죽음**과의 식사에 관한 신화 혹은 전설이다. 이 전설의 판본들은 어떤 세부들에서 차이가 있지만 기본 윤곽은 다음과 같다. 한 젊은 남자(보통은, 농부)가 길가나 들에서 두개골을 발견한다. 그는 그것을 묻어주지 않거나, 혹은 그 두개골이 있어야 할 곳에 있는지 관심을 두지 않는다. 오히려 그는 '상징적 죽음'의 규칙들을 깬다. 그는 두개골을 발로 차며, 농담으로 두개골에게 같이 식사(몇몇 판본에서는 일상적 저녁 식사. 그리고 다른 몇몇 판본에서는 만찬의 일종—예컨대, 결혼 만찬)를 하자고 초대한다. (종종 해골의 형상을 한) 산주검 가운데 하나가 이 식사에 실제로 나타난다. 먹거나 마시기 위해서가 아니라, 단지 초대를 되돌려주기 위해서, 즉 농부에게 죽은 자와 함께 식사하자고 초대하기 위해서. 두 번째 만찬, 즉 산주검의 만찬은 으레 침입자의 죽음으로 끝나거나 아니면 도덕적 훈계(앞으로는 죽은 자를 존중해야 한다)가 동반된 사면의 통고와 더불어 끝난다.[20]

두 번째 전설은 우리가 보통 돈주앙과 연관시키는 전설이다. 변덕스러운 유혹자, 귀부인의 남자 혹은 방탕꾼에 관한 전설. 돈주앙 이전에 힐라스[21]가 프랑스에서 그와 같은 유명한 주인공이었다.

오늘날 돈주앙이라는 이름을 들을 때 우리가 자동적으로 돈주앙 신화의 이 두 번째 성분에 대해 생각한다는 것에 주목해 보는 것은 흥미롭다. 실로 돈주앙이라는 이름이 어떤 연상을 떠오르게 하는가라는 질문을 받을 때 '죽은 자에 대한 무시'라든가 '산주검

20) Jean Rousset, *Le Mythe de Don Juan*, Paris: Armand Colin, 1976, pp. 109~113을 볼 것.

21) Mareschal, *Inconstances d'Hylas*, Paris: 1635.

과의 식사'라고 답할 사람을 찾는 것은 어려울 것이다. 신화의 성분들 가운데 하나가 다른 하나에 가려져 없어지는 이유를 탐사하기보다는 이 이중 구조가 돈주앙의 본질적이고도 구성적인 요소라는 것에만 주목하면서 이 구성성분으로서의 전설들 중 어느 것도 그 자체로는 가지고 있지 않은 어떤 종류의 무게를 그것에 부여하도록 하자.

이러한 관점에서 볼 때 근본적 물음이 제기된다. 『돈주앙』에서 겉보기에 갈라지는 이 두 이야기들은 어떻게 해서 결합하게 되는가? 이러한 용해를 어떻게 정당화하는가? 죽은 자에 대한 모독과 여자들에 대한 연쇄 유혹은 무엇을 공유하는가?

우리는 여자들에 대한 연쇄 유혹을 어떤 곤궁에 대한 해결책으로 보아야만 이 물음에 답할 수 있다. 진정한 해결을 제공하는데 지속적으로 실패한다는 바로 그 이유 때문에 다만 진정한 추문—인류의 절반은 실제로 '산주검'으로, 즉 상징계에서 자신들을 적합하게 표상할 자신들의 기표를 전혀 가지고 있지 않은 존재들로 이루어져 있다는 사실—을 드러내는 해결책으로 말이다.

돈주앙이 온갖 종류의 여자들과 잠자리를 갖는다는 것은 잘 알려져 있다. 예컨대 금발이건 거무스름하건, 키가 크건 작건, 뚱뚱하건 말랐건, 늙건 젊건, 귀부인이건 농부건, 마님이건 하녀건 말이다. (키에르케고르를 포함해) 어떤 해석가들이 지적했듯이, 이를 '잡다한 메뉴'에 대한 돈주앙의 선호로 이해하는 것은 잘못일 것이다. 돈주앙의 태도를 가능하게 만드는 것은, 오히려, 모든 차이에 대한 그의 무관심이다. 돈주앙의 범례는 다양성이 아니라 반복이다. 그는 여자들 각각에 특별하고 고유한 그 무엇 때문에 여자들을 유혹하는 것이 아니라 그들 모두가 공유하고 있는 것—

그들이 여자들이라는 사실—때문에 유혹하는 것이다. 자기 자신에 대한 돈주앙의 지각이 이러한 독해와 어긋나는 것처럼 보이는 것은 사실이다. 예컨대 몰리에르의 희곡에서 그는 '사랑의 모든 기쁨은 변화에 있다'고 말한다. 하지만 변화를 위한 변화의 추구는 반복 강박의 가장 순수한 사례들 가운데 하나라는 것을 염두에 두어야만 한다. 사실 다름아닌 돈주앙 자신이, 그가 추구하는 변화는 새로운 여자가 아니라 '새로운 정복'이라는 것을 지적한다. 이 정복 대상의 정체성은 여기서 소소한 중요성만 갖는 것이다. 항구적 변화의 중핵에는 하나의 동일한 제스처의 반복이 있다.

요약해보자. 돈주앙은 여자들을 생김새, '외모'와는 무관하게—즉 **상상적** 차원의 기준들과는 무관하게, 그리고 정복물들의 **상징적** 역할들과도 똑같이 무관하게(그들이 주인이건 시녀이건, 결혼을 했건 독신이건, 중요한 남자의 딸이건 누이이건, 아내이건 약혼녀이건 그건 문제가 되지 않는다)—'유혹한다'. 물음은 다음과 같다: 다른 무엇이 남아있지? 그 무언가가 도대체 남아 있는 것인가? 돈주앙의 전全 존재는 무언가가—비록 그 정체가 전적으로 비결정되어 있더라도—남아 있다는 사실을 증언한다.

이 지점에서 우리는 '**여자**(la *femme*)는 존재하지 않는다'는 라캉의 악명 높은 진술을 끌어들일 수 있다. 이 진술의 여성주의적 충격을 파악하기 위해서는 그것이 가부장적 사회에 토대를 둔 가부장적 태도의 표현이라기보다는 그러한 사회를 '탈구된' 상태로 던져버리려는 위협을 가하는 어떤 것이라는 점을 깨닫는 것이 중요하다. 라캉에 대한 다음과 같은 반대는 분명 익숙한 것이다: '라캉의 견해로 "**여자**는 존재하지 않는다"면, 이는 단지 그가 지지하는 가부장적 사회가 수천 년간 여자들을 압제해왔기 때문이다. 따라서 이러한 압제와 이러한 진술에 대한 이론적 정당화를 제공하려 하기보다는 그에 대해 무언가를 행해야만 한다.' 하지만—'la *femme n'existe pas*'라는 진술이 그 자체로 이미 충분히 추문적이지 않은 것인 양—라캉이 이 진술로 겨냥하는 것은 한층 더 추문적이다. '**여자**는 존재하지 않는다'는 사실은 가부장적 사회의 압제적 성격의 결과가 아니다. 반대로 '**여자**는 존재하지 않는다'는 사실의 '결과'인 것이, 즉 이 사실을 처리하고 '극복'하려는, 그 사실이 눈에 띄지 않게 통과되도록 만들려는 거대한 시도인 것이 바로 (여자들을 압제하는) 가부장적 사회이다.[22] 결국 여자들은 이 사회에서 딸로서, 누이로서, 아내로서,

---

22) '**여자**는 존재하지 않는다'에 대한 이러한 독해를 『텔레비전』에 나오는 라캉의 다음과 같은 언급을 통해 입증할 수 있을 것이다.

> 프로이트는 억압repression(*Verdrägung*)이 억누름suppression에서 온다고 말하지 않았다. (그림을 그리면서) 즉 거세는 고추를 가지고 노는 꼬마에게 아빠가 휘두르는 그 무엇 때문이라고, '다시 그걸 가지고 놀면 잘라버릴 거야. 농담이 아니야'라는 말 때문이라고 말하지 않았다. ……우리는 그 선례가 되는 사례를 재검토해야 한다. 억누름을 낳는 것이 바로 억압이라는 사실을 출발점으로 삼아서 말이다. 가족이나 사회 그 자체가 왜 억압으로부터 건축된 창조물일 수 없겠는가? 그것들은 다른 어떤 것도 아니다. (*Television: A Challenge to the Psychoanalytic Establishment* [ed. Joan Copjec], New York and London: W. W. Norton, 1990, pp. 27~30)

[여기서 역자는 (본문의) 'oppression'과 (각주의) 'repression', 'suppression'을 각각 '압제', '억압', '억누름'으로 옮겼다. 'repression'을 '억압'으로 옮기는 것은 정신분석에서 단단하게 굳어진 (하지만 재고의 여지가 없지만은 않은) 관행이다. 문맥상 'oppression'을 '억압'으로 번역하는 것

어머니로서 완벽하게 잘 존재하는 것처럼 보이니 말이다. 상징적 정체성들의 이 넘쳐남은 그것들을 생성하는 결여를 위장한다. 이 정체성들은 **여자**는 실로 존재하지 않는다는 것뿐만이 아니라 그녀가 무엇인지를 또한 명백하게 한다: 이 모든 상징적 역할들의 '공통 분모', 이 모든 상징적 속성들 기저에 있는 실체. 이것은 돈주앙이 나타나서 이 실체를—마치 은접시에 놓인 것인 양[23)]—**그 자체로** (딸이나 누이나 어머니가 아니라 여자로) 가지겠다고 요구할 때까지는 완벽하게 잘 기능한다.

여기서 우리는 그 이야기에서 돈주앙의 행동에 가장 화를 내는 사람이 여자들이 아니라 남자들이라는 것을 기억해야만 한다. 그 희곡의 배경이 시칠리아라는 것은 결코 우연이 아니다. 그곳은—오늘날에도—가부장적 가치의 요람으로 간주된다. 돈주앙이 ('명예가 더럽혀진 여자'의) 두 오빠에 의해 괴롭힘을 당한다는 것 역시 우연의 일치인 것이 아니다. 전형적인 '남자 쇼비니스트'에게 모욕을 줄 가장 좋은 방법이 그의 누이들의 성적 행위를 암시하는 것임은 결코 비밀이 아니다. 자신의 누이가 단지 자신의 누이인 것이 아니며, 그녀의 상징적 정체성으로 환원될 수 없으며, 다른 무언가일 수도 있다(놀라운 것은 아니지만 의미심장하게도 이 '다른 무언가'는 통상 창녀라는 단 하나의 선택항으로 전락하고 만다)는 단순한 생각으로도 그는 미칠 지경이 된다. 이러한 종류의 모욕과 관련해서 특히 흥미로운 것은, 그것이 비록

도 자연스럽지만 각주에 나오는 'repression'과 혼동될 것 같아서 '압제'라고 번역했다.]

23) ['on a silver platter(은접시 위에)'라는 관용적 표현은 '손쉽게', '전혀 애쓰지 않고'라는 뜻을 갖는다.]

내용적 층위에서는 여자에 대한 모욕이지만 실제로는 언제나 그 남자의 '가슴을 찌르는 칼'로서 기능한다는 것이다(실로 그러한 모욕들은 언제나 남자에게 가해진다). 모욕받은 남자의 대응을 볼 때 우리는 이러한 종류의 모욕이 그의 존재의 바로 그 중핵에서 그를 건드린다는 직감을 쉽게 얻을 수 있다.

'네 누이(혹은 어머니)는 창녀다'와 같은 모욕들은, 결국, '**여자**는 존재하지 않는다'는, 그녀는 '불완전'하다거나 '완전히 그의 것(*toute à lui*)'이 아니라는 사실을 저속하게 상기시키는 말이 아니라면 무엇이겠는가?[24] 그리하여 요점은 '여자는 비-전체다'라는 언명이 여자들이 아닌 남자들에게 가장 참을 수 없다는 것이다. 여자의 상징적 역할들 속에 부여된 남자들 자신의 존재의 어느 부분에 의문을 제기하니까 말이다. 살인까지 이르는 그리고 살인을 포함하는, 이러한 모욕들이 불러일으키는 극단적이고도 전적으로 어울리지 않은 반응들이 이를 가장 잘 확증해준다. 그러한 반응들은 남자는 여자를 자신의 '소유물'로 간주한다는 통속적 설명으로는 해명될 수 없다. 이러한 모욕에 걸려 있는 것은 단순히 그의 소유물, 그가 가진 것what he *has*이 아니라 그의 존재, 그가 (~)인 것what he *is*이다. 본론에서 벗어난 이 논의를 또 다른 언명으로 결론맺도록 하자. '**여자**는 존재하지 않는다'는 사실을 일단 우리가 받아들인다면, 남자를 정의할 오로지 하나의 방법이 있을 뿐이다. 남자는—슬라보예 지젝이 자신의 강의 가운데 하나에서 말하고 있듯이—자신이 존재한다고 믿는 여자다.

---

24) Lacan, *On Feminine Sexuality. The Limits of Love and Knowledge*, p. 12를 볼 것.

자신을 규정하는 상징적 역할 바깥으로 나와서 법(결혼)의 영역 '바깥'에 있는 남자와—비록 잠시 동안이나마—잠자리를 같이 하는 여자는, 이 상징적 우주 속에서, 하나의 '참을 수 없는 광경'이며, '열린 상처'이다. 이러한 상황을 처리하기 위해서는 단지 두 개의 방법밖에 없는데, 둘 모두는 상징적 등록소에 의존하고 있다. 첫 번째는 헤겔이 *das Ungeschehenmachen*[일어나지 않은 것으로 하기]이라 불렀던 것, 즉 '소급 무화'의 논리를 따른다. '여자의 명예를 앗아간'(즉, 상징계 내에서의 그녀의 자리를 앗아간), 그리하여 '상처를 열어놓은' 남자는 그녀와 결혼함으로써 상처를 치료해야만 한다. 그녀가 그의 '합법적' 아내가 된다면 그들 사이에 일어난 '끔찍한 일'은 법에 의해 소급적으로 포섭되며 불온한 측면을 상실한다. 그가 결혼을 거부하면 그는 죽어 마땅한 사람이 되는데, 하지만 그의 죽음만으로는 '상처를 치료하기에' 충분치 않다. 그 상처는 **수녀원**의 설립을 통해 보살핌을 받는다. 전통적인 가부장적 사회에서 통상 수녀원은 '자신의 명예를 상실한', 상징적 역할들의 주어진 배치 속에서 자신의 자리를 상실한, 그리하여 '갈 곳이 아무데도 없는' 여자들을 위한 유일한 안식처다. 그 상징적 기능에 있어서 수녀원은 장례식과 등가적이다. 두 경우 모두 주된 목적은 '실제 죽음'이 '상징적 죽음'과 일치하도록 만드는 것이다—그렇지 않으면 유령들이 나타난다. 하지만 실제 죽음에 대처할 수 있게 해주는 상징적 참조점들이 실제 죽음에 동반되도록 하는 것이 장례식의 역할이라면, 수녀원의 역할은 그 정반대다. '명예를 잃어버렸기' 때문에 수녀원에 들어가야 하는 여자는, '현실에서' 여전히 살아 있다 하더라도, 상징적 질서 속에서 이미 죽은 것이다. 그렇기 때문에 그녀는 '참을 수 없는 광경'으로서, 유령으로서 기능하는 것이다. 따라서 그녀는 자신이 더 이상 느슨한 여자—상징적으로 죽었지만 (즉, 그녀를 규정할 수 있을 그 어떤 상징적 부착물도 없지만) 그럼에도 불구하고 계속 돌아다니는 피조물—처럼 보이지 않게 하기 위해서 '순환에서 제거되어야'(수녀원에 유폐되어야) 한다. '죄를 범했지만' (예컨대 돈주앙과 같이 잤지만) 수녀원에 들어가지 않는 여자는 산주검의, 유령의 일원과도 같으며, 상징계에, '이승'에 그 어떤 자리도 없지만 여전히 지상을 걸어다니는 존재와도 같다.

그리하여 (기사장의 석상과 더불어) 몰리에르의 희곡에서 돈주앙에게 찾아오는 다른 피조물은 다름아닌 '베일을 쓴 여인의 형상을 한 유령'이다. 연극의 종결부는 두 '환영들'이 차례로 돈주앙에게 찾아오는 방식으로 구성되어 있다. 처음에는 (아직 그를 구원하길 원하는) **여자**, 그 다음으로는 (그를 죽음으로 이끄는) 석상. 몰리에르는 바로 이렇게 신화의 두 성분—죽은 자를 모독하는 것과 여자들을 유혹하는 것—의 연결을 무대올린다.

물론, 여자들을 '산주검'으로서 노출시키는 것이 돈주앙의 신화에만 특별한 것은 아니다. 이러한 배치는 18세기의 여러 문학작품에 풍부하게 있다.[25] 이미 우리는 예컨대 『위험한 관계』에서 그것과 만났다. 하지만 여자들을 이처럼 '산주검'으로서 노출시키는 것이 돈주앙 신화에만 특별한 것이 아니라면, 특별히 돈주앙을 변별시키는 것은 도대체 무엇인가?

발몽과 돈주앙의 근본적 차이는 돈주앙이 발몽과는 달리 실제로는 유혹자가 아니라는 사실에 있다. 즉 '그에겐 자신의 계획을

---

25) Runte, 'Dying Words', pp. 360~368을 볼 것.

배치할 사전의 시간이 없으며 자신의 행위를 의식할 사후의 시간이 없다'.[26] 발몽의 경우 유혹의 과정 자체에, '저항을 누그러뜨리는 것'에, 목표를 향한 그의 끝없는 (그리고 견디기 힘들게 느린) 접근에 강조점이 두어진다. 비록 몰리에르의 희곡의 한 지점에서 돈주앙이 발몽에게 어울릴 법한 말들로 유혹 과정을 칭송하지만, 그렇다고 이 때문에 그 어떤 조급한 결론에 이르게 되어서는 안 된다. 그 둘 사이의 진짜 차이는 『돈주앙』과 『위험한 관계』 각각의 내러티브 구조에 비추어 볼 때 가장 명시적이 된다. 후자에서 내러티브는 방탕꾼과 특권적 여자(투르벨 부인)의 관계에 초점이 맞추어진다. 모든 것은 여자들 가운데 가장 접근하기 힘든 바로 이 여자를 유혹하는 것으로 귀결된다. 돈주앙이 발몽의 원형이었다고 한다면, 그의 이야기의 중심은 실로 수녀원에 살았던 돈나 엘비라에 대한 유혹이었을 것이다. 돈주앙은 상당한 노력 끝에 그녀를 유혹했으며 그녀가 수녀원을 떠나서 그와 결혼하게 만들었으며, 그런 다음에 그녀를 저버린다. 하지만 이 '발몽적' 제스처는 희곡의 중심 테마로서 기능하지 않는다. 대신 그것은 바로 그 시작부터 기정사실(*fait accompli*)로 나타난다. 희곡 자체에는 유혹의 과정이나 유혹이 산출하는 향유에 대한 그 어떤 강조도 없다.

기정사실이라고 하는 이 측면은 핵심적이다. 심지어 우리는 돈주앙에게 향유는 언제나 (이미) 하나의 기정사실인 반면에 발몽에게 그것은 언제나 (아직) '이루어져야 할 사실(*fait à accomplir*)'이라는, 즉 그가 (아직) 성취해야 할 임무이며 그가 (아직) 획득해

26) Kierkegaard, *Either/Or*, p. 97.

야 할 목표라고까지 말해야 하는 것일지도 모른다. 이는 발몽에게서 향유는 이 향유의 의식(자각)과 일치해야 하기 때문인데, 돈주앙의 경우는 그렇지가 않다. 그리하여 우리는 향유가 돈주앙의 행동들의 충동인 반면에 발몽의 경우 충동을 구성하는 것은 향유하려는 의지('*la volonté de jouissance*')인 것이라고 말할 수도 있을 것이다. 발몽은 향유를 자신의 의지의 대상으로 만든다. 그는 향유와 의지의 틈새를 폐지하려 노력한다. 그 자신이 **타자**의 향유의 도구가 되는 것은 바로 그 때문이다. 그의 경우 이 **타자**는 투르벨 부인 속에 체현되어 있다. 발몽이 '가엾은 여인, 그녀는 자신이 죽어가는 것을 지켜보고 있는 거지요'(이는 물론 그 자신의 노고의 결과이다)라고 외칠 때 그 배후에 있는 말해지지 않은 외침이 다름아닌 '복많은 여인, 그녀는 자신이 즐기는 것을 지켜보고 있는 거지요'라는 것을 우리는 이미 지적했다. 그렇다고 한다면 발몽은 향유와 의식(혹은 의지)의 틈새를 **타자**에게 향유를 위임함으로써만 폐지할 수 있다.

발몽과 돈주앙의 차이는 또한 욕망과 충동의 차이를 통해 파악할 수도 있다. 욕망이 만족되지 않음으로써 유지되는 것인 한에서 발몽은 욕망의 형상을 표상한다. 그는 자신의 욕망을 '정화'하기 위해서 여자들과 잔다. '나는 이 여자를 사랑한다는 웃음거리가 되지 않기 위해서 이 여자를 정복해야 합니다'라고 발몽은 쓴다(p. 29[29쪽]). 즉 욕망을 '만족'시켜준다고 자처하는 여하한 대상으로부터건 욕망을 분리시키는 틈새를 다시 발견하기 위해서라는 것이다. 사랑은 욕망이 도입하는 구멍, 결여를 메운다고 가정된다. 반대로 돈주앙은 이 행동들의 충동을 구성하는 틈새를 만족 그 자체에서 발견한다. 그의 경우는 욕망의 환유, 즉 (욕망의) '진정한' 대상의 영원한 난포착성의 경우이다. 그는 맞는 여자를 찾고 있는 것이 아니다. 또 다른 여자로의 끝없는 이동은 실망이나 결여에 의해, 그가 이전 여자에게서 발견하지 못한 그 무엇에 의해 동기화되는 것이 아니다. 반대로 돈주앙에게 있어 각각의 모든 여자는 맞는 여자이며, 그를 더 나아가도록 충동하는 것은 그가 이전 연인에게서 발견하지 못한 그 무엇이 아니라 정확히 그가 발견한 그 무엇이다. 그는 자신의 목적을 성취함 없이 만족을 얻는다. 보다 정확히 말해서 그는 그의 목적이 '순환 속으로 되돌아가는 것' 이외에 그 어떤 것도 아닌 한에서만 만족을 얻는다. 바로 이것이 돈주앙을 충동의 형상으로 만드는 것이다.[27] 그가 아무리 자기 자신을 채워 넣는다 해도 그의 행동들의 충동을 구성하는 구멍을 완전히 메울 수는 없다. 이런 방식으로 그는 우리에게 식욕(혹은 대상 *a*)은 먹고 싶은 대상을 가리키는 것이 아니라, 식욕의 만족(이 만족 자체가 대상이다)을 가리킨다는 점을 상기시켜 준다. '당신이 당신의 입—충동의 등록소에서 열려 있는 입—을 채울 때, 그것을 만족시키는 것은 음식이 아니다. 그것은 말하자면 입의 쾌락이다.'[28]

---

27) 라캉의 말로는:

> 여기서 우리는 *zielgehemmt*[목적이 억제된]의 불가사의를, 충동이 그것의 목적을 획득함 없이 만족을 획득하면서 취할 수 있는 저 형식의 불가사의를 해결할 수 있다. ……충동이…… 재생산이라는 목적의 만족일 그 무엇을 획득함 없이 만족될 수 있는 것이라면, 이는 그것이 부분충동이고 그것의 목적이 단지 회로 속으로의 이 회귀이기 때문이다. (Jacques Lacan, *The Four Fundamental Concepts of Psycho-Analysis,* Harmondsworth: Penguin, 1979, p. 179)

'그의 눈은 그의 위보다 크다'를 말바꿈한다면 우리는 발몽이 자신의 욕망을 열린 상태로 유지하기 위해서 '그의 위 속에 구멍을' 유지하는 것에 언제나 유념한다고 말할 수 있을 것이다. 그는 욕망과 그것의 '정념적 대상들'의 틈새를, 그 후자가 '(전적으로) 만족스럽지(는) 않다'고 선언함으로써 유지한다. 돈주앙은 동일한 이 틈새를, 이 대상들이 '아주 만족스러운' 것이지만 '비-전체'(*pas-tout*)라고 선언함으로써 유지한다.

우리의 문학적 탈선을 여기서 결론짓기로 하자. 마지막 장에서 우리는 지금까지 그 유효성을 보았던—욕망과 충동의—구분으로 돌아갈 것이다. 거기서 우리는 그것을 라캉적 윤리 개념에 보다 명시적으로 연계시킬 것이다.

28) 같은 글, p. 167.

7. 도덕법칙과 초자아 사이에서

감정의 양자

칸트의 이론에서 도덕법칙과 (윤리적) 주체는 두 개의 상이한 층위에서 '만난다'. 첫 번째 층위는 기표의 층위다. 즉 정언명령의 층위, 도덕법칙의 '정식화'의 층위. 지금까지 우리는 주로 칸트적 윤리의 이러한 측면을, 그리고 도덕법칙의 '정식화'(와 '실현')에 있어 주체가 하는 역할을 탐문해 왔다. 주체와 도덕법칙이 조우하는 또 다른 층위는 아주 다른 종류의 것이다: 감정*affect*의 층위. 도덕법칙은 주체를 '촉발한다affects'. 그리고 이는 칸트가 '존경'(*Achtung*)이라고 부르는 매우 특별한 감정으로 귀결된다. 존경에 대한 칸트의 이론은, 그 나름의 방식으로, 그의 윤리가 지닌 근본적 애매성들을, 특히 도덕법칙에 대한 두 개의 상이한 '초상들' 사이에서의 그의 동요를 드러낸다. 그 두 초상들이란 무조건적이지만 '공허한' 도덕법칙과 여하간 '주체화된' 초자아의 법칙을 가리킨다.

칸트는 그가 '존경'이라고 부르는 유일무이한 감정을 『실천이성비판』 제3장 「순수 실천 이성의 동기들」에서 검토한다. 그가 보여주려고 노력하는바 존경은 주체가 도덕법칙과 맺고 있는 관계를 특징짓는 특유한 감정이다. '도덕법칙에 대한 존경'은 '도덕을 존경하는 것'을 의미하지도, '법칙에 대한 존경을 갖는 것'을 의미하지도 않는다. 오히려 그것은 법칙이 '가까이에' 있다는 것을 가리키는 감정이다. 그것은 도덕법칙의 '현전'을 가리키며, 주체가 도덕법칙과 '가까이 조우함'을 가리킨다. 칸트는 이러한 감정에 대한 상세한 설명을, 즉 그가 사용하는 '존경'이라는 용어의 의미는 그 용어에 대한 우리의 일상 용법과 아무런 관련도 없음을 보여주는 설명을 제공한다. 그 설명에서 칸트는 존경을 존경과 닮은 것처럼 보이지만 사실상 매우 다른 본성을 갖는 다른 감정들—경향성, 사랑, 공포, 경탄, 경이, 외경—과 분리시킨다.

칸트의 존경 개념을 불안이라는 정신분석적 (혹은 오히려 라캉적) 개념과 동일한 등록소에 위치시킬 수 있다는 것은 이미 제안된 바 있다.[1] 사실상, 존경의 감정에 대한 칸트의 논의를 검토해 본다면 이러한 유사성은 아주 놀랍도록 확증된다.

이 장에 나오는 칸트의 논변의 출발점은 다음과 같은 물음이다: 도덕법칙이 의지의 직접적 동기라는 것이 어떻게 가능한 것인가? 표상(*Vorstellung*)의 대상일 수 없는 어떤 것이 우리의 의

1) Jacques-Alain Miller, *L'Extimité* (미출간 세미나), 1986년 1월 8일부터의 강의를 볼 것.

지를 규정하고 우리의 행동들 배후에 있는 동기가 되는 것이 어떻게 가능한 것인가? 칸트의 답은, 이것은 '인간 이성으로서는 풀 수 없는 문제'라는 것이다.[2] 그렇지만 계속해서 그가 말하기를, 그와 같은 일이 어떻게 가능한지를 보여주는 것이 가능하지 않다면, 적어도 우리는 그것이 존재해야만 한다는 것을—도덕법칙이 의지를 직접 규정하는 것이 실제로 발생한다는 것을—증명할 수 있다. 이것이 발생한다는 것을 우리가 '증명'할 수 있는 것은 그것이 산출하는 효과 때문이다. 그리고 바로 이 효과를 칸트는 존경(의 감정)을 가지고서 파악한다. 존경의 감정은 표상의 대상이 아닌 어떤 것이 그럼에도 불구하고 의지를 규정할 수 있다는 것에 대한 증거이다.

칸트에 따르면 존경은 '어떠한 정념적인 감정과도 비교될 수 없는 이 특별한 감정'이다. '그것은 단적으로 이성의, 그것도 실천적 순수 이성의 명령 편에만 서 있는 것으로 보이는 매우 독특한 것이다.'[3] 존경의 감정은 정념적인 감정이 아니라 실천적인 감정이다. 그것은 '윤리를 위한 동기가 아니라, 오히려 윤리 자체'이다.[4]

여기에 걸려 있는 것이 무엇인지를, 칸트로 하여금 존경을 '선험적'이고 '비정념적인' 감정이라 부르도록 촉구하는 것이 무엇인지를 완전히 파악하기 위해서 우리는 무엇이 그리고 어떻게

2) Immanuel Kant, *Critique of Practical Reason*, London and New York: Macmillan, 1993[1956], p. 75. [국역본: 『실천이성비판』, 아카넷, 2002, 168쪽.]

3) 같은 글, pp. 79~80. [국역본: 175쪽.]

4) 같은 글, p. 79. [국역본: 174쪽.]

어떤 것이 우리의 행동의 원인일 수 있는 것인가에 대한 칸트의 이론을 염두에 두어야만 한다. 이 이론은 다음의 문장들로 가장 잘 요약된다: '생이란 한 존재자가 욕구 능력의 법칙에 따라 행위하도록 하는 그 존재자의 능력이다. **욕구 능력**이란 그와 같은 존재자가, 그것의 표상들을 통해서 이 표상의 대상들의 현실성의 원인이 되는 능력이다.'[5] 다시 말해서 인간의 행동은 욕구 능력의 법칙에 의해 지배된다. 이 능력은 어떤 대상의 표상을 함축한다(그것은 물론 '추상적인' 것일 수도 있다. 예컨대 '수치심', '명예', '명성', '[타인들의] 인정' 같은 것들은 모두가, 요구되어지는 의미상, 표상의 대상들이다). 주체는 어떤 표상들에 의해 '촉발'되며 이 '촉발affection'은 그녀의 행동의 원인인 동시에 그녀의 행동이 '정념적으로' 규정되는 이유이기도 하다. 이제 문제는 이것이 도덕성을 위한 그 어떤 여지도 남기지 않는다는 것인데, 왜냐하면 도덕성은 정의상 우리의 행동을 위한 일체의 정념적 동기들을, 심지어 가장 고상한 동기까지도, 배제하기 때문이다. 그리하여 난점은—칸트는 이를 「순수 실천 이성의 동기들」에서 풀려고 한다—또 다른 유형의 인과성, 표상의 양태와는 이질적인 인과성을 발견하고 표명하는 데 있다. 이미 본 것처럼 칸트는 이 문제가 '인간 이성으로서는 풀 수 없는 문제'이면서도 하지만 동시에 어떤 면에서는 언제나-이미 그 어떤 윤리적 행동에서건 '해결된' 문제라는 것을 발견한다. 해결책은 그가 존경이라 부르면서 순수 실천 이성의 유일한 충동으로서 기술하고 있는 것에 있다.

여기서 욕구[욕망](*Begeherung*)[6]와 충동(*Triebfeder*)의 차

5) 같은 글, pp. 9~10(각주). 번역 수정. [국역본: 47쪽.]

이에 대한 칸트의 착상이 갖는 문자 이전의*avant la lettre*[7] 라캉적 함의는 놀라운 것이다. 욕망[욕구]은 본질적으로 표상의 양태에 속하는 것(한편으로 기표의 환유, 다른 한편으로 환상)인 반면에 충동의 논리는 이와 아주 다르다. 라캉이 충동은 '그것의 목표를 획득하지 않고서도 만족을 획득한다'고 단언할 때 이는 충동의 대상이 표상의 대상이 아님을 정확히 의미한다. 우리가 겨냥하는 것은 대상, 우리가 획득하길 원하는 대상(우리의 '목표')이 아니다. 충동의 대상은 **충동의 여정과 일치한다.**[8] 그것은 이 여정을 통해 획득하고자 '의도하는' 무언가가 아니다. 다시 말해서 충동의 대상은 주체에게 어떤 만족을 제공할 것으로 가정된 대상이 아니라 그러한 만족 그 자체이다. 충동의 대상은 **대상으로서의 만족이다.**[9] 방금 본 것처럼 바로 이렇게 칸트는 존경을 정의한다. 존경은 '도덕성에로의 충동이 아니다. 그것은 도덕성 그 자체이다.' 그리하여 존경은 주체의 편에서 출현하는 환원불가능한 '감정의 양자量子quantum of affect'이다. 그것은 사실상 더 이상 엄

6) ['Begeherung'은 칸트적 맥락에서 통상 '욕구'로 번역되며, 또한 역자 역시 지금까지 그렇게 번역했다. 그런데 이미 1장의 역주에서 언급했듯이, 주판치치는 칸트의 '욕구'를 사실상 라캉의 '욕망'으로 (재)해석한다. 영어로는 둘 다 'desire'로 표기된다. 덧붙여 역자는 라캉적 맥락에서 통상 '욕구'로 번역된 'need'를 '필요'로 번역했음을 밝힌다.]

7) [불어의 'avant la lettre'라는 표현은, 문자 그대로 번역한다면 '문자 이전의'이며, 관용적으로 '그러한 명칭이 생기기 전의'라는 뜻을 가지고 있다.]

8) Jacques Lacan, *The Four Fundamental Concepts of Psycho-Analysis*, Harmondsworth: Penguin, 1979, p. 178에 나오는 라캉의 도식을 볼 것.

9) Jacques-Alain Miller, 'On Perversion', in *Reading Seminars I and II: Return to Freud*, Albany, NY: SUNY Press, 1995, p. 313.

밀한 의미에서 '정념적'이지 않은, 정념적인 것의 최후 잔여물 이외에 다름아니다. 존경은 앞서 우리가 '윤리적 실체변환'이라고 불렀던 것에 대한, 즉 (법의) 형식의 충동으로의 전환에 대한 또 다른 이름이다.

첫 눈에 이것은, 존경은 표상의 결여와 (즉, 예지적인 바로서의 도덕법칙은 표상의 대상이 될 수 없다는 사실과) 연관되어 있다는 것과 존경을 낳는 것은 바로 이 결여 혹은 공백이라는 것을 함축하는 것처럼 보인다. 하지만 이러한 상황을 면밀하게 검토할 경우 우리는 단순히 표상의 부재가 존경의 감정을 낳는 것이 아님을 곧 깨닫게 된다. 존경의 감정을 낳는 것은 표상의 주체에 대해 구성적인 어떤 것의 부재이다. 칸트의 이론에서 표상의 주체의 구성은 어떤 상실과 일치한다. 주체는 말하자면 결코 가지고 있지 않았던 것—자기 자신에 대한 직접적이고도 무매개적인 접근—을 상실한다. 바로 이것이 데카르트의 코기토에 대한 칸트의 비판의 요점 일체다. 자기 자신과 완전히 일치하는 주체는 아직 주체가 아니다. 그리고 일단 주체가 되면 그녀는 더 이상 자기 자신과 일치하지 않으며, '대상'에 대해 말하듯이 자신에 대해 말할 수밖에 없다. 주체가 자신에 대해 맺는 관계는 그 어떤 '단락'도 허용하지 않는다. 그것은 주체가 다른 모든 대상들과 맺는 관계와 동일한 종류이다. '나'는 한낱 하나의 사고물이며, 여하한 다른 표상과도 같은 하나의 표상이다. 이것이 함축하는 근본적인 상실이나 '소외'는 사고하는 주체의 조건이며, 사고와 표상을 가진 주체의 조건이다. 바로 이러한 상실이 '객관적 현실'(현상적 현실)을 열어놓으며, 주체가 자신을 주체로서 파악할 수 있도록 허용한다. 라캉적 용어로 **실재**의 작은 조각이 주체의 구성에서 필연적으로 떨어져나온다.

그리하여 칸트가 존경이라 부르는 특유한 감정의 원인은 단지 표상의 부재인 것이 아니며 이 부재의 부재, 표상의 주체를 위해 지탱물을 제공할 이 결여의 부재인 것이다. 표상 자체는 어떤 결여나 상실에 토대하고 있으며, 바로 이 결여가 결여된 것이다. 이러한 상황은 정확히 '결여하게 되는 결여'의 상황이며, '없어진 결여'의 상황이다. 그리고 바로 이것이 불안의 원인에 대한 라캉의 정의다: *le manque vient à manquer*[결여가 결여하게 된다].[10)]

존경의 감정은 윤리적 행동의 전형적 사례에서 법칙이 가시화될 때 우리를 사로잡는다. 이러한 방식으로 가시화되는 것은 바로 그와 같은 행동에 대한 이유의 부재이다. 존경이라는 칸트의 개념과 불안이라는 라캉의 개념은 다음과 같은 공통점을 가지고 있다. 그 둘은 원인을 가지고 있지 않지만 대상을 가지고 있다. 더 나아가 우리는 원인의 이 결여가 대상의 출현과 상관적이라고 말할 수도 있을 것이다. 도덕법칙이 우리의 의지를 직접 규정한다면 이는 무언가가 인과 사슬에서 떨어져나와 대상으로서 기능하기 시작한다는 것을 뜻한다. 그것이 그처럼 분리된 상태로 머무는 한 그것은 존경이나 불안을 불러일으킨다. 그것은 칸트의 말처럼 우리가 '우리에게 존경의 짐을 가볍게 해줄 수 있는 무언가를, 그러한 본보기로 인해 우리가 감수한 굴욕에 대한 보상을 해줄…… 어떤 흠을' 발견하려고 한다는 사실에서 드러나는 불편감을 불러일으킨다.[11)] 칸트가 덧붙이기를, 심지어 도덕법칙조차도

10) Jacques Lacan, *L'Angoisse* (미출간 세미나), 1962년 11월 28일부터의 강의를 볼 것.

11) Kant, *Critique of Practical Reason*, p. 81. [국역본: 177쪽.]

그에 대한 존경을 거절하려는 이 같은 시도에 내맡겨져 있다. 이 '시도'가 원인 없이 방랑하면서 인과 사슬에서 분리된 것처럼 보이는 것을 인과 사슬에 다시 부착시키려는 목적임이 분명하다(그리하여 예컨대 우리는 순수하게 윤리적인 것처럼 보이는 행동에 대해서 정념적 동기를 발견하려고 한다).

여기서 칸트가 존경을 정의하고 있는 것과 정확히 동일한 방식으로 라캉이 불안을 여타의 모든 감정들과 근본적으로 어긋나는 '감정'이나 '느낌'으로 정의한다는 것을 알 수 있다. 불안은 두려움과는 달리 대상을 가지지 않는다는 점에서 두려움과 다른 것이라고 주장하는 이론에 대해 라캉은 반대한다. 이 이론에 따르면 우리가 두려움을 느낄 때 그 두려움은 그 무언가에 대한 두려움인 반면에 불안의 경우에는 '이것이 나의 불안의 대상이다'라고 지적해서 말할 수 있는 그 어떤 대상도 없다. 하지만 라캉은 이와는 반대로 불안 속에서 주체는 대상(즉, 자신의 향유의 **실재** 중핵)에 가장 가까이 이른다고 주장하며, 불안의 기원에 놓여 있는 것은 바로 이러한 대상의 근접성이라고 주장한다. '대상'이라는 용어에 대한 특유의 라캉적 의미를 참조함으로써 이 주장을 설명해버릴 수 없다. 오히려 우리는 라캉의 용어법에서 '대상'이라는 단어가 갖는 그 특유의 의미를 설명해주는 것이 바로 라캉의 불안 개념이라고 말해야 한다. 두려움과 불안을 구분하는 이와 같은 방식에서 라캉은 기본적으로 칸트에게 동의한다. 두려움은 다른 그 어떤 감정과도 마찬가지인 감정이다. 그것은 '주관적'이고 '정념적'이다. 우리가 어떤 대상을 두려워한다는 사실은 이 대상에 대해 아무것도 말해주지 않는다. 그것은 이 대상이 '그 자체로in itself' (즉, 표상의 대상으로서) 끔찍한 어떤 것이라는 것을 의미하지 않는다. 혹은—칸트의 표현대로—감정(*Gefühl*)은 '대상 안에 있는 그 어떤 것도 지칭하지 않는다'.[12] 표상 없이는 그 어떤 감정도 없다. 다시 말해서 표상은 감정의 필요 조건이다. 감정 그 자체가 아직 대상의 표상인 것이 아니더라도 말이다. 감정은 '주체가 자기 자신을 느끼는, 즉 어떻게 자신이 표상에 의해 촉발되는가를 느끼는' 방식이다.[13] 라캉은 감정이 우리에게 대상에 대해 아무것도 말해주지 않는다고 말할 것이다. 감정은 주체의 '환상의 창'에 대해 무언가를 말해주는 것이며, 그러한 창의 틀 안에서 어떤 대상이 끔찍한 것으로 보이는 것이다.

이제 칸트의 이론에서의 존경과 마찬가지로 라캉의 이론에서 불안은 '주관적'이지 않으며 오히려 '객관적 감정'이다. 그것은 '기만하지 않는 감정'(라캉)이며, 우리가 (우리의 향유의 외밀한 자리를 지칭하는) '대상'에 가까이 왔다는 것을 지시해주는 감정이다. 어떤 주관적 경험의 이 '객관적', '대상적' 성격을 염두에 두지 않을 경우 우리는 유명한 농담에 나오는 분석가의 처지에 놓이게 될 수도 있다. 한 환자가 그를 보러 와서는 악어가 침대 밑에 숨어 있다고 불평한다. 몇 차례의 세션 동안 분석가는 이 모두가 그의 상상 속에 있는 것임을 그에게 설득하려고 노력한다. 다시 말해서 분석가는 그 모두가 순전히 '주관적인' 느낌이라는 것을 설득하려고 노력한다. 환자는 더 이상 분석가를 찾아오지 않으며, 분석가는 그가 환자를 치료한 것이라고 믿는다. 한 달 후에 분석가는 이전 환자의 친구이기도 한 어떤 친구를 만난다.

12) Immanuel Kant, *Critique of Judgement*, Indianapolis, IN: Hackett, 1987, p. 44.

13) 같은 곳.

그는 그 친구에게 그 환자가 어떠냐고 묻는다. 친구는 '악어한테 잡아먹힌 사람 말하는 거야?'라고 답한다. 이 이야기의 교훈은 심오하게도 라캉적이다. 불안은 대상을 가지지 않는다는 관념에서 출발한다면 그 주체를 죽이고 '잡아먹은' 이 사물을 무어라 불러야 하는가? 이 농담에서 주체는 분석가에게 무엇을 말하고 있는 것인가? 다름아닌 다음과 같은 것을 말하고 있는 것이다. '내 침대 밑에 대상 *a*가 있어요. 나는 그것에 너무 가까이 왔어요.'

이 논점이 한층 더 급소에 이르도록 하기 위해서 우리는 또한 그것을 충동이라는 라캉적 개념과 연계시킬 수 있다. 불안은 주체가 충동을 경험하는, 충동의 회로 속에서 산출되는 잉여-만족—충동이 '주체' 너머에서 발견하는 만족 부분—을 경험하는 방식이다.

우리가 존경의 감정에 대해 스스로를 '방어'하려는 경향이 있으며 그것이 우리에게 부과하는 '짐을 가볍게' 하려고 애쓴다고 하는 칸트의 언급에 대해 이미 우리는 이야기했다.[14] 하지만 그럼에도 불구하고 칸트의 존경 개념이, 어떤 점에서, 사실상 존경의 실재적 차원에 대한 '방어'를 표상하는 경로를 밟고 있는 것이 아닌지에 관한 물음이 제기되어야 한다. 사실상 칸트는 표상의 차원을 재도입하는데, 이는 주체가 '회복'하고 '의식을 되찾을' 수 있도록 해줄 것이다.

칸트의 존경 개념의 이 다른 방향성은 그 개념을 '의지가 법칙에 자유롭게 복종하는 것에 대한 의식'이라는 것을 통해서 파악하는 것과 관련이 있다.[15] 여기서 새로운 표상이 들어오며, 존경은

---

14) Kant, *Critique of Practical Reason*, p. 81. [국역본: 177쪽.]

이 표상에서 현시되는 바로서의 도덕법칙에 대한 존경이 된다. 존경은 의지를 직접적으로 규정하면서 우리 안에 도덕법칙을 산출하는 효과/감정이 더 이상 아니다. 그 대신 그것은 이 효과의 표상이 된다. '그 표상이 우리 의지의 규정 근거로서 우리의 자기의식 안에서 우리에게 굴욕을 주는 것은…… 존경을 불러일으킨다.'16) 다시 말해서, 지금 존경의 감정을 불러일으키는 것은, 주체가 자신이 법칙에 종속되어 있음을 본다는 사실, 자신이 굴욕당하고 위협을 당하고 있음을 관찰한다는 사실이다. 칸트는 이렇게 말한다.

> 그 목소리가 대담한 범죄자들조차 떨게 만들며 그로 하여금 그 응시 앞에서는 몸을 숨기지 않을 수 없게 하는…… 순수한…… 도덕법칙에 대한 끝없는 존중에는 특별한 무엇인가가 있다. 그래서 한낱 지성적인 이념이 감정에 미치는 이 영향을 사변 이성으로써는 이루 다 헤아릴 수 없다는 것에 놀랄 필요는 없으며…….17)

여기서 존경은 '대담한 범죄자들조차 떨게' 만드는 두려움과 공포에 연계된, 도덕법칙에 대한 '끝없는 존중'으로 (재)정식화된다. 이 지점에서 우리는 선험적 감정으로서의 존경에서 아주 멀리 떨어져 있는 것이다. 대신 우리는 여기서 관찰하는 동시에 말하는 법칙을 다루고 있다. 이러한 개념화와 더불어 존경의 감정이 순수

15) 같은 글, p. 84. 강조는 덧붙임. [국역본: 182쪽.]

16) 같은 글, p. 78. 번역 수정. 강조는 덧붙임. [국역본: 171~172쪽.]

17) 같은 글, p. 83. 번역 수정. 강조는 덧붙임. [국역본: 181쪽.]

하고 단순한 (칸트가 '두려움에 연계된 존경'이라고 정의하는) 외경(*Ehrfurcht*)으로 화하며 그리하여 평범한 정념적 동기가 된다는 사실을 어떻게 칸트가 간과할 수 있었던 것인가를 이해하기는 힘들다.

동시에, 이처럼 목소리와 응시(더할 나위 없는 두 개의 라캉적 대상들)를 끌어들이는 것은 **타자**가 결여하고 있는 (그리고 그 결여 때문에 **타자**가 '비-전체'이게 되는) 대상을 가지고 **타자**를 보충함으로써 **타자**(**법칙**) 속에 있는 구멍을 메우려는 책략의 결과이다. 우리는 이미, **타자**(도덕법칙)의 어떤 비일관성이나 불완전성이 윤리의 바로 그 중핵임을 주장했었다. 하지만 방금 인용한 구절에서 칸트는 목소리와 응시를 통한 보충을 통해서 절대적(완전한, 전체로서의) **타자**를 복구한다. 법의 목소리와 응시 앞에 있는 자기 자신을 발견하는 어떤 사람의 전율. 이 전율은 이미 존경의 원래 감정에 비할 때 안도감이다. 두려움은 이미 존경의 불안에서 벗어난 안도감이다.

말하고 관찰하는 법이란 어떤 법인가를 자문해본다면 물론 단 하나의 가능한 답만이 있다. 초자아의 법. 앞서 인용한 『실천이성비판』에 나오는 그 구절에서 우리는 어떻게 도덕법칙이 초자아의 법칙으로 변형되는지를 분명하게 볼 수 있다. 모든 것을 보는 동시에 또한 결코 말하기를 멈추지 않으며, 연달아 명령을 내리는 것이 정의상 초자아다. 이는 또한 칸트가 종종 사용한 또 다른 표현을 설명한다. 도덕법칙의 엄격한 개념과 전적으로 양립 가능하지만은 않은 표현. 그것은 우리에게 '굴욕을 준다', '이 법칙이 감정에 미치는 작용은 굴욕감뿐이다'.[18] 사실상 우리는, 문제의 그 장에서 칸트가 사실은 두 개의 상이한 도덕법칙 개념과 연관된 두 개의 상이한 감정을 끌어들이고 있는 것이라고 말할 수도 있을 것이다. 좀더 정확히 말해서 선험적 감정으로서의 존경과 굴욕의 의식에서 생겨나는 존경. 혹은 불안의 양태로서의 존경과 (우리가 도덕법칙에 의해 굴욕을 당한 우리 자신을 목격하는) 환상의 양태로서의 존경.

초자아의 들어섬(혹은 도덕법칙의 '초자아화')은 '성공의 두려움'이라 불릴 수 있는 것과 엄밀히 상관적이라는 것을 여기서 지적하는 것이 중요하다. 여기서 두려움의 대상인 것은 어떤 *ça ne manque pas*, 어떤 '그것은 실패하지 않는다'이다.[19] (초자아라는 형식의) 절대적 **타자**는 다른 편(주체의 편)에 언제나 결여가 있을 것임을—이 결여가 결코 '고갈되지' 않을 것이고 '그것'(행위)이 결코 성공하지 못할 것임을—보증하기 위해 거기 있다. 성취된 (혹은 '성공적인') 행위가 언제나 '결여하게 되는 결여'의 차원에 연결되어 있다면, (도덕)법칙의 초자아 판본은 행위가 발생하는 것을 막는 데 초점을 맞춘다. 하지만 행위가 발생하는 것조차 막기 위해 꾸며낼 수 있는 유일한 진짜 보증물은 절대적 **타자**라는 형상의 도래이다. '**타자**의 **타자**'가 있다면, 행위의 가능성 그 자체가 정의상 배제된다. 그리고 그와 같은 배제는, 주체가

18) 같은 글, p. 82. [국역본: 179쪽.]

19) '그리고 다음 단계로 나아간다면, 실패의 길이라 불리는 길에 복무할 수 있는 것으로 가정되는 모든 것에 대한 초자아의 사랑으로 나아간다면, 이는 두려움의 대상이 바로 성공이라는 것을 의미하지 않는다면, 두려움의 대상이 언제나 어떤 "그것은 실패하지 않는다"(*le "ça ne manque pas"*)이라는 것을 의미하지 않는다면 무엇을 의미하겠는가?' (Lacan, *L'Angoisse*, 1962년 12월 5일부터의 강의).

이 **타자**의 손에서 견뎌야 하는 굴욕과 고통에도 불구하고, 사실상 안도감을 주는 것이다.

도덕법칙의 초자아로의 이 변동에는 결과가 따른다. 사실상 이 변동은 숭고의 변증법 전체를 지배한다. 그것은 또한 왜 칸트가 이전에 존경을 경탄이나 외경 같은 다른 감정들과 분명하게 구분했음에도 불구하고 두 번째 『비판』을 다음과 같은 유명한 문구로 결론내릴 수 있는지를 설명한다: '그에 대해 자주 그리고 계속해서 숙고하면 할수록, 점점 더 새롭고 점점 더 큰 경이와 외경으로 마음을 채우는 두 가지 것이 있다. 그것은 내 위의 별이 빛나는 하늘과 내 안의 도덕법칙이다.'[20]

이와 동일한 동일시가 『판단력비판』(1799)의 음조를 제공하며, 상당한 정도로까지 그것의 절차를 지시하고 있다. 사실상 세 번째 『비판』은 이미 『실천이성비판』에서 선언된 변동을 성취한다고 말할 수도 있을 것이다. 이러한 변동은 *Achtung*(존경)에 대한 칸트의 개념화와 관계가 있으며, 칸트의 저술에서 도덕법칙 개념이 겪는 변동과 관련해 증상적이다. 이 변동에서 존경은 '격하'되며 여타의 모든 감정들과 동일한 수준에 위치하게 된다. 이 변동은 『판단력비판』보다 2년 앞서 출간된 칸트적 도덕철학의 '교리적' 진술인 『도덕형이상학』의 시기가 되어 이미 성취되어 있었다. 『실천이성비판』에서 칸트가 한 장 전체를 존경 개념에 바쳤다면, 『도덕형이상학』에 나오는 '존경'이라는 제목이 붙은 단락은 심지어 한 페이지에도 못 미친다. 더구나 존경은 이 단락에서 '*etwas bloss Subjektives*(한낱 주관적인 어떤 것)'로 정의된다.[21] 칸트

20) Kant, *Critique of Practical Reason*, p. 169. [국역본: 327쪽.]

는 더 이상 '선험적'이고 '비정념적인' 감정에 대해 이야기하지 않는다. 존경의 '대상' 또한 바뀐다. 『실천이성비판』에서 존경의 대상을 구성하는 것은 도덕법칙 그 자체이다. 반면에 『도덕형이상학』에서 우리는 세 번째 『비판』에서 숭고의 변증법을 지배하게 될 역전을 이미 볼 수 있다. 이 역전은 다음과 같이 정식화된다: '자연에 있어서의 숭고한 것에 관한 감정은 우리들 자신의 소명에 대한 존경이다. 하지만 어떤 환치에 의해 이 존경은 자연의 대상에 부여되는데, 이 대상은 우리의 인식능력들의 이성적 소명이 감성의 최대의 능력보다 우월함을 이를테면 직관할 수 있도록 해주는 것이다.'[22]

숭고, 그리고 초자아의 논리

칸트에 따르면 숭고(*das Erhabene*)의 감정은 메아리처럼 출현한다. 처음에 주체는 자연의 어떤 장관(예컨대 '사납게 파도치는 끝없는 대양')과 거기서 스스로를 현시하는 이루 말할 수 없는 힘에 매혹당한다. 이 시작 단계에서 주체는 단지 무력함과 불쾌만을 경험한다. 그리고 갑자기 역전이 발생한다. 이 첫 번째 감정의 '메아리'가 말이다. 그것은 숭고의 감정으로서 표현된다. 자신의 '신체적' 무력함 속에서 주체는 그가 이성적 존재로서 가지고 있는, 자연적이고 현상적인 실존 너머로 그 자신을 '고양'시킬 수

21) Immanuel Kant, *The Metaphysics of Morals*, Cambridge: Cambridge University Press, 1993, p. 203.

22) Kant, *Critique of Judgement*, p. 114.

있는 힘을 자각하게 된다. 칸트가 말하기를, 주체 자신의 무력함이나 무능력(*Unvermögen*)은 그에게 주체 자신의 것이기도 한 무제약적 능력에 대한 의식을 드러내며, 정신은 그 무력함의 감정을 통해서만 이 능력을 미감적으로 판단할 수 있다.[23]

사실상 칸트는 숭고의 감정을 구성하는 두 개의 계기를 구분한다고 주장할 수도 있을 것이다. 첫 번째는 불안의 계기이며 우리 자신보다 비교할 수 없이 크고 강력한 어떤 것에 직면한 당혹스러운 매혹의 계기이다(이것은 거대하고도 '흘러넘치는' 현존으로서 나타난다). 이 불안은 주체가 두 번째 계기로, 숭고 그 자체의—즉, 주체 자신의 '초감성적' 우월성의—감정으로 변형시킴으로써만 피할 수 있는 불안이다. 숭고의 쾌가 언제나 부정적 쾌인 것은 바로 이 때문이다. 그것은 격렬하게 부정적이고 당혹스러운 경험의 자리를 차지하는 쾌이다. 그리하여 '대상은 불쾌를 통해서만 가능한 쾌를 가질 때 숭고한 것으로서 파악된다'.[24]

칸트가 숭고의 감정을 논의하는 매우 흥미롭고도 의미심장한 두 구절을 보도록 하자. 첫 번째는 『실천이성비판』의 결미에, 칸트가 '내 위의 별이 빛나는 하늘과 내 안의 도덕법칙'에 대한 찬가를 부른 직후에 나온다.

> 무한한 세계 집합의 첫째 광경은 동물적 피조물로서의 나의 중요성을 없애버린다. 동물적 피조물은 그것으로 그가 된 질료를, (어떻게 그리된 것인지도 모르겠지만) 짧은 시간 동안 생명력을 부여받은 후에는, 다시금 (우주 안의 한낱 점인) 유성에게로 되

---

23) 같은 글, p. 116.

24) 같은 글, p. 117.

> 돌려줄 수밖에 없다.[25]

두 번째 구절은 『판단력비판』에 나오는 것이다.

> 그리하여 자연을 미감적으로 판단하면서 우리가 그것을 숭고하다고 부른다면 이는 자연이 두려움을 불러일으키기 때문이 아니라 우리의 [자연적] 관심의 [대상들](재산, 건강, 생명)을 사소한 것으로 간주할 수 있는 ([우리 안에 있는] 자연에 속하지 않는) 우리의 힘을 불러내기 때문이다.[26]

이 두 구절은 몬티 파이튼Monty Python의 영화 <삶의 의미> *The Meaning of Life*에 나오는 에피소드를 생각나게 한다. 거기서도 역시 별이 빛나는 하늘의 장대함과 우리 일상 생활의 사소함의 대조는 주요한 역할을 하고 있다. 물론 이 에피소드는 캐리커처이다. 하지만 그렇다고 해서 숭고의 논리를 보다 예리하게 규정하는 데 도움이 되지 않는 것은 아니다.

장면은 한 결혼한 커플의 아파트에서 발생한다. 누군가가 초인종을 누른다. 남편이 문을 열자 두 남자가 들어온다. 그들은 '살아있는 기관 이식' 사업을 하고 있으며, 그의 간을 요구한다. 그는 실수로 간을 기증하겠다는 유언을 한 것이다. 그 불쌍한 남자는 그가 죽을 때에만 그들이 간을 가져갈 권리를 갖는다고 말함으로써 스스로를 방어한다. 하지만 이러한 반대에 대해 그 두 남자는 여하간 그가 간이 제거된 후에 살아남을 것 같지는 않다고 응답한

---

25) Kant, *Critique of Practical Reason*, p. 166. [국역본: 328쪽.]

26) Kant, *Critique of Judgement*, p. 121.

다. 이어지는 장면에서 우리는 유혈이 낭자한 장면을 목격한다. 피가 사방으로 튀고, 두 '도살자' 가운데 한 명이 희생양의 내장에서 피흘리는 기관들을 꺼내고 그것들을 카메라 앞에 흔들어댄다. ……하지만 여기서 정말로 우리의 관심을 끄는 것은 이야기의 다음 부분인데, 그것은 진정한 '숭고의 분석'으로 간주될 수 있을 것이다. 두 남자 가운데 한 명은 부엌으로 아내를 따라간다. 그는 그녀에게 이제 어떻게 할 것인지를 묻는다. 혼자 남아 살 것인지, 혹시 다른 누군가가 기다리고 있는 것인지를 말이다. 그는 마치 그녀에게 구애하는 듯 말하며, 그녀는 아니라고, 다른 누구도 없다고 대답한다. 그녀의 대답에 만족한 그는 그녀의 간도 기증하지 않겠냐고 묻는다. 물론 그녀는 그렇게 할 생각이 전혀 없으며 두려움에 움찔한다. 하지만 그녀는 숭고의 끝머리까지 이르게 된 이후에 마음을 바꾼다. 다시 말해서 그녀가 자신의 위치가 보다 '고양된' 관점에서 볼 때 얼마나 하잘것없어 보이는지를 '깨닫게' 될 때 말이다. 턱시도를 입은 어떤 남자가 냉장고에서 출현하며 그녀를 에스코트해서 그녀의 일상생활의 부엌에서 데리고 나가 우주를 가로질러 산책을 시켜준다. 별이 빛나는 하늘을 가로질러 산책하는 동안 그는 '수백만에 수십억을 곱한' 별과 행성에 대해, 그들의 '지적인' 배열에 대해, 그리고 기타등등에 대해 노래한다. 이 우주적인 (그리고 그녀에게는 분명 숭고한) 경험 덕분에 그녀는 물론 바라던 결론에 이르게 된다. 이 놀랍고도 생각할 수도 없는 우주 속에서 나는 얼마나 작고도 사소한 존재인가! 결과적으로 그녀에게 다시 한 번 간을 기증할 것인지를 묻자 그녀는 더 이상 주저하지 않는다.

이미 말한 것처럼 이것은 캐리커처이다. 하지만 그럼에도 불구하고 이 이야기의 논리는 숭고와 관련하여 칸트가 지적한 논리와 정확히 동일한 것이다. 무언가가 우리 속으로 밀고 들어와 우리가 모든 것을, 우리의 안녕과 이에 연관된 일체의 것을 잊게 되는 (그리고 포기하게 되는) 순간들이 있다. 우리가 우리 존재를 희생할 수 있는 한에서만 우리 존재가 무언가 가치있는 것임을 확신하게 되는 순간이 말이다. 물론, 동일한 숭고의 감정에 압도되고 도전받지 않는 '무관심한 관찰자'에게만 이 모든 것이 우스꽝스러워 보인다는 것을 강조할 필요는 없다. 앞으로 보게 되겠지만 이 특별한 양태의 도전은 숭고의 논리에 있어 아주 중요한 것인데, 우리는 여기서 이 논리를 규정하고자 하는 것이다.

따라서 앞서 인용된 구절에서 숭고의 경험을 기술하는 두 가지 핵심적인 요점은 다음과 같다.

1. '우주 전체'가 관련된 한에서 우리가 하찮은 존재라는 느낌(우리는 광대한 우주 안의 한낱 점에 불과하다).
2. 일상 생활에서 우리 경험의 중력의 중심으로서 기능하는 것이 갑자기 사소하고 중요하지 않은 것으로서 다가온다.

우리가 불안의 감정을 숭고(고양됨*das Erhabene*)의 감정으로 '해소'하는 순간 우리는 우리 밖에 있는 세계뿐만 아니라 우리 자신에게도 연관된 숭고성(고양)을 다루고 있는 것이다. 다시 말해서 숭고의 감정은, 그것의 반면은 언제나 일종의 불안인바, 주체에게 자신의 일부를 외래적 신체로서, 그녀가 아닌 '외부 세계'에 속하는 것으로서 간주하기를 요구한다. 여기서 우리는 '신체와 영혼의 분리'라 부를 수 있는 것을, 즉 죽음의 은유를 다루고 있는 것이다. 우리는 우리 자신의 '작음'과 하찮음을 자각하게 되지만 동시에 우리의 의식은 이미 '피난처'에 있는 것이다. 즉 우리의 의식은 이미 안전한 장소에 위치하고 있는 것인바, 그로부터 우리는 이러한 종류의 고양된 판단을 언표할 수 있으며 또한 작고도 하찮음을 깨닫게 된 우리 자신의 일부를 포기할 수 있는 것이다. 그리하여 우리는 우리 자신을 일상적인 필요들 너머로 '고양'시킬 수 있음을 의식하게 됨으로써 초래되는 나르시시즘적 만족을 즐길 수 있다. 다시 말해서 숭고의 감정은, 칸트의 표현대로, 자기-존중(*Selbstschätzung*)과 연계된다.[27]

잠시 이 점에 관심을 돌려보자. 여기서 우리가 '나르시시즘적 만족'이라고 부르는 것은 사실 숭고의 감정과 더불어 출현하는 자기-존중과 밀접하게 관련되어 있다. 이 점에 대한 칸트의 해명은 '거울단계'에 대한 라캉의 설명과 아주 흡사하다. 우선 우리는 문제의 그 나르시시즘이 단순히 자기 자신 속에 폐쇄된 자아의 나르시시즘으로 이해되지 말아야 한다는 것을 지적해야만 한다. 나 자신의 이미지를 형성하기 위해서 나는 나 자신을 '외부로부터', **타자**에게 속하는 공간 속에서 (예컨대 거울 공간 속에서) 보거나 관찰해야만 한다. 다시 말해서 주체가 자신을 마치도 동시에 다른 누군가인 것인 양 가리킬 수 있는 근본적 소외가 없다면 그 어떤 나르시시즘도 있을 수 없다. 주체가 자기 자신에게 '승리'하거나 '자신을 정복할' 수 있는 능력에 흥분할 때 걸려 있는 것이 바로 이것이다. 이것이 함축하고 있는 분신the double의 형상은 이미 칸트의 텍스트에 존재한다.

27) 같은 곳.

둘째로 나르시시즘은 언제나 죽음의 단서를 내포한다. 나르시시즘의 '변증법'은 주체의 죽음(의 가능성) 둘레로 선회한다. 우리가 우리 분신에 대해 맺는 관계는 언제나 어떤 배타적 분리에 의해 규정된다. 그것은 '너이거나 아니면 나'이다. 이 자리는 우리의 그 둘을 위해 충분히 크지 않은 것이다. 우리의 어떤 하나는 사라져야 한다. 이런 의미에서 나르시시즘은 겉보기보다 훨씬 더 애매하다. 그것은 단순한 '자기에 대한 사랑'으로 환원될 수 없는데, 왜냐하면 이 사랑은 자기를 겨냥하는 증오나 파괴적 공격과 전적으로 분리될 수 없기 때문이다. 칸트의 *Selbstschätzung*[28]이라는 용어는 나르시시즘의 이 차원을 아주 잘 표현하고 있으며, 실로 평가의 요소를 함축한다. 더구나 칸트의 텍스트에서 핵심적인 것은 우리가 다른 누군가와의 관계에서가 아니라 자기 자신과의 관계에서 스스로를 평가한다는 것이다. 그리하여 우리는, 내가 나 자신을 타인들보다 더 훌륭하다고 생각하기 때문이 아니라 나 자신이 나 자신보다 더 훌륭하다는 것을 발견하기 때문에 궁극적으로 자신을 사랑하는 것이라고 말할 수 있다.

이 모든 것에서 하나의 물음이 떠오른다. 주체가 불안의 감정을 전환하고 어떤 상당한 불편감을 일정한 쾌의 획득으로 전환하는 이러한 변동 속에서 작동하는 논리에 관한 물음 말이다. 이 논리는 유머의 메커니즘을 환기시키는데, 프로이트에 따르면 그것은 언제나 고통의 자리를 차지하는 쾌락의 문제이다. 유머는, 농담이나 희극과는 구분되는 것으로서, 칸트의 숭고의 논리와 정확히 동일한 논리를 따른다. 프로이트 자신이 기술하고 있는 유머의

28) [독일어 'Schätzung'은 원래 '평가'를 뜻한다.]

사례를 고찰해보자. 그것은 숭고의 사례로서 분류될 수도 있을 것이다. 프로이트의 유머 사례는 월요일에 교수대에 오르게 된 죄수의 사례이다. 그는 이렇게 말한다: '일주일이 참 보기 좋게 시작되는군.' 농담과 희극과 유머는 어떤 공통적 특질을 가지고 있다. 그럼에도 불구하고 유머는 지적 활동에서 쾌락을 얻는 다른 두 방법에는 없는 특성으로 인해 구분된다. 유머는 '무언가 장엄하고 고상한 것을 가지고 있다.'[29] 계속해서 프로이트가 말하기를 이 변별적 특징은 '물론 나르시시즘의 승리에, 다시 말해 자아의 불가침성을 승리에 차서 주장한다는 데 있다.'[30] 여기서 숭고의 기본적 틀을 못 보는 것이 어려운 일이다. 하지만 그럼에도 불구하고 그것이 작동하는 메커니즘은 여전히 불분명하게 남아 있다.

여기서 주체는 (위협적인) **사물**의 외상적 근접성에 직면하며, 새로운 거리를 도입함으로써, 어떤 극적인 효과의 외양을 한 일종의 무관심을 도입함으로써 반응한다. 바로 이것이 칸트가 무감정의 감정*pathos of apathy*이라 부르는 것이다. 하지만 이 거리는 무엇에 의존하고 있는 것인가? 프로이트의 답은 초자아에 의존한다는 것이다. 문제의 이 태도는 주체가 '정신적 강조점을 자아에서 철회하고 초자아로 옮겼다'는 데 있으며 '이렇게 거대해진 초자아가 보기에 자아는 한없이 초라하고 그의 이해관계 또한 대수롭지 않은 것으로 비칠 뿐이다.'[31] 그리하여 주체는 세계에 대한

29) Sigmund Freud, 'Humour', in *Art and Literature*, Harmondsworth: Penguin, 1988 (The Pelican Freud Library, vol. 14), p. 428. [국역본: 지그문트 프로이트, 『예술, 문학, 정신분석』, 열린책들, 2003, 511쪽.]

30) 같은 글, pp. 428~429. [국역본: 511쪽.]

거리를 둔 혹은 '고양된' 관점을 취하며 그 자신을 이 세계의 일부로서 본다. 더 나아가, 주체의 초자아가 강하면 강할수록 이 주체는 숭고의 감정에 감화받기가 더 쉬울 것이라고 말할 수도 있을 것이다.

우리는 또한 이와 동일한 강조점의 이동이 숭고의 감정에서도 작동한다는 것을 덧붙일 수 없는가? 우리가 우리 자신 안에서 '우리의 자연적 관심사의 대상들—재산, 건강, 생명 등등—을 작은 것으로서 간주할 수 있는 힘'을 발견할 때 말이다. 공간적 은유를 사용하자면, 초자아는 숭고의 탄생지로 간주될 수도 있을 것이다. 그리고 이는 전혀 놀랍지 않은 것임을 깨달아야 하는 명제이다. 주체가 자신과 자신의 '자연적 실존'을 장악하고 있다고 느끼는 이 지배는 바로 주체로 하여금 현실의 모든 요구에도 불구하고 자신의 안녕에 반하여 행위하고 자신의 이익과 필요와 쾌락을 비롯해 자신을 '감각적 세계'에 묶어놓는 일체의 것을 포기하도록 강제하는 초자아의 능력이다.

이 지점에서 또 다른 물음이 답을 요구한다. 숭고는 종종 우스꽝스러운 것의 끝머리에 놓여 있는 것이라고 이야기되곤 한다. 매우 종종 우리는 우리가 그것을 어떻게 보느냐에 따라서 그것은 숭고한 것이기도 하고 우스꽝스러운 것이기도 하다와 같은 공식들을 만난다.[32] 영화 <삶의 의미>에 나오는 에피소드에서 이미

---

31) 같은 글, pp. 430~431. [국역본: 514쪽.]

32) *Collins Cobuild English Language Dictionary*에는 다음과 같은 예가 있다: '영화는 숭고한 것에서 우스꽝스러운 것으로 쉽사리 바뀐다(Films easily go from the sublime to the ridiculous).' [사실 이 예는 이 사전의 'sublime'이라는 표제어에 나오는 'from the sublime to the ridiculous'라

보았지만 숭고의 감정에 압도된 어떤 사람에 대한 '무관심한' 관찰자가 되는 것으로도 바로 이 감정이 즉각 익살극으로 변모되기에 충분하다. 그렇다면 반대되는 것들의 이와 같은 수렴을 어떻게 설명할 것인가? 아주 단순하다: 초자아의 관점에서 볼 때 숭고한 것은 자아의 관점에서 볼 때 우스꽝스러운 것이다.

그렇지만 숭고의 감정은 (주체에게 위협을 가하는) **사물**의 근접성을 지시하는 데만 있는 것이 아니다. 동시에 그것은 그것과의 조우를 현실적으로 피할 방법이기도 하다. 다시 말해서 초자아의 '팽창' 그 자체는 **사물**(*das Ding*), 즉 '순수 상태'에서의 죽음충동을 피하는 전략에서 핵심적 역할을 한다. 비록 이 '팽창' 자체가 곧바로 죽음으로 귀결될 수 있다고 하더라도 말이다. (앞에서 본 것처럼 칸트는 주체가 이 상태에서 재산과 건강과 심지어 생명까지도 포기할 준비가 되어 있다고 주장한다.)

칸트 또한 자기 고유의 방식으로 도덕적 작인이 숭고라는 요소에서 출현하는 지점에 이른다. 그는 보편성의 문제를 다루면서 그 지점에 이른다. 문제의 그 논의는 숭고와 미가 미학적 범주들로서 결코 법칙의 보편성을 획득할 수는 없지만 그럼에도 불구하고 그것들에 귀속될 수 있는 일종의 보편성, 법칙의 보편성과는 다른 보편성이 있다는 사실과 관련이 있다. 바로 이러한 역설적 보편성 위에 *Urteilkraft*(판단력)가 기초하고 있다. 칸트에 따르면, 우리가 심미적 현상을 판단하고 있을 때 우리는 모든 사람의 동의를 **가정하는***postulate* 것이 아니라 모든 사람에게서 동의를 **요구하는***require* 것이다.[33] 다름아닌 판단 그 자체(예컨대, '이

는 관용구의 사용 사례이다.]

이미지는 아름답다')가 그것 자체의 보편성을 구성한다. 좀더 적절하게 말하자면, 판단을 내리면서 우리는 이 판단이 보편적으로 타당하게 되는 '우주'를 구성한다. 하지만 모든 사람에게서 이처럼 동의를 요구함으로써 우리는 다른 어떤 것에 의존하지 않을 수 없게 된다. 그리고 이 '다른 어떤 것'은, 숭고의 경우에, 정확히 도덕적 작인이다. '[숭고에 대한 판단은] 인간 본성에 근거를 두고 있다. 실로 그것은 건전한 지성과 더불어서 우리가 모든 사람에게 요청하고 요구할 수 있는 어떤 것에 근거를 두고 있다. 다시 말해서 (실천적) 관념들에 대한 감정의 소질, 즉 도덕적 감정의 소질에 말이다.'[34] 앞으로 보게 되겠지만 도덕법칙의 이 '얼굴'은 점차로 훨씬 더 큰 중요성을 얻게 된다.

이 지점에서 우리는 궁금할 것이다. 주체가 그녀 앞에서 보는 것(예컨대, 허리케인)과 그런 다음 주체가 그녀 자신 속에서 발견하는 것(한층 더 큰 힘)의 관계는 정확히 무엇인가? 첫 번째가 두 번째를 불러내도록 하는 것은 도대체 무엇인가? 우리의 테제는, 칸트적 관점에서 '그 자체로' 공포스러운 어떤 것(칸트 자신의 예를 들자면 '지나간 자리를 황폐화시키는 허리케인')과의 대면은 잔인하고 고삐풀린 협박하는 초자아—(우리 안에 있는) 도덕법칙의 '실재적인 측면 혹은 반면', 향유의 자리로서의 초자아—를 구현하는 힘으로 주체에게 다가온다는 것이다. 자연 현상의 파괴적 힘은 이미 주체에게 익숙한 것이며, 따라서 '내 위의' 파괴적 힘은 쉽사리 '내 안의' 파괴적 힘을 불러낸다. 숭고의 감정은

33) Kant, *Critique of Judgement*, p. 60을 볼 것.

34) 같은 글, p. 125.

이 환유를 통해 발달한다. '내 안에 있는 파괴적 힘'은 실제로 엄밀한 의미에서의 도덕법칙을 가리킬 수 없으며, 초자아의 힘에, 다시 말해서 '대담한 범죄자들조차 떨게 만들' 수 있는 응시와 목소리를 갖춘 법칙에 아주 잘 조응한다.

이제 우리는 미와 숭고의 주요한 차이를 분명하게 말할 수 있는 위치에 있다. 칸트는 미를 '목적 없는 합목적성'으로 정의한다. 미는 언제나 목적성의 형식을 가지고 있지만 결코 실제로 목적—그것이 조응하는 개념—을 가지지는 않는다. 공예품들이 진정으로 미적인 것으로 결코 판단될 수 없는 것은 바로 이 때문이다. 공예품들의 경우는 그 기능이나 유용성이 끼어드는 것이다. 하지만 미적인 사물들은 외적인 어떠한 목적도 가지지 않지만 마치 가지고 있는 것인 양 구성된다. 미는 예기치 않은 것일 때에만, 그 어떤 사전에 주어진 목적에도 이바지하지 않는 것일 때에만 가능하다. 칸트에게 탁월한 미의 사례들이 자연적 형성물들인 것은 바로 그 때문이다. 하지만 자연적 형성물(예컨대 결정結晶 형태)을 미적이게 하는 것은 그것이 우리에게 **자연**이 알고 있다는 인상을 제공한다는 사실이다. 우리는 **자연**이 자신이 하고 있는 것을 안다는, 자연이 하고 있는 것에 어떤 의미가 있다는 느낌을 받는다. 사실은 그렇지 않다는 것을 잘 알고 있음에도 불구하고 말이다. 그리하여 미에 대한 가장 단순한 정의를 내려본다면, 미란 그 형식이 전적으로 우연의 일치에 의한 것이거나 우발적인 것이거나 비의도적인 것임을 우리가 알고 있다는 사실로 인해 매혹이 생겨나는 어떤 의미-충만한 형식이다. 반면에 숭고는 명백히 무의미한 형식이다. 그것은 무질서(화산의 폭발, 사나운 바다, 폭풍우의 밤 등등)의 체화에 가깝다. 그것은 순수한 과잉으로 보이며, 불가해한 '향유'의 분출로, 순수한 낭비로 보인다. 다시 말해서 미가 **자연**이 아는 자리로서 특성화된다면, 숭고는 **자연**이 즐기는 자리이다. 숭고에 있어 그토록 매혹적인 것은 바로 이 **타자**의 향유, 그 어떤 (실재적이거나 분명한) 목적에도 이바지하지 않는 향유이다.

이러한 정의는 역학적 숭고(**자연** 속의 폭력에 의해 예시되는, 칸트의 첫 번째 유형의 숭고)에만 타당한 것이 아니라 다른 유형의 숭고, 즉 수학적 숭고에도 타당하다. 역학적 숭고가 칸트적인 도덕적 작인의 무자비하고도 치명적인 측면을 체화하고 있다면, 무한과 영원을 겨냥하는 수학적 숭고는 도덕법칙의 주체에게 부과되는 '무한한 과제'의 차원을, 우리가 할 수 있는 전부는 순수한 도덕적 행위에 무한히 접근하는 것뿐이라는 사실을 드러낸다. 혹은, 수학적 숭고의 이 논리를 사드적 관점에 위치시킨다면, 그것은 무한한 고통의 환상—그러한 환상의 틀 속에서 모든 신체는 숭고한 신체로서 기능한다—을 지탱한다.

이는 칸트의 숭고 이론을 '환상의 논리'에 대한 이론으로서도 읽을 수 있음을 암시한다.[35] '단순한' 공포와 숭고의 감정의 차이를 고려할 때 이는 한층 더 분명해진다.

칸트는 우리에게 숭고의 감정이 하나의 절대적인 필요조건을 가지고 있다고 말한다. 즉 자연의 매혹적인 장관의 관람자로서 우리 자신들은 안전한 어딘가에 있어야만 한다는 것, 직접적 위험에서 벗어나 있어야 한다는 것. 하지만 허리케인이 우리의 피난처인 집을 파괴한다면 우리는 이를 숭고한 것으로 보지 않을 것이

35) 아직 출간되지 않은 라캉의 세미나의 제목.

다. 우리는 공포와 두려움 말고는 아무것도 느끼지 못할 것이다. 숭고의 감정이 출현하기 위해서는 우리의 (감성적) 무능과 필멸성은 우리가 이를 조용히 관찰할 수 있는 방식으로 '저기 어딘가에서' 상연되어야 한다. 숭고의 감정의 필요조건은 우리가 허리케인을 '창문을 통해서' 지켜본다는 것이다. 이는 라캉이 '환상의 창문'이라고 부르는 것에 다름아니다.

> 번개와 천둥소리가 동반되어 부유하는 하늘에 쌓인 암운, 파괴적 힘을 가진 화산, 지나간 자리를 황폐화시키는 허리케인…… —이러한 것들 중 어느 하나에 비교할 때 우리의 저항 능력은 중요치 않은 하찮은 것이 된다. 하지만 이러한 것들의 광경은 더 두려운 것일수록 매혹적이다. 우리가 안전한 장소에 있는 한 말이다.[36]

그리하여 나는 창문을 통해 마치 나 자신이 '중요치 않은 하찮은 것'으로 환원되는 것을 관찰하는 것과도 같다. 나 자신에 비해 엄청나게 더 강력한 힘들의 손 안에 있는 장난감으로 말이다. 여기서 우리는 칸트의 '근본적 환상'을 식별할 수 있다. 즉 무감정의 감정—이는 자율적이고 능동적인 주체의 이면이며 또한 그 속에서 주체는 전적으로 수동적이며, **법**의 향유에 내맡겨진 불활성 물질이다.

이러한 배치—거기서 우리는 '안에' 있는 동시에 '밖에' 있으며, 거기서 우리는 '중요치 않은 하찮은 것', 엄청난 힘들이 가지고 노는 하나의 모래알인 동시에 이러한 광경의 관찰자이다—는

---

36) Kant, *Critique of Judgement*, p. 120. 강조는 덧붙임.

칸트의 이론에서 존경의 감정이 겪는 변화와 밀접하게 연관이 있다. 이미 본 것처럼 이것이 그러한 까닭은, 후기 칸트에서 존경의 감정을 불러일으키는 것은 주체가 자신을 법에 종속된 것으로 본다는—주체가 법에 의해 굴욕당하고 겁에 질린 자신을 본다는—사실이기 때문이다.

이러한 맥락에서 다음과 같은 것을 지적하는 것이 흥미로울 수 있을 것이다. 즉 칸트의 저술에서 도덕법칙과 초자아 논리의 동일시와 더불어 『실천이성비판』에서 그 어떤 역할도 하지 못했으며 심지어 그것의 어휘의 일부조차 아니었던(이는 그 자체로도 충분히 주목할 만한 것이다) 어떤 개념—*Gewissen* 혹은 '(도덕적) 양심'—이 출현한다. 그렇지만 이 개념은 『도덕형이상학』에서 두드러지는데, 거기서 이 개념은 아주 웅변적으로 기술되어 있다. 예컨대: '모든 사람은 양심을 가지고 있으며 자신이 관찰당하고 있다는 것을 알게 된다. 그리고 일반적으로 내부의 재판관에 의해 외경감(두려움이 섞인 존경)을 느끼게 된다.'[37] 여기서 우리는 응시와 목소리의 형상을 발견하는데, 이는 양심이 가진 '관찰'의 힘과 '위협'을 가할 수 있는 능력에 함축되어 있다. 계속해서 칸트가 말하기를

> 그는 실로 쾌락과 산만함으로 인해 정신을 잃거나 잠에 빠질 수 있을 것이다. 하지만 이따금씩 제정신을 차리거나 잠에서 깨어나지 않을 수 없다. 그리고 그렇게 될 때 그는 즉시 그것의 두려운 목소리를 듣는다. ……양심이 하는 일은 인간이 자기 자신을 상대로 하는 일이지만 자신의 이유들로 인해 제약된 인간은 다

37) Kant, *The Metaphysics of Morals*, p. 233.

> 른 사람의 명령에 따르는 것인 양 그것을 이행하도록 구속되어 있는 자신을 본다는 점에서 특유하다.[38]

그러므로 우리는 칸트의 윤리가 후기에 전개된 어떤 지점에서 초자아적인 도덕법칙의 길을 따른다고, 숭고의 이론에서의 (문자 이전의) 초자아 형상의 중요성에 의해 '보강된' 길을 따른다고 결론을 내릴 수 있다. 그렇지만 이러한 관찰로 인해 칸트 철학에서 도덕법칙의 이 '진화적 행로'가 유일하게 가능한 것이라고 혹은 칸트의 처음 입장의 논리적 결과라고 결론내리게 되어서는 안 된다.

이러한 경고가 합당한 것은, 우리가 이미 본 것처럼 도덕법칙에 대한 칸트의 설명에서 두 개의 상이한 논변 노선을 구분하는 것이 가능하기 때문인데, 이는 우리가 좀더 예리하게 다듬는다면 도덕법칙에 대한 두 개의 아주 상이한 개념으로 귀결될 수도 있다. 첫 번째는 '무정한' 칸트의 이미지와 연관되어 있는 것이다. 도덕법칙은 무조건적이다. 도덕법칙은 (그 어떠한 더 고귀한 원칙이나 개념에서도 이끌어낼 수 없으므로) 공백 속에 홀로 서있으며 (그것이 주체 안에 일깨우는 존경의 감정은 본질적으로 여하한 동기의 부재와 도덕법칙을 표상하는 여하한 수단의 부재에 연계되어 있기 때문에) 이 공백을 통해서만 주체에게 영향을 미칠 수 있다. 도덕법칙의 또 다른 '초상'의 출현은 보다 '온정적인' 칸트에게 부착된다. 밤의 어둠 속에 서 있으면서 그 위의 별이 빛나는 하늘과 그 안의 도덕법칙에 경탄하는 칸트 말이다.

---

38) 같은 글, pp. 233~234.

도덕법칙에 대한 후자의 초상에 나오는 초자아의 역할을 고찰할 때, 초자아의 형상으로 환원할 수 없는 도덕법칙을—혹은 적어도 도덕적 작인을—생각하는 것이 도대체 가능한 것인가라는 물음이 떠오른다. 그 일체의 공명에 있어 초자아의 논리에 종속되지 않은 윤리를 생각하는 것이 가능한가? 한편으로, 종종 강조되곤 하는 그 요구들의 '불합리성'으로부터 자유로우며 다른 한편으로 '외적' 권위와 가치와 규범의 '내적' 대표로서의 그 사회화 기능으로부터 자유로운 윤리 말이다. 우리는 이에 긍정적으로 답할 수 있다. 바로 이것이 라캉이 자신의 윤리 개념을 통해 추구하는 것임을 간단히 지적함으로써 말이다. 하지만 이 문제를 다루기 전에 우리는 칸트 또한 이에 긍정적으로 답할 수 있는 것인지를 고찰하는 것이 좋을 것이다.

법의 지위

칸트에게서의 도덕법칙의 지위라는 문제를 순수 이성과 경험적 대상들(혹은, 행동들) 간의 관계라는 관점에서 접근해보자. 칸트는 『순수이성비판』에서 이 관계를 광범위하게 다룬다. 한편으로 가능한 경험의 대상들, 즉 현상들이 있다. 이것들은 일정한 연합 속에서 그리고 일정한 질서 속에서 나타나며, 한데 모여 경험적 현실을 구성한다. 그렇지만 경험적 현실 속에서 우리가 지각하는 현상들의 연합과 질서는 그 자체로 아직 인과 법칙을 함축하지 않는다. 이 법칙은 구분의 나머지 다른 쪽에 놓여 있는 것이다. 칸트가 '범주들'이라고 부르는 지성의 선험적 개념들 가운데 말이다. 경험의 대상들과 범주들은 우리의 인식 능력들의 절대적으로 이질적인 두 요소이다. 그들 간에 그 어떤 직접적인 연계를 확립하는 것도 불가능하다. 다시 말해서 지성의 개념들은 (곧바로) 현상들에 적용될 수 없는데, 왜냐하면 그 개념들은 '경험적 직관과는…… 전혀 이종적이요, 어떠한 직관에서도 발견될 수가 없'기 때문이다.[39] (경험적) 내용 없는 개념은 공허하고 개념 없는 직관은 맹목적이라는 유명한 칸트의 은유는 상보성을 함축하는 것으로 보아서는 안 된다. 이 '이상적 파트너들'은 각자가 혼자만으로는 결여하고 있는 그 무엇을 서로에게 제공하기 위해 만날 수 없다. 이 엄격한 분리 때문에 생기는 문제를 해결하기 위해 칸트는 도식론을 전개한다. 범주와 경험 대상이 연결되어 인식(현상들의 어떤 질서를 **필연적인** 것으로서 파악하는 것)이 발생하기 위해선 '한쪽으로는 범주와 다른 쪽에서는 현상과 동종적이어야 하고, 전자를 후자에 적용할 수 있도록 하는 제삼자가 있어야만 한다'.[40] 칸트가 '매개적 표상'이라 부르는 이것은 한 측면에서는 지성적이어야 하고 다른 측면에서는 감성적이어야 한다. 그와 같은 표상은 **초월적 도식**이다. 그것이 그 매개적 책무를 이행할 수 있는 것은 초월적 시간 규정으로 이루어지기 때문인데, 이는 나의 경험의 필연적 조건인 동시에 지성의 개념 일체의 필연적 조건이기도 하다.

칸트가 주장하기를 '도식은 그 자체로는 언제나 상상력의 산물이다. 그러나 상상력의 종합이 의도하는 것은 그 어떤 개개의 직

39) Immanuel Kant, *Critique of Pure Reason*, London: Macmillan, 1929, p. 180. [국역본: 『순수이성비판』, 박영사, 167쪽.]

40) 같은 글, p. 181. [국역본: 167쪽.]

관도 아니며 다만 감성의 규정에 있어서의 통일이므로, 도식은 상(*Bilde*)과는 구별되어야 한다.'[41] 그리하여 도식은 상이 아니며, 범주와 경험 대상의 만남을 위한, 범주가 현상들에 적용되기 위한 '좌표'를 확립하는 어떤 것이다.

그리하여 우리는 '이론적 철학'의 영역에서 진정한 (인과) 법칙의 출현은 어떤 비약을 내포한다는 것을 볼 수 있으며, 초월적 도식의 역할이 이를 선형적 전이로 변형하는 것이 아니라 이 비약이 성취될 수 있는 공간을 창출하는 것임을 볼 수 있다. 우리는 이렇게 말할 수도 있을 것이다. 초월적 도식은 우리가 범주의 편에서 '도약'할 때 공백 속으로 도약하는 것이 아니라 가능한 경험의 대상 위로 '착륙'하는 것임을 보증하는 데 이바지한다고 말이다.

실천 철학의 영역으로 이동할 때, 비록 출발 지점은 유사할지라도, 사태는 훨씬 더 복잡해진다. 한편으로 행동의 경험적 현실성이 있다. 다른 한편으로 모든 경험적 요소들과 독립해서 의지를 선험적으로 규정하는 '자유의 법칙'이 있다. 하지만 모든 가능한 행동들은 경험적 행동이기 때문에 '감성 세계 안에서…… 자유의 법칙이 그것에 적용되는 경우를 발견하고자 하는 것은 터무니없는 일로 보인다.'[42] 다시금 우리는 판단 속에서 여하간 함께 연결되어야 하는 두 요소의 근본적 이질성과 대면하게 된다. 그렇지만 여기서 어려움은 우리가 '이론적 이성'의 경우에서 만난 어려움들보다 훨씬 더 심각한 것이다. 왜냐하면 '자유의 법칙'은 선험적

41) 같은 글, p. 182. [국역본: 168쪽.]

42) Kant, *Critique of Practical Reason*, p. 71. [국역본: 158쪽.]

일 뿐 아니라 또한—범주들과는 달리—감성의 선험적 형식들(시간과 공간)에 '독립해' 있기 때문이다. 이는 초월적 도식이 법칙과 경험적 현실 사이의 연계를 확립하는 데 도움을 줄 수 없을 것임을 의미한다. 좀더 정확히 말해서, 우리가 찾고 있는 도식은 법칙에 따라 발생하는 어떤 경우의 도식이 아니라 '**법칙 그 자체의 도식**(이 말이 여기서 적절하다면)'이다.[43] 이미 본 것처럼 도식은 감성적 직관 그 자체의 대상들이 종속되어야 하는 법칙으로서의 자연 법칙에 조응해야만 하는 상상력의 보편적 절차이다. 하지만 그 어떤 직관이라도—따라서 그 어떤 도식이라도—자유의 법칙에 제공될 수 없으므로, 도덕법칙은 **자연**의 대상들에의 적용을 매개할 지성 이외의 그 어떤 다른 인식 능력도 가지고 있지 않다. 지성은 이성의 **이념**에게 감성의 도식이 아니라 법칙을 제공할 수 있다. '이 법칙은 감관의 대상들에서 구체적으로 그려내질 수 있는 것으로서 자연 법칙이다. 하지만 오로지 그것의 형식의 면에서 말이다.'[44] 칸트가 도덕법칙의 범형이라 부르는 것이 바로 이 법칙이다.

도식 대신에 우리는 이제 범형을 갖는다. 자연 법칙을 모델로 하여 구성되고 단지 그 형식적 성격에서만—그 보편성에서만—취해진 범형을 말이다. 하지만 정확히 이 '범형'이란 무엇인가? 칸트는 다음과 같이 그것을 정식화한다. '네가 의도하고 있는 행위가 너 자신도 그 일부일 자연의 법칙에 따라서 일어나야 하는 것이라면, 그 행위를 네 의지에 의해 가능한 것이라고 네가 과연

43) 같은 글, p. 72. 강조는 덧붙임. [국역본: 159~160쪽.]

44) 같은 곳. [국역본: 160쪽.]

볼 수 있겠는가를 네 자신에게 물어보라.'[45] 이 정식화는 칸트가 다른 곳에서 정언명령이라 부르는 것에 정확히 조응한다. 정언명령에 대한 몇 가지 정식화를 제공하고 있는 『도덕형이상학의 정초』에서 우리는 다음과 같은 정식화를 발견한다: '마치 너의 행위 준칙이 네 의지를 통해 보편적 자연 법칙이 되도록 그렇게 행위하라.'[46] 이 구절은 칸트가 『실천이성비판』에서 '범형'을 정의하면서 사용하는 것과 거의 정확히 동일하다.

그러므로 정언명령은 도덕법칙의 범형에 다름아니다. 하지만 추가적 물음이 생긴다. 그렇다면 무엇이 도덕법칙인가? 그것은 무엇을 명하는가? 그것은 무엇을 '원하는가'? 정언명령의 '…… [하]도록 그렇게 행위하라(So act that ……)'는 문구는 '내가 무엇을 해야 하나요?'에 대한 답이 아니라 오히려 '내가 어떻게 그것을 하지요?'—'그것'이 수수께끼로 남아 있는 물음—에 대한 답이다. 칸트적 윤리의 엄밀한 개념은 이 '그것'이 행위 속에서 발생하거나 아니면 발생하지 않는 그 무엇이라는, 그것은 (심지어 계율의 형식으로도) 그 어떤 선-존재도 가지고 있지 않다는, 그리고 끝으로 (법칙에 대한 부합은 어떤 행위가 윤리적인 행위가 되기에 엄밀히 말해 충분치 않음을 우리가 알고 있기 때문에) 정언명령이 엄격하게 적용될 때마다 그것이 발생할 것이라는 그 어떤 보증도 우리는 가지고 있지 않다는 결론을 내리지 않을 수 없도록 만든다.

그래서 (도덕법칙의) 범형은 법칙의 이미지가 아니며, (예지적)

45) 같은 곳. [국역본: 160~161쪽.]

46) *Grounding for the Metaphysics of Morals*, in Immanuel Kant, *Ethical Philosophy*, Indianapolis, IN/Cambridge: Hackett, 1994, p. 30.

법칙을 감성 영역에 '투사'하는 것이 아니다. 범형은 표상 속에서의 법칙의 '변형deformation'이 아니다. 범형은 법칙이다, 하지만 (형식에서만 취해진 자연의 법칙이므로) '완전한' 법칙은 아니다. 범형은 '절반의 법칙'이다. 정언명령이 '절반만 말해진 것'('*le mi-dire*')인 것과 마찬가지로 말이다. 너는 너의 의지의 준칙이 언제나 동시에 보편적 입법의 원리로서 타당할 수 있도록 그렇게 행위해야 한다: 이것은 '절반만 말해진 것'의 전범적 사례이다. 그것은 법칙이 되기 위해서 주체의 현실적 행위에 의해 보충되어야 한다. 비시간적이고 초-주체적인 것으로서의 도덕법칙은 주체의 시간적 행위에, 법칙 속에서 ('큰 **타자**' 속에서) 그 어떤 선-존재하는 보증물도 발견하지 못하는 행위에 '의존한다'. 바로 이 행위 속에서 법칙 그 자체가 구성되는 것이니 말이다. 이 점은 절대적으로 중요하다. 법칙은 주체가 따르기를 기다리면서 언제나-이미 거기에 있는 것이 아니다. 바로 이 복종, 이 (윤리적) 행위야말로 비시간적이며 초-주체적인 것으로서의 **법칙**을 구성하는 것이다.[47]

이를 어떻게 이해할 수 있을까? 라캉의 유명한 진술에서 시작해보자. 그 진술에 따르면 욕망은 (언제나) **타자**의 욕망이다. 이 진술이 '당신의 욕망에 대해 양보하지 마라'는 윤리적 준칙을 배제하지 않는다는 것을 염두에 두는 것이 중요하다. 다시 말해서 **타자**의 차원은 주체의 욕망의 진정성을 배제하지 않는다. 하지만 어떻게 이것이 가능한가? 타자의 욕망은 대답이나 명령('나는 이

47) 여기서 우리는 *The Indivisible Remainder*, London and New York: Verso, 1996, p. 143에 나오는 지젝의 논의를 따르고 있다.

것을 혹은 저것을 원한다')의 형식으로 제시되는 것이 아니라—라캉의 지적처럼—스핑크스가 오이디푸스에게 던지는 것에 비교될 수 있는 물음이나 수수께끼의 형식으로 제시된다는 것을 우리가 인정하는 한에서.[48] 주체는 대답할 것이고, 이런 저런 방식으로 대답하면서 주체는 자신의 욕망의 운명을 쓸 것이다. '욕망은 **타자**의 욕망이다'라는 진술은 **타자**를 욕망의 물음이 기원적으로 출현하는 현장*site*으로서 설정한다. **타자**의 욕망은 다른 어떤 곳에 존재하고 주체는 그것이 무엇인지를 알아서 그것을 자신의 욕망의 모델로 삼는다는 것이 요점인 것이 아니다. 칸트의 도덕법칙의 경우도 마찬가지로 이야기할 수 있다. 주체는 법칙이 무엇을 원하는지 알지 못한다. 바로 이 지점에서 우리는 칸트와 라캉의 수렴 혹은 조우를 위치시킬 수 있다. '법칙은 알려지지 않은 것의 법칙이다'[49]는 윤리라는 이름에 어울리는 여하한 윤리의 근본적 명제이다.

그렇다면 초자아적 법칙과 구분되는 것으로서의 도덕법칙을 생각하는 방법은 무엇이겠는가? 최초의 접근에서는 그것이 우리에게서 아무것도 원하지 않는 법칙이라고 말할 수도 있을 것이다. 하지만 이 '아무것도 원하지 않음'은 그 자체로 초자아의 궁극적

48) '나는 여러분이 수수께끼의 기능이라는 것이 여기서 무엇을 의미하는지 알고 있다고 생각합니다. 그것은 절반만 말해진(*mi-dire*) 것입니다. 키메라가 해답이 주어지면 전적으로 사라질 준비를 하고 있는 절반만 신체인 것처럼 말입니다' (Jacques Lacan, *Le Séminaire, livre XVII, L'Envers de la psychanalyse*, Paris: Seuil, 1991, p. 39).

49) Alain Badiou, *L'Éthique. Essai sur la conscience du Mal*, Paris: Hatier, 1993, p. 42.

형식일 수 있다. 주체가 '당신은 무엇을 원하지요'라고 질문하고 '아무것도(Nothing)'라는 답을 받을 때, 이는 가장 순수한 형식에서의 초자아의 논리를 낳을 수 있다. 즉 '이 "아무것도"로 당신이 겨냥하고 있는 것이 무엇이지요?' 주체는 이 '아무것도'를 **타자**가 주체로 하여금 **타자**의 욕망을 추측해내도록 유인하는 방식으로서 이해한다.

도덕법칙은 '나는 이걸 원한다', '나는 네가 이걸 하길 원한다!'라고 말하는 법칙도 아니고 또한 아무것도 원하지 않는 침묵하는 법칙도 아니다. 도덕법칙은 언표된 것 없는 언표행위의 구조를 가지고 있다. 그것은 수수께끼나 신탁의 구조를 가지고 있다. 강조하지 않을 수 없는 것은, 여기서 우리의 의도가 '나쁜 법칙'(초자아의 법칙)에 '좋은 법칙'(신탁의 구조를 가진 법칙)을 대립시키는 것이 아니라는 것이다. 왜냐하면 바로 이 신탁(혹은 수수께끼)의 구조야말로 법칙의 또 다른 형상, 즉 '알려지지 않은 것의 법칙'의 구성뿐만 아니라 초자아의 구성을 위한 문을 열어놓기 때문이다. 법칙의 상이한 두 개념적 형상과 상이한 두 윤리가 도덕법칙에서 도출될 수 있는 것은 바로 도덕법칙이 수수께끼의 구조를 가지고 있기 때문이다.

1. 우리는 윤리를 **타자**의 욕망의 추구로서 이해할 수 있다. '행동으로 옮기기' 전에 **타자**의 욕망을 쫓는 것이나 **타자**의 욕망을 알아내려는 시도로서 말이다. 그렇지만 여기서 주체는 **타자**의 욕망을 '추측'해야 할 뿐만 아니라 또한—그리고 무엇보다도—**타자**가 우선은 욕망을 가지고 있는지를 확인해야 한다. 물론 주체는 **타자**의 요구들을 결코 만족시킬 수 없을 것이다. 바로

이러한 일련의 실패들('그것은 그게 아니다', '다시 해봐', '다른 시도를 해봐'……)이 **타자**를 **그것**이 원하는 것을 알고 있는 자로 유지시키는 것이다. **타자**가 이것을 원하지 않는다면, **그것**은 분명 다른 어떤 것을 원하는 것이고 이 다른 어떤 것이 무엇인지를 아주 잘 알고 있을 것이다. 주체가 요구된 바를 행하지 못했다는 것 때문에 (**타자**의 욕망의 수수께끼에 대한 올바른 답을 찾지 못한 것 때문에) 경험하는 죄책감과 이로부터 뒤따르는 자책감은 **타자**가 존재하지 않는다는 것을 **타자**가 망각하도록 만든다. 주체는 **타자**가 존재하지 않는다는 것을 아주 잘 알고 있다. 심지어 이는 주체가 유일하게 진짜로 확신하는 것이다. 하지만 우리가 그러한 주체에게 '당신은 아무것도 아닌 것 때문에 스스로를 괴롭히고 있어요'라고 말한다고 해도 바뀌는 것은 없다. 왜냐하면 주체가 스스로를 괴롭히는 것은 바로 **타자**가 존재하지 않기 때문이니까 말이다. **타자**가 존재하지 않는다는 확실성은 주체에게서 (무엇을 해야 하는지에 관한, 어떻게 행위해야 하고 반응해야 하는 것으로 가정되고 있는 것인지에 관한) 다른 모든 확실성을 앗아가 버린다. 초자아의 법을 세우는 것은 적어도 부정적 확실성('그것은 그게 아니다')에, 그녀의 행동을 위한 어떤 기준이나 '나침반'에 접근할 수 있게 해준다. 자신이 하기를 원하는 (혹은 하고 있는) 것이 '올바른' 것인지 '잘못된' 것인지, 그것이 '정념적인' 것인지 아닌지, 그것이 정말로 '그것'인지 아니면 단지 허울뿐인 것인지 알지 못하는 주체—그러한 주체는 초자아 속에서 일종의 '실천 지침'을 발견하는데, 적어도 이 지침은 모든 가능한 행동들 가운데 최선은 언제나 당신을 가장 많이 겪도록 만드는 것이라고 하는 '단서'를 주체에게 제공한다. 그리하여 주체는 행위하고, 심지어 끊임없이 행위할 수 (혹은, 겪을 수) 있지만, 이 모든 활동은 주체를 겪음의 상태로—전능한 **타자** 앞에서 수동적인 상태로—유지시켜 줄 수 있을 뿐이다.

이와 관련하여 우리는 이 '수동성의 길'의 또 다른 판본을 언급해야 하는데, 그 판본은 **타자**에게서 '올바른 답'을 강탈하려고 노력하는 판본이다. 여기서 주체는 **타자**가 그 대신 선택하기를 원한다. 그러한 주체에게 **타자**는 언제나 어떤 다른 사람의 형태로 외양한다. 이 주체는 어떤 작은 타자를 (큰) **타자**의 지위로 고양시키려 한다고 말할 수 있을 것이다. 주체는 타자들에게 선택을 부과하고 또한 그들이 자신들이 실제로 원하는 것이 무엇인지를 알아야만 하는 자유로운 개인들이라는 것을 그들에게 상기시켜주면서 자신의 삶을 소비한다. 예를 들어보자. 그러한 주체는 더 이상 자신에게 맞지 않는 연애의 경우 결코 그 관계를 깨뜨리지 않으면서 그 결정을 타자에게 위임할 것이다. 그는 정직한 역할을 하려고 할 것이며, 자신이 속이고 있다는 것을 인정할 것이고, 자신이 실로 연약하다는 것과 자신이 분명 진정한 관계를 감당할 만하지 않다는 것을 인정할 것이다. 그는 타자에게 이렇게 말할 것이다: '이러한 것들은 사실이다, 바로 이것이 나라는 사람이다, 나는 당신 앞에 내 적나라한 모습을 보여주고 있다—내가 더 이상 무엇을 할 수 있겠는가?—그리고 이제 결정을 해야 하는 것은, 선택을 해야 하는 당신의 몫이다.' 그리고 이 타자가 떠나기로 결정한다면, 그는 정확히 (큰) **타자**로서 떠나는 것이다. 그와 같은 주체의 모든 행동은 타자에서 (자신이 무엇을 원하고 원하지 않는지를 알고 있으며 그에 따라서 행위하는) **타자**로의 이 기적적 변태metamorphosis의 장면을 향하고 있는 것이라고 말할 수조차 있을 것이다.

2. 주체는 다름아닌 자신의 행위로서 **타자**(**법**)가 원하는 그 무엇을 창조하는 것임을 인정할 수 있다. 예컨대 오이디푸스의 행위. 오이디푸스는 자기 자신이 안고 태어났어야만 했지만 박탈당했던 상징적 빚을 이 운명을 회피하려는 일련의 시도들 속에서 사후적으로 창조한다. 그의 이야기가 주는 교훈은 (큰 **타자**에 의해) '모든 것은 이미 결정되어 있다'는 것이 아니며, 주체가 무엇을 하든 그는 사전에 이미 상실되어 있다는 것이 아니다. 반대로 오이디푸스 이야기는 주체가 없을 경우 상실되는 것은 바로 큰 **타자**라는 것을 우리에게 보여준다. 오이디푸스의 행위가 없었다면 신탁은 비일관적이고 무의미한 중얼거림에 불과했을 것이다. 다시 말해서 오이디푸스의 행위가 없다면 신탁의 법은 그냥 있는 그대로의 것—오로지 주체의 행위를 통해서만 법이 '되어 있을will have become', '반만 말해진 것'—에 불과할 것이다. 바로 이러한 층위에 우리는 자유를, 그리고 행위의 실재적 차원을 위치시켜야 한다. 그렇지만 이것은 추가적 규정을 요구한다. 주체의 행위를 통해서만 법이 **법**으로서 구성되는 것이라면, 그리고 주체가 법을 자신의 어떤 일부를 가지고서 보충하는 것이라면, 주체가 이 '자신의 일부'를 그러한 것으로서 (자신에게 속하는 것으로서) 인지하지 못한다는 것을 강조해야 한다. 오히려 우리는 법과 주체의 조우가 양자에게 외밀적extimate이라고 말해야 한다.

여기서 또한 오이디푸스가 훌륭한 사례를 제공한다. 왜냐하면 그는 (신탁의) 법을 자신이 알지 못하는 자신의 일부를 가지고서 보충하고 있으니 말이다. 또 다른 오해를 피하기 위해서, 이 '알려지지 않은 것'이 단순히 무의식이 아니며 오히려 무의식의 원인이라고 혹은 무의식적 욕망의 원인이라고 불릴 수 있을 어떤 것임을 지적하도록 하자. '형식적 기계장치에 필연적으로 사로잡혀 있는 우리 삶의 일부'.[50] 여기서 우리는 주체로부터 분리되어 있지만 여전히 주체의 실존의 영역에 내재적인 어떤 것에 대해 이야기하고 있다. 시간적 용어로 우리는 이 분리가 무의식에 선행하며 무의식의 토대를 구성한다고 말할 수 있을 것이다. 클로델의 여주인공 시뉴 드 쿠퐁텐에 대한 설명에서 라캉이 기원적 거절로서의 *Versagung*[거절]을 그토록 강조하는 것은 바로 이 때문이다. '그것 너머에서 신경증의 길이 있거나 아니면 정상성의 길이 있을 것인데, 시초에 있는 *Versagung*의 가능성인 그 무엇과의 관계에서 볼 때 이 둘 가운데 그 어느 것도 나머지에 비해 더 가치가 있는 것이 아니다.'[51]

50) Lacan, *L'Angoisse*, 1963년 5월 8일부터의 강의.

51) Jacques Lacan, *Le Séminaire, livre VIII, Le transfert*, Paris: Seuil, 1991, p. 377.

8. 정신분석에서의 윤리와 비극

몇 가지 예비적 언급들

왜 정신분석적 경험을 비극의 경험과 조응시킬 필요가 있는 것인가? 라캉이 1958년에서 1961년까지—즉 세 연속 세미나들(VI, VII, VIII)에서—『햄릿』, 『안티고네』, 그리고 클로델의 삼부작(『볼모』, 『딱딱한 빵』, 『아버지의 굴욕』) 같은 위대한 비극 작품에 대한 정교한 해석을 제안하지 않을 수 없었던 것은 무엇 때문인가? 또한 여기에 오이디푸스 비극들(『오이디푸스 왕』과 『콜로노스의 오이디푸스』)을 포함시켜야 한다. 비록 오이디푸스 비극들에 대한 라캉의 참조는 그의 작업 도처에 여기저기 흩어져 있고 따라서 정확히 주해의 형태를 띠고 있지 않지만 말이다. 비극과의 이 친화성을 단순히 1950년대부터의 라캉의 '실존주의적' 시기—그 시기의 중심 물음은 죄와 상징적 빚(존재의 근본 층위에서의 죄)이라는 문제였으며, 분석의 종결은 주체가 '결여의 영웅주의' 라는 논리에 따라서 자신의 죄와/나 구성적 빚을 떠맡는 주체화 subjectivation로 간주되었다—에 귀속시킬 수 있는가? 라캉의 비극(과 신화)에 대한 관심을—문제를 다른 관점에서 보아서—수학화 경향, 혹은 좀더 정확히는 정신분석 이론의 '수학화' 경향(라캉의 생애 말기로 갈수록 점점 더 뚜렷해지는 경향)의 대립물로서 이해할 수 있을까? '우화'라는 가장 속의 신화와 비극을 공식과 수학소의 과학적 정확성에 대립시킬 수 있을까? 비극에 대한 라캉의 참조 속에서 우리는 라캉이 자신의 작업 내내 '물고 있는'—종국에 가서는 분석적 사유의 순수하게 형식적인 '뼈'에 이르게 될—일종의 '살'을 볼 수 있을까? 라캉 자신은 이 모든 물음들에 부정적으로 답하는 것에 어떤 정당화를 제공한다. 그가 자신의 작업에서 '클로델의 신화'와 신화 일반이 수행한 역할에 관한 물음을 스스로에게 제기하면서 다음과 같이 답했다.

> 신화의 기능 속에서, 그것의 게임 속에서, 변형들은 어떤 규칙들에 따라서 작동한다. 그 규칙들은, 우월한 배치들이나 특수한 예증적 사례들을 창조하는바, 계시적 가치가 있음이 증명되는 규칙들이다. 간단히 말해서 그것들은 수학과 동일한 유형의 생산력을 입증한다.[1]

그리하여 신화는 수학소와 똑같은 기능을 갖는다고 말할 수 있다. 신화와 비극은, 라캉이 이해하는 바에 따르면, 분리된 불연속적

---

1) Jacques Lacan, *Le Séminaire, livre VIII: Le transfert*, Paris: Seuil, 1991, p. 373.

공식들에 대립되는 바로서의 내러티브(사건들의 연속적인 '역사적' 전개)를 통해 바라볼 수 있는 것이 아니다. 즉 라캉은 신화와 비극 자체를 형식적 구조들의 실례들로 취급하고 있다. 그가 예컨대 『햄릿』에 대한 논평에서 그 유명한 욕망의 그래프를 참조할 때 비극은 그 그래프의 예시에 불과한 것이 아니라 오히려 그래프 그 자체—다시 말해서, 그것의 본연의 절합—이다. 비극을 통한 라캉의 '우회'는—우리의 기대와는 달리—분석 경험을 '시화詩化'하려는 시도가 아니라 분석 경험을 '정식화'하려는 그의 최초의 시도라고 말할 수 있을 것이다. 신화는 '구조를 통해 작동한 것에 서사적epic 형식을 부여하려는 시도'[2)]라고 한 라캉의 또 다른 유명한 정의를 참조하면서 우리는 라캉이 신화를 취급하는 방식이 무엇보다도 이 구조를, 이 '실재'를 드러내려는 시도라고 주장할 수 있을 것이다. 그리하여 예컨대 오이디푸스 신화는 단순히 부친살해와 근친상간 이야기로서가 아니라 '아버지는 조상이 아니며 **어머니**는 남자의 자손을 위해 여자를 더럽히는 자로 남는다. 나머지는 이로부터 따라나온다'[3)]는 사실의 기입으로서 읽을 수 있는 것이다.

라캉이 자신의 저술에서 '여러분은 과학적 정의와 그와는 전적으로 대립되는 어떤 것—그것은…… 비극적 경험이다—의 교대를 본다'[4)]라고 주장했던 것이 사실이라 하더라도, 우리는 이러한

2) Jacques Lacan, *Television: A Challenge to the Psychoanalytic Establishment* (ed. Joan Copjec), New York and London: W. W. Norton, 1990, p. 30.

3) 같은 곳.

4) Lacan, *Le transfert*, p. 316.

언급을 너무 성급하게 읽지 않도록 유의해야 한다. 라캉은 (평범한) 과학적 정의를 피해가는 어떤 것—혹은 좀더 정확히 말해서, 상징계 속으로 곧바로 옮겨 쓸 수 없는 어떤 것, 그 결과와 곤궁을 통해서만 상징계에서 가시적인 어떤 것—을 표명하기 위해서 비극 경험에 의지했다. 라캉의 후기 공식들(혹은 수학소들) 역시 바로 이러한 기능에 복무하고 있는 것이다. 그리하여 예컨대 그 유명한 '성구분 공식'은 쓰여진 혹은 상징적인 기술—즉, '성공적인' 성적 관계—이 주어질 수 없는 어떤 것을 도표적으로 제시하려는 시도 이외에 어떤 것도 아니다. 다시 말해서 그것들은 성적 관계를 철자화할 수 없는 우리의 무능력을 철자화하기 위한 방법이다. 왜 라캉이 궁극적으로 형식주의적 '수학소'를 선호했으며 왜 그가 결국은 수학소에서 정신분석 이론을 정식화하기 위한 더 적합한 방법을 보았는가에 대한 물음은 분명 여전히 남는다. 아마도 그가 이 수학소들을 통해서 정신분석적 경험에 대한 좀더 '내재적인' 설명을 제공할 수 있었다는 것이 그 답이 될 것이다. 진실이 어떻건 이 물음은 여기서 실제로 우리의 관심을 끄는 것은 아니다. 우리는 여기서 라캉의 '비극' 국면만을 다룰 것이므로, 비극에 대한 그의 관심이 정신분석 이론의 '시화詩化'를 위한 시도가 아니라는 것만을 지적하고자 한다. 반대로 그것은 이 경험의 '수학화' 혹은 정식화를 위한 첫 번째 시도이다.

세미나『전이』에서 라캉은 고전 비극과 근대 혹은 현대 비극의 차이에 대한 다음과 같은 설명을 제공한다.

> 우리는 더 이상 단지 상징적 빚 덕분에 죄가 있는 것이 아니다……. 우리가 우리 자리를 가질 수 있게 해주는 이 빚 자체를

> 우리는 박탈당할 수 있으며, 바로 거기서 우리는 우리 자신에게서 전적으로 소외된 것을 느낄 수 있다. 고대의 아테*Ate*는 분명 우리가 이 빚에 대해 죄가 있도록 만들었다. 하지만 오늘날처럼 우리가 그것을 저버릴 수 있다는 것은 한층 더 큰 불행에 우리가 처해 있음을 의미한다. 운명이 더 이상 적용되지 않는 것이다.[5)]

한편으로, 어찌해 볼 수 없는 '운명'에 의해 초래된 비극이 있다. 그 운명은 거기서 우리 자신의 존재의 흔적들에 대한 인식만을 허용하며 우리가 그것을 그 자체로 받아들이도록 강요한다. 헤겔이 『미학강의』에서 이미 말한 것처럼, 고대의 위대한 비극적 등장인물들의 힘은 그들에게 그 어떤 선택의 여지도 없다는 사실에 있는 것이다. 그들은 태어나면서부터 계속 그들이 의지하고 성취할 그 무엇이다. 그들은 일체의 그들의 존재와 더불어 바로 그것이다. 헤겔이 계속 말하기를, 그렇기 때문에 그들은 자신들의 행위에 대해 죄가 없다고 절대로 주장하지 않는다. 역으로 우리가 진정한 비극적 영웅에게 가할 수 있는 가장 큰 공격은 그를 무죄라고 여기는 것이다. 위대한 비극적 인물에게 죄가 있다는 것은 명예다.[6)]

이제 라캉에 따르면, 근대성은 한 걸음 더 내딛을 가능성을 도입한다. 우리의 존재의 이 마지막 피난처—이전에 우리가 은신할

---

5) 같은 글, p. 354. [아테는 선악이나 해익害益의 구별을 할 수 없게 하여 무분별한 행동을 저지르게 하는 파멸과 악운의 여신을 가리킨다.]

6) G. W. F. Hegel, *Aesthetics: Lectures on Fine Art*, trans. T. M. Knox, Oxford: Clarendon Press, 1975, vol. 2, p. 1215를 볼 것.

수 있었던 곳으로서의 죄와 빚—조차도 우리는 박탈당할 수 있다. 시뉴 드 쿠퐁텐이라는 클로델의 여주인공이 체현하고 있는 것은 바로 이와 같은 주체의 근본적 '궁핍'이다.

이 두 '유형'의 비극의 차이에 대한 라캉의 생각은 고대 비극과 현대 비극의 차이를 기술하려는 목적의 문학-역사적 주장으로서 간주되어서는 안 된다. 그것은 오히려 '욕망의 역사'라 불릴 수 있는 것에서의 어떤 변화, 어떤 파열과 관련이 있다. 라캉은 욕망이 더 이상 이전 시기에서 그랬던 방식으로 절합되지 않는다는 것을 강조하고자 한다. 그리고 그 사이에 어떤 파열이 있다. 이 파열은 인간 행동에서의 앎의 역할과 연계되어 있다. 비극의 내러티브 영역으로 앎이 도입됨으로써 초래된 변화를 강조하는, 클로델의 비극에 대한 라캉의 설명에 나오는 모든 구절들이 겨냥하는 것은 바로 이것이다.

비극에서 드러나는 욕망의 구조를 통해 볼 때, 최초의 그러한 파열은 햄릿에게 위치시킬 수 있는데, 그것은 오이디푸스라는 고전적 형상과의 가시적 단절이다. 앎의 결여로 규정되는 오이디푸스가 처한 상황과는 달리 『햄릿』에서 **타자(아버지)**는 (자신이 죽었음을) 안다. 그리고 더 나아가 그가 안다는 것을 주체(햄릿)가 알도록 한다. 이처럼 앎이 바로 그 처음부터 그림 속으로 들어온다(**타자**가 안다는 것을 주체는 안다)는 사실은 이후에 오이디푸스의 것과는 아주 다른 비극이 뒤따를 것임을 결정한다.

> 햄릿의 행동은 오이디푸스의 행동이 아니다. 왜냐하면 오이디푸스의 행동은 오이디푸스의 삶을 지탱하며, 그가 아무것도 알지 못하는 한 그의 몰락 이전에 그를 영웅으로 만들기 때문이다. 하

지만 햄릿은 게임에 들어서는 순간부터 죄가 있다. 존재함의 죄.[7]

우리는—라캉을 따라서—'욕망과 죄의' 비극, 상징적 빚의 비극, 태생적 죄의 비극이 『햄릿』의 배치에서만 나타나는 반면에 오이디푸스의 비극에 걸려 있는 내기는 전적으로 다른 질서에 있는 것이라고 말할 수 있을 것이다.

하지만 클로델의 삼부작은 또 다른 전치를 도입한다. 시뉴 드 쿠퐁텐의 운명은 고대의 아테와 관련해서보다는 오히려 '햄릿의 패러다임'에 파열을 도입한다. 적어도 오이디푸스의 운명을 지배하는 아테일 경우 그렇다는 것인데, 왜냐하면 『안티고네』에서 상황은 아주 다르기 때문이다(오이디푸스와는 대조적으로 안티고네는 사태가 정확히 어디로 가고 있는지를 알고 있다. 그녀는 자기 행동을 통해 무엇을 유발하고 있는 것인지를 알고 있다). 오이디푸스-햄릿-시뉴라는 삼항조는 아마도 지양(*Aufhebung*)이라는 헤겔적 운동을 통해 읽을 수 있을 것이다. 즉 시뉴를 앞의 둘 사이의 대립에 대한 일종의 지양으로 읽을 수 있을 것이다. 『오이디푸스 왕』이 전적으로 무지(앎의 결여)에 관한 것이며 『햄릿』이 앎과 관계가 있다고 한다면, 시뉴에게는 '이 앎의 결함에 관한 앎'이라 부를 수 있는 어떤 것이 있다. 시뉴는 **타자**가 죽었다는 것을 알지만, 이러한 앎과 그 앎에 연결된 죄는 더 이상 그녀에게 상징적 질서 안의 어떤 자리를, 상징적 빚과 연관된 역할을 보증해주지 못한다. 그녀의 운명이 오이디푸스의 운명에 근접하는 것

7) Jacques Lacan, 'Hamlet', *Ornicar?* 24, Paris 1981, p. 15.

은 바로 이 때문이다. (안티고네나 햄릿과는 대조적으로) 둘 모두는 추방된 자로서, 타인들이 보기에 견딜 수 없는 광경으로 끝을 맺는다. 시뉴의 운명은 오이디푸스의 운명을 되풀이한다. 하지만 한층 더 끔찍한 방식으로 말이다. 우리는 시뉴 드 쿠퐁텐을 이렇게 묘사할 수 있을 것이다. 즉 두 개의 결정적인 극중의 계기에서 자신이 아버지를 죽일 것이고 어머니와 동침할 것임을—그의 모든 확신들을 전적으로 저버리는 행위를 할 것임을—알고 있지만 이러한 앎 덕분에 그러한 행위의 재앙을 피할 수는 없으며 오히려 바로 이 앎 때문에 이 흉악한 짓을 저지르지 않을 수 없는 상황에 처하게 되었음을 깨닫게 되는 오이디푸스로서 말이다. 반대로 햄릿은 주저한다. 그는 (**타자**가 알고 있다는 것을) 알고 있다는 바로 그 이유 때문에 행위할 수 없다. 햄릿에게 있어서 행동 그 자체는 **타자**가 알고 있는 정도로까지 불가능하다.[8] 그리고 햄릿은 행위의 실패를 통해서가 아니라면 자신의 과제를 성취할 수 없을 것이며, 오로지 스스로를 치명적으로 상처입힌 때에만 성취할 수 있을 것이다. ('몇몇 희생양을 만들고, 그의 친구, 그의 동료인 레어티즈의 몸에 상처를 입히고, 그의 어머니 또한 실수로 독약을 마시고 또한 그 자신도 치명적인 상처를 입기 전까지는, 일격을 가하지 못한다.')[9] 반면에 시뉴는 앎에도 불구하고 행위의 결정을 내려야만 하는 그리고 바로 그 앎으로 인해 '불가능한' 것이 되는 그런 행위를 저지를 결정을 내려야만 하는 상황에 처해 있다.

---

8) 같은 글, p. 16을 볼 것.

9) 같은 글, pp. 16~17.

다음에 우리는 두 비극적 영웅들인 오이디푸스와 시뉴 드 쿠퐁텐에 대한 라캉의 설명을 좀더 상세히 고찰할 것이다. 이 인물들은 적어도 세 가지를 공유하고 있다. 첫째로, 『안티고네』와 『햄릿』에 대한 라캉의 독서에 대한 관심의 크기와 대조할 때 라캉이 오이디푸스(적어도 비극적 영웅으로서)와 시뉴를 다룬다는 사실은 주목받지 못했다. 둘째로 그 둘은 추방된 자들의 지위를 공유한다. 그들 각자의 비극은 숭고의 어조로 끝나지 않으며 오히려 불편함의 느낌을—그리고 앞으로 보게 되겠지만, '일그러짐grimace'을—남겨놓는다. 끝으로 그들의 주체적 위치는 '욕망과 죄'라는 공식에 조응하지 않는다. 그리고 앞으로 보게 되겠지만 이는 그들의 윤리적 지위에 중대한 결과를 낳는다.

오이디푸스, 혹은 기표의 추방

욕망의 도난—그리고 그 대가로, 어머니

오이디푸스 이야기는 종종 주체가 자신의 우연적인 (그리고 일반적으로 불운한) 운명 속에서 자기 존재의 의미를 깨달음으로써 그 운명을 필연적인 어떤 것으로서 받아들이는 과정에 대한 예시로서 간주된다. 그리하여 그것은 주체가 환원불가능한 죄를 스스로 떠맡고 그렇게 함으로써 자신의 우연적 존재를 '내면화'하고 그것에 의미를 부여하는 과정에 대한 예시로서 간주된다.

오이디푸스가 자신의 범죄에 대해 실제로 죄가 없다고 할지라도 (왜냐하면 그것은 그가 태어나기 오래 전에 예언되었던 것이었다), 그는 자신의 행위에 대한 책임을 영웅적으로 짊어지며, 자신의 운명을 떠맡으며, 끝까지 그것과 더불어 산다. 그리하여 오이디푸스는 우리가 갚을 수 없는 상징적 부채의 담지자로서 죄인으로 태어난다는—다시 말해서, 우리가 우리 존재의 의미를 깨달아야만 하는 곳인 선재하는 상징적 배치 안으로 태어난다는—실존적 조건의 '원형'으로서 나타난다. 이러한 견해에 따르면 그러한 것이 바로 비극의 기원인 것이다.

하지만 이러한 독해가 아무리 대중성이 있다고 해도, 소포클레스의 희곡에는 이러한 독해를 지지할 만한 것이 거의 들어있지 않다. 오이디푸스가 자신의 운명 경로가 미리 결정되어 있는 상황 속에 태어난다는 것은 참이다. 하지만 그는 자신이 행하는 모든 것을 이 운명의 경로와 그것에 동반된 저주를 피하기 위해서 한다. 마침내 그가 예언을 피하기 위해 노력하는 바로 그 행위로써 사실상 예언을 이행한 것임이 판명될 때, 거기에는 그가 자신의 운명을 떠맡고 운명과 화해하고 영웅적으로 운명을 짊어진다고 하는 해석을 정당화할 그 어떤 것도 여전히 없다. 반대로 무엇이 '실제로' 발생한 것인가를 알게 된 후에 그는 자기 눈을 멀게 한다. 이 제스처를 어떻게 이해할 것인가? 물론 여기엔 수많은 다양한 해석이 주어졌지만 말이다. 오이디푸스가 자기 눈을 멀게 하는 것을 목격한 자들의 말과 오이디푸스 그 자신의 말은 무시할 수 없는 한 가지 해석을 제시한다. 오이디푸스는 '진정으로' 자신의 것인 행동들에서 자신을 알아보기를 거부한다—'거부'가 갖는 가장 축어적인 의미에서 말이다.

여기서 이 자기-처벌(오이디푸스가 자기 눈을 멀게 하는 것)이 자신의 죄에 대한 오이디푸스의 인정을 보여주는 완벽한 표지라고 하면서 반대할 수도 있을 것이다. 하지만 정확히 물음은 이렇다: 우리는 오이디푸스의 행동을 자기-처벌의 행위로 환원할 수 있는가? 희곡의 종결부 전체는 이러한 독해와 모순된다. 왜냐하면 여기서 오이디푸스 그리고 그와 대화하는 사람들은 오이디푸스가 스스로를 눈멀게 한 것에 대해 (자기)처벌이라는 것을 가지고서가 아니라 인식과 오인이라는 것을 가지고서 이야기하고 있으니까 말이다.

> 그분께서 마님의 옷에 꽂혀 있던 황금 브로치를 빼어 들고는 그것으로 자신의 두 눈알을 푹 찌르며 대략 이렇게 말씀하셨습니다. '이제 너희들은 내가 겪고 내가 저지른 끔찍한 일들을 다시는 보지 못하리라. 너희들은 보아서는 안 될 사람들을 충분히 오랫동안 보았으면서도 내가 알고자 했던 사람들을 알아보지 못했으니 앞으로는 어둠 속에 있을지어다!'[10]

조금 뒤에 오이디푸스가 얼굴에서 피가 떨어지는 채로 궁전 앞에 나타날 때 사태는 한층 더 흥미로워진다. 그는 대강 다음과 같이 말한다: 죽음으로부터 나를 구해내어 내가 한층 더 쓰라린 불운으로 저주받게 한 양치기는 죽어 없어질지어다, 그 자가 없었다면

---

10) 'Oedipus the King', in Sophocles, *The Three Theban Plays*, trans. Robert Fagles, Harmondsworth: Penguin Classics, 1984, p. 237(1402~09연). 앞으로 계속 이 판본을 참조할 것이다. 그리고 이후로는 본문 내에서 쪽수를 표시하기로 한다. [국역본: 『소포클레스 비극』, 천병희 옮김, 단국대학교 출판부, 2001, 75쪽.]

나는 내 아버지를 결코 죽이지 않았을 것이고, 내 어머니와 동침하지 않았으련만. 계속해서 말하기를: '모든 재앙을 능가하는 재앙이 있다면 그것이 이 오이디푸스의 몫으로 주어졌던 것이오.'

처음 흘끗 볼 때는 이러한 말들 속에서 오이디푸스의 자기-인정—그가 마침내 자신의 운명을 떠맡았다는 사실—을 볼 수 있을지도 모른다. 그렇지만 이 대화의 나머지를 보면 사태가 다른 관점에 놓이게 된다. 태어났을 때 바로 죽는 것이 더 좋았을 거라는 오이디푸스의 말에 재빨리 동의하는 코로스장은 사실상 '이오카스테 옆에서 생을 끝낼 완벽한 기회와 구실을 가지고 있었던 당신이 여기 살아서 아직 무얼 하고 있는 것인가?'라는 취지로 이렇게 말한다. 장님으로 사는 것보다는 죽는 편이 더 좋을 것입니다(p. 242[79쪽]). 이 '……보다는 죽는 편이 더 좋을 것입니다'의 윤리적 기조는 분명하다. 오이디푸스 자신이 이와 동일한 영웅적 결론, 즉 죽음에 탁월성을 부여하면서 실존의 짐을 강조하는 '존재의 결여'의 논리에 토대한 결론에 이르지 않는다는 것은 분명 놀라운 일이다. 코로스장의 응답의 나머지 부분 역시 주목을 끌 만하다: 장님으로 사는 것보다는 죽는 편이 더 좋을 것입니다. 이 응답의 아름다움과 애매성은 그 응답이, 희곡 속에서 그것이 발화되는 그 순간을 가리키며(오이디푸스는 자기 눈을 멀게 하느니 차라리 죽는 편이 더 좋았을 것이다) 그와 동시에 오이디푸스의 과거를 가리킨다(오이디푸스는 태어난 직후에 죽는 것이 좋았을 것이다. 그가 생존하지 않았다면, 자신의 그 추문적 행위를 눈 먼 사람처럼 저지르지는 않았을 것이다)는 사실에서 오는 것이다. 요컨대 오이디푸스는 언제나 눈이 멀어 있었던 것이며, 전 생애에 걸쳐 눈이 멀어 있었던 것이다. 하지만 마침내 시력을 획득하게 되었을 때, 자신이 저지른 행위를 보게 되었을 때, 그는 '차라리 계속 장님이기를!'이라고 말하면서 자기 눈을 '찢어발겼다'. 그리하여 오이디푸스는 모진 말로 코로스에 응답한다. 그는 '날 가르치지 말라'고 외치고서, 아버지와 어머니를 다시 보아야만 할 하데스로 눈이 멀쩡하게 곧바로 갈 마음이 조금도 없다고 덧붙인다.

이러한 어조는 영웅에게는 부적합하다는 인상을 줄지도 모른다. 자신의 상징적 부채를 스스로 떠맡고 죽음으로써 '해소'하는 대신에 오이디푸스는 강변하고, 항의하고, 심지어 논쟁하기 시작한다. 그는 대가가 과도하다고 생각한다. 그는 불의의 희생양이다. 극의 이 요소는 『콜로노스의 오이디푸스』에서 한층 더 강조되며, 희곡 전체를 채울 만큼 커진다.

라캉의 저작에서 우리는 오이디푸스의 이 측면에 관한 어떤 애매성을 간파할 수 있다. 『정신분석의 윤리』의 몇몇 지점에서 라캉은 오이디푸스가 이처럼 강변하면서 자기운명과 화해하지 않는 것에 관심을 가질 것을 요청한다.[11] 그럼에도 불구하고 다른 저작들에는 우리의 해석과 반대되는 것처럼 보이는 구절들이 있다.

me phynai, 이 '차라리 내가 존재하지 않는다면' 혹은 '차라리

---

11) '오이디푸스의 경우 그의 욕망의 절대적 지배는 그 둘 사이에서 상연된다. 이는 그가 끝까지 양보하지 않으며 모든 것을 요구하고 아무것도 포기하지 않으며 절대로 타협하지 않는 모습으로 보여지고 있다는 사실에 의해 충분히 드러나는 어떤 것이다' (Jacques Lacan, *The Ethics of Psychoanalysisis*, London: Routledge, 1992, p. 310).

> 내가 존재하지 않았다면'은 오이디푸스의 사례에 걸려 있는 것이다.[12] 여기서 무엇이 지시되고 있는가? 그 남자에게 운명이 부과됨을 통해서, 부모의 구조들에 의해 정해진 교환을 통해서 무언가가, 인간이 세상 속으로 입장하는 바로 그때 제어불가능한 부채의 게임 속으로 입장하게 만드는 숨겨진 무언가가 작용하게 된다는 사실이 아니라면 말이다. 결국 오이디푸스는 오로지 그에 앞선 아테의 부채 때문에 그가 받게 되는 책무로 인해서만 죄가 있는 것이다.[13]

라캉의 논변의 두 번째 부분—즉 오이디푸스는 제어불가능한 부채의 게임 속으로 태어난다는 진술—이 유효하다 하더라도, 이 부채의 게임과 관련해 오이디푸스가 취하는 태도는 이러한 독해가 제시하는 것보다는 더 애매한 것처럼 보인다. 라캉이 종종 오이디푸스 자신의 말이라고 하면서 끌어들이는 *me phynai*라는 말(후기 저작에서 라캉 자신이 이 말의 기저에 놓인 논리를 비판한다. 라캉은 분석의 종결이라는 맥락에서, 분석이 오로지 기표 둘레로 집중된다는 사실과 관련이 있는 결여에 대한 찬미를 그 말이 내포하고 있다고 말한다)은 사실 오이디푸스가 한 말이 아니다. 그리고—동일한 논리를 따르는—'장님으로 사는 것보다는

---

12) [『콜로노스의 오이디푸스』의 1224행에 나오는 이 표현은 아래 나오는 주판치치의 설명대로 오이디푸스의 것이 아니라 코로스의 것이다. 여기서 코로스는 'me phynai ton hapanta nikai logon'라고 하는데, 이 구절은 천병희 씨의 국역본에서 '태어나지 않는 것이 더할 나위 없이 좋은 일이지만'이라고 번역되어 있다. 이 번역에서 '메 퓌나이(me phynai)'는 '태어나지 않는 것'으로 옮겨진 것에 해당할 것이다.]

13) J. Lacan, *Le transfert*, p. 354.

죽는 편이 더 좋을 것입니다'라는 말의 경우처럼, *me phynai*를 노래하는 것은 오이디푸스가 아니라 코로스다. 여기서 다시 한번 오이디푸스의 태도는 코로스가 표현하는 견해와 의미심장하게 다르다. 실로 오이디푸스는 존재-결여에 대한 찬미에 결코 휩쓸리지 않는다. 그의 자리가 찬미하는 것은 오히려 '추방된 자의 존재'이다. 그의 존재는 기표에 의해, 기표의 '타액'에 의해 추방당한 그 어떤 것의 존재다. 그리하여 『오이디푸스 왕』의 종결부에 오이디푸스는 자살을 선택하지 않는다. 그렇게 되면 추방된 바로서의 그의 존재는 말소될 것이고, 비극은 기표들의 순수한 분절로 되돌려지게 될 것이며, 그런 가운데 모든 채무들은 말끔하게 변제될 것이다. 그렇게 하는 대신 오이디푸스는 눈이 먼 채 정처 없이 떠도는 추방된 자의 존재를 지속하는 쪽을 '선택한다'.

『오이디푸스 왕』의 종결부와 분석의 종결에 대한 라캉의 다양한 설명들 사이의 평행관계를 탐구해 본다면, 오이디푸스는 주체가 궁극적으로 자신의 죄를 떠맡고 자신의 우연적 운명을 '내면화'한다는 설명보다는 '환상의 통과—증상과의 동일화'로써 정식화된 설명에 더 가깝다고 주장하는 것이 정당화될 수 있을 것이다. 오이디푸스는 자신의 운명과 동일화하지 않으며, 이 운명의 실현을 가능하게 만들었던 자신 안에 있는 저 사물과 동일화한다. 그리고 이 둘은 다른 것이다. 즉 오이디푸스는 자신의 눈멂과 동일화한다. 바로 그렇기 때문에 오이디푸스의 비극의 종결부에서 우리는 '주체화'(주체가 운명의 손 안에 있는 장난감에 다름아닌 곳에서 자신의 주체로서의 존재를 사후적으로 인정하게 되는 과정)를 다루고 있는 것이 아니라 반대로 '대상화' 혹은 '물화'를 다루고 있는 것이다. 오이디푸스는 라캉적 의미에서 비천한-대상abject-object으로서 끝을 맺는다. 끔찍스러운 그 발견의 순간에 오이디푸스가(코로스가 그에게 제안한 것처럼)—장님이 되기보다는—자살을 했다면 그는 주체화 과정을 완성했을 것이다. 반면에 그의 '눈 먼 존재'의 지속은 사태를 전적으로 다른 방향으로 돌려놓는다.

실로 오이디푸스가 극 종결부에서 죽지 않는다는 사실에는 마땅히 추가적 관심을 기울여야 한다. 최소한 우리는 이것이 비극으로는 비전형적인 결말이라고 말할 수 있을 것이다. 카타르시스 메커니즘을 방해하고 있으니까 말이다. 오이디푸스가 죽었다면 그의 부친살해와 근친상간은 중심적인 **사물**로 남아 있었을 것이며, 그 주위로 그의 이미지와 운명은 우리의 욕망을 억류하고 사로잡을 스크린을 세워놓았을 것이다(라캉은 『안티고네』의 경우 카타르시스를 바로 이렇게 정의한다. '두 죽음 사이의' 안티고네의 숭고한 이미지는 우리의 욕망을 끌어당기며 동시에 그 욕망을 억류하는 효과를 갖는다. 이 이미지에 매혹되어 우리는 주저하며, 스스로에게 이렇게 말한다: '우리는 더 이상 멀리 가지 않을 거야', '우리는 충분히 보았어').[14] 하지만 이와는 달리 오이디푸스

14) 다음 구절과 비교해 볼 것:

> 그리고 우리는 여러 이미지 가운데서 어느 한 이미지의 개입을 통해…… 정화된다. 그리고 바로 여기서 한 가지 물음이 생긴다. 갑자기 우리에게로 내려왔다 사라지는 것처럼 보이는 다른 모든 이미지들과 비교할 때 이 중심적 이미지가 가지고 있는 그 정화의 힘을 어떻게 설명할 것인가? ……바로 그 지대를 통과할 때, 욕망의 광선은 궁극적으로 우리에게 가장 낯설고도 심원한 효과를, 즉 미가 욕망에 미치는 효과를 제공할 때까지 반사되는 동시에 굴절된다. (Lacan, *The Ethics*

의 경우엔 오이디푸스 자신이 자신의 비극의 **사물**, 추방된 자가 되는 것이며, 크레온이 그토록 관대하게 묘사하듯 '대지도 신성한 비도 태양의 빛도 소름끼쳐 물러나는 너무나도 더럽고 두려운 것'이 되는 것이다. 『오이디푸스 왕』의 종결부에는 그 어떤 숭고한 이미지도 없다. 그러한 이미지를 보려면 『콜로노스의 오이디푸스』의 종결부까지 기다려야만 할 것이다.

오이디푸스는 『오이디푸스 왕』의 종결부에서 죽지 않을 뿐 아니라 '속편'인 『콜로노스의 오이디푸스』에서도 주요 캐릭터로 등장한다. 이 속편은, 말하자면, 추방당한 맹인으로서의 그의 생을 '불멸화한다'. 사실상 『콜로노스의 오이디푸스』의 주된 모티프 가운데 하나는 바로 운명과 화해하지 못하는 오이디푸스, 자신을 죄인으로 보기를 거부하는 오이디푸스다. 다음의 구절들이 이러한 테마를 강조한다.

> 코로스: 그러나 그대는 행했소…….
> 오이디푸스: 아니오. 아무것도 행하지 않았소.
> 코로스: 어째서요?
> 오이디푸스: 나는 선물을 받았을 뿐이오. 불쌍한 나는 봉사해 준 대가로 도시로부터 그런 선물을 받지 않았더라면 좋았을 것을! (p. 316[186쪽])

> 오이디푸스: 말하겠소. 내가 죽이지 않았다면 그가 나를 죽였을 것이오. 나는 법 앞에 결백하며, 눈이 먼 채로, 아무것도 알지 못하면서 그렇게 된 것이오. (p. 317[187쪽])

---

of Psychoanalysis, p. 248).

> 오이디푸스: 자네는 살인이니, 근친상간이니, 재앙이니 하는 말을 자네 입으로 나에게 내뱉고 있지만, 그 모든 것을 나는 비참하게도 본의 아니게 참고 견뎠던 것이야. 그렇게 하는 것이 아마도 신들의 즐거움이었던 것 같아. (p. 344[208쪽])
>
> 오이디푸스: 자, 말해 보게나. 아들의 손에 죽을 운명이라는 어떤 신의 말씀이 신탁으로서 아버지께 닥쳤기로서니…… 나를 자네가 그 일 때문에 비난한다면 그것을 어떻게 정당하다고 할 수 있겠는가? (p. 344[209쪽])

이 구절에 덧붙여 (크레온이, 새로운 신탁의 결과로 오이디푸스가 다시금 테바이에 가치 있는 자가 되었기 때문에 오이디푸스에게 '화해'를 제안하러 올 때) 크레온에 대한 오이디푸스의 반응 일체는—라캉이 말한 '시뉴의 아니오'를 말바꿈하여—'오이디푸스의 아니오'라 명명될 수 있을 것이다. 아니오, 나는 죄가 없소. 아니오, 당신의 행동은 정당하지 않았소. 아니오, 나는 이제 당신을 돕지 않을 것이오!

자신은 죄가 없다는 오이디푸스의 주장에서 잠시 멈추어보자. 이 말을 할 때 우리는 그를 믿는다. 우리가 '무슨 말도 안 되는 변명을!'이라고 응답하는 일은 일어나지 않는다. 그리하여 오이디푸스가 '그건 내 탓이 아니었습니다!'라고 말할 때 이는 『위험한 관계』에서 발몽이 내뱉은 동일한 말이 가졌던 효과와 유사한 그 어떤 것도 가지고 있지 않다. 발몽은 투르벨 부인을 유혹하는 계획에 전 시간을 몰두하고 있지만 그게 그의 잘못은 아니라고 말하고, 이는 바로 그의 먹잇감의 성격 때문이라고 말함으로써 자신이 무죄임을 항변한다. 하지만 그럼에도 불구하고 발몽이 이러한 변명을 늘어놓고 있는 상대인 메르테이유 후작부인은, 발몽이 이러한 변명을 이용하고 있다는 바로 그 이유에서, 그가 이런 수고를 기꺼이 받아들이고 있다는 것을, 그가 사실은 이를 즐기기 시작했다는 것을 즉각 알아차린다.

그렇지만 근대가 되기 전까지 우리는 엄밀한 의미에서의 죄와 조우하지 못한다는 의미로, 고전적 영웅과 근대적 영웅의 차이를 이러한 맥락 속에 위치시키는 것은 잘못일 것이다. 오히려 오이디푸스의 죄없음이 비전형적인 것이므로 오이디푸스 자신이 이미 여타의 고전적 영웅들과는 다른 것이다. 그리스 비극은 비록 신성한 힘에 대한 인간 행위자의 종속을 그 지평으로 두고 있었지만, 주체의 죄의 매듭을 여전히 지적할 수 있었다. 이에 대한 좋은 사례는 아이스킬로스의 『아가멤논』이다. 아가멤논은 자신의 딸 이피게네이아를 희생시킬 때 필연에 의해(*ex anankes*)[15] 그렇게 한다. 그는 제사장 칼카스를 통해 전해 들은 아르테미스의 명령에 복종해야만 한다. 또한 그는 전시 동맹을 저버릴 수 없는데, 그 동맹의 목적—트로이의 파멸—은 제우스에 의해 요구된 것이다. 그리하여 아가멤논은 불가피한 것에 직면한다. 신들은 그가 트로이에 가기를 바라며 또한 신들은 그가 거기에 가는 데 필요한 바람을 다시 부르기 위해서 딸을 희생해야 한다고 말한다. 따라서 우리는 그가 '필연에 의해' 딸을 죽인다고 말할 수 있을 것이다. 하지만 그럼에도 불구하고 그는 이 살인에 대해 절대적 책임을

15) ['ex anankes'라는 표현을 들여다보면 '아난케'가 보인다. 아난케는 운명의 여신을 가리키며 또한 '필연', '강제', '운명'을 뜻한다.]

떠안고 있는 것이며, 이에 대해 대가를 지불해야 할 것이다. 하지만 왜 그런가? 그는 신들의 게임에 사로잡혔던 것이라고, 여하간 달리 행위할 수 없었다고 스스로를 변호하면서 말할 수는 없는가? 대답은 아니오인데, 이유는 다음과 같다.

> 아가멤논이 아난케의 멍에에 사로잡혀서 하지 않으면 안 되는 그것은 또한 진정 그가 바라는 어떤 것이기도 하다. 오로지 그 대가로 그가 승리할 수 있다면 말이다. 아가멤논이 종교적으로 허락된 것이라고 선언하는 그것은 그가 의지에 반하여 하지 않으면 안 될 행위인 것이 아니라 그의 군대에 길을 열어놓을 수만 있다면 그 어떤 것이든 하려고 하는 그 자신의 내밀한 욕망인 것이다.[16]

'욕망과 죄'의 이런 상황은 아가멤논의 처벌—클리템네스트라에 의해 명령된 정의正義—에 이르러 반복된다. 그것이 '그 민족의 에리니에스[복수의 여신들]에 의해 요구되었으며 제우스에 의해 욕망되었다'는 사실에도 불구하고

> 그리스 왕[아가멤논]의 살해는 그의 아내의 성격에 일치하는 그녀 자신의 이유들 때문에 그녀에 의해 준비되고 결정되고 집행된 것이었다. 그녀가 제우스나 에리니에스를 불러내는 것은 그녀로서는 전적으로 그럴만한 것이다. 하지만 그녀의 행위를 만들어낸 것은 남편에 대한 그녀 자신의 증오이며, 아이기스투스

---

16) Jean-Pierre Vernant, 'Ébauches de la volonté dans la tragédie grecque', in J.-P. Vernant and Pierre Vidal-Naquet, *Mythe et tragédie en Grèce ancienne*, Paris: Librairie François Maspero, 1972, p. 64.

> 에 대한 그녀의 죄스러운 열정이며, 그녀의 남자 같은 권력 의지이다.[17]

그리하여 아가멤논과 클리템네스트라 모두는 단지 신들의 의지를 이행한 것에 불과하지만 그럼에도 불구하고 그들은 (너무나도) '자진해서' 그렇게 했던 것이다. 다시 말해서 그들은 그렇게 할 만한 개인적 이유를 가지고 있었으며 그렇기 때문에 구제받을 수 없는 방식으로 죄가 있는 것이다.

여기서 작동하는 죄의 문제와 관련해 우리는 '욕망은 **타자**의 욕망이다'라고 하는 라캉적 경구를 역전시킬 수 있을 것이다. 즉 그것을 반대 방향으로 읽을 수 있을 것이다. 주체는 **타자**의 욕망이 주체의 욕망이 되는 순간—다시 말해서, 주체가 '객관적으로 필연적인' 것을 이용해 먹고 거기서 자신의 잉여-향유를 발견하는 순간—유죄가 된다. 이러한 관점에서 볼 때 객관적 필연성, 즉 '운명'을 지탱하는 것은 다름아닌 (주체의) 욕망인 것임이 드러난다.

오이디푸스로 돌아가 보자. 아가멤논이나 클리템네스트라와는 대조적으로 오이디푸스는 무엇 때문에 유죄가 아닌 것인가? 무엇 때문에 우리는 '오이디푸스에게 일어난 일은 틀림없이 신들의 의지였으며 그가 태어나기 오래 전에 결정된 것이었다, 하지만 그렇다고 해서 그가 그 덕분에 좋은 한때를 누리지 못한 것은 아니지 않은가?'라고 반어적으로 말할 수 없는 것인가? 왜 우리는 '이 영역에는 그 어떤 부정도 있을 수 없으며, 그 어떤 무구한

17) 같은 곳.

자들도 없다'라고 말하고 싶은 마음이 들지 않는 것인가? 이 물음에 답하기 위해 죄에 대한 정의를 시도하는 것에서 시작해보자.

상징적 빚이라는 의미에서 죄는 **타자**가 안다는 것을 주체가 알 때 생긴다고 이미 말한 바 있다. 이러한 앎 없이는 그 어떤 죄도 없다. 이를 보여주기 위해 다음과 같이 상상해보자. 즉 햄릿 드라마가, (자신이 죽었다는 것을) 알고 있고 주인공[햄릿]이 이러한 앎에 대해 알도록 하는 타자의 환영(아버지의 유령)에서 시작하지 않고, 햄릿이 아버지의 죽음을 둘러싼 어떤 정황들이 의심스러움을 발견하고는 조사를 개시하는 데서 시작했다면 어떻게 되었을까라고 말이다. 분명 전혀 다른 종류의 극이—십중팔구는 탐정소설이—되었을 것이다.[18] 하지만 탐정소설과 『햄릿』 같은 비극의 차이는 정확히 죄의 지위에 있는 것 아닌가? 탐정소설에서 죄의 문제는 범죄를 '설명'하고 살인자를 밝히는 것으로 해소되지만 『햄릿』에서 이러한 밝힘은 죄를 개시하는 데 복무할 뿐이다. 그것은 주인공을 '죄지음없이 유죄인' 위치에, 즉 자신의 바로

18) 여기서, 『햄릿』과는 대조적으로 오이디푸스 이야기는 종종 탐정소설에 속한다고 이야기되어 왔다는 데 주목하는 것이 흥미로울 것이다. 한발 더 나아가 『오이디푸스 왕』을 누아르 장르의 원형으로 본 사람도 있었다. 그리하여 『오이디푸스 왕』은 프랑스의 갈리마르 출판사에서 (디디에 라메송에 의해 '신화에서 번역된') '누아르 시리즈'로 나왔다. 물론 오이디푸스 이야기를 누아르 우주와 근접할 수 있도록 해주는 것은 주인공—탐정—자신이 조사하고 있는 범죄에 자신이 알지 못하는 가운데 휩쓸려 들어간다는 사실이다. 오이디푸스 이야기는 필름 누아르의 '새 웨이브'의 심장부에 놓여 있다고까지 말할 수 있을 것이다—예컨대 <엔젤 하트>나 <블레이드 러너>(감독판) 같은 영화를 말하는 것인데, 이들 영화의 종결부에서 주인공 자신이 그가 찾고 있는 범인이라는 것이 밝혀진다.

그 실존의 층위에서 유죄인, 그가 알고 있다는 사실 때문에 유죄인 위치에 놓이게 한다. 하지만 '존재 때문에 유죄인' 것이란 정확히 무엇을 의미하며 또한 어디에서 앎은 이야기 속으로 맞물려 들어가는 것인가?

문제의 그 앎은 이중적 앎이다. 한편으로 그것은 라캉이 '오이디푸스적 범죄에 대한 앎'이라 부르는 앎이다. 다른 한편으로 그것은 '죽음에 대한 앎'이라 부를 수 있는 어떤 것—자신이 죽었다는 것을 알고 있으며 또한 죽음이 망각을 가져오지 않는다는 사실을 증언하는 죽은 아버지의 환영—에 관련된다. 이 후자의 앎의 차원은 분명 '청산되지 않은 계정'이라는 주제와 연계되어 있다. 이전의 왕인 햄릿의 아버지는 '한창 죄업을 쌓고 있는 중에 잘렸으니, 성체 받고 기름 바르는 고해성사도 없이, 죄를 청산하지도 못하고 온갖 결함을 내 머리에 인 채 심판대로 보내졌다'.[19] 다시 말해서 죽음은 햄릿의 아버지를 급습하는 순간 그의 자산을 동결시켰다. 그의 생의 최종 계정은 그가 그의 죄의 총계에 해당하는 상태에 있도록 결정된 것이다.

하지만 햄릿의 비극에서 상연되는 것은 아버지의 죽음에 대한 햄릿의 복수 너머로 나아간다. 살인자(햄릿의 삼촌)에 대한 처벌은 햄릿에게 있어 주된 책무인 것과는 거리가 멀다. 그의 주된 책무는 아버지의 계정을 청산하고(아버지의 빚을 갚고) 아버지의 생이 마침내 결말에 이를 수 있게 하는 것이다. 그의 임무가 그토록 어려워지는 것은 바로 그 때문이다. 『햄릿』에서 우리는 극의 두 층위를 구분해야만 한다. 종종 서로 섞이곤 하는 두 층위를

19) [셰익스피어, 『햄릿』, 최종철 옮김, 민음사, 1998, 46쪽.]

말이다. 극의 원동력은 사실상 두 개의 상이한 죄이다. 하나는 클라우디우스의 죄이며, 이에 따라서 새로운 규칙이 정초된다. 다른 하나는 햄릿의 아버지의 죄(들)인데, 그에게는 이에 대해 회개할 그 어떤 시간도 주어지지 않았다. 알고 있는 그(햄릿의 아버지)는—라캉의 공식을 따르면—자신의 실존의 죄에 대해 대가를 치르지 않은 그이다. 이것이 다음 세대에 던져주는 결과는 편안한 결과이지 않을 것이며, 햄릿은 이 부채가 상환되는지를 확인해야만 한다. 우리는 햄릿의 아버지의 죄에 대해 그 어떤 특별한 내용도 아는 바 없다. 하지만 그 죄 때문에 햄릿의 아버지가 겪는 고통은 충분히 웅변적이다. 그는 햄릿에게 그의 고통에 대한 가볍디가벼운 한마디로도 '네 영혼을 갈기갈기 찢어놓고, 젊은 피를 얼게 하며, 네 눈을 궤도 이탈한 별처럼 만들고, 땋아서 묶어 놓은 머리채를 풀어놓고, 머리카락 한 올 한 올을 성난 고슴도치 깃털처럼 세울 수 있으리라'고 말한다.[20]

두 세계 사이에서의 그의 방랑, 죽음이 그에게 망각 대신 가져다주는 지옥 같은 꿈, '두 죽음 사이'에 있는 끔찍한 장소: 햄릿의 아버지가 이 모든 저주를 받은 것은 단지 그가 비겁하고 교활한 공격의 희생양이었기 때문이 아니며, 준비되지 않았을 때 죽음이 그를 급습했기 때문이다. 살인자의 처벌만으로는 사태를 바꿀 수 없는데, 왜냐하면 햄릿의 아버지의 문제는 또 다른 층위에 있는 것이기 때문이다. 햄릿이 클라우디우스에게 복수하는 것으로는 아버지의 빚을 갚기에 충분치 않을 것이다. 그것은 단지 클라우디우스의 미불 부채를 청산하는 데 기여할 뿐일 것이다. 그리하여

20) [국역본: 43~44쪽.]

햄릿을 괴롭히는 '나는 무엇을 할 것인가?'라는 질문은 클라우디우스를 죽여야 할 것인지의 여부에 관한 것이 아니다. 진짜 질문은 다음과 같다: 살인자가 자신의 계정을 청산할 기회를 갖기 전에 아버지의 빚을 청산하기 위해서 나는 무엇을 할 수 있을까? 이 책무는 단순히 복수를 하는 것보다 훨씬 더 어려운 것이며 바로 이 점이 햄릿의 유명한 외침을 설명한다: '시간은 어긋나 있다.'[21]

왕의 죽음과 더불어 시간은 그 어떤 미래도 허용하지 않는 죽은 지점에서 멈추었다. 그리고 이는 바로 그 이전의 왕이 자신의 왕국과 작별하고 '편히 잠들' 수 없기 때문이다. 유령은 엘시노아로 돌아오는 것이 아니라 그곳에서 산다. 현재의 '썩은 무언가'는 음침하고 은폐된 과거의 결과인 것이 아니다. 오히려 엘시노아는 현재를 가지고 있지조차 않으며, 따라서 성은 이 과거 속에서 살도록 저주받았다. 희곡의 주역들—특히, 햄릿—은 문자 그대로 과거의 포로들이며, 왕과 아버지에 관한 실현되지 않은 이야기의 포로들이다. 세계는 자체의 경로를 따라 계속되지만 햄릿에게 시간은 멈추었다. 햄릿은 아버지의 생의 시간 속으로 밀어 넣어졌으며, 이를 결론에 이르도록 해야만 그 자신의 시간이 경로를 되찾을 수 있는 것이다.

햄릿은 오로지 또 다른 시간 속에서('**타자**의 시간 속에서'), (그 자신의) 죽음의 시간에서만 이를 성취할 수 있을 것이다. 즉 햄릿이 레어티즈에게서 치명적인 일격을 받는 순간과 햄릿이 죽는 순간 사이에서 열리는 무시간의 간극 속에서. 그는 시간을 다시 '접합'된 상태로 되돌릴 일종의 부목으로서 자기 자신을 제공

---

21) [국역본: 52쪽. 국역본에는 '뒤틀린 세월.'이라고 번역되어 있다.]

함으로써만 자신의 책무를 다할 수 있다. 즉 자기 자신을 아버지의 시간 속에, 산주검의 시간 속에, 두 죽음 사이의 시간 속에 위치시킴으로써만 말이다. 그의 마지막 말들은 그곳에서 공명한다. 바로 여기서 그는 아버지의 죽음에 복수할 수 있을 뿐만 아니라 또한 이 세계에 대한 아버지의 빚이 상환되었음을 확인할 수 있다. 햄릿의 죽음은 그의 아버지의 이야기를 완성한다. 딱 맞아떨어지게도, 어떤 일정한 순간부터 햄릿의 생은 아버지의 이야기의 연장에 불과한 것이었으니 말이다. 그리하여 이 모두는 햄릿이 실존의 층위에서 유죄인 것으로, 산다는 이유로 인해 유죄인 것으로 판정되어야 한다는 우리의 테제를 지지하고 있다.

이제 우리의 원래 문제로 돌아가 보자. 오이디푸스가 유죄가 아닌 것은 무엇 때문인가? **타자**는 알고 있으며 **그**가 알고 있다는 것을 주체가 알도록 한다는 사실과 더불어 죄가 무대에 등장한다는 것을 우리는 이미 말했다. 하지만 **타자**가 아는 것은 무엇인가? 이는 주체의 운명을 (미리) 알고 있으면서 그것을 주체에게 누설하는 **타자**의 문제에 불과한 것이 아니다. 여기 걸려 있는 앎은 예컨대 '너는 네 아버지를 죽이고 어머니와 동침할 것이다'라는 형식의 앎—『오이디푸스 왕』이 증언하고 있는바, 쓸모없는 종류의 앎이며 단지 또 다른 형태의 눈멂에 불과한 어떤 종류의 앎—이 아니다. 오히려 반대로 그것은 '잉여-지식'이라 불릴 수 있을 어떤 것과, 주체의 욕망이 달라붙어 있는 지식과 관련되어 있다. (라캉의 '잉여-향유'를 말바꿈한) 이 '잉여-지식'은 (예컨대, 부친살해와 근친상간에 관한) 앎이 언표되는 자리에 연결되어 있다. 오이디푸스 비극의 기원에 있는 것은 앎이 '탈구되어' 있다는, 앎이 언표행위 자리에서 분리되어 있다는 바로 그 사실이다. 오이디푸스가 친부모로 여겼던 '양부모'의 고향인 코린토스에 살고 있을 때 예언자는 그에게 그의 운명을 들려주었다. 오이디푸스는 자신이 코린토스에서 그 운명의 항해를 시작한 것이라고 믿었으며 이 항해가 사실은 테바이에서 그가 태어났을 때부터 진행 중이었음을 알지 못했다. 다시 말해서 오이디푸스의 존재는 테바이에서부터 승선하고 있지만 그의 앎은—그리고 그와 더불어 그의 욕망은—코린토스에서야 항해를 시작한다. 바로 이것이 오이디푸스의 비극을 유일무이하게 만들며 또한 우리가 라캉이 클로델의 삼부작에 대해서 사용하고 있는 말로 오이디푸스의 비극을 기술하는 것을 정당화해준다. '어떤 사람이 욕망을 강탈당하고 그 대가로 다른 누군가에게로, 이 경우 사회 질서에로 넘겨진다.' 또 다른 정식화를 보면: '주체는 욕망을 박탈당하고 그 대가로 시장으로 보내어지며, 거기서 최고 입찰자에게 주어진다.'[22]

그렇다면 왜 오이디푸스는 유죄가 아닌가? 왜냐하면 바로 그 처음부터 그는 자신의 욕망을—그 욕망만이 그를 유죄로 만들 수 있었을 것이다—강탈당했기 때문이다. 그 교환으로 그는 다른 누군가에게로, '사회 질서'(왕위)에로, 그리고 이오카스테에게로 넘겨진다. 그는 나중에 이를 그의 봉사에 대한 대가로 받은 재앙스러운 선물이라고 부른다. 근친상간과 관련해서 오이디푸스와 코로스 사이에 오가는 대화를 다시 상기해보자.

코로스: 그러나 그대는 행했소…….
오이디푸스: 아니오. 아무것도 행하지 않았소.

22) Lacan, *Le transfert*, p. 380.

코로스: 어째서요?
오이디푸스: 나는 선물을 받았을 뿐이오. 불쌍한 나는 봉사해 준 대가로 도시로부터 그런 선물을 받지 않았더라면 좋았을 것을!

아마도 오이디푸스의 운명을 가장 잘 요약할 수 있는 말은 다음과 같을 것이다: '욕망의 도난—그리고 그 대가로, 어머니'.

사물의 죽음

『철학자 오이디푸스』라는 책에서 장-조제프 구는 오이디푸스 신화에 나오는 다양한 흥미로운 요소들에 관심을 가질 것을 요청한다. 구는 오이디푸스 신화가 비전형적이라는 사실을 출발점으로 삼는다. 형식적 구조에 따르면 그것은 입문식의 신화이다. 주인공은 어떤 도전, 어떤 시련(스핑크스와의 대결) 앞에 서게 된다. 이에 성공적으로 대처한 그는 사회적/상징적 질서 속으로 통합된다(왕위와 아내를 얻는다). 그렇지만 오이디푸스 신화를 동일한 주제를 다루는 다른 신화들(예컨대 메두사와 대결하는 페르세우스, 키마이라와 싸우는 벨레로폰)과 비교해보면, 불규칙성들의 목록 전체가 명백해진다. 이를 구는 다음과 같이 요약했다.

A. 오이디푸스의 경우 왕에 의해 부과된 시련이라는 전형적인 동기가 발견되지 않는다. 오이디푸스는 자진해서 스핑크스와 대결하기로 결정한다.

B. 여성 괴물과의 이 대결은 그 자체로 다음과 같은 변칙을 보여 준다.
   1. 오이디푸스는 신들의 도움 없이 스핑크스를 이기며(엄밀히 말해서 이는 유일무이한 것이다), 심지어는 인간들의 도움도 없이(현자나 예언자의 조언 없이) 스핑크스를 이긴다.
   2. 시련 그 자체는 구조화되어 있지 않다. 즉, (다른 영웅들의 경우에서처럼) 영웅이 괴물을 하나 하나 물리쳐가는 단계들로 나누어지지 않는다.
   3. 오이디푸스는 물리적 힘을 사용하지 않고서도, 단지 한 마디 말('*anthropos*[인간]')만을 무기로 사용해서 괴물을 이긴다.

C. 결국 그는 왕의 딸과 결혼하지 않고 자신의 어머니와 결혼한다.[23)]

'전형적' 신화로부터의 이와 같은 이탈은, 구에 따르면, 기본 주제의 변이에 불과한 것이 아니라 이 기본 주제의 완전한 역전이다. 다시 말해서 오이디푸스 이야기는 입문식 신화에 대한 다양한 변이 가운데 하나가 아니다. 오히려 그것은 실패한 입문식의 신화이다. 이러한 관점에 따르면 부친살해와 근친상간은 바로 실패한 입문식의 결과들이다.

비-오이디푸스적 영웅들의 전형적인 입문식은, 그러니까 그들의 이야기는, 다음과 같이 전개된다. 권위의 인물이며 영웅의 경쟁자이기도 한 왕이 주인공에게 '불가능한' 것처럼 보이는 시련을 부과한다. 이 시련은 (일반적으로 여성적인) 괴물과의 대결을

---

23) Jean-Joseph Goux, *Œdipe philosophe*, Paris: Aubier, 1990, pp. 24~25를 볼 것.

포함한다. 이 '시험' 속에서 주인공은 신들과 현자들의—다시 말해서 그의 선조들에게서 전래된 지식의—도움을 받는다. 그리고 그는 목숨이 위태로운 지경까지 이르지 않는 한 과제에 성공하지 못할 것이다. **여자**-괴물을 죽이는 것을 포함한 극도로 어려운 이 시련 끝에 주인공은 왕좌를 얻게 되고 '정상적' 성생활을 획득하게 된다. 그는 일반적으로 왕의 딸인 여자와 결혼을 한다.

이 전형적 이야기는 라캉적 용어로 곧바로 번역될 수 있는 것처럼 보인다. 처음에 주체는 경쟁자인 왕과의 상상적 관계에 붙잡혀 있다. 이 '부성적 형상'이 그에게 선사하는 시련 속에서 영웅은 **사물**/**어머니**/향유에 대한 자신의 관계를 해결해야만 한다. 그는 '**사물**을 죽이기' 전까지는 상징계 속에서 자신의 고유하고 합법적인 자리에 접근하지 못한다.

구에 따르면 오이디푸스의 경우에는 입문식 이야기의 핵심 요소가 나타나지 않는다. 오이디푸스는 스핑크스를 죽이지 않는다. 오히려 그는 '말로써 빠져나가려고' 노력하며 그렇게 함으로써 스핑크스와의 진정한 대결을 연기한다. 오이디푸스는 지성인의, '철학자'의 역할을 하길 원하며 따라서 상징계에 입장하기 위해 필요한 '남자다움'을 발휘할 수 없다. 그리고 바로 그렇기 때문에 그는 결국에는 어머니의 품에 안기게 된다. 이 해석에 따르면 오이디푸스의 죄는 그가 영웅의 입문식의 통상적 조건인 **사물**/향유의 상실에 동의하지 않았다는 사실에 놓여 있다. 구의 결론에 따르면 오이디푸스 비극은 어머니의 욕망의 앙갚음에 관한 이야기이다. 스핑크스는 오이디푸스의 영리한 반응으로 인해 자신이 살해되지 않은 것에 대해서, 다만 연기된 뿐인 것에 대해서 복수한다.

이 해석이 문제가 있어 보인다는 것을 즉시 진술하도록 하자.

하지만 그럼에도 불구하고 그것은 오이디푸스에 대한 또 다른 해석을 전개하려는 우리의 노력을 위한 자극적 출발점으로서 기여할 수 있으며 또한 라캉 이론의 어떤 덜 친숙한 요소들을 드러낼 수 있도록 해줄 방법으로서 기여할 수 있는바, 이 요소들은 표준적 공식—상상적 관계 + (상징적) 거세 = 상징적 법의 주체 + 욕망의 원인으로서의 대상 *a*에 체현된 상실—에 어떤 다른 빛을 던져줄 요소들이다. '전형적 입문식 신화'는 이 공식을 따른다. 영웅이 상징계 속으로, 기표 속으로 입장하는 것은 **사물**의 상실을 함축하며, 한편으로 기표의 순수한 주체를 산출하고 다른 한편으로 그가 획득하는 대상이 결코 **그것**(**사물** 자체)이 아니게 되는 한에서 이제부터 주체의 욕망의 동인이 될 불가분의 잔여를 산출한다. 하지만 그럼에도 불구하고 이 이야기의 또 다른 한층 더 '라캉적인' 판본이 있는데, 그 판본의 영웅은 다름아닌 오이디푸스다.

구의 해석의 중심적 전제는 기본적으로 반-프로이트적이다. 즉 그는 부성적 형상이 아닌 모성적 형상이 주체 발달의 핵심적 역할을 맡게 한다. 이 해석에 따르면—그리고 프로이트와는 반대로—'시초에' 기원적 부친살해가 있었던 것이 아니라 모친살해가 있었다. 아버지의 기능은 어머니의 기능에 비해 부차적인 것으로 간주된다. 라캉에 따라 '**여자**(la *femme*)는 아버지의 이름들 가운데 하나'인 것이라면, 구는 여자의 이름들 가운데 하나에 불과한 것이 바로 아버지라고 주장하는 것이다. 물론 프로이트가 신화적 영웅들에 의해 살해되는 괴물들이 원칙적으로 여성적이라는 사실, 주체의 신화적 구성에서 여자(어머니)의 우선성을 보여주는 것으로서 간주되는 그 사실을 소홀히 했다는 이유로 종종 비판받는다는 것은 참이다. 하지만 앞서 (주18에서) 언급된 오이디푸스 신화의 '누아르' 판본은 어떻게 이 해석이 스스로 피하려 애쓰는 바로 그 덫—즉 '남성적 환상'을 특권화하는 관점—에 걸려들고 마는지를 분명하게 보여준다. 『오이디푸스 왕』의 누아르 판본에서 팜므파탈의 역할을 하는 것은 물론 스핑크스다. 그리고 팜므파탈(즉, **여자**)의 위치는 남근 함수에 대해 구성적인 예외의 위치이며, 따라서 더할 나위 없는 남성적 환상을 대표한다. 그것은 법에 의해 제약받지 않으며 '그것 전부를 원하는', '변덕스러운 주인'의 위치이다(이에 대해서는 궁정풍 사랑의 **귀부인**의 이미지를 떠올리는 것으로 족하다). 다시 말해서 **여자**(la *femme*)는 바로 '아버지의 이름들 가운데 하나'이다. 아버지는 상징적이고 안도감을 주는 법을 실증하는 것에 불과한 것이 아니다. 이 형상의 이면에는 라캉이 '**아버지**-향유'라 부르는 형상이 있다. 법이 설치되기 위해 죽어야 하는 것은 바로 이 '실재적' 아버지, 이 아버지-향유이다.

이러한 관점에 따르면 오이디푸스 비극은 상상계에서 상징계로의 이행을 완수하지 못한 남자의 비극이 아니라 반대로 상징계로의 입장 그 자체의 비극이다. 하지만—오이디푸스 신화의 모범적 가치인 것인바—여기서 '비극'은 상징계에 입장하기 위해서 상실되어야만 하는 모든 것을, 치러야만 하는 그 대가를 가리키지 않는다. 그것은 자신의 고유한 자리를 획득하기 위해 영웅적이고도 고통스럽게 포기해야만 하는 모든 것(예컨대 완전한 향유)을 가리키지 않는다. 비극에서의 강조점은 상징계로의 입장의 조건들에 있는 것이 아니라 이 입장의 결과들에 있는 것이다. 그리하여 구의 논변과는 반대로 우리는 오이디푸스가 그의 신화적 대응자들보다 훨씬 더 근본적으로 '**사물**을 죽인다'고, 그리고 그것은 바로 그가 힘이 아닌 말을 가지고서 그것의 협박에 응수하기 때문이라고 주장할 수 있을 것이다. 그러한 응수에서 오이디푸스는 **사물**을 명명한다. 그리고 그 결과 **그것**이 '증발한다'는 것은—그것이 그 어떤 피-얼룩도 남겨놓지 않은 채로 사라진다는 것은—결코 놀랄 일이 아니다. 하지만 이것이 사실이라면, 우리는 이러한 상황의 비극(오이디푸스의 비극적 운명)이 어디'로부터 오는' 것인지를 물어야만 한다. **사물**이 그처럼 잔여물 없이 증발한다면, 상징계로의 이행이 그처럼 손쉽게 발생한다면 말이다.

이러한 물음은 통상 다음과 같은 반응을 촉발한다: 하지만 **사물**은 실제로 잔여물 없이 증발하지 않았다, 상징계에 진입한 이후에도 그리고 기표 속에서의 '죽음' 이후에도 살아남는 **사물**의 어떤 부분이 언제나 있다. 하지만 잔여물에 관한 이 이야기는 오도적일 수가 있는데, 왜냐하면 '진화적' 관점의 덫에 빠질 위험이 있기 때문이다. 즉, 처음에는 **사물**, 그런 다음에는 기표, 그리고 **사물**에서 잔류된 것. 여기서 라캉의 입장은 훨씬 더 근본적이다. (그가 '대상 *a*'라 부르는) '잔여'는 단순히 **사물**의 잔여에 불과한 것이 아니라 **사물**의 차원을 사후적으로 확립하는 **기표 그 자체**의 잔여이다. 그것은 기표가 상징계로 '변형'시킬 수 없는 어떤 '질료'의 잔여가 아니며, 기표들의 자기-지칭적 역학의 잔여물, 폐기물, '타액'이다. 상징계(상징화)의 작용은 결코 제대로 되지 않는다는, 그것은 언제나 잔여물을 산출한다는 테제는 바로 이러한 의미로 이해해야 한다. 이 작용 이후에 '상징화불가능한' 것으로서 선상징적인 무언가가 혹은 상징화를 '피하는' 무언가가 남게 된다는 것이 아니다. 바로 그 완벽성과 완전성에 있어서의 상징화가 곤궁의 생성을 통해 내부로부터 그 상징화를 '침식하는' 잉여를 산출한다는 것이다. 헤겔을 말바꿈하면 이렇다: 잔여는, 정신이 완전히 삼킬 수 없었던 외적인 어떤 것이 아니라, 정신 그 자체의 뼈이다.

바로 이러한 이유 때문에 '욕망의 그래프'에서 라캉은, 기표 사슬의 잔여물의 자리에, 상징계의 도래 이전에 있는 어떤 것의 잔여물이 아니라 엄밀히 말해서 기표 사슬 자체—기표들의 중얼거림—의 산물인 목소리를 위치시킨다. 그렇다면 바로 이것이 오이디푸스 신화의 개념적 가치이다. 그것은 비극의 원천을 완전하게 성취된, '백퍼센트 완벽하게' 성취된 상징화에, 말에 위치시키며, 그 말의 출현 이후에 스핑크스는 흔적도 없이 사라지는 것이다. 오이디푸스의 '운명을 봉인하는' 것은 스핑크스/**사물**의 어떤 숨겨진 잔여물이 아니라 정확히 말과 말의 결과들(말의 '잔여물')이다. 그리하여 오이디푸스의 몰락은 그가 자신의 말에 (비록 본의가 아닐지언정) 충실하게 남아 있을 것이라는 사실에 의해 초래될 것이다.

상징계 내적으로 생성된 곤궁들에 대해 말하자면, 오이디푸스 비극은 두 층위에서 전개된다. 첫 번째는 경험적인 것과 상징적인 것이 분기되는 층위다. 타인들(특히 그의 아버지와 어머니)이 언제나 그들의 말, 그들의 상징적 기능에 충실하거나 부합하는 것은 아니라는 사실에서 따라나오는 분기. 비극이 전개되는 두 번째 층위는 오이디푸스가 자신의 말, 즉 스핑크스가 그에게 던지는 수수께끼에 대한 대답의 '볼모'가 된다는 사실과 관계있다. 오이디푸스의 운명의 이 층위들을 한 번에 하나씩 다루도록 하자.

아버지란 무엇인가?

첫 번째 층위는 경험적 아버지와 **아버지-이름** 사이의 그리고 경험적 어머니와 모성적 기능 사이의 틈새에서 생겨나는 드라마적 위치의 층위이다. 이야기 과정에서 오이디푸스는 그의 부모들을 오로지 그들의 경험적 '형식'에서만 조우한다. 보다 정확히 말해서: 오이디푸스 드라마의 궤도는 그의 상징적 부모들과 (경험적 의미에서의) 실재적 부모들이 일치하는 데 실패하는 공간을 가로지른다. 라캉의 말처럼,

> 적어도 진정으로 우리의 것과 같은 사회적 구조 속에서 아버지는, 언제나, 어떤 방식에서는, 자신의 기능과 일치하지 않는, 불충분한 아버지이며, 클로델식으로 말하면 **굴욕당한** 아버지이다. 실재의 층위에서 주체가 지각하는 것과 상징적 기능 사이에는 극단적으로 예리한 불일치가 언제나 있다. 오이디푸스 콤플렉스에 그 가치를 부여하는 것은 바로 이러한 틈새다.[24]

오이디푸스는 (그가 길에서 죽이는) 무례하고 공격적인 여행자라는 형식으로 그의 아버지와 조우하며 성적 대상인 여자라는 형식으로 어머니와 조우한다. 드라마 종결부에서 그는 '정신은 뼈다'라는 등식이 아닌 오히려 '뼈는 정신이다'라는, 이 두 세속적 피조물들이 나의 **어머니**와 **아버지**라는 잔인한 등식과 대면한다.

방금 「신경증의 개인적 신화」에서 인용된 구절에서 라캉은 어

24) Jacques Lacan, 'Le mythe individuel du névrosé', *Ornicar?* 17/18, Paris 1979, p. 305.

떻게 신경증자가 부성적이고/이거나 모성적인 형상을 재배가하고 이 형상의 모든 혼동스러운 특징들을 그 분신double의 '탓으로 돌리는' 신화를 꾸며냄으로써 그러한 불일치에 반응하는가를 보여준다. 아버지 안에 있는 **아버지-이름** 이상의(혹은 이하의) 그 무엇(일체의 연약함과 욕망들을 가지고 있는, 다소간 점잖은 단순한 남자)은, 예컨대, (주체의 잠재적인 성적 경쟁자이기도 한) 삼촌으로 체현된다. 그리고 어머니 안에 있는 어머니 역할 이상의 그 무엇(자신의 온갖 지적, 성적 삶을 영위하는 여자)은, 주체를 위한 성적 대상으로서 기능하도록 '허용된' 또 다른 여성적 형상(예컨대 장모나 가족의 친구)으로 체현된다. 우리는 동일한 구조가 『햄릿』에서도 작동한다는 것에 주목해야 한다. 좋은 아버지와 나쁜 아버지는 각각 **아버지-이름**(유령)과 삼촌으로 체현된다. 또한 이중의 어머니는 말하자면 **아버지-이름**의 (전)부인과 삼촌의 정부로 체현된다. 여기서 우리는 오이디푸스 신화의, 그리고 더 나아가 오이디푸스 콤플렉스의 다른 쪽 얼굴을, 즉 아버지가 자신의 의무에 적합하지 않다는 사실을 그 원동력으로 삼는 '4항' 구조를 볼 수 있다. 이것은 아버지 그 자체에 대해서도 결과를 낳는다. 그리고 이 신화의 부성적 판본은 물론 있다. 프로이트가 『꿈의 해석』에서 언급하는 아버지 꿈이 예시하고 있는 오이디푸스 이야기의 'pèreversion'[25] 말이다. 꿈에서 아버지는 (죽은) 아들이 침대 옆에 나타나 그에게 책망하듯 다음과 같이 속삭이는 것을 듣는다. 아버지, 내가 타고 있는 것이 보이지 않나요? 아버지,

25) [이 말은 라캉이 도착을 뜻하는 'perversion'을 말장난 한 것이다. 불어에서 'père'는 '아버지'를 뜻하므로 'pèreversion'은 '아버지판본'이라는 뜻을 갖는다.]

당신은 아버지로서의 당신의 의무에 당신이 적합하지 않다는 것이 보이지 않나요?

자신의 의무에 적합하지 않은 아버지는 본질적으로 상징계에 속한 실패를 나타낸다. 이러한 관점에서 우리는 오이디푸스의 비극을 이렇게 정의내릴 수 있을 것이다: 드라마의 바로 그 처음부터 이미 상징계의 모든 의무와 더불어 상징계 속에 있지만 그것을 알지 못하는(그는 무례한 여행자가 아버지라는 것을 알지 못하며 그가 결혼한 여자가 어머니라는 것을 알지 못한다. 끝에서야 그는 그것을 알게 된다) 어떤 남자의 비극. 바로 여기에 오이디푸스 신화의 사변적 의미와 범위가 있다. 그는 입문식의 통과과정을 그 역으로 여행하며, 그렇게 하는 동안 상징계가 낳는 **의미**의 근본적 우연성을 경험하고 증명한다.

'주체성의 전형적 발생'의 이야기에 따르면 주체는 **아버지** 또한 한 명의 아버지(일체의 연약함을 지닌 남자)라는 것을 점진적으로 배우게 된다. 그는 '정신은 뼈다' 유형의 등식—'**아버지-이름**'은 실제로는 단지 또 다른 주체이며, 나와 같은 인간이다—에 대면하게 되며, 이러한 등식에 반대하여 예컨대 아버지의 두 '측면'이 두 명의 (상이한) 인물로 체현되는 '개인적 신화'를 구성함으로써 스스로를 방어한다. 다시 말해서 여기서 우리는 슬라보예 지젝이 다음과 같이 정식화한 상징계의 차원을 다루고 있는 것이다: '상징화의 바로 그 실패는 상징화 과정이 발생하는 공백을 열어놓는다'.[26] 주체는 상징계 안으로 태어나지만, 상징계 자체

26) Slavoj Žižek, *The Indivisible Remainder*, London and New York: Verso, 1996, p. 145.

의 실패를 산출하는 상징계 안으로, 그것이 완전하게 덮을 수 없는 영토(현 사례에서는, 경험적 아버지와 상징적 아버지의 틈새) 안으로 태어난다. 그리고 바로 이 공간에서 상징화, 주체의 입문식은 발생한다. 오이디푸스 이야기는 이 과정의 역전을 표상한다.

처음에 오이디푸스는 자신이 어떤 공백 속으로, 아직 상징적 경계 표시로 한계지어지지 않은 공간 속으로 내던져져 있음을 발견한다(그는 자신의 '실재적' 어머니와 아버지가 누구인지를 알지 못한다). 오이디푸스는, 그에게는 경험적인 것의 지위를 가진 이 텅 빈 공간을 횡단하기 전까지는, 상징계와 그것의 빚—그는 그 안에서 태어났어야 했지만 운명을 피하려는 부모들의 시도 때문에 그것을 박탈당한다—을 소급적으로 만들어내지 못한다. 오이디푸스는 그의 이야기의 결말에 와서야 자기 자신의 탄생의 조건들을, 즉 상징계의 조건들과 그 자신의 '입문식'의 조건들을 현실화하는 것이라고 말할 수도 있을 것이다. 그렇기 때문에 오이디푸스는 (라캉이 햄릿의 위치를 기술할 때처럼) '게임에 들어가는 순간부터 유죄인' 것은 아니다.

이러한 맥락에서, (콜로노스의) 오이디푸스가 (오이디푸스가 묻히는 마을에 번영을 예언한 새로운 신탁 때문에 오이디푸스가 원하건 원하지 않건 그를 테바이로 다시 데리고 오려 하는) 크레온과 대화하면서 부친살해에 대해 말하는 내용을 보는 것이 도움을 준다. 이 대화가 특히 매혹적인 것은 그 두 화자가 제3자인 테세우스(아테나이의 왕)와 아테나이인들의 코로스를 향해 말하고 있다는 것이다. 크레온은 오이디푸스가 진정으로 혐오스러운 범죄자이며 아테나이인들은 그를 환대하지 말아야 하고 크레온 자신에게 넘겨주어야 한다고 아테나이인들을 설득하려 한다. 오이디푸스는 이것이 참이 아니라는 것을 아테나이인들에게 납득시켜야 한다. 사실상 자신은 범죄자가 아니라는 것을 말이다. 그리하여, 연출적 관점에서 이 대화는 핵심적인 것인데, 왜냐하면 그것은 **타자**—'배심원'—가 오이디푸스가 유죄인지 아닌지를 판단해야 하는 상황을 우리에게 제시하기 때문이다.

물론 크레온은 가혹한 말과 비난을 주저 없이 이용한다. '아버지를 살해하고 어머니와 동거하는 가장 부정한 결혼을 한 것으로 드러난 자'(p. 343[207쪽]). 그는 테세우스와 그의 백성들에게, 당신들 가장 명예로운 아테나이인들이 그처럼 가증스런 인간을 비난하는 것 말고 그 어떤 다른 일을 할 것이라고는 결코 생각하지 못했다고 말한다. 이에 대해 오이디푸스는, 역시 아테나이인들에게 하는 말로써 대응한다. 배심원에게 말하는 능숙한 변호사 못지않은 논변을 가지고서 말이다: 내 자네에게 묻겠는데 이 한 가지만은 대답해 주게나. 만약 지금 여기서 누가 다가와서 올바른 사람인 자네를 죽이려 한다면 자네는 죽이려는 자가 혹시 자네의 아버지인지를 묻겠는가 아니면 당장 되갚아 주겠는가?[27] (분명 이와 동일한 논변은 근친상간이라는 고발에 대한 변론으로도 똑같이 효력이 있는 논변이다: 자네는 어떤 여자와 잠자리에 들기 전에 혹시 어머니가 아닌지 묻는 습관이라도 있는가?)

이러한 응답의 희극적 효과(이로써 오이디푸스는 아테나이인들의 마음을 정복한다) 때문에 그것이 겨냥하고 있는 진짜 논점(아버지란 무엇인가?)을 보지 못해서는 안 된다. 우리는 어떻게 아버지를 알아보는가? 그리고, 내가 만일 어떤 사람을 내 아버지

27) [국역본: 210쪽.]

로서 알아보지 못한다면 (그리고 그 사람 역시 똑같이 나를 알아보지 못한다면) 그는 아직도 아버지인가?[28] 여기에 오이디푸스는 한층 더 의미심장한 논변을 더한다: 아버지의 혼백이 되살아나신다 하더라도 내 말을 부인하지는 못하실 것이네. 다시 말해서: 아버지 자신은 오이디푸스를 죽이려 한 그 여행자가 바로 **아버지**임을 알아보지 못할 것이다.

바로 이 점에서 오이디푸스 이야기의 비극 전체가 드러난다—**나는 나의 아버지를 죽이지 않았다!** 이는 우리를 다시 한 번 오이디푸스의 죄라는 물음으로 돌아가게 하며, 그리하여 우리는 오이디푸스가 반복해서 내뱉는 한탄—**제발 내게 죄가 있었으면!**—의 애매성을 보다 분명하게 볼 수 있게 된다. 이 말이 부당함에 대한 불평을 암시하는 것이라면(오이디푸스는 자신이 죄짓지 않은 어떤 것에 대해 비싼 대가를 치른다), 그것은 또한 어쩌면 한층 더 근본적인 무언가를 암시하는 것이기도 하다. 제발 내게 죄가 있었으면—하지만 당신은 내게서 그 명예마저도, (당연한 권리상 내게 열려 있는) 상징계 안의 그 자리마저도 앗아갔다! 내가 그 모든 고통을 겪었음에도 나는 죄가 있지조차 않다(이는 그의 운명의 **의미**가 아닌 무의미를 강조하고 있다). 당신은 내게 (욕망의) 주체로서 참여할 수 있는 가능성마저도 남겨놓지 않았다.

---

28) '만일 오이디푸스가 완전한 남자라면, 만일 오이디푸스에게 오이디푸스 콤플렉스가 없다면, 이는 그의 경우 그 어떤 아버지도 없기 때문이다. 아버지 역할을 하는 사람은 그의 양아버지이다. 그리고, 우리 모두에게도 마찬가지이다. 왜냐하면 라틴어에도 있는 말이지만, *pater is est quem justae nuptiae demonstrant*, 즉 아버지는 우리를 인정하는 사람이기 때문이다.' (Lacan, *The Ethics of Psychoanalysis*, p. 309).

그리하여 오이디푸스는 아버지를 살해한 죄를 영웅적으로 짊어질 수 있는 그 어떤 위치에도 있지 않다. '그의 이야기에는 그 어떤 아버지도 없다'(라캉)는 이유에서 말이다. 즉 그는 **아버지**를 죽이지 않았으니까 말이다. 바로 이것이 라캉이 「신경증의 개인적 신화」에서 오이디푸스 도식은 그 전체로서 비평될 가치가 있다고 말할 때 겨냥하고 있는 것이다. 오이디푸스 콤플렉스의 요점은 단순히 아들이 어머니와 (안심하고) 자기 위해서 아버지를 죽이기를 원한다는 것이 아니다. 아들이 아버지에게서 죽이기를 원하는 것은 바로 부성적 기능에 부응하지 못하는 아버지의 무능력이다. 아들의 공격은 (어머니에 대한 접근을 금지하는) 상징적 법의 작인으로서의 아버지를 향하고 있는 것이 아니라 '자신의 책무에 적합하지' 못한 '경험적인 아버지', 오이디푸스에게 죽임을 당하는 바로 그 '무례한 여행자'이다. 그리고 바로 그렇기 때문에 라캉은 (클로델의 『딱딱한 빵』에 대해 이야기하면서) 다음과 같이 말할 수 있는 것이다: '오이디푸스 콤플렉스의 극단적이고 역설적이고 풍자적인 요점…… 외설적인 늙은 남자가 아들에게 자기 여자와 결혼하도록 강제한다. 자신이 아들의 여자를 갖기 원하는 만큼이나 말이다.'[29] 이 경우 우리는 오이디푸스 콤플렉스의 '극단적'이고 '역설적'이고 '풍자적'인 요점을 다루고 있는 것이다. 그것의 정반대를 다루고 있는 것이 아니라 말이다(그리고 이것이 중요한 점이다). 그리고 사실상 아들—이 경우, 루이 드 쿠퐁텐—은 그의 아버지를 죽이고 아버지의 정부와 결혼할 것이다. 자기 여자와 결혼하도록 아들을 강제하는 아버지는 '현대

29) Lacan, *Le transfert*, p. 357.

사회'의 반-오이디푸스인 것이 아니다. 반대로 그는 그 극단적 지점까지 간 오이디푸스 콤플렉스의 바로 그 논리를 대표하는 것이다. 오이디푸스적 도식을 경험적 아버지와 상징적 작인의 분리라는 관점에서 파악하는 한에서만 우리는 그 도식의 적실성을 알아볼 수 있다.

『오이디푸스 왕』으로 돌아가 보자. 우리는 헤겔의 진술을 이미 언급한 바 있다. 이에 따르면 (고전적) 영웅에게 그의 행위는 무죄라고 주장하는 것보다 그에게 가해지는 더 큰 부당함도 없다. 헤겔이 말하기를 그처럼 위대한 인물에게 유죄라는 것은 명예다. 그리고 바로 그것이 오이디푸스가 겪는 모욕이다. 그가 무죄라고 아무도 정확하게 말하지 않음에도 불구하고 문제는 오이디푸스 스스로가 자신이 실제로 무죄라는 것을 알고 있다는 것이다. 그는 자신이, 비록 '불명예스러운' 것이라 해도 유죄라는 마지막 명예를 주장할 권리조차도 가지지 않음을 알고 있다. 아마도 이것을 『오이디푸스 왕』 종결부에 나오는 그의 '이해할 수 없는' (비-영웅적인) 행동을 이해할 열쇠로 볼 수 있을 것이다. 오이디푸스는 실제로 불운의 희생양(신들의 장난거리)이 아니다. 그는 엄밀히 말해서 그러한 게임에서도 버림받고 거부된다.

그리하여 그는 지젝이 다음과 같이 정의하고 있는 대상을 완벽하게 구현한다. '그리고 대상 *a*는 정확히 언어 그 자체에 의해 언어의 '파편'으로서, 순수한 자기-지칭적 기표 운동의 물질적 잔여물로서 생성되는 역설적 대상이다.'[30] 그는 기표들(신탁)의 자기-지칭적 운동의 파편이며, 그의 이야기는 이 자기-지칭적

30) Žižek, *The Indivisible Remainder*, p. 145.

측면을 아주 분명하게 강조하고 있다. 예언이 이루어진다, 기표들이 작동된다, 오이디푸스는 '전적으로 다른 어떤 것'을 행함으로써 자신의 운명을 피하려고 한다, 그러나 종국에 가서는 그것이 무엇이었는가를 깨닫는다('그건 나의 어머니와 나의 아버지였다')―결국 '그것'은 여하한 어떤 것일 수도 있었을 테니까 말이다. 칸트를 말바꿈하자면, 기표 자체의 법칙이 기표가 지칭하는 현실을 창조하며 오이디푸스의 운명은 이 자기-지칭적 틈새에 붙잡혀 있어야 할 것이라고 말할 수 있을 것이다. 그리고 물론 그는 자신의 욕망을 가지고서 거기에 참여할 기회조차도 허락받지 못한다.

오이디푸스를 가지고 무엇을 할 것인가?

이제 고찰할 것은 어떻게 '질료적 잔여물'로서의 오이디푸스의 지위가 '후속편'인 『콜로노스의 오이디푸스』에서 드러나게 되는가인데, 이 후속편은 추방된 자로서의 그의 삶을 불멸화한다. 『콜로노스의 오이디푸스』의 주요한 테마 가운데 하나는 다음의 물음으로 요약될 수 있다: 우리는 오이디푸스를 가지고 무엇을 할 것인가? 오이디푸스의 이 자리-벗어남*hors-lieu*(아무도 그를 가지고 무엇을 해야 할지 모른다는 사실, 그는 모든 곳에서 '자리에서 벗어나' 있다는 사실)은 집요하게 강조된다. 물론 이는 '유죄이지도 결백하지도 않은'이라는 주제와 연계되어 있다. 그렇지만 당분간 우리의 관심을 끄는 것은 다른 주제이다. 그것은 보다 축자적인 의미에서 오이디푸스를 정위하는 것의 불가능성을 이용해본 주제이다. 드라마가 시작할 때 안티고네를 동반한 오이디푸스는 아테나이 변두리에 도착한다. 다음의 대화는 오이디푸스와 그가 처음 만나는 사람 사이에 오고간 대화이다.

> 오이디푸스: 친구여, 내 딸은 자기 자신과 나를 위하여 봅니다. ……이 소녀에게서 들었소, 그대가 우리가 누군지 알려고 왔으며 또한 우리 궁금증을 풀어 주기 위하여 때맞게 여기 오셨다는 것을.
> 콜로노스의 주민: 그만! 그 자리에서 물러서기 전에는 더 이상 질문하지 마시오. 일어나시오. 그곳은 신성한 자리고, 당신은 그곳을 밟아서는 안 되오. (p. 285[159쪽])

몇 가지 설명을 하고 나서 그 지나가던 사람은 인근 마을에서 몇 사람을 데리고 오려고 떠난다. 그가 그 사람들과 돌아오자 대화는 다음과 같이 계속된다.

> 오이디푸스: 더 나갈까요?
> 코로스: 더 앞으로 나오시오.
> 오이디푸스: 더?
> 코로스: 소녀여, 그대가 저분을 앞으로 인도하시오. 그대는 길을 볼 수 있으니…….
>
> 코로스: 여기! 그 평평한 자연석 너머로는 발을 내밀지 마시오.
> 오이디푸스: 이만하면 되겠소?
> 코로스: 됐소, 됐단 말이오.

오이디푸스: 앉을까요?
코로스: 그래요. 한쪽으로 가서 바위 끝에 쪼그리고 앉으시오.
(pp. 292~295[167~168쪽])

여기에는 아주 이상한, 거의 희극적인 절차가 있다. 오이디푸스에게 적당한 위치를 정해주기 위해 오이디푸스를 이리저리 이동시키는 절차 말이다. 이는 물론 그의 난포착적 지위를 강조하는 데 기여한다. 그는 코린토스에서 테바이로 왔다. 그리고 이제 테바이에서 아테나이로 왔다. 하지만 그는 그 어디에서도 '그의 자리에' 있지 못했다. 시종일관 그는 모든 이들이 볼 수 있도록 분명한 시계에 머물러 있었지만 말이다. 오이디푸스를 정위시키기 위해 그를 이처럼 이리저리 움직이게 하는 것은 극의 종결부에서 다시 한 번 반복된다. 이번에는 좀더 숭고한 방식으로 말이다. 여기서 관심사는 오이디푸스의 죽음의 위상학인데, 그것은 폐기물을 숭고한 대상으로, 아갈마로 변형시킨다(이미 본 것처럼, 오이디푸스의 신체—혹은 오히려 무덤—는 아테나이와 테바이의 경쟁 게임에서 귀중한 대상이 된다).

오이디푸스의 그 불가사의한 죽음—혹은 오히려 사라짐—을 묘사하는 사자는 그것의 위상학적 측면을 강조하며(그는 그 움푹 팬 곳과 토리코스 바위 중간에, 그러니까 속이 빈 배나무와 대리석 무덤 중간에 걸음을 멈추고는……), 오이디푸스의 죽음에 매우 특별한 의미를 부여하는 말로 자신의 보고를 결론짓는다: '오이디푸스는 온데간데없이 사라졌습니다!'(p. 381[240쪽]). '그는 온데간데없이 사라졌다'—그는 스핑크스가 오이디푸스의 말과 대면했을 때 그랬던 것처럼 사라졌으며, 증발해버렸다. 사자가 계속 말하기를, 단지 왕(오이디푸스의 죽음의 장소까지 오이디푸스를 동반하고 그의 불가사의한 사라짐을 목격한 아테나이의 왕) 한 분만이 '마치 어느 누구도 눈 뜨고 볼 수 없는 무언가 끔찍한 것이 나타난 것인 양 눈을 가리려고 얼굴에 손을 갖다 대고 계신 것'이 보였다(p. 381). 여기서 우리는 욕망의 (그리고 숭고한 아름다움의) 복원의 메커니즘이 작동하고 있음을 분명히 볼 수 있다. 라캉적 용어로, 소포클레스는 **타자**의 거울을 도입함으로써 (숭고의 차원에 필수불가결한) 결여를 제 자리에 돌려놓는다. 우리는 더 이상 '폐기물이며 불순물 저장소인 오이디푸스'를 보지 못하며 오로지 그(혹은 오히려 그의 사라짐)가 **타자**의 공간에서, 아테나이의 왕의 '거울' 속에서 산출하는 효과만을 본다. 그리고 극작의 층위에서 이것은 그를 폐기물에서 숭고한 대상으로 변형시키기에 충분하다.

그 다음 증거는 오이디푸스 딸들의 한탄이라는 형태로 나온다: 그 분께서는 무덤도 없이, 홀로, 사람들로부터 떨어진 곳에서 죽었어요. 안티고네와 이스메네에게는 자신들의 존경을 바치기 위해 찾아갈 아무런 무덤도 없다. 오이디푸스는 잔여물 없이 사라졌다. 그는 심지어 '사멸하는 껍데기'조차 남기지 않았다. 『오이디푸스 왕』의 끝부분과 『콜로노스의 오이디푸스』의 시작부분에서 오이디푸스가 폐기물로서, 쓰레기로서, 잔여물로서 나타난다면, 바로 이 잔여가 이제 잔여 없이 사라진다. 하지만 스핑크스의 질문에 대한 오이디푸스의 대답의 결과로 스핑크스가 잔여 없이 사라진 것이 그럼에도 불구하고 오이디푸스에게 상당히 뚜렷한 결과를 남겼던 것이라면, 오이디푸스의 '오점 없는' 사라짐 또한 그 다음 세대에게 미치는 결과가 없지 않을 것이라고 말할 수 있을 것이다.

말의 볼모

하지만 이미 언급한 바가 있는 오이디푸스 신화의 또 다른 요소가 있는데 이는 결정적 중요성을 갖는다. 오이디푸스가 스핑크스와 대결할 때, 수수께끼의 기능. 이것은 몇 가지 방식에서 신탁의 기능을 재배가시킨다. 스핑크스는 처음엔 네 발로 가고 다음엔 두 발로 그리고 마지막엔 세 발로 가는 것이 무엇인지 말하라고 묻는다. 오이디푸스는 '인간'이라고 답한다. 인간은 어렸을 때 기어다니고 어른이 되어 두 발로 걸어다니며 노인이 되면 지팡이를 짚는다. 그렇다. 장-피에르 베르낭의 지적처럼, 오이디푸스가 스핑크스의 수수께끼를 풀 수 있도록 하는 지식은 자기-지칭적이다. 즉 그것은 오이디푸스 자신에게 관련되어 있다. 오이디푸스의 답은, 어떤 의미에서, '(인간-)오이디푸스'인데, 왜냐하면 오이디푸스는 자기 안에 수수께끼가 암시한 그 세 세대를 결합하고 있기 때문이다.

> 부친살해와 그에 뒤따른 근친상간을 통해 그는 스스로를 그의 아버지가 차지하는 자리에 놓는다. 그는 이오카스테에게서 그의 어머니와 신부를 혼동한다. 그는 자신을 (이오카스테의 남편으로서) 라이오스와 동일화하는 동시에 라이오스의 자식들(그들에게 그는 아버지인 동시에 형제이다)과 동일화한다. 그리하여 그는 세 세대의 혈통을 한 데 뒤섞는다.[31]

---

31) J.-P. Vernant, 'Ambiguïté et renversement. Sur la structure énigmatique d'*Œdipe roi*', in Vernant and Vidal-Naquet, *Mythe et tragédie en Crèce ancienne*, p. 127.

오이디푸스가 수수께끼에 답을 하자 스핑크스는 사라진다. 라캉은 『세미나XVII: 정신분석의 이면』에서 『오이디푸스 왕』의 이 부분으로 돌아온다. 앎의 지위와 앎과 진리의 관계를 논하는 맥락에서 말이다. 라캉은 앎이 두 얼굴을 가지고 있다는 테제를 출발점으로 삼는다. '스스로를 아는' 앎과 '스스로를 알지 못하는' 앎.[32] 스스로를 알지 못하는 앎은 (주체 안에서) 작용하는 혹은 '노동을 하는' 앎이며 '향유의 수단'이다. 향유와 (혹은 더 정확히 말해서, 마르크스의 '잉여-가치'의 라캉적 변이인 '잉여-향유'와) 연계되어 있는 바로서의 앎의 이러한 측면을 예증하기 위해 라캉은 다음의 비교를 이용한다.

> 80 킬로그램을 등에 지고서 걸어서 500 미터를 내려가고 일단 다 내려오면 다시 500 미터를 올라가는 것, 그것은 아무것도 아닌 것이며, 결코 아무 노동도 안 한 것이라는 것을 나는 여러분에게 어떤 식으로건 증명해 보라고 하겠다. 직접 한 번 해보라. 그러면 여러분은 반대로 증명됨을 알게 될 것이다. 하지만 여러분이 이를 기표들로 표현한다면, 다시 말해서 여러분이 역학의 길을 걸어간다면, 아무 노동도 하지 않은 것임이 절대적으로 분명하다.[33]

---

32) *le savoir qui se sait*와 *le savoir qui ne se sait pas*. '스스로를 아는 앎'과 '스스로를 알지 못하는 앎'으로 번역된 이 두 공식은 또한 보다 통념적인 방식으로는 '우리가 아는 앎'과 '우리가 알지 못하는 앎'으로 이해될 수도 있을 것이다.

33) Jacques Lacan, *Le Séminaire, livre XVII: L'envers de la psychanalyse*, Paris: Seuil, 1991, p. 54.

이는 잉여-향유/노동에 대한 매우 놀라운 정의이다. '분절화된' 앎('스스로를 아는' 앎)의 관점에서 볼 때 발생하지 않은, 하지만 그럼에도 불구하고 우리가 아낌없이 땀흘리게 만든 노동. 상징계에서, '-500+500=0'인 역학적 등식에서 분절화되지 않은, 그리고 이마에 맺힌 땀만이 유일한 증거인 앎/노동. 우리는 이른바 '여자의 노동'(집안일, 결코 숫자로 양화되거나 '표현'되지 않는 '비생산적인' 노동)이 경제학자들과 그들의 '등식'에 제기하는 문제에서 이 '스스로를 알지 못하는 앎'의 등가물을 발견할 수 있다.

스스로를 알지 못하는(알려지지 않은 상태로 남아 있는) 하지만 여전히 노동을 하는 이 앎은, '상실되는' 한에서, 우리가 향유에 그리고 또한 진리에 접근하는 지점을 구성한다. '바로 향유의 수단으로서의 앎을 통해서 노동은 행해진다. 의미를 갖는, 모호한 의미를 갖는 노동은 말이다. 이 모호한 의미는 진리의 의미이다.'[34]

바로 이 점과 관련해서 라캉은 핵심적 물음을 제기한다. 앎으로서의 진리는 무엇인가? 혹은 다른 말로, 어떻게 우리는 앎 없이 (혹은 알지 못하면서) 알 수 있는가: *comment savoir sans savoir?* 답은 수수께끼의 '논리'에 놓여 있다. 앎으로서의 진리는 스핑크스가 오이디푸스에게 제기하는 것에 상당하는 수수께끼처럼 구조화되어 있다. 앎으로서의 진리는, 스핑크스가 자신이 낸 수수께끼가 풀리자마자 사라질 준비가 된 '절반의 신체'인 것과 마찬가지로, '절반만 말해진 것'(a *mi-dire*)이다. 스핑크스는 오이디푸스에게 수수께끼를 내고 오이디푸스는 특정한 방식으로—라캉은 스핑크스의 수수께끼에 대한 다른 많은 답들이 또한 가능하다는 것을

34) 같은 글, p. 57.

강조한다—이에 답한다. 그리고 바로 이를 통해 그는 오이디푸스가 된다.

> 언표행위의 층위와 진술의 층위의 차이를 내가 오랫동안 강조해왔다면, 이는 수수께끼(*enigma*)의 기능에 의미를 제공하려는 것이었다. 수수께끼는 필시 바로 이것, 즉 언표행위다. 나는 당신에게 거기서 하나의 진술을 만들 것을 요구한다. 당신이 어떻게 할지를 가장 잘 아는 방식으로 그것을 해결하라. 오이디푸스가 그랬던 것처럼 말이다. 그러면 당신은 그 결과를 겪게 될 것이다. 수수께끼란 바로 그런 것이다.[35]

진리로서의 앎은 수수께끼다. 하지만 그럼에도 불구하고 그것은 페이지 하단에서나 수수께끼 사전에서 그 답을 찾을 수 있는 그러한 종류의 수수께끼는 아니다. 수수께끼 사전의 도움으로 수수께끼를 푸는 주체는 사실상 많은 것을 알고 있지만 이 앎은 진리와 아무 상관이 없다. 왜냐하면 진리의 효과가 발생하기 위해서 주체는 자신의 말을 오이디푸스가 그런 것처럼 내기처럼 던져넣어야 하기 때문이다. 이는 그와 그의 '전형적인' 신화적 대응자들과의 또 다른 차이인데, 후자의 경우 신들은 그들의 귀에 정답을 속삭임으로써 도움을 준다. (고전적 신들은 오늘날 수수께끼 사전이라는 가장 속에서 나타나며 그리하여 진정한 무신론적 진술은 '**신**은 죽었다'가 아니라 '**신**은 무의식적이다'라고 하는 라캉적 테제를 확증하고 있다고 말할 수 있지 않겠는가?) 분명 우리는 사전을 참조하기 **전에** 수수께끼나 십자말풀이를 해결하는 데서

35) 같은 글, p. 39.

쾌락을 얻는 것이다. 다시 말해서 스스로를 알고 있는 앎을 참조하기 전에 말이다.

바로 이 앎, (**타자**에 의해) 보증된 앎이라 부를 수 있는 이 앎이야말로 오이디푸스가 결여하고 있는 것이다. 아무도 (신도 수수께끼 사전도) 그의 답이 올바른 ('참된true') 답이라는 것을 사전에 그에게 보증해줄 수 없다. 하지만 그럼에도 불구하고 그는 대답을 감행한다. 바로 여기서 그는 그의 신화적 대응자들에 비해 본연의 의미에서의 **행위**의 차원에 더 가까이 이른다.

하지만 이것은 무엇을 뜻하는가? 이것은 (장-조제프 구가 스핑크스에 대한 그의 답 자체를 범죄로 간주하고 또한 이와 상관하여 그의 부친살해와 근친상간은 단지 결과—이 기원적 범죄에 대한 처벌—에 불과한 것이라고 보면서 이야기하는 것처럼) 오이디푸스의 행위가 '위반'의 행위이며 **타자**나 전통에 대한 배신의 행위라는 것을 함축하는가? 더구나 스핑크스의 수수께끼에 대해 (라캉의 주장처럼) 몇 가지 가능한 답이 있는 것이라면, 이는 진리라는 것이 전적으로 임의적이라는 것을 함축하지 않는가? 수수께끼 사전을 수중에 가지고 있지 않는 오이디푸스는 도대체 아무 대답이라도 제공했던 것일까? 그러한 상대론적 견해는 진리의 기능을 명확히 하기보다는 오히려 모호하게 만드는 것 아닌가? 그것은 진리의 '객관적' 기준은 결코 없기 때문에 결국은 진리는 존재하지 않는다는 결론으로 나아가지 않는가?

이 모든 물음들에 대한 답은 아니오이다. 그리고 오이디푸스의 비극적 이야기에서 우리가 배우는 것은 바로 그것이다. 라캉이 말하는 앎의 두 얼굴은 다음과 같이 요약될 수 있다.

1. '스스로를 아는 앎'으로서의 앎은, **타자**는 주체의 진술에 대한 보증을 제공할 준비를 하고 언제나-이미 거기에 있다는 의미에서, (언표행위의 층위에서) 예기된 보증에 의해 지탱되는 진술 배후에 있는 앎이다.
2. 진리로서의 앎은 예기의 행위 속에서, '촉박한 동일화precipitate identification'의 행위 속에서, 주체 혼자만이 보증을 떠맡는 말과 진술이다.

그럼에도 불구하고 진리로서의 앎에 대한 이 정의는 여전히 매우 개략적인 것인데, 왜냐하면 그것은 진리의 '객관적' 기준의 부재 및 진리의 '상대론'에 연계된 물음들에 아직 답하지 않기 때문이다. 그러므로 그것을 좀더 정밀한 것으로 만들도록 하자. 주체가 어떤 의미에서는 '도대체 아무 대답'이라도 제공할 수 있으며 이 대답 이전에 '참인' 것으로서 미리 확립될 수 있을 어떠한 진술도 없다는 것은 사실이다. 하지만 그럼에도 불구하고 주체는 대답을 줄 때 실제로 무언가를 준다. 그는 자신의 말을 주거나 제공해야만 한다. 그리하여 우리는 그를 **그가 말한 것**에서 취할 수 있는 것이다. 주체가 수수께끼에 대한 답을 줄 때, 그의 응답의 말들은 참이지도 거짓이지도 않다. 그것들은 이 말의 결과들 속에서만 진리가 되는 진리에 대한 예기豫期이다. 라캉이 (정신분석적) 해석의 구조는 '진리로서의 앎'이어야 한다고 주장할 때 지적하고 있는 것은 바로 이것이다.

> 분석적 경험이 오이디푸스 신화에 그 고상함의 일부를 신세지고 있는 위치에 있는 것이라면, 이는 그 경험이 신탁의 언표가 지닌

> 예리한 모서리를 보존하고 있기 때문이다. 그리고 나는 한층 더 한 것을 말하겠다. 분석에서의 해석도 동일한 층위에 있다고, 즉 그것은 신탁의 경우가 바로 그러한 것처럼 그 결과들 속에서만 진리가 된다고 말이다.[36)]

그리하여 『오이디푸스 왕』에 나오는 수수께끼의 기능은 신탁의 기능을 재배가하는데, 왜냐하면—이미 본 것처럼—수수께끼는 자신 안에 세 세대를 재결합하고 있는 자가 누구인지를 묻기 때문이다. 오이디푸스는 하나의 단어로 답하며 이 말의 볼모가 될 것인바, 무거운 대가를 치르면서 그 말의 진리를 입증하게 될 것이다. 이러한 이유에서 구는 핵심적 요점을 놓치고 있다. 그는 오이디푸스가 수수께끼를 푼 것을 위반으로 해석한다(오이디푸스는 '**타자**'—신들, 현자들, 전통—를 침범하는바, 그들을 무시하고 답을 혼자서만 찾아내며 그리하여 자신에 대한 처벌을 유발한다). 이러한 해석의 문제점은 그 해석이 오이디푸스 신화에서 훨씬 더 근본적이며 훨씬 더 중요한 측면을 간과하고 있다는 것이다. 그 신화가 무엇보다도 '창조의 행위'에 관한 것이라는 사실을 말이다. 오이디푸스의 행위, 그가 내뱉은 한 마디는 단순히 침범에 불과하거나 **타자**에 대한 반항에 불과한 것이 아니다. 그것은 또한 **타자**(어떤 다른 **타자**)를 창조하는 행위이다. 오이디푸스는 '위반자'라기보다는 새로운 질서의 '정초자'이다. 오이디푸스 이후에 그 어떤 것도 전과 동일하지 않을 것이다. 그리고 '오이디푸스 콤플렉스'라 불리는 배치를 절합하는 것은 정확히 그와 같은 파열

---

36) Jacques Lacan, *D'un discours qui ne serait pas du semblant* (미출간 세미나), 1971년 1월 13일부터의 강의.

이다. 오이디푸스는 오이디푸스 콤플렉스를 가지고 있지 않았으며 이후의 모든 세대들을 위해 그것을 창조했다. 오이디푸스의 행위의 '구조'는 모든 발견들의 구조이다. '진리의 충격'의 효과는 주어진 앎의 ('스스로를 아는' 앎의) 장을 재구조화하는 것이며 그것을 또 다른 앎으로 대체하는 것이다. 이것은 알랭 바디우가 그토록 통렬하게 정식화했던 것이다.

> 진리는 소통의 코드를 변형시키고 의견들의 체제를 변화시킨다. 그렇다고 의견들이 '참된 것'(또는 거짓된 것)이 된다는 의미는 아니다. 의견들은 그러할 수 있는 능력을 결여하고 있다……. 단지 의견들은 다른 것이 될 뿐이다. 즉 과거에는 의견 속에서 자명했던 판단들이 더 이상 받아들일 수 없는 것이 되고, 그리하여 다른 판단들이 필요하게 되며 의사 소통의 방식이 변화한다는 등의 것이다.[37]

오늘날이라면 오이디푸스가 사실상 그와 같은 효과를 낳았다고 말하는 것은 틀림없이 정당화될 것이다. 그는 규칙에 대한 단순한 예외가 아니었다. 그는 처벌될 수도 있었고 따라서 '소급적으로 무화될'(헤겔식으로 말하자면, 일어나지 않은 것으로 할*ungeschehengemacht*) 수 있었던 한낱 '위반'을 저지른 것이 아니었다.

그렇지만, 이러한 창조의, 촉박한 동일화의 행위에 영웅적인 그 어떤 것도 없다는 것을 지적하는 것이 필요하다. 영웅주의를

37) Alain Badiou, *L'Éthique. Essai sur la conscience du Mal*, Paris: Hatier, 1993, p. 71. [국역본: 알랭 바디우, 『윤리학』, 이종영 옮김, 동문선, 2002, 98~99쪽.]

찾고 있다면 오이디푸스의 행위의 결과들 속에서 찾는 것이 더 좋을 것이다. 이것은 엄밀한 의미에서의 윤리와 『오이디푸스 왕』 이야기의 근본적 차이다. 후자는 '선-윤리적'이라 부를 수 있는 지형에서 작동한다. 그것은 윤리의 도래를 가능하게 만든다. 바디우의 용어로 하자면 윤리는 언제나-이미 그것에 선행하며 그것의 '이심적 중핵eccentric kernel'을 구성하는 저 사건에의 충실성에서 나온다고 말할 수 있을 것이다. 실로 오이디푸스의 유일한 실재적인 윤리적 행위는 『오이디푸스 왕』 말미에서 발생한다. 거기서 그는 자신의 이야기를 개시한 행위를 '반복'하며 또한 (자신의 운명과의 동일화에 해당할 것인) 자살과 눈먼 추방자의 삶 사이에서의 선택에서 후자를 선택한다. 그는 '불가능한 것을 선택한다'.

이 두 '행위들'(그의 원래의 '눈 멂'의 상태에서 취해진 행위와 결국에 스스로를 눈멀게 하는 행위)의 차이, 그것들의 두 '시제tenses'의 차이는 또한 오이디푸스(왕)와 안티고네의 차이이기도 하다. 왜냐하면 안티고네는 '충실성의 형상', 오이디푸스 이야기에서 발생한 것에 대한 충실성의 형상이니까 말이다. 자신의 행위 속에서 그녀는 그와 같은 불가능한 선택을 반복하고자 의지한다. 아마도 오이디푸스의 형상이 그의 이야기 과정에서 이중화된다는 사실을 강조하는 것이 여기서 유용할 것이다. 첫째로 왕 오이디푸스(권력의 형상)가 있으며, 그 다음으로는 (추방자로서의 자신을 '선택한') 범죄자 오이디푸스가 있다. 물론 다음 세대에 이 이중적인 오이디푸스 형상은 그의 두 아들(폴리네이케스와 에테오클레스)에게서 체현될 것이다. 반면에 안티고네는 오이디푸스의 마지막 선택을 반복하는 형상이 될 것이다. 라캉은 이를 다음과 같이 정식화한다.

> 근친상간적 결합의 결실은 두 형제로 분할되는데, 그중 한 명은 권력을 나머지 한 명은 범죄를 나타낸다. 안티고네 말고는 범죄와 범죄의 타당성을 떠맡을 어느 누구도 없다. 그 두 명 사이에서 안티고네는 순수하고 단순하게 범죄자의 존재 그 자체에 대한 수호자이기를 선택한다.[38]

오이디푸스의 윤리적 행위라고 방금 규정한 것을 당분간 제쳐두고 그의 개시적 행위에만 한정하면서 안티고네를 윤리적 행위의 형상으로 취한다면, 행위의 두 시제의 차이와 관계를 명기할 수 있을 것이다. 고전 비극에 대한 분석을 시작하면서 (특히 『오이디푸스 왕』을 참조하면서) 헤겔은 영웅—즉 '행위자'—이 바로 그 사실(즉 그가 행위한다는 사실)로 인해 앎과 앎의 결여라는 대립에 붙잡혀 있는 자신을 발견한다고 진술한다. (물론 우리는 이것을 스스로를 아는 앎과 스스로를 알지 못하는 앎이라는 라캉의 구분에 비추어 이해해야 한다.) 본성상 영웅은 '실체의 한 가지 힘만을 알며 나머지 다른 힘은 그에게 은폐되어 있다.' 여기서 작동하는 것은 '스스로를 아는 의식적 힘과 스스로를 은폐하는 잠복한 힘'의 차이이다.[39] 전자는 **빛**의 측면, **신탁**의 신의 측면이다—그것은 '스스로를 아는' 앎이지만 언제나 '절반의 앎'이다. 영웅은 자신의 행동을 통해서 이 '절반의 앎'을 '완성'할 것이다.

---

38) Lacan, *The Ethics of Psychoanalysis*, p. 283.

39) G. W. F. Hegel, *Phenomenology of Spirit*, Oxford: Oxford University Press, 1977, pp. 446~447을 볼 것.

따라서 앎과 비-앎의 구분은 행위하는 자의 의식에 내부적이다. 다시 말해서 행위하는 가운데 영웅은 이 구분을 내면화한다. '스스로를 아는' 앎을 토대로 행위하면서 영웅은 스스로를 알지 못하는 앎을 작동시킨다. '행위의 의미는 움직이지 않았던 것이 작동되었다는 것 그리고 한낱 가능성으로 자물쇠 채워져 있었던 것이 열리게 되었고 그리하여 무의식과 의식이, 비-존재와 존재를 한데 연결하게 되었다는 것이다.'[40] 이것은 오이디푸스의 (개시적) 행위에 대한 매우 간명한 정의이다. 하지만 오이디푸스는 정확히 무엇을 하는가? 그는 아직 존재하게 되어야 할 것인 어떤 의미의 순수한 잠재성으로서 단어를, 기표를 발음한다. 그렇게 함으로써 그는 스스로를 알지 못하는 앎이 작업을 개시하게 될 공간을 열어놓는다. 그는 이 앎을 작동시킨다. 스스로를 알지 못하는 바로 이 앎이야말로 엄밀히 말해서 영웅의 운명을 성취하는, 혹은 '엮는' 것이다.

이러한 이유로 인해서—그리고 다시금 안티고네에 반하여—오이디푸스의 경우는 비극에 대한 헤겔의 기술에 들어맞지 않는 사례다. 헤겔의 기술에 따르면 존재의 두 대립되는 측면은 모두가 끝내 파멸되고 말아야 하는데 왜냐하면 각각은 존재의 단지 한 측면만을 표상하는 반면에 진리는 그것들의 통일에서 발견되기 때문이다. 오이디푸스는 그 어떤 것과도 대립하지 않으며 어느 누구에게도 반역하지 않으며 '영웅적인' 그 어떤 것도 하지 않는다. 그가 하는 것은 스스로를 알지 못하는 어떤 앎에 휘둘려 일정한 거리를 여행하고 그 앎의 작업을 완수한다. 그리고 오이디푸스

40) 같은 글, p. 283.

는 그의 행로의 끝에서 이 앎이 '그것 자신에게로 회귀'하고 '스스로를 아는 앎'이 될 때 그것의 '유일한' 잔여물로서, 발생하지 않았음에도 불구하고 우리가 극도로 땀을 흘리도록 만들었던 그 작업의 체현물로서 남아 있다.

안티고네의 경우 상황은 다르다. 안티고네는, 헤겔이 말해주는 것처럼, '알면서' 행위를 저지른다. 그녀는 그녀가 반대하는 '법과 권력을 전부터 알고 있다.'[41] 여기에 우리는 오이디푸스가 성취한 업적, '스스로를 아는', '새로운' 앎을 산출한 업적이 욕망의 비극으로서의 안티고네의 비극의 선행 조건이라는 것을 덧붙일 수 있을 것이다. 안티고네라는 인물에서 어떤 '영웅적' 차원이 열리는 것은 바로 그 때문이다.

오이디푸스의 아이들('제3세대')은 알아야 할 모든 것을 안다. 그들은 헤겔을 읽었고, 라캉을 연구했다. 그들은 신탁의 기능에 대해 알아야 할 모든 것을 안다. 그들은 욕망이 **타자**의 욕망이라는 것조차 알고 있다.

이는 『콜로노스의 오이디푸스』 말미에서 분명하다. 거기서 『안티고네』에서 전개된 이야기가 언급된다. (자신의 형제 에테오클레스와 매년 번갈아 테바이의 왕좌를 공유하기로 되어 있는) 폴리네이케스는 에테오클레스와의 투쟁에 휘말린다. 에테오클레스는 그가 통치를 재개하는 것을 허락하길 거부한다. 폴리네이케스는 이전에 테바이에서 추방되었던 아버지 오이디푸스를 찾아가서 에테오클레스와 테바이에 대항한 군사적 원정에 대한 축복을 얻으려 한다. 오이디푸스는 축복을 허락하는 대신 그에게 저주를

41) 같은 글, p. 284를 볼 것.

내뱉는다: 오이디푸스는 '내가 지금 너에게 퍼붓는 이 저주의 말을 갖고서! 너는 결코 네 조상들의 나라를 창으로 이기지도 못하고, 언덕으로 둘러싸인 아르고스로 돌아가지도 못할 것이다. 오히려 너는 친족의 손에 죽고 너를 내쫓은 자를 죽이게 될 것이다!'(p. 365[228쪽]). 폴리네이케스가 이 무서운 예언에도 불구하고 싸울 결심을 유지할 때 안티고네가 그에게 묻는다: '아버지의 예언을 오빠가 그대로 이루고 있다는 것도 보이지 않으세요?'(p. 367[230쪽]). 폴리네이케스는 진정으로 라캉적인 방식으로 응답한다: '그것이 그분의 소원이니까. 하지만 난 물러설 수 없다.' 폴리네이케스 그는 자신의 욕망을 포기할 수 없다. 여기서 정확히 **타자**의 욕망으로서 규정된 욕망을 말이다.

『오이디푸스 왕』에서 우리는 우리 스스로가 전적으로 다른 층위에서 작동하고 있다는 것을 발견한다는 것은 명백하다. 그리고 그 층위에로의 접근을 열어놓은 것은 오이디푸스 자신이다. 앎은 오이디푸스와 더불어 앎 자신의 것이 되었으며 이는 욕망, 상징적 부채 그리고 고유한 의미에서의 영웅주의의 출현을 위한 여지를 열어놓는다.

폴리네이케스는 자신의 운명을 만나러 돌진하기에 앞서 여동생들에게 이렇게 말하는 것을 잊지 않는다: '너희들은 나를 욕되게 하지 말고 나를 묻어 주고 장례를 치러 다오'(p. 366[229쪽]). 물론 이 순간 안티고네 자신의 운명은 이미 분명하다—모든 요소들은 펼쳐질 준비가 된 채로 자리에 놓여 있다.

이 층위에서 우리는 오이디푸스와 안티고네의 차이를 진술할 수 있다. 안티고네는 '**사물**'을 열망하거나 목표로 하는, **사물**을 감싸안으려 나아가는 주체이다(그러한 그녀는 종국에 그녀의 숙

명의 광채 속에서 **사물** 앞에 놓인 스크린으로서 기능한다). 반면에 오이디푸스는—스스로를 눈멀게 한 이후에 그리고 기적과도 같이 사라지기 전에—바로 이 **'사물'**, 이 무정형의 폐기물이다.

하지만 욕망의 그래프의 기본적인 부분을 고찰해보자. 이것은 오이디푸스 왕의 운명을 제시해주는 그림이다.

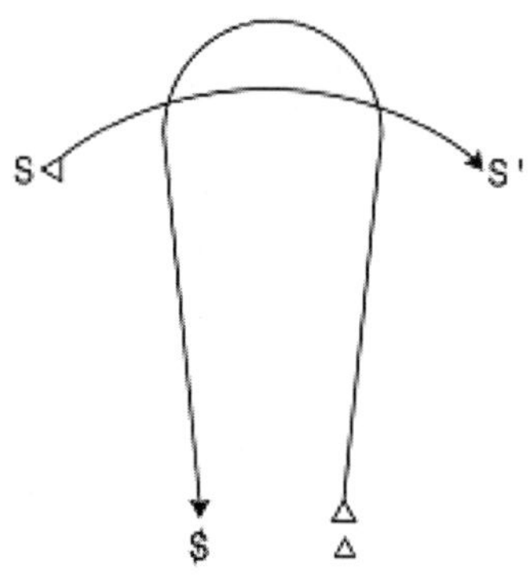

그래프의 이 부분은 의미의 소급적 구성을 보여주려는 의도를 가지고 있다. 기표 사슬(S → S′)이 있고, 이를 또 다른 벡터가 가로지르는데, 이 벡터는 신화적인 선-상징적 의도에서 시작해서 기표를 통과한 후에 주체($)에서 끝난다. (주체의) 의도의 벡터는 기표 사슬의 벡터를 소급적으로 '봉합'하거나 고정시킨다. 그것은 '나중의' 지점에서 기표 사슬에 입장하고 '앞선' 지점에서 기표 사슬을 떠난다. 그와 같은 '누빔점'(*point de capiton*)의 작용 효과는, 주체가 기표들의 우연적 계열 속에서 (자기 존재의) **의미**를 인지한다는 것이다. 의미 인지의 이 계기는 주체화의 계기이다. 하지만 그럼에도 불구하고 이미 우리가 본 것처럼 오이디푸스의 역설적 지위는 그가 (자기 자신을) 주체화하지 않는다는 사실에 있다—그는 결코 주체가 되지 않는다. 반대로 오이디푸스는 결국 기표 사슬 자체에서 떨어져 나간 폐기물로서, 작은 파편으로서 끝을 맺는다. (주체의) 의도 벡터의 '폐기물'로서가 아니라 말이다. 하지만 이는 우리가 이미 본 것을 확증한다. 즉 오이디푸스는 입문식의 통과 절차를 '잘못된' 방향으로 여행한다. 이야기 끝에 가서야 그는 자기 자신의 탄생의 조건을 현실화하고 그가 태어났어야 했던 상징적 연결망을 창조하니까 말이다. 따라서 그의 경우 우리는 '통상적' 입문식 논리를 특징짓는 의미의 소급적 구성을 다루고 있는 것이 아니다. 다시 말해서, 선형성의 환영을 산출하는 것은 다름아닌 기표 사슬을 누비는 소급적 논리이다. 일단 '누빔점'이 출현하면, 이전에 '목적없이 이리저리 부유하는' 상태에 있었던 모든 요소들은 함께 묶여서 일관된 계열이 되고 의미가 주어져, 그것들이 언제나-이미 그와 같았다는, 언제나 논리적으로 상호 도출되었다는 환영을 창출한다.

반면에 오이디푸스의 경우 우리는 선형성의 논리를 다루고 있으되, 이 반전의 계기를, 즉 의미의 소급적 규정을 그 실재로서 내포하는 선형성의 논리를 다루고 있는 것이다(오이디푸스는 그의 탄생의 조건들을 소급적으로 현실화한다). 이 논리의 예증으로 다음과 같은 상황을 보자. 당신은 공항에 가는 중인데 당신 차의 타이어가 펑크가 난다고 해보자. 이 때문에 당신은 비행기를 놓친다. 그런데 이는 당신에게 행운인 것인데, 왜냐하면 당신이 타기로 되어 있었던 비행기가 추락하기 때문이다. 오로지 소급적으로만, 이 나중의 관점에서만 '펑크난 타이어'는 그 **의미**를 띠게 될 것이다. 타이어가 펑크나지 않았다면 당신은 죽었을 것이다. 그리하여 펑크난 타이어는 '목적을 가졌던' 것처럼, '의도되어진' 것처럼 보일 수도 있을 것이다. 그것은 이제 당신이 아직 죽을 운명이 아니었다는 메시지를 전달한다.

오이디푸스의 경우는 다르다. 그것은 비행기가 추락할 것임을 미리 이야기 들은 어떤 사람의 경우다. 이 예언을 들은 결과로 그는 계획을 바꾸고 다음 번 비행기를 탄다. 그런데 하늘에서 추락하는 것은 다름아닌 이 비행기다. 여기엔 소급적 효과가 있는 것이 아니라 어떤 '전진하려는 충동'이 있다. 다시 말해서 이 사례에서 주체는 언제나 '잘못된' 비행기를 타는데 이는 바로 '올바른' 비행기와 '잘못된' 비행기의 의미가 아직 고정되어 있지 않기 때문이다. 그것은 변화하는 주체적 의도와 나란히 변화한다. 혹은 그것을 '따라 움직인다'. **의미**는 결코 미리 규정될 수 없다. 그것의 규정이 발견되고 '고정되기' 위해서는 주체의 행위가 요구된다. '잘못된' 비행기는 주체가 궁극적으로 타게 되는 비행기다. 따라서 우리는 의미의 소급적 규정을 주체의 의도의 관점에서가 아니라 마치 '앞에서', 즉 기표 벡터의 관점에서 목격하는 것과도 같은 위치에 있는 우리 자신을 발견한다. 신탁은, 오이디푸스의 운명에 대한 예언은 그의 행동의 소급적 효과에 의해 산출되는 필연성의 외양 배후에서 우연성을 드러내는 역설적 결과를 낳는다. 바로 이러한 방식으로 오이디푸스는 '여기 이 두 사람'이 사실상 그의 아버지와 어머니임을 소급적으로 알게 된다. 다른 한편 그는 또한 의미의 우연성을 경험하며 이 의미를 구성함에 있어 자기 자신의 역할을 자각하게 된다. 그가 코린토스를 떠나 테바이를 가지 않고 아테나이로 갔다고 하더라도 그는 여전히 동일한 운명을 겪었을지도 모른다. 그는 또 다른 두 '이방인'과 조우하고 결국은 '여기 이 두 사람'이 그의 아버지와 어머니라는 이야기를 듣게 되었을지도 모른다. 따라서 이것은 절대적으로 불가피한 필연성이며, 하지만 동시에 주체의 행동에 절대적으로 의존하는 필연성이다.

바로 이러한 의미에서 오이디푸스는 주체화 혹은 입문식의 (언제나 은폐되어 있지만 여전히 언제나 현존하는) 이면을 증명한다. 하나의 동일한 행위 속에서 그는 '실재를 혹은 우연적인 것을 상징화하는'(의미 규정의 소급적 논리) 동시에 '상징적인 것을 실현한다'. 하나의 동일한 행위를 가지고서 그는 **타자**를 침식하는 동시에, (오이디푸스에게도 완벽하게 적용되는, 제임슨의 정식화를 이용하자면) **타자**를 설치하는 '사라지는 매개자'의 역할을 한다. 이러한 방식으로 그의 행위는 범형적 행위이다. 그는 **타자**(상징적 질서)를 설치하는 동시에 **타자**가 '존재하지 않는다'는 것을 증명한다.

시뉴, 혹은 잔여의 향유

세미나 『정신분석의 윤리』에서 『안티고네』에 대한 주해를 펼쳐놓은 이듬해에 라캉은 세미나 『전이』에서 폴 클로델의 쿠퐁텐 삼부작에 대한 논의와 더불어 현대 비극에 대한 독해에 착수했다. 우리는 논의를 『볼모』에 국한할 것이다.

이 희곡은 나폴레옹 통치가 끝나갈 무렵, 프랑스 시골의 가세가 기운 귀족 쿠퐁텐 가家의 토지를 배경으로 한다. 그곳에 남게 된 그 가족의 마지막 일원인 시뉴 드 쿠퐁텐은, 수년간 열심히 노력한 끝에, 혁명의 소용돌이가 지나간 뒤 남아 있던 토지를 끌어모으는 데 성공했다. 어느날 밤 그녀는 가족의 상속자이자 영국으로 이주했던 열렬한 왕조파였던 사촌 조르주의 예기치 않은 방문을 받는다. 시뉴와 조르주는 영원한 사랑의 맹세를 하며 그와 동시에 가문의 땅과 이름에 대한 깊은 애착을 표현한다. 두 연인은 결혼을 하여 가문의 전통을 잇는다는 전망을 가지고 하나가 된다. 그들은 모든 것을, 그들의 젊음과 행복을 그것에 바치고 희생했다. 가문의 이름과 얼마 되지 않는 땅은 그들이 가진 전부다. 그렇지만 새로운 문제들이 이미 어렴풋이 다가오고 있다. 조르주는 아주 민감한 비밀 정치 임무를 가지고 프랑스로 돌아온 것이었다. 그는 그들의 영지로 나폴레옹을 피해 도망중인 교황을 데리고 왔다. 다음날 아침 시뉴는 지역 총독이자 신흥부호인 투생 튀르뤼르의 방문을 받는다. 그는 그녀가 철저히 경멸하는 인간이다. 그녀의 하인과 유모 사이에서 태어난 아들인 튀르뤼르는 혁명을 출세를 위해 이용했다. 지역의 자코뱅 권력자로서 그는 시뉴의 부모에 대한 처형을 그 자녀들이 있는 자리에서 명령했다. 가족의 원수인 바로 이 튀르뤼르가 이제 어떤 제안을 가지고 시뉴에게 접근한다. 그의 정보원들이 그에게 조르주와 교황이 왔다는 정보를 알려주었고 물론 그는 그 둘을 즉각 체포하라는 명령을 파리로부터 받았다. 그렇지만 시뉴가 그와 결혼을 하고 그에게 쿠퐁텐 가문의 이름을 양도해주기만 한다면 기꺼이 그들이 도망갈 수 있도록 해줄 것이다……. 시뉴는 당당히 그 제안을 거절하고 튀르뤼르를 물리치지만, 그 가족의 막역한 친구인 지역 사제(바딜롱)와 장시간 대화한 끝에 마음을 바꾼다. 일년 뒤 이제 시뉴의 남편이며 센느의 총독인 튀르뤼르는 진격해오는 왕조파에게 파리를 넘겨주는 협상을 벌인다. 자신의 협상 기술 덕분에 그는 나폴레옹 이후의 프랑스에서 가장 강력한 자리 중 하나를 확보한다. 돌아오는 국왕 측의 주 협상자는 다름아닌 조르주이다. 더구나 협상은 시뉴와 튀르뤼르 사이에 아들이 태어나는 바로 그 날 벌어진다. 타락하고 기회주의적인 튀르뤼르가 가족의 이름을 강탈했다는 사실을 참을 수 없는 조르주는 그와 격렬한 싸움을 벌이게 된다. 시뉴가 보는 앞에서 그 두 남자 사이에 총격전이 벌어진다. 조르주는 치명상을 입는 반면 시뉴는 자기 몸으로 조르주의 총탄을 막아 튀르뤼르를 보호한다. 이 총격전에 뒤이은 장면에 대한 한 판본에서 튀르뤼르는 치명상을 입은 시뉴의 침대 옆에 서서 그녀에게 필사적으로 물어본다. 그녀가 혐오하는 남편의 목숨을 구하는 그 예기치 못한 행동을 설명해 달라고 말이다. 그를 사랑해서가 아니라 단지 가족의 이름이 더럽혀지는 것을 막기 위해서일지언정, 그 어떤 말이라도 해달라고 말이다. 죽어가는 시뉴는 한 마디도 하지 않는다. 단지 그녀는 마치 '아니'라고 하면서 고개를 젓고 있는 것인 양 얼굴을 찡그리는 일종의 강박적 경련을 통해 남편과의 마지막 화해에 대한 거부를 표현할 뿐이다. 희곡의 마지막 장면은 이렇다. 시뉴는 부상으로 죽어가고, 튀르뤼르는 충성스런 프랑스를 대신해 왕에게 애처로운 환영 인사를 한다…….

윤리와 공포

세미나 『전이』에서 라캉이 전개한 '고전' 비극과 '현대' 비극의 차이에 대한 설명은 앞으로 보게 되겠지만 두 유형의 윤리에 대한 구분을 함축한다. 다시 말해서 『전이』는 '정신분석의 윤리'를 다시 한 번 다루고 있는 것인데, 이는 라캉이 클로델에 대한 주해를 분석가의 욕망이라는 물음으로 시작한다는 사실에서 이미 분명하게 드러난다. 하지만 안티고네와 시뉴 드 쿠퐁텐은 두 개의 매우 상이한 상황에 처해 있다. 이를 (크레온이 안티고네에게 행사하는) 전제tyranny의 상황과 (시뉴가 처한) 공포terror의 상황으로 묘사한다고 지나친 단순화는 아니다. 두 여주인공 각각의 행위는 각자의 상황에 따라 차이가 난다. 윤리라는 주제를 위해 이로부터 이끌어낼 함의 역시 그러하듯 말이다.

라캉은 시뉴 드 쿠퐁텐이 처한 상황을 다음과 같이 기술하고 있다: '주체는 끔찍하다고 여겨지는 바로 그 불의를 즐거움을 가지고서 떠맡아야 한다는 요구를 받는다.'[42] 이 말은 전제에 대립되는 바로서의 공포에 무엇이 걸려 있는지를 간명하게 표현한다. 전제가 그 극단으로까지 밀고간 지배 관계의 고전적 형태로서 정의된다면, 우리는 그것이 언제나 주인에 대한 관계에서의 주체의 근본적 '탈주체화'에 의해 특성화된다고 말할 수 있을 것이다. 이 경우 주체들은 실제로 주체인 것이 아니다. 그들은 주체성의 본질적 차원인 선택 가능성을 결여한다. 그들은 선택의 힘을 가지고 있지 않은데, 왜냐하면 다름아닌 주인이 언제나-이미 그들을

42) Lacan, *Le transfert*, p. 355.

대신해 선택했기 때문이다. 이와 대조적으로 공포는 반대 방향으로 나아간다. 궁극적인 공포의 행위는, 가장 근본적인 공포는 우리가 우리 자신을 주체화하도록 강제당하는 때에 있는 것이며, 우리가 선택을 강제당하는 곳에 있는 것이다. 우리가 선택할 수 있는 허락을 받았다는 것이 다가 아니다—우리는 그렇게 해야만 하며, 그리하여 우리가 자유로운 주체라는 것을 입증해야만 한다. 우리가 원하건 원하지 않건 말이다.

이에 대한 탁월한 사례는 알란 파큘라Alan Pakula의 영화 <소피의 선택>*Sophie's Choice*에 있다. 소피(메릴 스트립)는 그녀의 아들 딸 두 아이를 데리고 아우슈비츠에 도착한다. 독일군 장교가 접근해서 공산주의자인지 묻는다. 그녀는 공산주의자도 유태인도 아니며 폴란드 카톨릭 교도라고 응답한다. 이 순간 극중의 도착적인 전도가 일어난다. 장교는 그녀에게 두 아이 가운데 하나만 살릴 수 있다고 말한다. 나머지 한 아이는 가스실로 가게 될 것이라는 것이다. 그리고 그녀가 유태인도 공산주의자도 아닌 카톨릭 교도—다시 말해서, 주체—이기 때문에 그 선택을 그녀에게 맡긴다고 한다. ……당신 아이 중 하나를 선택해라! 선택하지 않으면 둘 다 죽일 것이다. 처음에 소피는 장교의 반복된 명령에도 불구하고 선택을 거부한다. 하지만 마침내, 그가 두 아이 모두를 데리고 가서 죽이라는 명령을 내리는 순간 소피는 선택을 한다. 그녀는 아들을 선택하며 병사들은 딸을 데리고 간다. 장면은 소피의 클로즈업에서 끝난다. 그녀의 얼굴은 말없는 비명의 일그러짐으로 뒤틀어져 있으며 동시에 우리는 스크린 밖에서 딸의 울음소리를 듣는다. 마치 그 소리가 그녀의 어머니의 입에서 나온 것인 양 말이다.

소피의 선택이라는 이 상황과 클로델의 『볼모』에서 시뉴가 직면하는 상황 간에는 강한 상동성이 존재한다. 이는 무엇보다도 라캉이 '생의 일그러짐'이라 부르는 것에서 분명한데, 우리는 그것을 방금 묘사한 장면의 마지막 부분에서 발견하며 또한 시뉴의 비극의 종말에서 발견한다. 안티고네는 일단 '두 죽음 사이의' 영역에 들어가게 되면 한껏 그녀의 숭고한 광채 속에서 나타난다. 하지만 시뉴 드 쿠퐁텐은 우리를 한층 더 멀리까지 이르게 한다.

> 요컨대 마지막 장면에서…… 시뉴는 그녀의 얼굴에 있는 신경성 안면경련으로 동요하는 모습으로 우리에게 제시되며, 이런 방식으로 아름다운 것의 운명을 봉인한다. 이는 우리에게 다음과 같은 것을 보여준다. 즉 여기서 우리가 발견하는 것은 내가…… 사드 자신에 의해 존중되는 어떤 것—침범에 무감각한 아름다움—으로서 지칭했던 그 항목 너머로 나아간다는 것을 말이다.[43]

우리는 이와 유사한 '일그러짐'을 소피의 경우에도 발견한다. 마찬가지로 '기표의 부재', 침묵, 울부짖음 너머 어딘가에 위치한 고통이 동반된 일그러짐.

방금 언급된 에피소드에서 소피가 한 아이 이상의 것을 상실한다는 것은, 그 장면이 극단적 '너머'에서 발생한다는 것은 분명하다. 두 아이 모두가 아우슈비츠에서 살해된다고 해도 소피의 고통은 이 끔찍한 장면에서 그녀가 실제로 겪는 것과는 여전히 거리가 멀 것이다. 적어도 한 명의 아이를 구하기 위해서 그녀는 그녀가 가진 그 어떤 것보다 더한 무언가를 희생해야만 한다. 그녀는 이

43) 같은 글, p. 324.

선택을 피할 수 있다면 자신의 생명이라도 기쁘게 희생할 것이다. 하지만 그녀는 그러한 기회를 갖지 못한다. 그녀는 그녀의 생명 이상의 것을 희생하도록 강제당한다. 그녀는 그녀가 가진 전부보다 더한 어떤 것을 희생해야만 한다. 그녀는 그녀 자신인 그 무엇 what she *is*을, 생과 사 너머에서 그녀를 규정하는 그녀의 존재를 희생해야만 한다.

소피가 처한 상황의 공포가 본질적으로 탈주체화가 아닌 주체화의 메커니즘에 연계되어 있다는 것을 다시금 강조하도록 하자. 하지만 그럼에도 불구하고 주체화는 여기서 역설적이게도 '주체의 궁핍'과 일치한다. 어떻게 이것이 가능한가?

잘 알려진 것처럼 라캉은 그가 '소외의 *vel*'이라 부르는 것을 주체화의 기원에 놓았다. 이 *vel*은 강제된 선택의 논리를 표현하는 그의 '논리적 연산자'이다. 고전적 사례는 '돈이냐 생명이냐'이다. 이것은 물론 불가능한 선택인데, 왜냐하면 만약 내가 돈을 선택한다면 나는 둘 모두를 잃을 것이고, 그렇다고 생명을 선택한다면 돈 없는 삶—즉 살아갈 수단이 박탈된 삶—만이 남을 것이기 때문이다. 강제된 선택의 역설은 우리가 선택하도록 요구받는 택일 가운데 하나가 동시에 선택 그 자체의 보편적인 (그리고 유사-중립적인) 매개라는 사실에서 오는 것이다. 그것은 부분인 동시에 전체이며, 선택의 대상인 동시에 선택의 가능성을 생성하고 지탱하는 것이다. 바로 그렇기 때문에 우리는 둘 다 잃는 것을 원하지 않는다면—즉 선택 그 자체를 잃기를 원하지 않는다면—한 가지를 선택해야만 한다. '돈이냐 생명이냐'라는 이접離接에서 부분인 동시에 전체인 것은 생명이다. 그것은 선택 그 자체의 불가결한 조건이다.

그렇지만 소피가 직면하는 선택과 시뉴가 직면하는 선택은 약간 성격이 다르다. 근본적으로 시뉴의 선택 또한 강제된 선택이기는 하지만, 이 '강제'의 논리가 약간 다르다. 이 차이는 라캉의 또 다른 사례로 예증될 수 있다.

> 예컨대, 자유냐 죽음이냐! 거기서, 죽음이 작동하기 때문에, 다소 상이한 구조의 효과가 생겨난다. ……누군가가 당신에게 '자유냐 죽음이냐!'라고 말하는 상황에서, 당신 앞에 놓인 상황에서 당신이 가질 수 있는 자유의 유일한 증거는 바로 죽음을 선택하는 것이다. 왜냐하면 거기서 당신은 당신이 선택의 자유를 가지고 있음을 보여주기 때문이다.[44]

강제된 선택의 이 두 번째 사례—그것은 라캉 스스로 지적하는 것처럼, 공포라는 현상과 관련되어 있다—의 논리는 다음과 같이 정식화될 수 있다: 당신이 A를 선택할 수 있는 유일한 방식이 그것의 부정인 A-아님을 선택하는 것인 상황에서 공포는 모습을 드러낸다. 주체가 자신의 **원인[대의]**Cause에 충실하게 머물기 위해서는 그것을 배반해야만 하는 상황, 즉 그녀가 희생을 하도록 추동하는 바로 그것을 동일한 그것을 위해 희생해야만 하는 상황에서 말이다. 주체화가 주체의 '궁핍'과 일치할 수 있는 여지는 바로 이 역설적인 논리에서 나오는 것이다. 주체는 선택 행위를 통해 스스로를 주체로서 구성하지만, 바로 이 선택의 본성은 그녀를 주체로서 궁핍하게 만든다.

---

44) Jacques Lacan, *The Four Fundamental Concepts of Psycho-Analysis*, Harmondsworth: Penguin, 1987, p. 193.

그렇지만 이처럼 공포를 가장 근본적인 형태로 정식화하는 바로 그 순간 우리는 갑자기 **공포**와 **윤리**의 낯선 구조적 상동성을 깨닫게 된다. 윤리가 언제나 선택에 상관적인 것이라면, 윤리적 **행위**에 더 가까이 가면 갈수록 선택의 가장 근본적 심급—우리가 공포의 중핵이라고 칭했던 심급—에 더 가까이 있는 것이라고 말할 수도 있을 것이다. 결국 소피의 **행위**는 탁월한 윤리적 행위이다. 적어도 한 아이를 구하기 위해서 그녀는 불가능한 선택을 스스로 떠맡았으며 이와 더불어 다른 아이의 죽음에 대한 완전한 책임을 떠맡았다. 우리는 그녀의 윤리적 행위가 **궁극적** 성격을 갖는다고 말할 수도 있을 것인데, 왜냐하면 그녀가 윤리적으로 행위할 수 있는 유일한 방식은 (칸트의 용어를 쓰자면) 정념적인—다시 말해서, 비윤리적인—방식으로 행위하는 것을 선택하는 것이기 때문이다. 이러한 방식으로 소피의 선택은 보편적 윤리의 한계를 더듬고 있으며, '보편성의 기준'이 더 이상 기능하지 않는 상황을—좀더 정확히는, 도덕법칙이 그것 자체의 위반을 요구하는 상황을—우리에게 보여주고 있다. 소피가 두 가지 선택에 처해 있다는 것을 잊지 말아야 한다. 첫 번째 선택은 그녀에게 두 아이 가운데 하나를 선택하는 데 동의하는지 아니면 이를 거부하고 둘 다 잃을 것인지를 결정하도록 강요한다. 이러한 딜레마에 처했을 때 칸트라면 어떤 제안을 했을 것인가를 말하기는 힘들다. 하지만 칸트가 소피의 선택에 동의했을 것이라고 해도 근거가 없는 주장은 아닐 것이다. 어느 경우든 하나의 생명을 잃게 될 것을 알 때 칸트라면 정언명령이 다른 하나를 구할 것을 요구한다고 말했을 것이다.

그럼에도 불구하고 이러한 결정의 윤리적 함축은 중대한 것이다. 일단 첫 번째 선택을 했을 때 소피는 그 다음 선택에서의 결정을 위해 정언명령이라는 보편적 기준에 더 이상 기댈 수가 없다. 한 아이가 아닌 다른 아이를 선택하는 것은 정념적 선택이지 않을 수 없는 것이다. 어느 한쪽으로 기울지 않고서는, 어떤 특수한 동기(*Triebfeder*)를 통해서가 아니라면, 선택을 할 수가 없다. 그녀가 말하자면 자신의 육신을 가지고서, 자신의 정념성의 작은 조각을 가지고서 그 선택에 스스로를 투여하는 바로 그 순간 그녀는 구제불가능한 죄를 짓는 것이다. 여기서 다시금 우리는 법이라는 형식적 기구에 불가피하게 붙잡혀 있는 우리 육신의 일부를 나타내는 형상과 마주치게 된다. 우리는 7장의 어떤 다른 맥락에서 그것이 작동하는 것을 보았다.

독일 장교에 대해서 말하자면 그의 태도는 도착이라는 정신분석적 개념을 통해 기술될 수 있을 것이다. 도착증자처럼 그는 희생양이 아닌 희생양의 향유와 동일화한다. 다시 말해서, 소피가 선택을 할 때 소피에게 이를테면 기운을 불어넣는 그 정념적 파편과 동일화한다. 왜냐하면 그녀의 고통의 실재적 중핵은 바로 이 정념적 조각(그녀가 한 아이가 아닌 다른 아이를 선택하도록 하는 그것)이기 때문이다.

그렇지만 소피의 선택에서 작동하는 정념성이 칸트가 이야기하는 '평범한' 정념성과 동일한 층위에 위치해 있는 것이 아님을 지적하는 것이 필요하다. 칸트가 말하는 정념성이라면 단순히 윤리적인 것의 반대에 불과할 것이다. 주체가 의무보다는 자신의 이익이나 경향성 등에 우선성을 두는 '평범한' 정념성 논리와는 대조적으로, 소피의 경우 이 '정념적' 행위를 피할 수만 있다면 그녀가 모든 것(그녀의 생명을 포함해서 그녀가 가진 전부)을 희생할 것이라는 점은 명백하고도 남음이 있다. 바로 이 다른 '정념성', 정념성 너머의 정념성 덕분에 우리는 라캉이 '주체는 끔찍하다고 여겨지는 바로 그 불의를 즐거움을 가지고서 떠맡아야 한다는 요구를 받는다'라는 공식으로 겨냥하고 있는 바를 이해할 수 있다.

강제된 선택의 두 논리로 돌아가자. '돈이냐 생명이냐'가 예시하는 논리(우리는 돈 없는 삶을 선택하거나 둘 다를 잃게 되거나이다)와 '자유냐 죽음이냐'가 예시하는 논리(나는 죽음을 선택하지 않고서는 내 자유를 단언할 수 없다). 첫 번째 유형의 강제된 선택은 고전적인 지배mastery 논리를 지지하며, 그리하여 고전적 윤리를 지지한다. '돈이냐 생명이냐'라는 *vel*이 주인과 노예의 변증법을 요약한다는 것을 강조하는 것은 아마 불필요할 것이다. 노예는 '굴복'하고 생명을 선택한다. 반면에 주인은, 그 핵심에 있어서 고전적 윤리의 준칙이라고 할 수 있는 '……보다는 차라리 죽음을!'이라는 준칙을 고수한다. 그렇지만 이것은 주인이 이제부터 영원히 평화롭게 살 수 있다는 것을 함축하지 않는데, 왜냐하면 조만간 그는 자신이 자신의 준칙에 적합한지를 증명해야만 하는 상황에 처하게 될 것이기 때문이다. 그와 같은 증명의 기회는 그가 두 번째 유형의 선택에 직면하게 될 때 생겨날 것이다. 라캉이 『정신분석의 네 가지 근본개념』에서 클로델에 대한 3년 전의 해석을 가리키면서 강조하고 있는 것이 바로 이것이다.

> 주인의 본질은 공포의 순간 드러난다. 그때 그는 '자유냐 죽음이냐'에 직면한다. 그리고 그는 자유를 얻기 위해서는 분명 죽음만을 선택해야만 한다. 주인의 최고 형상은 클로델의 비극에 나오

> 는 인물인 시뉴 드 쿠퐁텐이다. 나는 내 세미나 가운데 하나에서 그녀에 대해서 상세하게 이야기했다. 자신의 등록소, 주인의 등록소의 그 어떤 것도 포기하길 바라지 않는 것은 바로 그녀였다. 희생이 바쳐진 그 가치들로 인해 그녀는 가장 깊숙한 곳에서 그녀의 바로 그 존재를 포기해야만 한다. 그녀가 이 가치들의 희생을 통해 그녀의 본질, 그녀의 바로 그 존재, 그녀의 가장 내밀한 존재를 포기하도록 강제받는 한에서 그녀는 결국 주인 그 자신에게도 얼마나 많은 근본적인 자유의 소외가 있는 것인가를 보여주는 것이다.45)

이 두 유형의 강제된 선택이 제시하는 윤리의 두 배치의 차이를 보여주기 위해서 또 다른 사례를 들어보자. 이미 하나의 원형이 되어버린 상황이지만, 한 영웅이 적들에게 붙잡힌다고 해보자. 적들은 그에게 죽음을 면하려면 동지들을 배반하라고 요구한다. 이 선택에 직면하여 영웅은 으레 '배신의 삶보다는 죽음이 낫다'라는 준칙을 따를 것이다. 이것은 윤리적 결단의 고전적 사례이다. 그리고 칸트가 자신의 저작들에서 사용하는 사례들은 일반적으로 이러한 유형이다. 이러한 사례의 조금 다른 변이형을 살펴보자. 영리한 '적들'은 이 방법이 아무 소용도 없다는 것을 알고 있다. 그래서 그들은 우리 영웅이 어떤 다른 선택에 직면하도록 한다. 차라리 죽는 것이 위안처럼 보일 그런 선택 말이다. 물론 이 상황은 많은 내러티브들의 핵심을 형성한다. 적들은 '무구한' 사람을 붙잡아 그 영웅이 동지를 배신하지 않는다면 그를 고문하고 죽이겠다는 위협을 가한다. 이것이 소피가 처해 있는 상황이다

45) 같은 글, p. 220.

(비록 소피의 경우 자신의 두 아이 가운데 선택해야 하므로 특별히 끔찍한 배치이기는 하지만). 다시 말해서 그녀가 선택해야 하는 두 가지는 정확히 똑같은 가치를 가지고 있다. 이러한 유형의 이야기에서 통상 영웅은 '굴복'을 하고 **대의**[**원인**]를 배신하는데, 그렇다고 그 때문에 단순한 배반자가 되는 것은 아니다. 나머지 선택(무구한 존재의 죽음을 허용하는 선택)은 일종의 '영웅적 기괴성'으로서, '비인간적인' 선택으로서 기능한다. (하지만 소피의 경우에는 이 '기괴성'이 한 쪽 선택에서만큼이나 다른 쪽 선택에서도 그녀를 기다리고 있다.) 이것이 이 이야기들의 교훈이다. 즉 인간성이란 윤리와 의무의 한계를 구성한다. 영웅이 자신의 '인간성'을 대가로 치르지 않고서는 의무를 이행할 수 없는 것이라면, 그는 도덕적 실패라는 죄가 있을 수 없는 것이다.[46]

이러한 관점에서 시뉴 드 쿠퐁텐의 이야기는 인간성에 역행하는 '영웅적 기괴성'의 바로 그와 같은 선택을 제시한다. 시뉴와 바딜롱 신부의 대화는 이를 아주 잘 보여준다. 처음에 시뉴는 교황을 구하기 위해서 튀르뤼르와 결혼할 가능성을 질색을 하면서 거부한다. '명예를 잃고 내가 믿는 모든 것을 배신하느니 죽는 것이 낫다'—그녀의 첫 반응을 이렇게 요약할 수 있을 것이다. 그리고 바딜롱이 그녀에게 튀르뤼르가 그녀와 교황의 생명뿐 아니라 (시뉴가 이 세상에서 가장 소중하게 생각하는 단 한 사람인) 조르주의 생명 또한 손안에 쥐고 있다는 것을 상기시켜 줄 때 그녀는 주저하지 않고 답한다: '죽게 내버려 두세요. 저도 죽을

46) 이는 또한 <소피의 선택>에서 소피가 선택을 전적으로 거부하는 편이 더 좋았을 것이라고 제안하는 해석들의 '교훈'을 구성하기도 한다.

준비가 되어 있으니까요. 우린 영원히 살 수 없어요. **신**이 제게 생을 주셨지요. 그리고 전 그 생을 **신**에게 되돌려 줄 준비가 되어 있고 또 간절히 원하고 있어요. 하지만 이름은 제 것이에요. 나의 여자의 명예는 제 것이에요. 오로지 제 것이에요!'[47] 그러고 나서 그녀는 바딜롱에게 튀르뤼르를 죽이지 않은 것이 후회된다고 말한다. 그로 말미암아 밖에 기다리고 있던 튀르뤼르의 동료들이 집안에 있는 모든 사람을 죽이게 되었을지라도 말이다. 그녀의 말을 들어보자: '그렇다면 우린 모두 함께 죽었을 거예요. 그리고 나는 선택을 요구받지 않았겠죠'(p. 55). 그녀는 그녀가 요구받은 선택에 걸려 있는 것을 다음과 같이 정식화한다: '제가 제 영혼을 잃음으로써 교황을 구해야 하나요?'(p. 65). 이 선택으로 예시되는 역설적 논리는 우리가 앞서 정식화한 일반적 딜레마—내가 내 인간성을 대가로 치르고서 내 의무를 다해야 하는가? 의무를 다한다는 것이 나를 그 의무에 적합한 사람으로 만들어주는 내 안의 그 어떤 것의 상실을 함축함에도 불구하고 나는 내 의무를 다해야만 하는 것인가? 나의 신념과 나의 충실성에 대한 궁극적인 증명으로서 **신**은 나로 하여금 이 신념과 충실성을 배반할 것을 그리고 그 결과 **신** 그 자신을 배반할 것을 요구할 수 있는 것인가?—의 특수한 사례에 다름아니다. 시뉴의 이러한 태도에 직면하여 바딜롱은 그녀에게 의무를 부과하지 않는다. 라캉의 말처럼 '그는 한 발 더 나아간다.' 즉 그는 '나는 요청하지 않습니다. 나는 요구

---

47) Paul Claudel, *Three Plays: The Hostage, Crusts, The Humiliation of the Father*, trans. John Heard, Boston, MA: Luce, 1945, p. 54. 이후로 계속 이 판본을 참조할 것이다. 그리고 이후로는 본문 내에서 쪽수를 표시하기로 한다.

하지 않습니다. 나는 단지 서서 당신을 바라보고 기다립니다 …….'라고 말한다(p. 56). 여기서 우리는 가장 순수한 지점에서의 칸트적 법칙을 발견하는 것 아닌가? (우리에게서) 아무것도 바라지 않는 바로 그 순간 진정으로 견딜 수 없는 것이 되는 법칙 말이다. '좀더 자세하게 들여다 볼 때 도덕법칙은 단지 가장 순수한 상태에서의 욕망일 뿐이다'[48]라고 말할 때 라캉이 가리키고 있는 것은 칸트적 법칙의 바로 이와 같은 측면인 것이다.

시뉴로 돌아가 보자. 이러한 장르의 전형적 이야기에서 주인공은 무구한 사람이 죽임을 당하는 것을 막기 위해 **대의**를 배반하는 경우 자신의 존엄을 잃지 않는다는 것을 이미 언급한 바 있다. 시뉴의 선택은 동일한 방식으로 제시된다. '제가 그것을 하지 않는다면 죄로부터 자유로워질까요?'라고 그녀는 묻는다. 바딜롱은 '그 어떤 성직자도 당신의 사면을 거부하지는 않을 것입니다'(p. 58). 나중에 시뉴는 '그렇다면 무엇 때문에 그것[이런 희생]을 해야만 하는 것인가요?'라고 묻는다. 다시 한 번 바딜롱은 '오, 그리스도의 영혼, 오 그대 **신**의 자식이여! 그대 혼자만이, 그대 자신의 자유로운 의지만이 그것을 할 수 있습니다!'(p. 61)라고 답한다. 따라서 여기서 우리는 일체의 의무보다 한 발 더 나아가는 어떤 것, '신념 너머의 구멍'(라캉)을 열어놓는 어떤 것을 보게 된다. 그래서 시뉴는 마침내 길을 끝까지 가기로 결심한다. 비록 이 길이 그녀가 믿고 있는 모든 것에 대한 부정으로, '기괴한', '비인간적인' 선택으로 그녀를 이끌고 가더라도 말이다.

바로 여기서 시뉴의 윤리적 차원에 대한 탐문 과정에서 우리를

48) Lacan, *The Four Fundamental Concepts of Psycho-Analysis*, p. 247.

이끌 핵심적 물음이 제기된다. 시뉴가 질러가야 하는 한계는 윤리 그 자체의 한계인가(그리하여 '윤리 너머의' 영역을 대표하는 것인가), 아니면 그러한 한계 너머에서야—일단 '신념 너머의 구멍'이 나타난 연후에야—고유하게 말해서 (근대적인) 윤리가 시작되는 것인가? 이 물음에 답하기 위해서 우리는 클로델 삼부작의 첫 번째 희곡 『볼모』의 배치—거기서 우리는 공포의 어떤 측면을 인지했다—가 20세기 연극에서 유일무이한 것이 아님을 염두에 두어야만 한다. 알랭 바디우가—브레히트적 인물들과 클로델적 인물들의 조우를 무대올리는—자신의 희곡 『호박들』[49]에서 보여주고 있듯이, 거의 동일한 배치가 브레히트의 『조처』에서 발견된다. 이는 우리가 여기서 윤리적인 것의 특별히 근대적인 차원—우리의 사유 일반에 부과되는, 단지 극단적 경우에만 발생하는 '공포'로서 처리해버려서는 안 되는 차원—의 도래를 다루고 있는 것이라는 주장에 대한 추가적 증거로서 복무한다. 이러한 이유로 인해 '근대적' 윤리에 대한 그 어떤 논의라도 이 전례없는 차원을 고려에 넣어야만 한다.

향유—나의 이웃

시뉴의 '희생'의 가장 도발적인 요소들 가운데 하나인 부모의 살인자 튀르뤼르와의 결혼은 프로이트가 '*das Unbehagen in der Kulture*'(문명 속의 불편함)이라 불렀던 것의 심장부로 우리를

49) Alain Badiou, *Les Citrouilles*, Arles: Actes Sud, 1996.

이끈다. 시뉴가 향해 나아가는 **사물**, 시뉴 앞에 열린 심연으로서 그 공포가 시뉴에게 현시되는 저 **사물**, 정확히 이것은 프로이트가 그 앞에서 공포에 사로잡혀 물러선 그 **사물** 아닌가? 즉 그 일체의 엄밀함 속에서, 자신의 이웃을 사랑하라는 계명 말이다.

이 계명에 대한 프로이트의 언급은 잘 알려져 있다. 하지만 그의 논변은 면밀한 검토를 해볼 가치가 있다. 이 논변은 세 단계로 이루어진다. 프로이트는 사랑의 논리가 그 본질에 있어 배제에 토대하고 있다는 것을 강조하면서 시작한다. 내 사랑은 귀중한 어떤 것이며, 나는 그것을 헛되이 써버려서는 안 된다. 좀더 정확히 말해서 그것은 내가 그것을 헛되이 써버리지 않은 정도로까지 귀중한 것이다. 내가 그것을 모든 사람에게 제공한다면 더 이상 어떠한 가치도 가지지 않을 것이다. 내가 모든 사람을 가리지 않고 사랑한다면 나는 불의*injustice*를, 자신들에 대한 내 사랑에서 내가 자기들을 더 좋아하고 있음을 보는 '내 사람들'에 대한 불의를 저지르게 될 것이다. 내가 알지도 못하는 사람들에게 동일한 호의를 제공한다면 이는 내 사람들에 대한 불의가 될 것이다.

논변의 두 번째 단계에서 프로이트는 적개심, 이웃의 잔인함이라는 것을 끌어들인다. 프로이트가 진술하기를, 이 이방인(내 이웃)은 일반적으로 내 사랑을 받을 가치가 없을 뿐 아니라 '솔직히 고백하면 내 적개심과 증오까지도 받아 마땅하다.'[50] 이 이웃은 나에 대한 최소한의 관심도 없다. 나를 해치는 것이 자기에게 이

---

50) Sigmund Freud, 'Civilization and its Discontents', in *Civilization, Society and Religion*, Harmondsworth: Penguin, 1987 (The Pelican Freud Library, vol. 12), p. 57. [국역본: 프로이트, 『문명 속의 불만』, 열린책들, 2003, 287쪽.]

로우면 그 사람은 망설이지 않고 나를 해칠 것이다. 더 나아가 그는—자기 자신의 이익에는 아무 관심도 없고 단순히 쾌락을 위해서—나를 비웃고 모욕하고 중상하는 것을 아무렇지도 않게 생각할 것이다. 이웃의 이러한 적개심과 관련해서 프로이트는 '나에게 훨씬 강한 반감을 불러일으키는' 두 번째 명령인 '네 원수를 사랑하라!'라는 명령을 언급한다.

하지만 프로이트는 즉각 자기 교정을 하면서 다음과 같이 쓴다(그리고 이것이 그의 논변의 세 번째 단계이다): '그러나 곰곰 생각해 보면 이 명령을 첫 번째 명령보다 더 무거운 것으로 다루는 것은 잘못임을 알 수 있다. 첫 번째 명령과 두 번째 명령은 근본적으로 똑같은 것이기 때문이다.'[51] 요컨대 나의 이웃, 내가 사랑해야 하는 이방인은 정의상 혹은 '밑바탕에서는' 내 적인 것이다. 만일—프로이트의 말을 염두에 두면서—시뉴와 바딜롱의 대화로 돌아가 본다면, 이제 우리는 그것의 진정으로 추문적인 성격을 볼 수 있다. 시뉴가 말 그대로 그 어떤 대가를 치르더라도 사랑해야 하는 이웃은 누구인가? 최초의 층위에서 그것은 물론 그녀의 치명적인 적이며 그녀의 모든 가족을 죽였던 자이며 그녀가 믿는 모든 것의 부정을 대표하는 자인 튀르뤼르이다. 튀르뤼르는 우리에게 우리가 상상할 수 있는 가장 악한 이웃으로서 제시된다. 하지만 시뉴는 유보 없이 그를 사랑할 것을 요청받는다. 기독교인에게 혼인 성사에 함축되어 있는 바가 바로 이것이며, 바딜롱은 그녀가 이 사실에 유념하도록 하는 데 소홀하지 않는다.

---

51) 같은 곳. [국역본: 288쪽.]

> 나는 당신에게 결혼이라는 거룩한 성사를 모독하지 않도록 마땅히 유념할 것을 충고합니다. ……그리고 마찬가지로 그 분은 혼인식에서 두 사람이 영원토록 서로에게 의지에 따라 서약한 맹세를 축성하셨습니다. (p. 58)

이 말은 시뉴가 불가피하게 죄를 범하게 될 것이라는 사실을 시뉴에게 상기시키도록 되어 있다. 그 두 인물은 시뉴가 가슴 속에서 결코 동의하지 않을 것이라는 것과 그녀가 맹세를 받아들일 때 **거짓말할** 것임을 아주 잘 알고 있다. 게다가 바딜롱은—바로 칸트적인 방식으로—이 거짓말이 좋은 대의에 여전히 기여한다는 (그녀가 조장하고 있는 것일지도 모르는) 일체의 환영을 내몬다. 그래서 그는 그녀에게 이렇게 말한다: '우리가 악을 행함으로써 선을 구해야 한다는 것은 **신**의 의지가 아닙니다!'(p. 56). 시뉴와 그녀의 영혼이 사전에 상실되어 있다는 것은 절대적으로 분명하다.

그러므로—그리고 바로 여기서 우리는 이 추문의 진정한 원천에 도달하는 것인데—우리가 시뉴와 바딜롱의 대화를 면밀하게 검토해본다면, 사실상 시뉴가 튀르뤼르를 사랑하도록 요청받는 것이 아님을 알게 된다. 그녀는 교황을 자신만큼 (혹은 그보다 한층 더) 사랑하라는 요청을 받는다. 튀르뤼르를 사랑하라는 (혹은 더 정확히 말해서 그와 결혼하라는) 명령은 또 다른 층위에 위치한다—그것은 시뉴가 교황에 대한 그녀의 사랑을 증명하면서 겪어야 하는 순교의 도구이다. 그리고 여기서 우리는 그녀의 입을 통해 말하는 것이 다름아닌 프로이트라는 섬뜩한 인상을 받는다. 그녀는 처음에 그녀의 '자기 사람들'과 '이방인들'을 구분하고 교황을 후자에, 즉 그녀의 사랑의 증거를 요구하는, 받을 자격도 없는 어떤 사랑의 증거를 요구하는 침입자에 넣는다. 이를 보여주기 위해서는 희곡에서 몇 가지를 발췌하는 것으로 충분하다:

바딜롱: 시뉴! 교황을 구하시오.
시뉴: 예, 하지만 그 어떤 대가를 치르고라도 그럴 수는 없어요! 그건 거절하겠어요! 그렇게 할 수는 없어요! **신**이 교황 자신을 보호해 주어야죠. 내 의무는 내 가족에 대한 것이죠. (p. 53)

시뉴: 이 노인을 구하기 위해서 조르주를 죽게 내버려둘 건가요?
바딜롱: 조르주, 그가 바로 그를 찾아내 이 집으로 데리고 온 것입니다.
시뉴: 하룻밤의 이 손님! 자신의 마지막 남은 목숨을 제외하고는 줄 것이 아무것도 남아 있지 않은 저 노인 말이죠! (p. 55)

바딜롱: 당신 사촌의 아이들이 아직 살아 있다면, 그와 그의 아이들과 가문의 이름과 가족을 구하는 문제라면, 그리고 그 자신이 당신에게 내가 당신에게 요청하는 희생을 해 달라고 당신에게 요청한다면, 시뉴 당신은 그렇게 할 것인가요? 그런가요, 시뉴?
시뉴: [……] 네. 나는 희생할 거예요. (p. 59)

여기서 우리는 프로이트의 논변의 바로 그 언어를 분명히 식별할 수 있다. 이 침입자를 위해, 이 '자신의 마지막 목숨을 제외하고는 줄 것이 아무것도 남아 있지 않은 노인'을 위해서 시뉴는 자신의 육체와 정신을 희생해야만 한다. 그녀는 심지어 그녀의 '피'보다도 더 그를 사랑해야만 한다. 그녀 앞에 그러한 선택을 내밀기 때문에 튀르뤼르보다 한층 더 사악한 이 이웃을 말이다. 정확히 이 지점에 이 대화의 추문을 위치시켜야 한다. 튀르뤼르의 요구들이 가하는 공포는 교황이 (바딜롱이라는 중개자를 통해) 시뉴에게 가한 공포 앞에서 무색해진다.

여기서 우리는 시뉴가 처한 상황—이 상황은 '네 이웃을 너 자신처럼 사랑하라'는 계명에 연관된 역설들과 '불편함'을 초래한다—이 현재성을 상실하지 않았음을 반드시 덧붙여야 한다. 문제의 그 계명은 윤리(와 정치)의 세속적 담론에서 분명하다. 거기서 그 계명은 '문화적 다양성'과 이에 연관된 계명인 '타자의 차이를 존중하라'라는 깃발 아래 제시된다. 이 계명은 실제로 우리가 이웃/타자를 사랑할 것을 요청하지 않는다. 그/녀를 '관용'하는 것으로 족하다. 하지만 프로이트의 말처럼 '밑바탕에서는' 매 한가지 것이 되고 마는 것처럼 보인다. 이 새로운 계명은 동일한 문제를, 동일한 역설을—다시 말해서, 동일한 불편감을—낳는다. 그리하여 바디우는 이렇게 진술했다.

> 우리에게 최초로 의심이 들기 시작하는 것은, 윤리와 '차이에의 권리'의 공인된 사도(使徒)들이 어느 정도 뚜렷한 모든 차이에 의해 겁먹고 있다는 것이 눈에 띌 때이다. 왜냐하면 그들에게 아프리카의 풍속이란 야만적인 것이고, 이슬람 교도들은 소름이 끼치며, 중국인들은 전체주의자이기 때문이다. 이러한 예들은 줄을 잇는다. 사실상 그 유명한 '타자'란 오직 좋은 타자일 때에만

> 제시될 수 있는 것이다. 좋은 타자란 무엇인가? 바로 우리와 동일자가 아닌가? ……"자유의 적에게 자유란 없다"라는 것과 마찬가지로, 그 차이가 바로 차이를 존중하지 않는 것에 있는 그러한 자들은 존중하지 않는다는 것이다.[52]

다시 말해서, 여기서 우리는 '네 이웃을 사랑하라'는 계명에서와 동일한 사태를 발견한다. 즉 이 이웃이 '사악한' 이웃이라면, 그/녀가 세계에 대한 전적으로 다른 관념을 가지고 있다면, 나의 향유와 충돌하는 방식으로 자신의 향유를 얻는다면 무슨 일이 일어나겠는가? 라캉이 『정신분석의 윤리』에서 '네 이웃을 너 자신처럼 사랑하라'는 계명에 대해 그리고 이 주제에 대한 프로이트의 주저함에 대해 언급할 때 그는 그것의 곤궁을 본질적으로는 바디우가 '차이에의 권리'에 대해 말할 때 사용하는 것과 동일한 말로 정식화한다.

> 나의 이기주의는 어떤 이타주의, 유용성의 층위에 위치한 유형의 이타주의에 아주 만족한다. 그리고 그것은 심지어, 내가 욕망하며 나의 이웃 또한 욕망하는 악의 문제를 다루는 것을 내가 회피할 수 있도록 해주는 구실이 된다. ……내가 원하는 것은 내 자신의 이미지 속에 있는 타인들의 선이다. 그것은 그렇게 큰 대가를 요구하지 않는다. 내가 원하는 것은, 내 자신의 이미지에 남아 있는 한에서, 타인들의 선이다.[53]

물론 라캉은 이웃과의 관계에서 생겨나는 적개심과 공격성의 원

52) Badiou, *L'Éthique*, p. 24. [국역본: 33쪽.]

53) Lacan, *The Ethics of Psychoanalysis*, p. 187.

천을 향유의 장에 위치시킨다. 향유야말로 언제나 낯설고 다르고 닮지 않은 것이다. 라캉은 바디우의 해석과 일치하는 또 하나의 논변을 정식화한다.[54] 즉 나에게 낯선 것은 단순히 이웃의, 타자의 향유 양태인 것만이 아니다. 문제의 핵심은 내가 (타자의 향유와 더불어 출현하며 심지어 그것과 분리될 수 없는) 나 자신의 향유를 낯설고 적대적인 것으로 경험한다는 것이다. 다른 방식으로 표현하자면: 우리는 (유사한 것에 대립되는 바로서의) **같은 것**에 관한 물음을 불러오지 않고서는 근본적 이타성alterity에 대해, '전적으로 다른' 것(이에 대해 라캉은 *das Ding*[사물]이라는 프로이트적 이름을 부여한다)에 대해 생각할 수 없다.

유사한 것(*le semblable*)은 차이를 전제하고 필요로 한다. 그것은—바디우의 용어로—다수성muliplicity을, 심지어 '무한한 다수성'을 요구한다. 이와는 반대로 향유의 문제는 **같은 것**의 문제인바, **같은 것**은 이 다양성이 닫히거나 '통합될' 수 있기 위해서는 배제되어야만 한다. 유사한 것이 **같은 것**에 길을 내줄 때 악이 나타나며, 이와 더불어 '전적으로 다른' 것과 연결된 적개심이 나타난다. 이는 예컨대 에드가 앨런 포의 단편 「윌리엄 윌슨」에서 아주 분명한데, 거기서 분신이라는 테마가 전형적 방식으로 전개된다.

유사한 것(그리고 그와 더불어 '선의 원칙'이라는, 재화의 분배

54) '진실은 다음과 같다. 즉 비종교적인, 그리고 이 시대의 진리들에 진정으로 동시대적인 사고의 영역에서는, 타자와 그 "인정"에 대한 모든 윤리적 강론은 완전하게 그리고 단순하게 폐기처분되어야 한다는 것이다. 왜냐하면 대단히 어려운 진짜 문제는 오히려 **같음의 인정**이라는 문제이기 때문이다.' (Badiou, *L'Éthique*, p. 25 [국역본: 34~35쪽])

라는 논리)은 **같은 것**의 배제, 향유의 배제에 근거한다. 이 지점에서, 배제된 것은 두 개의 이미지하에서 현시된다. 첫째로 그것은 근본적 차이라는, '전적으로 다른' 것이라는 양태하에서 현시된다. 그리하여 예를 들어 향유 자체를 체화하는 기괴한 피조물들, 우리를 삼키려고 위협하는 '향유의 실체'. 두 번째 현시 양태는 '근본적으로 동일한' 것을 통한 현시이다. 첫 번째 경우 하나의 이미지에서 배제된 것은 배제된 채로 남아 그 자체의 별도의 이미지를 얻는데, 물론 그것은 가능한 한 '상상불가능한' 것이어야 하며 '형체없는' 것이어야 한다(예컨대 혐오스러운 괴물). 두 번째 경우 배제된 것은 그 배제가 일어난 곳의 이미지 속에서 재출현한다. 물론 여기서 우리는 분신 현상을 발견한다. 분신은 우리에게 견딜 수 없는 것인데 그 이유는 차이의 부재 때문이다. 타자는 나를 닮은 것이 아니라 (나와) 똑같으며, 이 '같음'은 닮음을 넘어서면서 또한 인지의 논리 너머 어딘가에 위치한다. 나는 이 (나와) **같은 것** 속에서 나 자신을 인지할 수 없다. **같은 것**(내가 나 자신과 '절대적으로 동일하다'는 사실)은 동일성의 상실에 이른다.

만일 한편으로 상상계의 논리를 따라서 **같은 것**이 유사한 것과 구분되어야 하는 것이라면, 그것은 또한 동일성과도 구분되어야 하는데, 왜냐하면 동일성은 상징계라는 등록소를 점유하기 때문이다. 동일성 혹은 상징적 동일화는 차이를 전제한다. 그것은 기표와 연계되어 있는데, 기표는 순수한 차이를 내포한다. **같은 것**, 유사한 것 그리고 동일성은 세 상이한 등록소에 속한다. 각각 실재, 상상계, 상징계에 말이다.

라캉에 따르면 **같은 것**의 인지라는 문제(와 이와 관련된 향유의 문제)야말로 프로이트가 자신의 논변에서 피해가는 것이다. '네 이웃을 사랑하라'는 계명에 등을 돌리면서 프로이트는 향유(와 그에 연계된 '악'이)라는 근본적 문제를 지나친다.[55)]

우리는 쿠퐁텐의 시뉴가 프로이트의 말로 말하는 순간까지를 보았었다. 그녀가 그녀의 사랑을 누군가에게—그 누군가가 교황이더라도—수여함으로써 그 사랑을 허비하기를 거부하는 순간까지를 말이다. 그렇지만 그녀는 마음을 바꾸며, 나아가 선(라캉이 말하는 재화의 분배)과 향유의 구획선을 건넌다. 그녀는 이 지점까지 하나의 경계로서 그녀의 우주를 '묶어놓고' 의미를 부여했던 경계를 넘는다. 그녀가 그렇게 하도록 부추기는 것은 무엇인가? 바딜롱은 어떻게 그녀를 '유혹'하는 데 성공하는가? '그녀 앞에 열린 이 수락의 심연'(라캉)을 보여줌으로써. 그는 절대로 그녀가 '올바른' 결단을 내리도록 도와주려 하지 않는다. 반대로 그는 이 결단을 가능한 한 최악의 빛깔로 묘사한다. 그는 말하자면 칼의 방향을 상처 안으로 돌린다. 그는 그녀에게, 의무는 그녀가 그렇게 하도록 명령하지 않는다고, 그녀는 그것을 하지 않더라

---

55) 이런 맥락에서 다음을 볼 것:

> 우리는 여기서 프로이트에 관한 아주 진실된 언급들을 발견한다. …… 선에 관한 아리스토텔레스적인 생각 일체가 진정한 인간man인 이 인간 안에 살아 있다. 그는 우리의 사랑인 선을 나누는 것이 어떤 가치가 있는 것인가에 관한 가장 민감하고도 합리적인 것들을 우리에게 이야기한다. 하지만 그가 파악하지 못하고 있는 것은 아마 다음과 같은 사실일 것이다. 즉 바로 우리가 그러한 길을 선택하기 때문에 향유에로의 통로를 놓친다는 사실 말이다. (Lacan, *The Ethics of Psychoanalysis*, p. 186)

도 죄를 짓지 않은 상태로 남게 될 것이라고 말한다. 그는 그녀를 기다리는 심연과 모든 공포들을 그녀를 위해 묘사해준다. 그리고 그녀가 '신부님, 제 힘이 미치지 못하는 곳으로 저를 유혹하지 마세요!'라고 외칠 때 바딜롱은 '내가 유혹하고 있는 것은 당신의 힘이 아니라 오히려 당신의 약함입니다'라고 응답한다(p. 60). 이 교환은 이 장면에 걸려 있는 것을 완벽하게 표현한다. 그녀를 그곳까지, 이 극단적 지점까지 데리고 간 후에 그는 그녀에게 그렇게 유발된 욕망, 욕망 자신의 '정화'를 목표로 하는 욕망에 추동되도록 자신을 내버려 두라는 것 말고는 아무것도 요구하지 않는다. 조르주와 그의 아이들의 생명이 걸려 있는 것이라면(바딜롱이 그녀에게 고려해 볼 것을 제안하는 가정의 상황) 시뉴는 그들을 구하기 위해 그녀의 모든 '힘'을 다해 튀르뤼르와 결혼할 필요가 있을 것이다. 또한 동시에 그녀는 그녀의 행위에 대한 '정념적' 동기를 가지게 될 것이다. 하지만 그녀가 실제로 처한 상황은 다르다. 우리는 이미 '힘'의 문제 '너머에' 있으며, 사실상 '유혹'의 배치 안에 있다. 그녀의 욕망의 궁극적 지탱물이기도 한 이 최후의 정념적 대상을 그녀의 욕망에 희생시키려는 유혹, 그녀의 행위에 대한 단 하나의 동기 말고는, 그것의 최종적이고도 되돌이킬 수 없는 성격 말고는 아무것도 남지 않을 때까지 그녀의 욕망을 정화하려는 유혹 말이다. 바로 이러한 의미에서 우리는 라캉의 다음과 같은 말을 이해해야 한다.

> **말**은 단순히 우리에게 우리 운명을 구성하는 부채의 짐을 나르기 위해서 우리가 애착을 갖게 되는 법칙이 더 이상 아니다. **말**은 우리에게 우리 자신을 저주할 가능성, 저주하려는 유혹을 열

> 어놓는다. 단지 (안티고네의 경우처럼) 특수한 운명으로서만, 삶으로서만이 아니라 **말**이 우리를 끌어들이는 바로 그 행로로서 말이다.56)

실로 우리는 바딜롱이 시뉴를 이끌고 간 이 극단적 지점에서 그녀는 '유혹에 굴복한다'고 말할 수도 있을 것이다. 즉 그녀는 그녀의 욕망의 궁극적 지평인 이 '심연적 현실화'(라캉)의 가능성에 유혹당한다.

하지만 이 장면에 매혹당한다고 해서(이는 다른 경우라면 합당한 것이다), 시뉴의 (윤리적) 행위가 여기에 위치하고 있지 않다는 것을 망각할 정도로 눈이 멀게 되어서는 안 된다. 시뉴의 실재적, 윤리적 행위는 단순히 그녀에게 가장 소중한 모든 것을 그녀가 희생한다는 데 있지 않다. 고유한 의미에서의 행위, 윤리적 행위는 시뉴의 '아니오'에 있다. 그녀의 희생이 실재의 차원으로 들어가도록 추진하는 것은 바로 이 '아니오'이다. 이제 이 '아니오'로 돌아가서 그것의 지위를 결정하고 또한 문제의 두 장면 혹은 두 '사건'인 시뉴의 희생과 그녀의 '아니오'의 관계를 명기하도록 하자.

라캉은 자신의 논평의 어느 한 지점에서 시뉴를 '전형적인' 클로델적 여주인공의 계열 속에 놓는다: 그녀는 '신격화되고 나서는 십자가형을 당하고 마는 여자의 형상'이다.57) 아마도 『볼모』에 대한 해석에서 필리프 쥘리앵을 이끈 것은 라캉의 바로 이와 같은 특성화였을 것이다. 쥘리앵에 따르면 시뉴가 굴복하는 유혹

56) Lacan, *Le transfert*, p. 354.

57) 같은 곳, p. 363.

은, 어떤 특정한 집단, 사회 또는 가족이 세력과 응집력을 되찾을 수 있도록 권위의 형상을 회복하고 구출하는 과제를 스스로 떠맡으려는 유혹이다. 다시 말해서 시뉴의 희생은 **타자** 속의 결여를 메우는 데 기여한다. 바딜롱이 말하고 있는 그녀의 '약함'은 **아버지**의 이미지를 구출하기를 원한다는 것이다. 그녀가 굴복하는 유혹은 그 어떤 **신성한** 보증물도 부재하는 가운데 스스로 그와 같은 보증의 지탱물이 되려는 유혹이다. 시뉴는 이 계약을 받아들인다. 그녀는 그것이 요구하는 정치-종교적 타협에 동의한다.

하지만 극의 종결부에 클로델은 우리를 위해 마지막 놀라운 일을 준비해 놓는다: 시뉴는 아니오 표시를 한다. 시뉴의 '아니오'는 다시 한 번 사태를 뒤엎는다.

> 이 거절로써 시뉴는 부채에서 벗어나며 관객을 죄책감에서 구해준다. 그녀는 자신이 결코 정치-종교적 타협을 백퍼센트 고수하지 않았음을 우리에게 보여준다. ……죽기 직전에 시뉴는 거절(*Versagung*)을 통해서, 자신이 진정으로 배반한 것이 아님을, 양보하지 않은 자신의 일부가 있었음을 상기시킨다.[58]

쥘리앵이 덧붙이기를, 분석가는 바딜롱의 정반대 인물일 것인데 왜냐하면 그는 이러한 부정, 이러한 '아니오'가 어느날 주체에게서 싹틀 여지를 주기 때문이다.

희곡에 대한 이 독해의 약점은 우리가 말하고 있는 두 사건들, 즉 시뉴의 '희생'과 그녀의 '아니오' 사이에 관계가 있을 수 있다는

---

58) Philippe Julien, *L'Étrange jouissance du prochain*, Paris: Seuil, 1995, pp. 138~139.

일체의 가능성을 오인한다는—혹은 오히려 명시적으로 거부한다는—사실이다. 모든 일은 시뉴의 '아니오'가 마치 선행하는 그 어떤 것에도 관계하거나 근거하지 않은 신비한 '사후적after-the-fact' 발생인 것인 양 발생한다. 가장 문제가 있어 보이는 테제는, 시뉴가 '그녀 자신의 어떤 일부에 의해' 실제로는 그녀에게 요구된 종교-정치적 타협에 양보했거나 그러한 타협을 고수한 것이 아니라는 것을 종국에 우리가 깨닫는다는 테제이다. 이러한 독해와는 달리 우리는 다음과 같이 주장할 것이다.

1. 그녀의 (희생) 행위는 '자신의 욕망에서 양보하는' 사례가 아니라 오히려 순수 욕망의 사례이다. 그것은 시뉴가 무언가의 이름을 걸고 모든 것을 희생할 각오가 되어 있을 경우 바로 그 무언가의 희생을 그 궁극적 지평으로 두고 있는 욕망 그 자체의 논리를 특징짓는다.
2. 사실상, '시뉴의 선택'(그녀의 희생)에서 그녀의 최종적 '아니오'로 이어지는 어떤 연관이 있다. 다시 말해서 시뉴는 그녀의 최초의 선택이 없었다면 결코 거절(*Versagung*)의 기회에 이르지 못했을 것이다. 그리고 이것은 다음으로부터 뒤따라나오는 것인데
3. 결국, 그녀를 이러한 '부정'으로 이끄는 것은 바로 바딜롱이다. 이는 그가 분석가의 단순한 반대라는 것을 의미하는 것이 아니라 어떤 측면에서는 분석가의 위치를 '인격화'한다는 것을 의미한다.

'정치-종교적 타협'이라는 쟁점에 관한 한 우리는 시뉴의 '최초

의' 행위, 그녀가 희생을 하도록 유발한 바로 그것을 희생하는 행위가 종교적 행위일지는 모르지만 분명 타협의 행위는 아닐 것이라는 점을 기억해야 한다. 설사 그것이 종교적 행위라 하더라도, 종교 행위는 아니다. 라캉은 그와 같은 행위를, 종교가 제공하는 일체의 참조점들과 더불어 통상 종교라 불리는 것의 너머에서만 발생할 수 있는 어떤 것으로 규정한다.[59] 시뉴의 행위가 지닌 '종교적' 성격은 그녀가 자신을 부재하는 **신성한** 보증을 위한 지탱물로서 제공한다는 사실과는 아무런 관련도 없다. 오히려 그것은 그 어떤 **신성한** 보증도 없음에도 불구하고 그녀가 자신의 행위를 한다는—그녀가 그것을 '맹목적으로' 한다는, 그녀의 행위에는 환원불가능한 우연의 요소가 있다는—사실과 관련이 있다.

이제 시뉴의 행위는 그 자체로 욕망 너머로 그녀를 인도하는

---

59) 라캉은 이에 대해 다음과 같이 상술하고 있다:

> *Versagung*은 약속의 파기를 함축한다. 그 약속을 위해 우리가 이미 모든 것을 포기했던 바로 그 약속의 파기를 말이다. 그리고 바로 거기에 시뉴와 그녀의 드라마의 본보기적 가치가 있다. 그녀는 그녀가 전력을 다한 모든 것을 포기하라는 요청을 받는다. 그녀가 평생 결부되어 있었으며 이미 희생의 흔적을 가지고 있는 바로 그것을 말이다. 이 두 번째 단계의 차원은…… 심연적 실현으로 열릴 수 있다. 이는 클로델적 비극의 기원을 구성한다. 그리고 우리는 이에 대해 무관심하게 있을 수 없으며 또한 이를 극단적이고 과도한 어떤 것으로, 종교적 광기의 역설로 간주할 수도 없다. 오히려 나는 이것이 우리가, 우리 시대의 남자들과 여자들이 처해 있는 바로 그곳임을 보여줄 것이다. 단 이 종교적 광기가 우리에게는 결여되어 있는 한에서 말이다. (Lacan, *Le transfert*, p. 353)

'순수 욕망'의 행위라는 특성을 갖는다고 하는 테제로 돌아가 보자. 『볼모』의 추축점은 조르주에 의해 정식화된 다음의 좌우명인 것으로 볼 수도 있을 것이다: '살 이유를 상실하는 것이 생을 상실하는 것보다 더 슬프다'(p. 70). 물론 이는 유베날리스의 유명한 시에 대한 하나의 변주다: 명예보다 생을 더 원하면, 생보다 더한 것을 상실하며, 생의 바로 그 이유를 상실하며, 생을 살 가치가 있는 것으로 만드는 것을 상실한다. 이 '살아갈 이유'에서, 라캉이 욕망의 (대상-)원인이라 부르는 것을 식별하는 것은 어렵지 않다. 여기 걸려 있는 것은 윤리적 좌우명이다—말하자면, 욕망의 윤리의 탁월한 좌우명. 시뉴와 바딜롱의 대화에서, 그리고 또한 시뉴와 조르주 드 쿠퐁텐의 마지막 대화에서 이 주제는 추축점으로 나타나며, 동시에 그 두 등장인물을 최종적으로 분리시키는 경계로서, 시뉴는 밟고 넘어가지만 주인의 윤리에 충실한 쿠퐁텐은 그러기를 거절하는 경계로서 나타난다. 문제의 두 구절을 보도록 하자.

> 시뉴: **신**이 제게 생을 주셨지요. 그리고 전 그 생을 **신**에게 되돌려 줄 준비가 되어 있고 또 간절히 원하고 있어요. 하지만 이름은 제 것이에요. 나의 여자의 명예는 제 것이에요. 오로지 제 것이에요!
>
> 바딜롱: 자신만의 어떤 걸 소유하는 것은 좋아요. 왜냐하면 그렇게 되면 우리는 줄 수 있는 어떤 것을 소유하는 것이니까요. (pp. 54~55)

> 쿠퐁텐: 나는 내 명예를 내줄 수 없어요.
>
> 시뉴: 줄 수 있는 다른 어떤 것이 당신에게 남아 있나요? (p. 71)

두 경우 모두 대화는 두 가지 중심점을 추축으로 선회한다. 전제가 되는 첫 번째는 그 두 주인공(시뉴와 조르주 드 쿠퐁텐)이 자신들의 생을 포함해서 모든 것을—주저 없이—여기서 '명예'라 불리는 바로 그들의 '살아갈 이유'를 위해 희생할 준비가 되어 있다는 것이다. 생은 우리가 소유하고 있으며 그렇기 때문에 줄 수 있는 것들에 속한다. 반면에 살아갈 이유인 명예는 이러한 등록소에 속하는 것이 아니라 존재의 등록소에 속한다. 생은 존재의 등록소가 아니라 소유의 등록소에 위치하고 있다. 이와 대조적으로 명예는 두 주인공의 바로 그 존재에 속하는 어떤 것이며 생과 사 너머에서 그들이 무엇인지를 결정하는 어떤 것이다. 하지만 드라마의 매듭은 그들이 '명예냐 생이냐'라는 선택이 아니라 또 다른 유형의 선택, 즉 생의 희생이 더 이상 적실성을 가지지 않는 그러한 선택에 직면한다는 것이다. 이 다른 선택은 그들이 그들의 **원인**—그들의 존재 층위에서 그들을 결정하는 바로 그 **원인**—을 구출하기를 원한다면, 바로 이 존재를, 그들의 명예를 희생해야 한다는 사실에 있다. 다시 말해서 그들은 '살기 위한 이유'를, 동시에 그 이유를 상실하지 않고서는, 선택할 수 없다. 이는 위의 구절들 각각의 두 번째 부분의 논조를 제공한다: 명예가 그들에게 남아 있는 유일한 것이라면, 그들이 그것 말고는 달리 줄 것이 없다면, 그들은 이 마지막 것을 주어야만 할 것이다. 시뉴는, 이미 스스로 증명할 기회가 있었던 것처럼, '살 이유를 상실하는 것이 생을 상실하는 것보다 더 슬프다'는 좌우명을 충분히 감당할 수 있다. 이 좌우명은, 그리고 그녀가 이 좌우명에서 발견하는 지탱물은 그녀에게 남은 전부이며, 이제 막 사라지려 하고 있으며 그녀가 일체의 그녀의 존재와 더불어 소속되어 있는 세계와의 유일한 연계이다.

이제 시뉴의 행위의 정확한 본성을 규정해보자. 한편으로 그것이 어떻게 욕망의 논리와 연결되며 또한 다른 한편으로 어떻게 충동의 논리와 연결되는가를 말이다. 얼마간 예견을 하면서 우리는 시뉴의 희생 논리가 욕망의 논리 속에 기입된 채로 있으며 그녀의 '근본적 환상'이라는 궁극적 지평을 나타낸다고 말할 수 있을지 모르겠다. 하지만 여기서 역설은 시뉴가 이 궁극적 지평을 획득하는 순간 이미 그것 너머로 나아가지 않을 수 없으며 그것을 뒤에 남겨두지 않을 수 없다는 것이다. 다시 말해서 시뉴의 행위는, 비록 욕망의—순수 욕망의—논리 안에 위치하고 있더라도, 욕망 너머로—시뉴의 사례가 너무나도 잘 예증하고 있는바 라캉의 말을 사용하자면, '향유와의 조우'를 향해—나아가는 어떤 것을 '내포한다': '향유와 조우하기 위해서 욕망은 그것을 구축하고 지탱하는 바로 그 환상을 이해해야만 할 뿐 아니라 횡단(*franchir*)해야만 한다.'[60] 시뉴가 처한 상황은 이 말을 어떻게 예증하고 있는가? 이미 우리가 강조했듯이, 비극의 시작에서 시뉴는 그녀의 말과 그녀의 **원인**의 질서에 속하는 모든 것을 이미 상실한 모습으로 제시된다—텅 빈 틀과 이 틀지어진 텅 빔에의 충실성 말고는 그녀에게 남아 있는 것은 없다. 하지만 바딜롱이 그녀에게 지적하는 것처럼 이 '아무것도 아닌 것'이라는 잔여물조차도, 이 텅 빈 틀조차도 그녀가 **소유하는** 어떤 것이며 따라서 그녀가 포기하거나 희생할 수 있는 어떤 것이다. 그녀가 그것을 소유한다면

60) Jacques Lacan, *L'Angoisse* (미출간 세미나), 1963년 7월 3일부터의 강의.

그녀는 그것을 포기할 수도 있다. 자신이 소유한 모든 것을 포기하는 것은 쉽다. 하지만 (자신의 존재인) 이 잔여물을 포기하는 것은 상당히 다른 어떤 것이다. 시뉴와의 대화에서 바딜롱은 그녀에게 이 끔찍한 희생이 그녀 자신의 원인, 그녀 자신의 명예, 그녀 자신의 욕망의 바로 그 궁극적 결과이며 지평이라는 것을 보여준다. 그의 일체의 논변들의 기조는 정확히 이러한 것이다: '당신의 욕망이 이제 처음으로 정말로 중요한 이때 당신은 그 욕망에 대해 양보할 것인가?' 여기서, 그녀의 욕망의 순수성과 **원인**에 대한 그녀의 고수의 순수성을 무디게 만드는 최후의 '정념적 동기'를 희생하라는 시뉴에게 가해진 호소에서, 순수 욕망의 지평을 알아차리는 것은 어렵지 않다.

그리하여 우리는, 비록 시뉴의 행위가 그녀의 '근본적 환상'을 불가피하게 침식하게 된다고 해도, 동시에 그것은 바로 이 환상의 이름으로 성취된다고 말할 수 있을 것이다. 다시 말해서, 시뉴의 이야기는 우리로 하여금 '당신의 욕망에 대해 양보하지 말라'는 명령이 어느 정도로까지 주체의 근본적 환상과 연계되어 있는지를 볼 수 있게 해주는바, 그렇게 해서 그것은 다음과 같이 되는 것이다: '당신의 환상의 지탱물을 구성하는 대상-원인에 대해 양보하지 말라!' 하지만 욕망을 통해 이 명령이 환상과 연계되어 있다 하더라도, 그것의 윤리적 가치는 논쟁의 여지가 없는 것이다. 우리는 우리에게 생기를 불어넣는 원인을 포기함으로써 환상 '너머로 나아갈' 수 있는 것이 아니라 그것을 끝까지 고집함으로써만 그렇게 할 수 있는 것이다. 이러한 '환상의 횡단'(*la traversée du fantasme*)은 오로지 이 환상 '내부'로부터만 취해질 수 있을 한 걸음이다. 라캉의 언급처럼, 환상 너머로 나아가기 위해서는 그것을 아는 것으로는, 거리를 두고 그것에 대해 이야기하는 것으로는 충분치 않다. 오히려 동시에 욕망은 '그것을 구축하고 지탱하는 바로 그 환상을 횡단'해야만 한다. 시뉴는 이를 아주 잘 이해한다. 그녀는 이 희생의 거절이 그녀의 욕망에 대한 배반을 요구하게 될 것임을 이해한다. 그녀는 또한 그것을 받아들임으로써 그녀가 그녀의 욕망의 원인(그녀의 '살아갈 이유')을 상실할 것임을 이해한다. 그녀의 최종적 결단은 *parier du père au pire*라는 라캉의 말장난의 요점을 볼 수 있게 해준다. 최악의 일이 발생하더라도 (여기서 명예와 '가족의 가치들'에 의해 표상되는) **아버지**를 지지하기.[61]

그리하여 욕망은 그 끝과 만나며, 바로 이 사실로써 우리가 또 다른 등록소, 시뉴의 최종적 '아니오'가 불러낸 등록소로 이행할 가능성을 열어놓는다. 그렇다면, 우리가 시뉴에게서 '신격화되고 나서는 십자가형을 당하고 마는 여자의 형상'을 알아보지 못하게 방해하는 것은 무엇인가(우리는 라캉의 주석 자체가 이 점에서 아주 애매하다는 것에 주목해야 한다)?[62] 우선은 십자가 이미지

61) ['parier du père au pire'는 통상 '아버지에서 더 나쁜 쪽으로 건다'라고 해석된다. 즉 아버지를 포기하고 정신증적 폐제를 선택한다는 뜻으로 해석된다. 하지만 주판치치는 이 말의 핵심이 오히려 더 나쁜 것이 되는 한이 있어도 아버지를 끝까지 고집하는 데 있다는 것이다.]

62) 예컨대:

> 기독교의 십자가를 여자의 이미지로 대체하는 것—이는 텍스트 속에 단지 암시된 것뿐만 아니라 명시적으로 위치하고 있는 것처럼 보이지 않은가? 십자가의 이미지는 희곡의 시작에서부터 위치하고 있다. ……하지만 이는 놀랍지 않은가? 엄밀히 영웅적인 이 주제가 여기 있는 넘어섦이라는 주제와, 신념의 모든 가치 너머에 있는 구멍이라는

가 라캉 이론에서 매우 정확한 의미를 가지고 있다는 것을 지적해야만 한다. 공백을 베일씌우고 그리하여 공백에 대한 접근을 '차단하는' 매혹적 이미지라는 것 말이다. 따라서: '기독교인의 마음 속에서 죽은 저 신들은 기독교 선교사들에 의해 전 세계에 걸쳐 추구된다. 기독교적 신성의 중심적 이미지는 인간 속에 있는 욕망의 다른 모든 이미지들을 의미심장한 결과와 더불어 흡수한다.'[63] 그것은 그것이 베일씌우는 바로 그 공백으로부터 그 매혹의 힘을 이끌어내는 이미지이다. 하지만 이는 쥘리앵이 전개한 『볼모』에 대한 해석을 정당화하는 것처럼 보인다. 이 독해에서 희곡은, 기독교적 신념이 '붕괴'하는 순간에, 공백이 **신성한** 이미지 배후에서 나타나지만 시뉴가 이 공백을 그녀의 순교의 광채를 통해 베일씌우기 위해 스스로를 제공하는 순간에 시작한다. 하지만 그럼에도 불구하고 이 해석은 표적을 맞추지 못한다. 왜냐하면 극의 종결부에 있는 것은 숭고한 이미지의 광채 대신 '생의 일그러짐'(라캉)—'아니오'를 표시하는 안면경련—이니까 말이다. 그렇다면 어떻게 우리는 여기서 전개되는 것을 설명할 것인가? 어떻게 우리는 시뉴의 순교의 광채가 그 내부에서 이 고통받는 일그러짐의 출현을 가로막을 수 없다는 사실을 설명할 것인가?

이 물음에 답하기 위해서 우리는 쥘리앵의 정식화—그 어떤 **신**의 보증도 더 이상 없는 곳에서 시뉴는 스스로를 이 보증의 지탱물로 만든다—에서 시작할 수 있다. 사실상 그녀는 한발 더

주제와—줄거리나 시나리오를 꿰뚫을 수 있게 해줄 그 어떤 다른 실마리나 참조점 없이—일치한다는 것 말이다. (Lacan, *Le transfert*, p. 326)

63) Lacan, *The Ethics of Psychoanalysis*, p. 262.

나아간다. 그녀는 신의 법칙의 보증을 확보하기 위해 지탱물로 만들지 않는다. 그녀는 자신을 이 보증의 지탱물로 만들지 않는다. 그녀는 '스스로를' 바로 이 보증물로 '만든다'. 그 결과 이 보증물은 그 자신이 보증하는 바로부터 탈구된 상태로 남게 된다. 그렇게 함으로써 시뉴는 **신성**의 숭고한 이미지 안에 있는 필연적으로 비가시적인 지탱물을 드러낸다. 그의 최후의 '아니오'의 가치는 그녀가, 이 보증을 체현하는 한, 자신을 **신**에게 내맡기고 사라지기를 거부한다는 사실에 있다. 그리하여 희곡의 끝은 우리에게 불안한 이미지를, **신성한** 법과 그것의 유일한 지탱물이 동일한 층위를 점유하고 있는 이미지를 남겨놓는다. (**신성한**) 법은, 그림에서 사라지기를 거부하면서 자신의 자리에 숭고한 광채가 나타나는 것을 사실상 가로막는 이 경련하는 살flesh에 직면하게 된다.

윤리에서의 실재

시뉴가 넘어가야 하는 한계가 윤리 그 자체의 한계인 것인지 (그리하여 그녀의 발걸음을 '윤리 너머'에 있는 영역으로의 발걸음으로 만드는 것인지) 아니면 단지 ('신념 너머의 구멍'이 나타나는) 바로 그 한계 너머에서만 고유한 의미에서의 윤리가 진정으로 시작되는 것인지에 대한 물음은 열린 채 남아 있다. 이 첫 번째 물음은 칸트적 윤리와 특별히 관계가 있는 두 번째 물음과 묶여 있다. 헤겔과 라캉이 각자 나름의 방식으로 칸트에게 제기하는 근본적 반대는 칸트의 윤리가 그 본질에 있어서 공포의 논리에 연계되어 있다는 말로 요약될 수 있다(라캉의 '칸트를 사드와 더불어', 헤겔의 '절대 자유의 공포'). 그렇지만 이 비판이 어느 정도 정당하다 하더라도 다음과 같은 물음을 낳는다. 윤리를 또 다른 방식으로 파악하는 것이 도대체—'도덕법칙 너머의 구멍'이 있음을, 즉 우리 행위의 도덕성을 보장할 궁극적인 도덕적 본보기의 부재가 있음을 가정할 때—가능한 것인가? 칸트는, 그의 윤리의 악명높은 '극단성'을 통해서, 우리가 윤리에 대해서 도대체 이야기하기를 원한다면 반드시 고려해야만 하는 어떤 것을 산출한 것 아닌가?

칸트의 윤리에는 사실 중심적 애매성이 있는데, 여기서 그것을 고찰하는 것이 유용할 것이다. 우선 근본적인 윤리적 배치를 개괄적으로 묘사해보도록 하자. 이 배치의 상이한 요소들을 강조함으로써 어떤 상당히 다른 '윤리'에 사실상 도달할 수 있도록 말이다.

모든 윤리의 심장부는 그 자체로 '윤리적'이지 ('비윤리적'이지도) 않은 어떤 것이다. 다시 말해서 그것은 윤리의 등록소와는 아무 관련도 없다. 이 '어떤 것'은 몇 가지 이름으로 통한다. 라캉에게 그것은 '실재'이며, 바디우에게는 '사건'이다. 이 용어들은 조우라는 가장 속에서만 나타나는 어떤 것, 즉 '우리에게 [우연히] 일어나고'64) 우리를 놀라게 하고 우리를 '탈구된' 상태로 던져놓는 어떤 것으로서만 나타나는 어떤 것과 관계가 있다. 그것은 언제나 하나의 파열, 단절, 혹은 중단으로서만 어떤 주어진 연속성 속에 스스로를 기입하는 것이다. 라캉에 따르면 **실재**는 불가능하

64) '진리의 주체의 구성에 참여함은 오직 당신에게 일어나는*happens to you* 어떤 것일 뿐이다.' (Badiou, *L'Éthique*, p. 47 [국역본: 66쪽])

다. '그것은 (우리에게) 일어난다'는 사실은 그것의 기본적인 '불가능성'을 논박하는 것이 아니다. **실재**는 우리에게 (우리는 **실재**를) 불가능한 것으로서 일어난다(조우한다). 우리의 상징적 우주를 뒤집어 놓고 이 우주의 재배치를 이끌어내는 '불가능한 사물'로서 말이다. 따라서 **실재**의 불가능성은 **실재**가 가능한 것의 영역 속에 효과를 미치는 것을 막지 않는다. 바로 이때, **실재**와의 조우에 의해 우리에게 강제된 물음—나는 나를 '탈구된' 상태로 던져놓은 그 무엇에 조응해서 행위할 것인가, 나는 이제까지 내 실존의 토대였던 것을 재정식화할 각오를 할 것인가?—속에서 윤리가 작동하기 시작한다. 바디우는 이 물음—혹은 오히려, 이 태도—을 '사건에의 충실성' 혹은 '진리의 윤리'라고 부른다. 라캉의 경우 처음에 욕망에 강세를 둔다('당신은 당신 속에 거주하는 욕망에 조응해서 행위했는가?'). 불가능한 것인 **실재**를 겨냥하는 것은 바로 욕망이니까 말이다. 하지만 후기 작업에서 라캉은 욕망을 향유에 대항한 방어로서—다시 말해서, 타협 형성물로서—파악하게 된다. 이 후기 견해에 따르면, 우리는 향유의 **실재**와의 조우를 피하기 위해서 무한한 상징적 환유의 영역으로 도피하는 것이다. 이 후기 생각에서 결정적인 것은 (우리가 향유와 맺는 관계를 절합하는 바로서의) 충동이라는 개념이다.

조우 그 자체, 즉 사건은 '공포'의 순간처럼 주체를 놀라게 할 수 있다. 그것은 주체를 '불가능한' 선택과 대면시키니까 말이다. 만일 주체가 그것을 받아들인다면 그녀는 이 선택으로부터 '또 다른 주체'로 태어나게 된다. 혹은 좀더 정확히 말해서 오로지 이 선택 이후에서야 주체는 주체인 것이다.[65] 그럼에도 불구하고 한편으로 사건에 내속한, **실재**에 내속한 공포와 다른 한편으로 불가능한 것, **실재**가 나타나도록 강제하려는 전략으로서의 공포를 구분하는 것이 필요하다. 엄밀한 의미에서의 공포는 다음과 같이 기술될 수 있는 논리에 기반하고 있다: 공포는 우리가 사건(혹은 '**실재**와의 조우')이 주체에게 미치는 효과를 우리 자신의 직접적인 목표로 간주할 때 발생한다. 이 효과를 산출할 때 우리는 사건 그 자체, **실재** 또한 산출하게 되는 것이라고 믿을 때 말이다.

이러한 관점에서 볼 때 우리는 윤리가 공포terror로, 혹은 재앙에 대한 모호한 욕망으로 변형되는 한계 지점을 좀더 정확하게 규정할 수 있을 것이다. 후자는 우리가 **실재**와 **사건**이 그 자체로 윤리적 범주들이 아니라는 것을 '망각'할 때, 그리고 그것들을 어떠한 일이 있더라도 실현되어야 하는 최고선 개념에 대한 일종의 대체물이나 근대적 등가물로 여길 때 발생한다. 다시 말해서 윤리라는 용어를 **실재 · 사건**과의 조우가 억지로 발생하도록 강제하려는 전략을 세공하는 일을 지칭하는 것으로 이해할 때—그것을 불가능한 것의 산출을 위한 방법으로 볼 때—우리는 테러를 감행하게 된다. 물론 이것은 칸트적 윤리에 관한 주요 논쟁들 가운데 하나다. 칸트의 윤리는 윤리적 배치에 대한 이론인 것인가 아니면 윤리적 실천을 위한 '사용자 안내서'인가? 후자를 택할 경우 우리는 필연적으로 사드의 위치로 이끌리게 된다. 그럴 경우 괴로움과 고통은 윤리의 표식이 되기 때문에, '선'의 희소성은

---

65) '우리는…… 진리의 과정의 담지자를 "주체"라고 부른다. 따라서 주체는 결코 과정에 앞서 존재하지 않는다. 주체는 사건이 생기기 "이전의" 상황 속에서는 절대적으로 부재한다. 우리는 진리의 과정이 주체를 도출시킨다고 말할 수 있을 것이다.' (Badiou, *L'Éthique*, p. 39 [국역본: 56쪽])

'악'의 편재성이 된다. 윤리와 쾌락의 양립불가능성은 방법론적 마조히즘으로 인도된다. 그리고 최종적으로, 윤리와 정념적 동기가 서로를 배제한다는 사실은 우리를 '아름다운 영혼'의 금욕주의에 빠지게 만든다. 따라서 칸트가 윤리를 명기할 때 사용하는 요소들을 우리 의지의 (직접적) 대상으로 간주해야만 하는 요소들로 이해하고, 이를 행함으로써 윤리적인 것을 실현하게 될 것이라고 믿는다면, 칸트와 사드의 비교는 적절한 것처럼 보인다. 윤리적 행위에서 안녕은 문제되지 않는다고 칸트가 말한다면 그리고 우리가 이를 (윤리적인 것을 여하간 가능하게 하기 위해서) 우리 자신의 안녕에 역행해서 혹은 타인의 안녕에 역행해서 행위하라는 명령으로서 이해한다면, 우리는 윤리의 '시뮬라크르'인 공포의 덫에 사로잡히는 처지가 된다.

다른 한편으로 우리가 곧바로 **실재**(**사건**)를 겨냥하도록 하는—그리하여 그것이 '우리 욕망의 명시적 대상'이 되게 하는—관점은 우리 자신의 죽음이나 일반적 재앙이 우리 욕망의 궁극적 지평으로서 기능하기 시작하는 태도로 우리를 이끌게 된다. 클로델의 삼부작의 제2부 『딱딱한 빵』에서 분명하게 드러나는 것은 바로 이와 같은 욕망의 형상이다. 거기서 그것은 루미르라는 인물 속에 구현된다. 예컨대 그녀는 그녀의 연인 루이에게 이렇게 말한다.

> 우리는 고독해요. 이 사막 속에서 전적으로, 완전히 고독해요. 두 개의 인간 영혼은 삶의 공허 속에서 헤매고 있지요! ……삶이 더 길기만 하다면! 행복해 하는 것도 가치가 있는 일이겠죠. 하지만 삶은 짧아요. 게다가 더 짧게 만들 방법도 있지요. 그래요,

> 그토록 짧아서 일체의 영원성이 그 속에 포함될 수 있도록 말이예요! (pp. 137~138)

루미르의 욕망의 좌표는 정확히 무엇인가? 다른 구절에서 그녀가 이렇게 말한다. '고독해요. 아버지도 없고 나라도 없고 **신**도 없어요. 혹은 끈도 부도 미래도 없어요'(p. 135). 그리하여 우리는 다음을 그녀의 욕망의 좌우명으로 볼 수 있을 것이다: 모든 끈은 잘려졌으며, 지금 여기를 제외하면 아무것도 없으며, 여기에서건 아니면 어떤 저 너머에서건 그 어떤 확고한 지점도 없다. 삶에 내속된 일체의 의미와 삶의 목적 그 자체는 죽을 기회로 환원된다. 이러한 태도를 토대놓는 윤리적 준칙은 '……보다는 죽음이 낫다'가 아니다. 여기서 죽음은 더 이상 강제된 선택의 두 항 가운데 하나가 아니다. 대신 그것은 명령이 되며 자신 속에서 자신의 모든 힘을 관철하는 작인이 된다. 죽음의 순간은 우리가 진정으로 깨어 있는 유일한 순간이다. ('아무것도 실재적이지 않아요. 삶은 실재적이지 않지요. 나는 지금 깨어 있어요. 지나가는 순간에 불과하더라도 말이지요. 난 알 수 있어요'라고 루미르는 말한다[p. 135].) 다시 말해서, 만일 한편으로 죽음이 (고전적) 윤리의 불가피한 내기(주체가 윤리적 행위의 가능한 대가로서 받아들여야만 하는 것)라고 한다면, 다른 한편으로 루미르에게 있어서 주체는 **실재**의, **사건**의, 윤리적인 것의 '깨우침'을 초래할 '부수적 사실들'로서의 죽음을 곧장 겨냥한다.

실재 혹은 **사건**의 역설은 우리가 그것을 우리 행동의 직접적 목표로 만드는 순간 그것을 잃는다는 사실에 있다. 하지만—**실재** 혹은 **사건**은 모든 윤리의 심장부라고 할 때—이는 윤리가 그 본질에 있어서 '수동적'이라는 것을, 즉 우리가 할 수 있는 전부는 '**실재**와의 조우'를 기다리고 그 후에 그것의 결과들을 고수하는 것임을 함축하지 않는가? 이 물음에 대한 답이 부정적임을 보기 위해서 우리는 이 점에서 중요한 구분을 해야만 한다. **실재** 혹은 **사건**의 논리에 따르면, 능동/수동(사건에 대한 우리의 기다림/사건이 발생하도록 의도된 우리의 분투)의 대립 그 자체는 잘못 놓여진 것이다. 왜냐하면 **실재**(**사건**)는 (그것을 원하는 의지라는 의미에서의) **주체를 가지지 않으며**, 본질적으로 주체의 활동(혹은 비활동)의 부산물—주체가 산출하는, 하지만 '그녀의 것'이 아닌 것으로서, 그녀가 그 속에서 그녀 자신을 '알아볼 수' 있을 어떤 것이 아닌 것으로서 산출하는 어떤 것—이다. 다시 말해서 '**사건**의 주인공은 없다'.[66]

순수 욕망에서 충동으로

라캉으로 돌아가 보자. 『에크리』에 나오는, (라캉이 세미나 『정신분석의 윤리』를 끝맺었던 때와 같은 해인) 1960년에 쓰여진 논문 「주체의 전복과 프로이트적 무의식에서의 욕망의 변증법」에 다음 구절이 있다. '욕망은 방어니까, 향유에서 일정한 한계 너머로 나아가는 것에 대한 방어니까 말이다.'[67] 같은 텍스트에

66) Alain Badiou, *L'Être et l'événement*, Paris: Seuil, 1988, p. 229.

67) Jacques Lacan, 'The Subversion of the Subject and the Dialectic of Desire in the Freudian Unconscious', in *Écrits: A Selection*, London: Routledge, 1989, p. 322.

서 라캉은 '그리스 비극의 방식'을 '**잃어버린 원인**의 최고 나르시시즘'이라고 칭한다.[68] 한편으로 라캉이 윤리에서 욕망에 부여하는 중심 역할과 다른 한편으로 욕망은 향유에 대한 방어라고 하는 주장을 어떻게 화해시킬 것인가? 마찬가지로 한편으로 라캉이 안티고네를 탁월한 윤리적 형상으로서 읽는 것과 다른 한편으로 그리스 비극을 **잃어버린 원인**의 나르시시즘과 연계하는 그의 단언을 어떻게 화해시킬 것인가? 우리는 또한 좀더 일반적인 질문을 제기할 수도 있을 것이다: 주체 그 자체에 본질적인 바로서의 욕망(주체는 정의상 욕망의 주체다)과 '순수 욕망'의 관계는 무엇인가? 어떻게 우리는 이 관계와 관련하여 충동 개념을 위치시킬 수 있는가? '당신의 욕망에 대해 양보하지 말라'는 공식은 향유나 충동의 문제에 우선성을 두는 후기 라캉에서 그 가치를 상실하는가? 라캉이 시종일관 자신의 작업에서 욕망에 분석 과정의 중심 역할을 귀속시키는 반면에 충동 개념이 결코 이러한 역할에서 욕망 개념을 대체한다고 말할 수는 없다고 함으로써 이에 부정적으로 답할 수도 있을 것이다. 하지만 오히려 우리는 욕망의 물음이 충동의 물음으로 '보충된다'고 말해야 한다. 『세미나11』에서 충동 개념을 도입하고 세공한 뒤에 라캉은 이렇게 결론을 내린다.

> *a*와 관련하여 주체를 배치한 이후에 근본적 환상의 경험은 충동이 된다. 그렇다면 기원에 대한, 충동에 대한 이 불투명한 관계의 경험을 통과한 주체는 무엇이 되는가? 근본적 환상을 횡단한 주체는 어떻게 충동을 경험할 수 있는가? 이것은 분석 너머에 있으며 결코 접근되지 않았다. 지금까지 그것은 분석가의 층위

---

68) 같은 글, p. 324.

> 에서만 접근가능했다. 분석가에게는 분석 경험의 주기를 총체적으로 특정하게 횡단했어야 할 것이 요구될 것인 한에서 말이다.[69]

이 통과의 의미는 두 가지 점에서 요약될 수 있을 것이다. 첫째로 욕망은 분석의 주요 '기반'으로 남아 있다. 분석은 ('근본적 환상'에 지탱물을 제공하는) 욕망이라는 등록소에서 전개되며 주체가 이 환상을 '횡단한' 순간 끝난다. 엄밀한 의미에서 충동은 분석 너머에 위치시켜야 할 것이다. 둘째로 분석에서 충동에 대한 접근은 주체가 이미 '근본적 환상'을 횡단한 때에만 열린다. 다시 말해서 비록 충동이 어떤 면에서 분석 과정의 '목표'이기는 하지만 그렇다고 욕망과 욕망의 논리 '대신에' 그것을 곧바로 선택할 수는 없다. 충동에 도달하기 위해서 우리는 욕망을 통과해야만 하며 욕망을 바로 그 끝까지 고집해야만 한다. 이 두 가지 점을 염두에 두면서 우리는 이제 어떻게 그리고 어떤 계기에 욕망이 충동에 길을 내주는가를 보여주기 위한 시도를 할 수 있다.

하지만 우리는 우선 다음의 물음에 답하기 위해 노력해야만 한다. 왜 라캉은, 자신의 작업의 한 지점에서, 욕망을 충동으로 '보충'하고 그로써 분석 종결의 개념적 틀을 대체하는가? 답은 라캉의 작업 과정 중에 향유의 '존재론적' 지위가 근본적 변화를 겪었으며 이것이 욕망의 이론에 영향을 미치지 않은 것이 아니었다는 사실에서 찾아야 할 것이다. 그리하여 우리는 초기 라캉에게 향유는 존재하지 않는다고 말할 수도 있을 것이다. 좀더 정확하게 말하자면 그것은 그것 자체의 상실 속에서만 존재한다(그것은

69) Lacan, *The Four Fundamental Concepts of Psycho-Analysis*, p. 276.

언제나-이미 상실되어 있는 한에서만 존재한다). 결여된 무언가로서 말이다. 여기서 결여라는 범주는 존재론적 범주다. 결여는 '만져볼 수 있는' 어떤 것이며, 단순한 부재나 결핍으로 환원불가능한 어떤 것이다. 이러한 관점에서 결여는 환원불가능한 곤궁을 가리키며, 온갖 종류의 개입을 통해—예컨대, 상실된 **일자** 대신에 다양성을 제안함으로써—이 결여를 '위장'하려고 하는 상징적 질서의 무능을 가리킨다. 그리하여 프로이트에 따르면 메두사의 머리에 있는 다양한 뱀들은 **일자**와 유일무이한 것의 결여(즉, 거세)를 위장하는 데 이바지할 뿐이다. 좀더 일상적 사례로, '소비주의 사회'에 참여하면서 점점 더 많은 새로운 욕망의 대상들을 축적하면서 우리는 우리를 완전하게 만족시킬 진정한 **하나의** 대상의 결여로부터 도피한다. 이런 맥락에서 욕망의 윤리는 말그대로 '결여의 영웅주의'로서 제시된다. 그러한 태도를 통해서 우리는 **진정한** 대상의 결여라는 이름으로 다른 모든 대상들을 거부하며 그 어떤 것도 우리의 욕망을 만족시키지 않도록 한다. 다시 말해서 욕망의 윤리는 잃어버린 향유에의 충실성의 윤리이며, **사물**과 사물들의 틈새를 도입하고 또한 손 안에 준비된 모든 대상들 너머에 유일하게 우리의 삶을 살 가치가 있는 것으로 만들 '어떤 **사물**someThing'이 있다는 것을 상기시키는 근본적 결여를 보존하는 윤리이다. 욕망은 욕망의 비만족을 고집하는 정도로까지 향유의 본래적 자리를—설사 그 자리가 텅 빈 것으로 남아 있다 하더라도—보존한다. 욕망의 윤리는 '**잃어버린 원인**의 최고 나르시시즘'과 연계되어 있다는 라캉의 주장을 바로 이러한 의미로 이해해야 하는 것이다.

그렇지만 결여의 지위와 기능은 좀더 애매모호하다. 한편으로 결여가 곤궁과 무능을 상징계 속에 기입하는 것이라고 할 때 우리는 다른 한편으로 그것이 그 권력의 조건이며 결과적으로 상징계 현실에 대해 구성적 기능을 갖는 것임을 잊지 말아야 한다. 결여 없이는 어떠한 현실도 없다. 현실은 **실재**의 작은 조각의 상실 속에서 구성된다. 결여의 이 이중적 지위를 고려해야만 우리는 라캉에 대한 너무 성급한 독해를, 결여의 가면벗기기를 그 출발점이자 준칙으로 삼는 독해를 피할 수 있을 것이다. 이러한 독해에 따르면 모든 이데올로기적 형성물은 어떤 결여나 오기능을 가면 씌우는 것을 목표로 한다. 하지만 이러한 태도는 결여가 모든 이데올로기에 대해 구성적인 동시에 환상의 본질적 지탱물임을 깨닫지 못하고 있다. 이 후자의 관점에서 우리는 모든 이데올로기적 구성물들에 대한 진정으로 전복적인 자세를 제안할 수 있다: '그것들로부터 그것들의 결여를 박탈하라, 그러면 그것들은 붕괴할 것이다.'

결여에 강조점을 두고 불가능한 것을 접근불가능한 것과 동일화하는 이러한 생각은 아주 통속적인 것이 되었다. 그것은 주체가 상징계에 접근하기 위해서 치러야 하는 대가를 강조하는 '언어의 철학자'로서의 라캉이라는 이미지를 낳는다. 그리하여 우리는 원초적 포기 행위, 불가능한 것으로서의 향유, 분석자가 상징적 거세를 떠맡고 근본적인 혹은 구성적인 결여(혹은 상실)를 받아들여야만 하는 계기로서의 분석의 종결 등을 갖게 된다. 하지만 이 시적인 '결여의 영웅주의'는 라캉에 관한 유일한 한 마디도 최종적 한 마디도 아니다. 지젝의 말처럼

향유의 문제는 획득불가능하고 언제나 우리의 포착을 벗어난다

> 는 것이 아니라 오히려 결코 제거할 수 없다는 것이며 그 얼룩을 영원토록 끌고다닌다는 것이다. 잉여-향유라는 라캉의 개념의 요점은 바로 여기 있다. 향유의 포기 그 자체는 향유의 잔여/잉여를 초래한다.[70]

주체의 욕망은 그녀가 견딜 수 없음을 발견하는 향유의 이 얼룩을 너무나도 '제거'하고픈 것이라고 여기 덧붙일 수도 있을 것이다. 『정신분석의 네 가지 근본 개념』에서 라캉이 '분석의 욕망은 순수한 욕망이 아니다'라고 쓰고 분석의 종결을 충동 개념과 연결시켰을 때 이 관점 변화는 이미 지각가능하다. 그렇다면 이러한 변화는 우리가 이전에 향유의 '존재론적' 지위라 불렀던 것에 대해 어떠한 결과를 낳는가? 이 다른 관점은 이제 우리가 향유가 있다고, 향유가 존재한다고 진술할 수 있음을 함축하는가? 이것은 정확히 라캉이 말하고 싶어 하지 않는 것이라는 점은 분명해 보인다. 욕망의 윤리(우리가 이 용어에 수여하게 된 의미에서)에 대한 그의 일체의 세공이 향유의 자리를 텅 빈 자리로서 보존하는 것을 목적한다면, 후기 라캉의 목적은 분명 향유의 자리를 '충만한' 것으로서 긍정하는 것이 아니다. 대신 그는 이 두 특징(향유는 존재하지 않는다는 것과 향유는 모든 곳에서 발견된다는 것)을 모두 포용할 향유(의 지위)에 대한 개념화를 발견하려 한다. 라캉에게 있어 존재하는 것은 결여라고 우리는 이미 말했다. 바로 이로부터 그는 향유의 지위를 '도출한다'. 향유는 결여를 '채울' 수 있는 어떤 것이 아닌데, 왜냐하면 결여는 '있기' 때문이다. 다시 말해서 그것은 다른 것에 의해 채워지거나 점유될 수 있는 텅

70) Žižek, *The Indivisible Remainder*, p. 93.

빈 공간에 불과한 것이 아니다. '결여로 가득한', '결여에 의해 점유되는' 어떤 자리가 있다고도 말할 수 있을 것이다. 물론 이 맥락에서 발생하는 '연산'은 결여가 채워진다는 것이 아니라 (예컨대 불안의 경우에서처럼) 결여가 결여하게 된다는 것이다. 향유가 결여를 채울 수 있는 것이 아니라면 그것은 또한 결여에 더해질 수 있는 어떤 것도 아니다. 대신 그것은 **결여로부터** (수학적 의미에서) **감산되는** 것이다. 그리하여 우리는 향유의 지위를 '하나의-**결여**-부족one-Lack-less'의 지위로 정식화할 것을 제안한다. 충동 개념이 겨냥하는 바는 바로 이것이다.

욕망과 충동은 실로 무언가를 공유한다. 양자 모두 필요와 다르다. 이는 욕망의 경우든 충동의 경우든 주체가 모든 주어진 대상의 '부적합성'('이것은 그것이 아니다')을 경험한다는 것을 함축한다. 욕망과의 관계에서 이는 충분히 자주 강조되었다. 따라서 충동과 관련해서 라캉의 다음 언급을 인용하기만 하자: '충동은, 충동의 대상을 움켜잡음으로써, 이것은 충동이 만족될 방식이 정확히 아니라는 것을 어떤 의미에서 배운다.'[71] 하지만 또한 욕망과 충동 간에는 근본적인 차이가 있다. 욕망은 만족되지 않은 상태로 남아 있음으로써 스스로를 지탱한다. 충동의 경우 '이것은 충동이 만족될 방식이 아니라는 것을 이해한다'는 사실은 충동이 '다른 곳에서' 만족을 발견하는 것을 막지 않는다. 그리하여 욕망과는 대조적으로 충동은 충동이 만족된다는 바로 그 사실에서 스스로를 지탱한다. 충동이 그 목표를 획득하지 않고서도 만족을 획득하도록 하는 이 '역설'을 라캉은 다음과 같이 설명한다: '당

71) Lacan, *The Four Fundamental Conccepts of Psycho-Analysis*, p. 167.

신이 입을—충동의 등록소에서 열리는 입을—채우더라도 그것을 만족시키는 것은 음식물이 아니다. 그것은, 사람들이 말하듯, 입의 쾌락이다.'[72] 이 '예증'은 향유가 여기서 '하나의-**결여**-부족'이라는 가장 속에서 나타난다고 말하는 것이 무엇을 의미하는지를 우리가 이해하는 데 도움을 줄 수 있다. 우리는 입을, 말하자면, 채우지 않고서—즉, 결여의 등록소에 단순히 대립될 등록소로 이행하지 않고서—만족시킨다. 다시 말해서 우리가 '우리 입을 채울' 때 우리는 원하건 원하지 않건 충동을 만족시킨다.[73] 그리고 우리가 소비하는 대상이 결코 '그것'이지 않을 것이라는 사실에도 불구하고 '그것'의 어떤 일부는 바로 그 소비 행위에서 산출된다. 충동의 진정한 대상인 것은 바로 이 '그것의 어떤 일부'이다.

욕망과 충동의 관계를 개념화하기 위한 한 가지 방법(아마도 유일한 방법)은 전자에서 후자로의 (가능한) 이행을 설명하는 것

72) 같은 곳.

73) 예컨대 다음을 볼 것:

> 욕망의 논리는 이렇다: '이것을 하는 것은 금지되어 있다. 하지만 그럼에도 불구하고 나는 그것을 할 것이다.' 반면에 충동은 금지에 대해 상관하지 않는다. 충동은 법칙을 넘어서는 것에 관심이 없다. 충동의 논리는 이렇다: '난 이것을 하고 싶지 않다. 하지만 그럼에도 불구하고 나는 그것을 하고 있다.' 그리하여 우리는 충동에서 정반대의 논리를 갖는다. 즉 주체는 어떤 것을 하기를 욕망하지 **않지**만 그럼에도 불구하고 바로 그것을 하는 것을 즐긴다. (Renata Salecl, 'The Satisfaction of Drives', *UMBR[a]* 1, Buffalo, NY, 1997, p. 106) [레나타 살레클의 이 설명은 그녀의 『사랑과 증오의 도착들』, 도서출판b, 2003, 84쪽에도 나와 있다.]

이 될 것이다. 욕망과 충동 간에는 그 어떤 공통된 척도도 없지만, 욕망의 심장부에서 하나의 가능한 통로가 충동을 향해 열린다. 따라서 우리는 욕망의 '논리'를 그 한계에 이르기까지 따를 때 충동에 이르게 될 수도 있다. 『볼모』의 이야기가 보여준 것은 바로 이것이지 않은가? 보자.

환상은 주체와 욕망 간의 근본적 관계이다. 대상 *a*, 환상 속의 욕망의 지탱물은 주체를 위해 주체의 욕망의 이미지를 구성하는 그 무엇 속에서 가시적이지 않다. 좀더 정확히 말해서 그것은 배제되는 한에서, 욕망의 틀의 장에서 비가시적인 한에서, 환상의 지탱물인 것이다. 이러한 관점에서 볼 때 순수 욕망은 욕망이 그 자신의 지탱물, 그 자신의 원인과 대면하게 되는 한계 지점으로서 정의될 수 있을 것이다. 이것은 시뉴가 도달하는 한계이다. 그녀의 세계의 지탱물을 구성하는 것, 그녀의 세계에 창을 여는 것은 명예다. 명예는 그녀의 욕망의 틀 속에서 다른 대상들과 등가적인 대상으로 결코 나타나 교환되거나 대체될 수 없는 이 대상, 이 원인—혹은 심지어 이 **원인**—이다. 하지만 시뉴는 자신의 환상과 욕망을 보존하기를 원한다면 이 환상과 이 욕망의 지탱물을 구성하는 바로 그 사물을 희생해야만 하는 위치에 있다. '**신**이 제게 생을 주셨지요. 그리고 전 그 생을 **신**에게 되돌려 줄 준비가 되어 있고 또 간절히 원하고 있어요. 하지만 이름은 제 것이에요. 나의 여자의 명예는 제 것이에요. 오로지 제 것이에요!'라는 그녀의 외침에 바딜롱이 '자신만의 것을 소유하는 것은 좋아요. 왜냐하면 그렇게 되면 우리는 줄 수 있는 어떤 것을 소유하는 것이니까요'라고 응답할 때 그는 그녀의 환상의 대상-지탱물이 '시각장'에, 이 환상의 바로 그 틀에 나타나도록 만들며 또한 그것을 줄(줘 버릴) 수 있는 어떤 것으로 만든다. 하지만 시뉴의 입장에서 보면, 정확히 명예를 '줘 버리는 것'은 상상불가능한 것이기 때문에 그녀는 다른 모든 것을 줘 버릴 수 있었으며 다른 모든 것을 희생할 수 있었던 것이다. 배제된 대상이 다른 ('평범한') 대상들 사이에서 나타나는 바로 이 순간 시뉴는 엄밀히 욕망의 영역을 떠나서 충동의 영역으로 들어간다. 욕망의 절대적 대상-원인은 부분 대상, 충동의 대상이 된다. '욕망은 요구의 무조건적 요소를 "절대적" 조건으로 대체한다'[74]고 할 때, 충동은 이 조건을, 그것을 조건으로 하는 과정의 **산물**로 만들면서, '탈-절대화한다'고 말할 수 있을 것이다. 순수 욕망의 이 계기는 주체가 욕망에 대해 양보하지 않을 유일한 방법이 자신의 욕망의 바로 그 **원인**을, 그것의 절대적 조건을 희생하는 것이 되는 계기로 정의될 수 있다. 그녀가 욕망의 바로 그 지탱물을 그 욕망에 희생하는 계기, 즉 그녀가 자신이 가지지 않은 것을 제공하는 계기. 욕망의 근본적 배치가 모든 주어진 대상의 불충분함('그건 그것이 아니다')이 판명나도록 하는 무한하고 통약불가능한 척도를 함축한다면, 순수 욕망은 욕망이 그 자체의 **원인**에 대해 (그것의 절대적 조건을 위해) '그건 **그것**이 아니다'라고 말하도록 강제당하는 계기로서 정의될 수 있다. 이는 순수 욕망의 계기가 역설적이게도 욕망이 바로 그 순수성의 토대를 상실하는 계기라는 것을 의미한다. 이는 '순수 욕망'이 하나의 상태—예컨대 자신의 욕망이 (모든 대상들의) 일체의 정념적 얼룩들이 제거된 순수성을 획득할 주체의 상

74) Lacan, 'The Signification of the Phallus', in *Écrits: A Selection*, p. 287.

태—가 아니라는 것을 함축한다. 순수 욕망은 하나의 계기—비틀림의 계기, 뫼비우스 띠에 비견될 수 있을 굴곡의 계기—이다. 그것의 면들 가운데 하나 위에서 움직이기를 고집한다면, 갑자기 우리는 우리 자신이 '다른' 면에 있는 것을 발견할 것이다. 순수 욕망은 욕망이, 그것의 환유 속에서, 자기 자신과 마주치는, 여타 대상들 가운데서 자신의 원인과 조우하는 계기이다. 이와 동시에 순수 욕망은 행위와 일치한다. 이 행위는 주체의 근본적 환상의 틀 속에서 성취된다. 하지만 내기에 걸려 있는 것은 다름아닌 바로 이 틀이기에 그것은 환상 '바깥'에서, 또 다른 장 속에서 끝난다. 충동의 장 말이다.

9. 그리하여……

실재의 윤리는 유한한 것의, 유한성의 윤리가 아니다. 불멸이라는 종교적 약속에 대한 응답은 유한성의 파토스가 아니다. 윤리의 토대는 우리의 유한성을 승인하고 '더 높은', '불가능한' 염원들 일체를 포기하도록 명하는 명령들일 수 없다. 단지 그것이 필연성에의 굴복을 함축할 것이라는 이유 때문만이 아니다. 내기는 훨씬 더 근본적이다. 무한은 획득불가능하지 않다. 오히려 그것을 전적으로 회피하는 것이 불가능하다. 사후의 생에 대한 (즉 이승 바깥의 무한성에 대한) 약속의 종말이 곧 유한한 세계에 '둘러막히고' 제약됨을 함축하는 것은 아니다. 반대로 그것은 무한이 유한에 끊임없이 '기생한다'는 것을 함축한다. 피안의 부재, 즉 유한에는 그 어떤 예외도 없다는 사실은 유한을 '무한화한다'. 장-클로드 밀네의 공식을 이용하자면 '무한은 유한에의 예외에 대해 아니오라고 말하는 그 무엇이다'.[1] 무한의 문제는 그것을 어떻게 획득할 것인가가 아니라 오히려 그것의 얼룩을, 끊임없이 우리를 뒤따라다니는 얼룩을 어떻게 제거할 것인가이다. 이 기생태에 대한 라캉식 이름은 향유(*jouissance*)이다.

이는 역설적으로 보인다. 왜냐하면 향유란 죽음 충동과 동의어이며 따라서 우리를 우리의 사멸성, 우리의 유한성과 동일화하는 그 무엇의 동의어가 아닌가? 반대다. 향유가 우리를 죽일 수 있다(향유가 우리를 우리의 안녕이나 직접적 생존에 역행하는 방식으로 행위하도록 강제할 수 있다)는 사실은 우리의 존재가 '죽음을-향한-존재'가 아니라는 사실을 증언한다. 정신분석 임상에서 우리는 종종 이 역설적 형상과 조우한다. 죽음을 가지고서, 죽음에 대항해 자신을 방어하는 주체. 일종의 죽임mortification을 통해서 '죽음 충동'에 대항해 자신을 방어하는 주체. 예컨대 주체를 마비시키고 죽이는 불안은 '죽음 충동'(향유)에 대한 반응이다. '죽음을-향한-존재'가 (그 유명한 *me phynai*, 즉 '차라리 태어나지 않았다면'을 포함해서) 그 일체의 공명과 더불어 담지하고 있는 시적인 음조는 단순히 죽음으로 환원될 수 없는 어떤 것에 대항한 방어로서 이해되어야 한다. 죽음의 두려움은 사실상 삶의 두려움이라고 하는 상투적인 말은 이러한 의미로—사실상 삶에 생기를 불어넣거나 삶을 '충동하는' 죽음의 두려움으로서—이해되어야 한다. 라캉이 다음과 같은 헤라클레이토스의 단편을 참조하면서 충동 개념을 끌어들이기로 한 것은 바로 이 때문이다. '활에는 삶이라는 이름이 주어지고 그것의 작업에는 죽음이라는 이름이 주어진다.'[2] 죽음 충동은 죽음을 향한 충동이 아니다. 그것은 삶을

---

1) Jaen-Claude Milner, *L'Œuvre claire*, Paris: Seuil, 1995, p. 66.

향하지도 죽음을 향하지도 않는다. 죽음 충동은 바로 (삶뿐만 아니라) 죽음에 무관심하기 때문에 '치명적'일 수 있다. 그것은 죽음에 몰두하지 않기 때문에, 죽음은 그것의 관심을 끌지 못하기 때문에 말이다. 죽음 충동은 결코 '무로의 회귀'에 대한 주체의 욕망을 표현하지 않는다. 그것은 우리의 *douleur d'exister*('실존의 번민')에 대한 반응의 표현이 아니다. 그것은 그에 대해 그냥 아무런 상관도 하지 않는다. 죽음 충동은 '죽음을-향한-존재'에도 '존재하는 데 실패하기'(*le manque-à-être*)에도 아무 관련이 없다. 그것은 죽음에 무관심하다. 그리고 분명 그것은 존재하는 데 실패하지 않는다.[3]

그렇다면 어떻게 무한은 유한에, '유한한 존재자들'로서의 우리의 실존에 기생하는가? 사실상 이 기생에는 두 양태가 있는데, 그 각각은 무한의 상이한 형상으로 귀결된다. 첫째로 욕망의 무한이 있는데, 이는 (비-성취의 논리와 연계된) '악무한'이라 묘사될 수 있을 것이다. 그 다음으로 (**실재**의 논리, 실현의 논리와 연계된) 향유의 무한이 있다. 윤리 자체는 전자에서 후자로의 이행에 위치시킬 수 있다. 첫 번째 것의 범형은 안티고네라는 형상으로 표시되며, '고전적 윤리'의 좌표를 낳는다. 두 번째 것의 범형은 시뉴 드 쿠퐁텐이라는 형상에서 분명하며 '근대적 윤리'라 부를 수 있는 것을 구성한다.

---

2) [Jacques Lacan, *The Four Fundamental Concepts of Psycho-Analysis*, p. 177을 볼 것.]

3) 라캉이 초기에는 하이데거적이고 실존주의적인 죽음 충동의 반향들과 불장난을 했지만, 후기에 라캉은 이러한 개념적 지평과는 심원하게 차이가 나는 충동 이론을 제안했다.

『안티고네』에 대한 라캉의 주해와 관련하여 '자신의 욕망에 대해 양보하지 말라'라는 공식과 욕망의 형상으로서의 안티고네를 강조하는 일이 종종 있다. 하지만 라캉의 주해에 나오는 또 다른 매우 유별난 문구—'욕망의 실현'—에도 관심을 기울일 가치가 있다. 안티고네를 안티고네로 만드는 것은 단순히 그녀가 자신의 욕망에 대해 양보하지 않는다는 것뿐만이 아니라 좀더 정확히 말해서 그녀가 그녀의 욕망을 실현한다는 것이다. 이는 그녀가 단순히 욕망의 형상에 불과한 것이 아니라는 것을 함축한다. 욕망은 그 본성상 욕망의 실현에 대립하니까 말이다. 따라서—이 '욕망의 실현'은 무엇을 의미하는가?

그것이 욕망의 충족을 의미하지 않는다는 것은 분명하다. 그것은 주체가 욕망하는 어떤 것의 실현을 의미하지 않는다. 라캉의 이론에는 욕망된 대상 같은 것은 없다. 요구된 대상은 있다. 그리고, 어떤 주어진 대상에서 우리가 발견하는 만족을 이 대상에 대한 (우리의) 요구에서 뺄 때 얻게 되는 것을 지칭하는, 그 어떤 실정적 내용도 없는, 욕망의 대상-원인이 있다. 끝이 (아마도) 없는 환유를 낳는 이 뺄셈의 논리에 본질적으로 연계되어 있는바, 욕망은 주체의 우주 속에 어떤 통약불가능한/무한한 척도를 도입하는 그 무엇에 다름아니다. 욕망은 바로 이 '무한한 척도'에 다름 아니다. 이러한 관점에서 자신의 욕망을 실현하는 것은 무한한 것을, 무한한 척도를 '측량'하는 것이다. 욕망의 실현은 '필연적으로 **최후의 판단**[**심판**]이라는 관점에서 정식화된다. "자신의 욕망을 실현했다"는 것이, 그 욕망을 이를테면 종국에 가서 실현했다는 것이 아니라면 무엇을 의미할 것인지 상상해보라'라고 라캉이 말하는 것은 바로 이 때문이다.[4]

여기서 잠시 멈추자. 이미 우리는 칸트에게서 이와 유사한 배치와 조우했다. 요청들 및 요청들을 필요케 하는 것에 대한 칸트의 이론에서 말이다. 칸트는 **최고선의 실현**을 도덕법칙에 의해 규정된 의지의 필수적 대상으로서 정립한다. 바로 이것은 정확히 라캉이 욕망의 실현이라 부르는 것에 상응한 것으로 가정될 수 있을 무한한 척도의 실현을 함축한다. 라캉에게도 그렇지만 칸트에게도 걸려 있는 문제는 어떤 선—이 경우는 최고선—의 실현이 아니다. 걸려 있는 것은 어떤 대상의 실현이 아니다. 최고선은, 이러이러한 (실정적) 대상으로서가 아니라, 의지와 도덕법칙의 완벽한 부합으로서 정의된다. 최고선의 실현을 가능하게 하기 위해 칸트는 우선 죽음 너머의 영역을 열어놓을 영혼 불멸성의 요청을 도입하며, 그리하여 주체가 두 번째 죽음에 대한, **종말**에 대한 관계를 확립할 수 있게 한다. 그리고 이러한 [종말의] 관점으로부터—그리고 오로지 이러한 관점으로부터만—최고선의 실현이라는 문제는 정식화될 수 있다. 이러한 관점은—이로부터 우리의 존재는, 일종의 판단 안에서, 총체성으로서 나타난다—두 번째 요청(**신**의 존재)에 의해 도입된다. 우리가 여기서 다루고 있는 틀은 바로 라캉이 『정신분석의 윤리』에서 논의한 것이다. 한편으로 '욕망의 속죄'로서의 두 죽음 사이의 영역, 그리고 다른 한편으로 **최후의 판단**[**심판**]이라는 관점.

그리고 이것은 또한 『안티고네』의 틀이며 기본 구조이다. '산 채로 석굴에 가두'[5]어져서 '산 채로 하데스로 내려가는'[6] 그 여

4) Jacques Lacan, *The Ethics of Psychoanalysis*, London: Routledge, 1992, p. 294.

5) Sophocles, *The Three Theban Plays*: *Antigone*, *Oedipus the King*,

주인공은 두 죽음 사이에 위치하고 있다. 두 번째 논점, 즉 **최후의 판단**이라는 논점에 대해 말하자면, 그것은 논쟁거리가 되고 있는 안티고네의 불평 혹은 한탄의 중핵을 구성한다. 그녀는 예컨대 자신은 신부의 침대나 결혼의 언약도 알지 못하고 아이도 가져보지 못할 것이라는 사실에 대해 길게 이야기한다.[7] 여기엔 일종의—최후의 판단은 아니더라도 적어도 무한한—판단이 있으며, 이 무한 판단 속에서 두 요소의 동일성은 어떤 핵심적 불가능성이나 통약불가능성에 의해 매개된다. 그녀가 때이른 죽음 때문에 박탈당하게 될 것들의 목록, 결코 (그녀를 위해서는) 존재하지도 않았고 존재하지도 않을 것들의 목록은 안티고네의 욕망 속에 함축된 무한한 척도를 실현하는 무한한 (혹은 사변적인) 판단의 가치를 갖는다. 그것은 '정신은 뼈다'라는 헤겔의 유명한 경구와 동일한 지위를 갖는다. 이러한 유형의 판단이 낳는 터무니없는 부적절함의 격렬한 감정으로 인해 필시 몇몇 주석가들은 『안티고네』의 이 구절의 신빙성에 의혹을 던지게 되었을 것이다. 크레온에게 재고의 여지 없이 용감하게 저항한 뒤에 그리고 평범한 인간들의 관심사와는 분명하게 분리되어 있던 안티고네가 자신에게는 '축혼가도 울려 퍼지지 않았'으며 '신부의 침대도, 축혼가도, 결혼의 행복도, 아이를 기르는 재미도' 허락되지 않았다는 사실을 갑자기 한탄하기 시작하는 것은 실로 이상해 보인다. 이것이 여하간 부적절하게 들리는 것은 사실이다. 하지만 오히려 이것이 전체 요점이

Oedipus at Colonus, Harmondsworth: Penguin, 1984, p. 100. [국역본: 125쪽.]

6) 같은 글, p. 102. [국역본: 128쪽.]

7) [국역본: 132쪽.]

다. 다름아닌 평범한 척도의 이러한 결여를 통해서, 욕망이라고 하는 통약불가능한 무한한 척도가 실현될 수 있으며, '측정'될 수 있다. 안티고네의 한탄은 텍스트에 절대적으로 필수불가결한 것인데, 이는 그녀가 갑자기 '부드러워'졌다거나 '인간적'이 되었다는 것을 의미하지 않는다. 라캉의 정확한 언급처럼 이것은 '안티고네의 관점에서 볼 때 삶은 그녀의 삶이 이미 상실된, 그녀가 이미 다른 편에 있는 저 한계의 자리로부터만 접근할 수 있거나 살 수 있거나 생각할 수 있는 것이다.'[8] 우리는 이러한 진술의 칸트적 틀을 놓치지 말아야 한다. 문제는 우리가 우리의 존재 전체를 마치 외부로부터인 것인 양 포용할 수 있는 관점을 획득하는 것이다.

이 모두는 우리에게 우리의 원래 물음과 연관된 몇 가지를 가르쳐준다. 욕망의 형상에서 작동하는 무한은 '부정적 크기'의 무한이다. 그것은 결코 끝나지 않는 추구(영원한 '그건 그것이 아니야') 속에서 구성되는 무한이다. 이미 우리 행로의 상당 부분을 답파했음에도 우리 앞에 남은 행로는 여전히 무한하다. (필연적인 혹은 '구조적인') 종결 같은 것은 없다. '욕망의 실현'(무한의 실현)이라는 관념이 어떤 성급한 반응을 자극하고 이 '악무한'을 끝내려는 촉박함을 자극하는 것은 바로 이 때문이다. 그것은, 성공할 경우 (욕망의) 무한을 드러내는 행위를 내포한다. 이는 예컨대 안티고네가 숭고한 형상이면서도 숭고의 감정을 경험하는 주체가 결코 아니라는 것을 의미한다. 그녀는 (환상의) 창을 통해서 자신의 죽음의 광경을 목격하는 주체가 아니다. 그녀는 말하자면

8) Lacan, *The Ethics of Psychoanalysis*, p. 280.

자신의 환상 속으로 들어간다. 그녀는 **최후의 판단**을 기다리지 않는다. 그녀는 **타자**가 **타자**의 (그리고 그 결과 그녀의) 욕망을 표현하기를 기다리지 않는다. 그녀는 그것을 스스로 한다.

그렇지만 욕망의 실현이 가능하려면 죽음 속에 시간적 차원 또한 도입되어야 한다. 그 시간 동안 죽음을 살게 되며, 그 시간 동안 삶(욕망의 삶)이 측량될 수 있는 그러한 시간의 계기繼起 말이다. 최후의 한탄을 위한 시간이 있어야만 하며, 그것이 발언될 수 있는 공간이 있어야만 한다. 다시 말해서 환상의 틀 또한 있어야만 한다. 안티고네의 형상을 '환상의 논리'와 연결하는 것은 역설적으로 보일 수도 있을 것이다. 오히려 그녀는 탁월한 윤리적 형상이지 않은가? 물론 그녀는 그렇다. 하지만 정확히 우리가 어떤 '환상의 윤리'가 있다는 것을 인정해야만 하기 때문에 그렇다. 욕망의 윤리는 환상의 윤리(혹은 주인의 윤리라 부를 수 있는 것)이다. 자신의 환상을 실현하기 위해 죽을 (혹은 죽일) 준비가 된 누군가에게 일체의 윤리적 존엄을 인정하지 않을 수는 없는 일이다. 물론 종종 우리는 이를 인정하지 않는다. 우리는 점점 더 인정하지 않는데, 왜냐하면 그것이 '시대착오적'으로 여겨지기 때문이다. 그와 같은 윤리를 실천하는 자들은 오늘날 테러리스트, 광신도, 원리주의자, 미친 놈 등으로 불린다. 우리는 (후)근대적인 인간이다. 우리는 많은 것을 알고 있다. 우리는 이 모든 사람들이 존재하지 않는 어떤 것을 위해 죽거나 죽인다는 것을 안다. 물론 우리는 우리의 환상과 욕망을 가지고 있다. 하지만 우리는 그것들을 실현하지 않으려고 매우 유의하고 있다. 우리는 욕망을 실현하느니 차라리 죽는 쪽을 선호한다. 이러한 태도는 여기서 그 실제 얼굴을 보여주는 영원한 환유에 대한 선호를 함축한다:

그것은 우리를 초월하는 어떤 이상에 대한 무한한 뒤쫓음인 것이 아니라 현세에서 우리를 뒤쫓는 무한으로부터의 도피임이 판명난다. 욕망의 실현이라는 문제가 떠올라 이 평화로운 도피 과정을 침범할 때 조급함이 생긴다. 그렇지만 그것은 안티고네의 조급함과는 같지 않은 조급함이다. 우리는 이 실현을 피하기 위해서, 궁극적으로 '평화롭게 살기' 위해서, 향유로부터 대피하고 우리의 안녕에 역행하는 것을 하게 하는 충동으로부터 대피하기 위해서, 죽음을 향해 스스로를 재촉한다. 죽음은 죽음 충동에 대항한 최선의 피난처임이 판명된다.

우리는 안티고네의 위치를 최고선의 실현을 가능하게 할 것으로 가정된 칸트의 두 요청들에 의해 도입되는 배치와 비교했었다. 그렇지만 여기서 또한 한 가지 중요한 차이를 강조해야 한다. 즉 칸트에게 강조점은 실현에 두어지는 것이 아니라 의지에 두어진다. 의지에 대한 이러한 강조가 실현을 방해한다고까지 말할 수도 있을 것이다. 칸트는 이렇게 쓰고 있다. '최고선의 실현은 도덕법칙에 의해 규정된 의지의 필연적 대상이다.' '최고선'을 최고선에 대한 정의로 대체할 경우 다음과 같이 된다: 의지가 도덕법칙과 완전하게 합치됨의 실현은 도덕법칙에 의해 규정된 의지의 필연적 대상이다. 다시 말해서 여기 걸려 있는 것은, 도덕법칙에 부합할 의지를 의욕함이다. 의지가 의지 자체와 그것의 대상으로 이처럼 분열되므로(의지는 동시에 의지의 대상이다) 최고선의 실현은 불가능해진다. 의지의 분열 혹은 주체의 분열이 자유의 표식이라고 한다 하더라도 행위의 표식은 아니다. 행위 속에는 그 어떤 분열된 주체도 없다. 안티고네는 그녀의 행위 속에서 전체 혹은 '전부'이다. 그녀는 '분열되어' 있거나 '빗금쳐져' 있지 않다. 이는 그녀가 대상 편으로 전적으로 넘어간다는 것을 의미하며, 이 대상을 원하는 의지의 자리가 텅 빈 채로 '남아 있다'는 것을 의미한다. 행위의 주체는 분열된 주체가 아니다. 이는 행위의 그 어떤 '주체' 혹은 '주인공'도 없다는 것을 다른 방식으로 말하는 것이다. 안티고네는 '그녀의' 행위 이후에서야 주체적 자리를 발견하며 그 자리로부터 뒤돌아보면서 '그거야, 이것이 나의 욕망이었어'라거나 '나는 이것(그것)이야'라고 말할 수 있는 것이다.

요약해보자. '향유를 의욕함'은 욕망의 편에서 우리를 유지해주는 반면에 '욕망을 실현함'은 향유 편으로 우리를 옮겨놓는다.

오늘날 우리는 '너무 많은 것을 아는 남자들(과 여자들)'이라면, 이는 윤리에 관한 한 우리가 여전히 자신의 욕망을 실현하려고 '애쓸 가치가 있었던' 시대에 대한 향수에 갇혀있다는 것을, 혹은 기껏해야 그와 같은 윤리에 대한 임시적인 재단언에 갇혀있다는 것을 함축하는가? 꼭 그렇지만은 않다. 우선 우리는 상징적 배치에서의 변화가 사실상 일어났다는 것을 깨달아야만 한다. 이 변화는 **최후의 판단**이라는 관점이 더 이상 (우리에게) 존재하지 않는다는 사실로 요약될 수 있다. 여기 걸려 있는 것은 단순히 '**신**은 죽었다'는 것이 아니다. 라캉이 지적했듯이 **신**은 처음부터 죽어 있었으며 우리에게 상징적 빚을 제공한 것은 바로 그 **신**의 죽음이다. 오늘날 변화한 것은, 우리가 우리 자리를 갖도록 해준 바로 이 빚이 우리에게서 박탈될 수 있다는 것이다. 즉 그것이 그 상징적 장악력을, 그것의 무조건적 가치를 상실하고 있다는 것이며, 한때-유효했던 우리를 속박하는 힘을 상실하고 있다는 것이다. '지식인적 상대론'(우리는 너무 많은 지식과 역사적 경험을 가지고 있기 때문에 그 어떤 것도 절대적인 것으로 간주할 수가 없다)은 물론 유감스러운 일이지만 그럼에도 불구하고 현실이다. 그것을 직접적으로 공격하고 또한 그것을 한탄한다고 해서 많은 것이 바뀌는 것은 아니다. 사실, '**신**은 죽었다'(**타자**는 존재하지 않는다)는 것을 우리가 알고 있을 뿐만 아니라 **신** 또한 알고 있다. '우리는 죽었다', '우리는 불능이다'라고 우리에게 말하기 위해 늘 우리를 붙어 다니는 고대의 권위자들과 이상들의 유령으로 가득한 햄릿적인 광시狂詩 속에 있는 우리 자신을 우리는 발견한다. (오늘날 공적 권위의 전형적 형상은 전문가의 의견을 듣거나 여론조사를 해보기 전에는 그 어떤 것도 결정할 수 없음을 공공연하게 인정하는 지도자다.) 이러한 상황에서 오히려 우리는 이러한 현실을 '내면으로부터' 직면할 수 있을 윤리를 정식화하는 것이 가능하지 않은지를 물어야 한다. 그리고 바로 이러한 관점에서 시뉴 드 쿠퐁텐의 사례는 빛을 던져준다.

비극에 대한 논의를 시작하면서 우리는 오이디푸스, 햄릿, 시뉴 사이에 일종의 삼항조를 형성할 수 있을 것이라고 했다. 정확히 앎의 지위가 변하는 결과로서의 삼항조. 우리는 두 개의 결정적인 극중의 계기에서 자신이 아버지를 죽일 것이고 어머니와 동침할 것임을 알고 있지만, 즉 그의 모든 믿음들을 전적으로 저버리는 행위를 할 것임을 알고 있지만, 이러한 앎 덕분에 이 행위의 재앙을 피할 수는 없으며 오히려 바로 이 앎 때문에 이러한 행위를 저지를 **결정을 내리지** 않을 수 없는 상황에 처하게 되었음을 깨닫게 되는 오이디푸스를 시뉴에게서 볼 수 있다. 오이디푸스는 알지 못하기 때문에 자신이 하고 있는 그것을 하는 것이다. 햄릿은 (**타자**가 안다는 것을) 알기 때문에 주저하며, 행위의 결정을 내릴 수 없다. 반면에 시뉴는 이 앎에도 불구하고 행위의 결정을 내려야 하며 또한 이 앎에 의해 '불가능한' 것이 되는 바로 그 행위를 저지를 결정을 내려야만 하는 처지에 놓인다. '근대적' 윤리는 이러한 차원에 위치해야만 한다.

시뉴 드 쿠퐁텐에 대해 논의하면서도 또한 라캉이 '실현'이라는 용어를 끌어들인다는 것에 주목하는 것도 흥미롭다. 이 경우 그는 '심연적 실현'(*la réalisation abyssale*)에 대해 이야기하는데, 그것을 그는 거절(*Versagung*)의 차원과 연결한다. 후자는 이중적 상실을 함축하는데, 그러한 상실의 논리는 8장에서 상세하게 논의된 바 있다. 자신의 **원인**을 위해 모든 것을 희생한 이후에 시뉴는 바로 이 **원인** 자체를 희생해야만 한다. 이는 무한의 새로운 형상을 낳으며 또한 '자신의 욕망에 대해 양보하지 말라'의 새로운 형상을 낳는다.

시뉴가 '실현'하는 무한은 안티고네 경우의 무한과 같지 않다. 안티고네는 부정적 형식으로 무한을 실현한다. 그녀는 그것을 부재하는 것으로서 실현한다. 무한은 안티고네가 그 무한을 위해 희생하는 '모든 것' 속에서 불러내어진다. 욕망의 실현은 세 단계로 성취된다.

- 생에는, 포기할 수 없는 한 가지 것이 있다('절대적 조건').
- 이 **사물**을 위해 모든 것을 (심지어 생마저도) 포기할 준비가 되어 있다.
- 희생할 준비가 되어 있는 '모든 것'을 단 한번의 제스처로 희생함으로써 절대적 조건을 실현한다.

여기서 우리는, 첫째로, 어떻게 그 '모든 것'이 예외에 대한 참조를 통해 구성되는가를 볼 수 있다. 이것은 또한 분열된 (욕망의 절대적 조건과 이 절대적 조건을 면제함으로써 열리는 전체 계열 사이에서 분열된) 주체로서의 욕망의 주체의 구성이기도 하다. 이러한 맥락에서 자신의 욕망을 실현한다는 것은 절대적 조건을 보존하기 위해 희생할 준비가 되어 있는 모든 것으로부터 '전체'를 만드는 방법을 발견하는 것을 의미한다. 다시 말해서 중요성을 지닌 유일한 무한, 무조건적인 것의 무한, 절대적 조건의 무한을 변별해내기 위해 잠재적으로 무한한 계열을 폐쇄하는 (즉, 종결시키는) 방법을 찾아야만 한다. 이는 안티고네의 한탄에서 아주 분명한데, 그 한탄 속에서 그녀는 그녀가 말하고 있는 순간을 **전부/전체**가 성취되는 순간과 분리시키는 거리를 답파한다. 그녀는 때이른 죽음으로 그녀가 상실할 모든 것을 한탄한다. 그렇지만 좀더 자세히 들여다볼 때 우리는 여기 걸려 있는 것이 그녀가 소유하는 (혹은 소유했던) 그 무엇의 상실이 아님을 알아차려야 한다. 그녀는 그녀가 소유하고 있지 않지만 계속 살았다면 (어쩌면) 소유할 수도 있었을 그 무엇의 상실을 한탄하고 있다. 그녀는 그녀의 삶에서 남아 있는 것을 풀어내며 이 잔여물은 그것을 희생하는 이와 같은 제스처를 통해서만 창조되고 성취된다. 그녀는 그것을 희생함으로써 그것을 창조한다. 안티고네는 이 잠재적 잔여물을, 그것의 상실을 통해서, 그것을 상실된 것으로서 확정함으로써, 실현시킨다. 이러한 제스처는 욕망의 환유의 무한한 잠재성을 단번에 실현함으로써 이 환유를 끝낸다. 숭고의 경우에서처럼, '진정한' 무한(무조건적인 것의 무한)은 여기서 (조건들의) 계열의 총체에 대한 표상이 우리 상상에 가하는 폭력 속에서 불러내어진다. 우리는 무한을 보지 못한다. 우리는 무한이 안티고네라는 형상에 미치는 영향만을 보는데, 이때 안티고네는 그것의 스크린으로서 기능한다. 이는 그녀의 형상의 숭고한 광채를 설명한다. 그 광채는 그녀가 숨기는 동시에 공표하고 있는 **사물**의 결과이다.

시뉴 드 쿠퐁텐의 경우에 우리가 발견하는 그 '심연적 실현'은 결코 이와 동일한 질서에 있지 않다. 이것 또한 세 단계를 통해 성취되지만, 이 세 단계의 내용은 아주 다르다.

- 생에는, 포기할 수 없는 한 가지 것이 있다('절대적 조건').
- 이 **사물**을 위해 모든 것을 포기할 준비가 되어 있다(하지만 이 '모든 것'에는 그 어떤 예외도 없다).
- 절대적 조건을 실현할 유일한 방법은 예외로서의 그것을 희생하는 (그것의 예외라는 성격을 희생하는) 것이다.

여기서 우리는 유한의 전체를 실현함으로써 무한을 불러내는 대신에 예외로서의 무한을 중지시키고 그리하여 유한을 비-전체로 만드는—즉 그것을 무한으로 오염시키는—일종의 단락短絡을 다루고 있는 것이다. 여기서 무한은 안티고네의 경우와는 다른 방식으로 가시적이다. 그것은 여주인공 형상을 숭고한 광채로 비추는 부재로서가 아니라 오히려 당혹스럽고도 '자리에서 벗어난' 현존으로서 현시된다. 즉 신체에 거주하는 (향유의) 무한의 척도로 만들어지지 않은 신체, 그 신체의 왜곡들과 비틀림 속에서 그것은 현시된다. 희곡의 3분의 1(마지막 막)에 해당하는 분량에서 우리는 여자영웅이 (이 경우 '여자영웅'이라는 말이 여전히 적합한 것인지 물어볼 수도 있겠지만) 유한에 기생하는 무한의 매우 괴로워하는 통절한 이미지를 구성하는 신경 경련으로 동요하는 것을 본다.

'자신의 욕망에 대해 양보하지 말라'에 대해서는 이렇게 말할 수 있다: '자신의 욕망에 대해 양보하지 말라'는 '(~)에 대해 양보하다'라는 표현이 함축하는 것과 단순히 이질적인 것이 아니다. 오히려 그것은, 한 가지를 보존하기 위해서 다른 모든 것에서 양보할 준비가 되어 있다는 것을 함축한다. 안티고네의 경우 이는 그녀가 어떤 최후의 '소유'를 보존하기 위해서 모든 것을 준다(줘버린다)는 것을 함축한다. 종국에 그녀는 이 최후의 '소유'에서 자신을 실현한다. 그녀는 그것과 융합되며, 그녀 자신이 그녀를 관통하는 욕망의 기표가 되며, 이 욕망을 체현한다. 시뉴의 경우 이는 한층 더 나아간다. 그녀 또한 자신의 욕망에 대해 양보하지 않는다. 하지만 그녀는 그것이 그녀에게 이 최후의 '소유', 그녀의 존재의 기표에서도 양보해야 하며 '비-소유'에서 스스로를 실현시켜야 한다는 것을 요구하는 상황에 처하게 된다.[9] 시뉴 드 쿠퐁텐의 경우 '자신의 욕망에 대해 양보하지 않기'란 정확히 그녀가 모든 것을 '줘버린다'는 것을 함축한다.

이를 라캉적 수학소로 번역한다면 이렇게 말할 수 있을 것이다. 즉 안티고네는 희곡의 끝에서 욕망의 기표인 Φ를, 음경과 구분되는 바로서의 남근을 체현하기 시작한다. 이는 그녀가 내놓는 '숭고한 광채'에서 현시된다. 다른 한편—그리고 우리는 이 '윤리에 대한 논고'를 이 가설을 가지고서 결론내리고자 할 것인데—시뉴는 희곡의 마지막 막에서 시종일관 우리 앞에 욕망의 **실재,** 음경

9) 이러한 구분에 대한 좀더 상세한 분석을 위해서는 Jacques-Alain Miller, 'Des semblants dans la relation entre les sexes', *La Cause freudienne* 36, Paris, 1997을 볼 것.

의 **실재** 이외에 그 어떤 것도 드러내거나 전시하지 않는다고 과감히 말할 수 없을까? 상상계에 속하는 φ가 아니라, 거세의 실재적 잔여로서의 (<크라잉 게임>에 나오는 표현을 빌자면) '고기 조각'(상징적 거세에도 불구하고 당혹스럽게도 거기 남아 있는 **실재**), 욕망의 원인의 **실재**인 작은 '맥동하는 송장' 말이다.

옮긴이 후기

지루한 계절과 번역이 이제 끝나고, 나는 정신분석의 윤리뿐 아니라 윤리(학) 일반에서 중요한 이정표가 될 이 책의 출간에, 정확히 내가 역자라는 것을 자각하면서, 아직 남아 있는 기쁨을 감추지 않을 것이다. 기쁨이라는 것도 소비될 수 있는 것이라면 말이다.

이 책은 내용적으로 두 말할 필요가 없는 책이다. 책을 읽으면서 나는 매번 깨달아야 했지만, 또한 매번 감탄해야만 했다. 오늘날 철학으로부터 나오는 윤리적 담론이나 정치적 영역으로부터 나오는 윤리적 담론은 정확히 하나의 담론으로서 어떤 막다른 골목에 이르게 된 것처럼 보인다. 이와 관련하여 주판치치는 칸트와 비극이라는 두 개를 끄집어내었으며, 그 둘이 각각 스스로 정확한 윤리적 지형을 조명하도록 하였다. 물론 그것은 라캉이 이미 개척한 길을 따르고 있는 것이기는 하지만, 우리는 주판치치 덕분에 그것이 무엇이었는지를 이제 이해하게 된다. 진정한 거짓말이 허용된다면 나는 오늘날 라캉주의에 입문하는 가장 정확한 방법은 바로 이 책을 읽는 것이라고 말할 것이다.

오늘날 우리는 무의식 그 자체가 '신경을 건드리지는' 않는다는 것을 잘 알고 있다. 라캉 역시 무의식은 언어처럼 구조화되어 있다고 말했을 뿐더러, 온갖 정치적 담론들은 특히나 창조적 상상력에서 어떤 희망을 발견하고 싶을 때 잊지 않고 무의식이라는 용어를 이용한다. 적어도 신비화시키지 않는다면 틀림없이 그것을 궁극적으로 실정화시키면서 말이다. 그것은 순수한 차이를 가지고 언어의 본질에 결정적으로 접근했던 소쉬르가 결국은 다시 그 차이를 실정성의 층위로 환원시키고야 말았을 때 걸려든 덫과 어쩌면 동일한 것이다. 하지만 이제 무의식이 아니더라도 문제가 되지 않는 것일지도 모른다. 라캉적 의미에서의 실재는 여전히 신경을 건드리고 있으니까 말이다.

예전에 윤리라는 것이 무조건적 거부의 대상이었다면, 오늘날 그것은 정확히 회피하고만 싶은 어떤 것을 언제나 함축하고 있는 것일지도 모른다. 이와 관련하여, 물론 철학이나 비극 작품이 꿈과 동일한 것은 아니지만, 어떤 의미에서 그것들은 프로이트가 꿈을 이용했던 것과 유사한 방식으로 주판치치에 의해 이용되고 있다고 말해도 그렇게 틀린 말은 아닐 것이다. 적어도 인문적 소양을 갖춘 지식인들에게 칸트나 고전 비극이 결국 명쾌하게 해석되고야 마는 경험은 일차적으로 안도감을 제공하는 그 어떤 것이지 않겠는가? 하지만 프로이트가 꿈의 해석을 통해 결국 외상의 장면으로 들어가고야 말았던 것처럼 나는 주판치치가 칸트와 비극의 해석을 통해 결국 우리를 윤리의 실재로 끌고 들어가고야 말았다고 말하고 싶다. 역자는 주판치치의 이런 돌파와 관련하여 한국의 독자들에게 언어의 장벽을 헐어 주었다는 것만 확인된다면 충분한 보람을 느낄 것이다.

하지만 혼자만 그것을 누리지는 않을 것이다. 우선 나는 이 책의 표지로 자신의 그림 '1994년의 사랑'을 사용할 수 있도록 선뜻 허락해준 안창홍 작가에게 응당 내 보람의 절반을 줄 것이다. 또한 나는 매우 깊은 신뢰를 담아서 나의 이론적 경쟁자들에게 내 보람의 절반을 줄 것이다. 또한 나는 번역 초기에 함께 책을 읽었던 서강정치철학연구회의 회원들에게 내 보람의 절반을 줄 것이다. 물론 절반을 세 번 더한다고 해도 이미 하나가 되지 않는 한에서 말이다. 나의 나르시시즘은 나머지 모든 절반들을 번역에 지친 나 자신에게 돌려줄 것을 끊임없이 요청하고 있다. 하지만 끝으로 비록 나의 이 한국어를 이해하지는 못하겠지만 역자의 궁금증에 친절하게 답해준 저자와 저자와의 교분을 단 두 마디로 훌륭하게 매개해준 지젝에게 내가 이해할 수 없는 언어로 씌어진 모든 감사의 절반들을 바칠 것이다.

2004년 초가을

색 인

(ㅇ)

(ㅈ)

실재의 윤리

초판 1쇄 발행 / 2004년 9월 25일
4쇄 발행 / 2021년 9월 25일

지은이 • 알렌카 주판치치
옮긴이 • 이성민
펴낸이 • 조기조
펴낸곳 • 도서출판 b

등록 • 2003년 2월 24일 (제2006-000054호)
주소 • 08772 서울특별시 관악구 난곡로 288 남진빌딩 302호
전화 • 02-6293-7070(대)
팩시밀리 • 02-6293-8080
홈페이지 • b-book.co.kr
이메일 • bbooks@naver.com

정가 • 18,000원
ISBN 89-9545936-0 03190